합격까지 박문각
합격 노하우가 다르다!

조홍주 **행정쟁송법**

2차 | 백발백중 사례집

조홍주 편저

박문각

박문각 공인노무사

답안작성을 위한 5대 Legal mind

Legal mind 1 대전제를 설정하기 – 대전제를 선점하라!

Legal mind 2 전제상황 제시 후 대전제의 구성요소인 소전제를 분류하기 – 궤변을 방어하라!

Legal mind 3 문제되는 소전제를 판단하기 위한 목차를 제시하기 – 논증을 한 곳으로 모으라!

Legal mind 4 문제되는 소전제를 설문에 비추어 포섭하기 – 논증의 전개방식에 따른 치열한 법리전개의 현장을 보여라!

Legal mind 5 소전제들이 모두 명확하게 밝혀졌으므로 그 밝혀진 소전제들에 비추어 소전제들의 집합인 대전제에 대한 결론을 내리기 – inclusio 구조로 논증의 완결성을 보여라! 반드시 묻는 문제에 대하여 답을 하라!

🎏 시험과목 및 시험시간

가. 시험과목(공인노무사법 시행령 제6조)

구분	시험과목[배점]		출제범위
제1차 시험 (6과목)	필수 과목 (5)	❶ 노동법(1) [100점]	「근로기준법」, 「파견근로자보호 등에 관한 법률」, 「기간제 및 단시간근로자 보호 등에 관한 법률」, 「산업안전보건법」, 「직업안정법」, 「남녀고용평등과 일·가정 양립지원에 관한 법률」, 「최저임금법」, 「근로자퇴직급여 보장법」, 「임금채권보장법」, 「근로복지기본법」, 「외국인근로자의 고용 등에 관한 법률」
		❷ 노동법(2) [100점]	「노동조합 및 노동관계조정법」, 「근로자참여 및 협력 증진에 관한 법률」, 「노동위원회법」, 「공무원의 노동조합 설립 및 운영 등에 관한 법률」, 「교원의 노동조합 설립 및 운영 등에 관한 법률」
		❸ 민법[100점]	총칙편, 채권편
		❹ 사회보험법 [100점]	「사회보장기본법」, 「고용보험법」, 「산업재해보상보험법」, 「국민연금법」, 「국민건강보험법」, 「고용보험 및 산업재해보상보험의 보험료징수 등에 관한 법률」
		❺ 영어	※ 영어 과목은 영어능력검정시험 성적으로 대체
	선택 과목 (1)	❻ 경제학원론, 경영학개론 중 1과목[100점]	

※ 노동법(1) 또는 노동법(2)는 노동법의 기본이념 등 총론 부분을 포함

구분	시험과목[배점]		출제범위
제2차 시험 (4과목)	필수 과목 (3)	❶ 노동법 [150점]	「근로기준법」, 「파견근로자보호 등에 관한 법률」, 「기간제 및 단시간근로자 보호 등에 관한 법률」, 「산업안전보건법」, 「산업재해보상보험법」, 「고용보험법」, 「노동조합 및 노동관계조정법」, 「근로자참여 및 협력증진에 관한 법률」, 「노동위원회법」, 「공무원의 노동조합 설립 및 운영 등에 관한 법률」, 「교원의 노동조합 설립 및 운영 등에 관한 법률」
		❷ 인사노무관리론 [100점]	
		❸ 행정쟁송법 [100점]	「행정심판법」 및 「행정소송법」과 「민사소송법」 중 행정쟁송 관련 부분
	선택 과목 (1)	❹ 경영조직론, 노동경제학, 민사소송법 중 1과목[100점]	
제3차 시험	면접시험		공인노무사법 시행령 제4조 제3항의 평정사항

※ 노동법은 노동법의 기본이념 등 총론 부분을 포함

> ※ 시험관련 법률 등을 적용하여 정답을 구하여야 하는 문제는 "시험시행일" 현재 시행 중인 법률 등을 적용하여야 함
> ※ 기활용된 문제, 기출문제 등도 변형·활용되어 출제될 수 있음

나. 과목별 시험시간

구분	교시	시험과목	입실시간	시험시간	문항수
제1차 시험	1	❶ 노동법(1) ❷ 노동법(2)	09:00	09:30 ~ 10:50 (80분)	과목별 40문항
	2	❸ 민법	11:10	11:20 ~ 13:20 (120분)	
		❹ 사회보험법			
		❺ 경제학원론, 경영학개론 중 1과목			
제2차 시험	1	❶ 노동법	09:00	09:30 ~ 10:45 (75분)	4문항
	2		11:05	11:15 ~ 12:30 (75분)	
	3	❷ 인사노무관리론	13:30	13:50 ~ 15:30 (100분)	
	1	❸ 행정쟁송법	09:00	09:30 ~ 11:10 (100분)	과목별 3문항
	2	❹ 경영조직론, 노동경제학, 민사소송법 중 1과목	11:30	11:40 ~ 13:20 (100분)	
제3차 시험	−	공인노무사법 시행령 제4조 제3항의 평정사항	−	1인당 10분 내외	−

※ 제3차 시험장소 등은 Q−Net 공인노무사 홈페이지 공고

📖 합격기준

구분	합격결정기준
제1차 시험	• 영어과목을 제외한 나머지 과목에 대하여 각 과목 100점을 만점으로 하여 각 과목 40점 이상, 전 과목 평균 60점 이상을 득점한 자 • 제1차 시험 과목 중 일부를 면제받는 자는 영어과목을 제외한 나머지 응시한 각 과목 40점 이상, 응시한 전 과목 평균 60점 이상을 득점한 자
제2차 시험	• 각 과목 만점의 40% 이상, 전 과목 총점의 60% 이상을 득점한 자 • 제2차 시험 과목 중 일부를 면제받는 자는 응시한 각 과목 만점의 40% 이상, 응시한 전 과목 총점의 60% 이상을 득점한 자 • 최소합격인원 미달일 경우 각 과목 배점의 40% 이상을 득점한 자 중 전 과목 총득점이 높은 자부터 차례로 추가하여 합격자 결정 ※ 위의 단서에 따라 합격자를 결정하는 경우에는 제2차 시험과목 중 일부를 면제받는 자에 대하여 각 과목 배점 40% 이상 득점한 자의 과목별 득점 합계에 1.5를 곱하여 산출한 점수를 전 과목 총득점으로 봄 ※ 제2차 시험의 합격자 수가 동점자로 인하여 최소합격인원을 초과하는 경우에는 해당 동점자 모두를 합격자로 결정. 이 경우 동점자의 점수는 소수점 이하 셋째자리에서 반올림하여 둘째자리까지 계산
제3차 시험	• 제3차 시험은 평정요소마다 각각 "상"(3점), "중"(2점), "하"(1점)로 구분하고, 총 12점 만점으로 평균 8점 이상 득점한 자 • 위원의 과반수가 어느 하나의 평정요소에 대하여 "하"로 평정한 때에는 불합격

CONTENTS

CONTENTS

부록 행정소송법 / 행정심판법

PART 03 행정소송 중 항고소송으로서 무효등확인소송

PART 04 행정소송 중 항고소송으로서 부작위위법확인소송

PART 05 행정소송 중 당사자소송

박문각 공인노무사

행정소송 들어가기
– 행정소송의 한계

01 | 통치행위

[제1문] [2] 대한민국 정부는 2014.5.20. 동맹관계에 있는 A국 정부와 「중동전쟁 파병에 관한 협정」(이하 '파병협정'이라 한다)을 체결하였다. 그런데 파병협정을 체결한 사실은 2014.8.9.이 되어서야 국내에 알려졌고 야당은 우리나라의 안보와는 아무런 상관도 없는 중동전쟁에 전투 병력을 파병하는 것에 대하여 강력하게 반발하였다. 2014.8.12. 야당 소속 국회의원 丙과 丁은 파병협정의 체결 전에 미리 국회의 동의를 얻어야 하는데도 그러한 절차를 거치지 않았기 때문에 그 체결은 무효라고 주장하였다. 대통령 甲은 2014.8.18. 국회에 파병협정에 대한 비준동의안을 제출하면서 국회의장 乙에게 신속한 처리를 요청하였다. 국회의장 乙은 2014.8.20. 열린 국회 본회의에서 파병협정 비준동의안의 처리를 시도하였으나, 야당 의원들의 실력 저지로 인하여 표결을 하지 못하였다. 대통령 甲은 A국 정부로부터 파병협정에 따른 전투 병력의 파견을 거듭 재촉받자 시간적인 여유가 없다고 판단하고, 국회의 동의 없이 2014.8.30. 국군의 전투 병력을 중동 지역에 파견하는 결정(이하 '파병결정'이라 한다)을 내렸다. 대통령 甲의 파병결정은 행정소송법상 항고소송의 대상이 되는가? 20점

해설

① 문제의 소재

행정소송법(이하 동법이라 함) 제38조, 동법 제19조와 동법 제2조 제1항 제1호에 의하면 항고소송의 대상이 되는 처분이란 행정청이 행하는 구체적 사실에 관한 법집행으로서의 공권력의 행사 또는 그 거부와 그밖에 이에 준하는 행정작용을 말한다. 대통령 甲은 국군의 전투 병력을 A국 정부에 파견하는 결정을 내렸다. 대통령 甲의 파병결정은 행정청이 행하는 구체적 사실에 관한 법집행이다. 대통령 甲의 파병결정이 항고소송의 대상이 되는가와 관련하여 첫째, 대통령 甲의 파병결정이 항고소송의 대상이 되는 처분인지 문제된다. 둘째, 대통령 甲의 파병결정이 통치행위인지 문제된다.

② 대통령 甲의 파병결정이 항고소송의 대상이 되는 처분인지 여부

1. 판례

항고소송의 대상이 되는 처분이란 원칙적으로 행정청의 공법상 행위로서 특정 사항에 대하여 법규에 의한 권리의 설정 또는 의무의 부담을 명하거나 기타 법률상 효과를 직접 발생하게 하는 등 국민의 권리·의무에 직접 관계가 있는 행위를 말한다.

---

1) 출제되는 형식은 통치행위, 의무이행소송 또는 예방적 금지소송으로만 가능하다.
2) 2015년 제2차 변호사시험 모의시험 설문3

2. 사안의 경우

대통령 甲의 파병결정은 파견부대에 소속된 전투원들의 해외파견근무를 명하고 작전수행의무의 부담을 명하는 행위이므로 국민의 권리·의무에 직접 관계가 있는 행위이어서 항고소송의 대상이 되는 처분이다. 이를 강학상 하명이라 한다.

Ⅲ 대통령 甲의 파병결정이 통치행위인지 여부

1. 학설

실질적 법치국가의 확립, 행정소송사항의 개괄주의 등을 이유로 사법심사에서 제외되는 통치행위 자체를 부정하는 견해와 사법권의 내재적 제약을 근거로 혹은 자유재량행위임을 근거로 혹은 독자적 행위임을 근거로 사법심사에서 제외되는 통치행위를 긍정하는 견해가 있다.

2. 판례[3]

고도의 정치성을 띤 국가행위에 대하여는 이른바 통치행위라 하여 법원 스스로 사법심사권의 행사를 억제하여 그 심사대상에서 제외하는 영역이 있을 수 있다.

3. 검토

사법심사에서 제외되는 통치행위를 부정하는 것이 논리적이기는 하나, 국가작용 중 어떤 것은 사법통제를 통한 분쟁해소보다는 주권자인 국민들의 정치적 행위를 통하여 분쟁해소를 하는 것이 헌법정신에 맞을 수도 있다는 점에서 내재적 제약설과 판례가 타당하다.

4. 사안의 경우

통치행위가 인정되려면 그 행사주체는 국회 또는 대통령이어야 하고, 그 내용이 고도의 정치성을 띠어야 한다. 대통령 甲의 파병결정은 대통령이 행한 고도의 정치성을 띤 국가행위이므로 사법심사가 자제되는 통치행위이다.

Ⅳ 설문의 해결

대통령 甲의 파병결정은 행정소송법상 항고소송의 대상이 되는 처분이나 항고소송에 의한 사법심사가 자제되는 통치행위이다. 대통령 甲의 파병결정은 항고소송의 대상이 되지 않는다.

---

3) 〈두문자암기 : 고정국/스억〉

02 | 무명항고소송

제1절　의무이행소송

[제1문] [4]　관할행정청은 갑의 어업면허의 유효기간이 만료됨에 따라 동 어업면허의 연장을 허가하여 새로이 어업면허를 함에 있어서 관련 법령에 따라 면허면적을 종전의 어업면허보다 축소하였다. 갑이 자신의 재산권을 침해하는 면허면적축소와 관련된 법령의 취소를 청구하는 행정소송을 제기하거나 어업면허면적을 종전으로 환원하여 주는 처분을 청구하는 행정소송을 제기하는 것이 적법하게 인정될 수 있는가?　50점

해설

Ⅰ 문제의 소재

법원조직법 제2조 제1항에 의하면 법원은 헌법에 특별한 규정이 있는 경우를 제외한 모든 법률상의 쟁송(爭訟)을 심판하고, 이 법과 다른 법률에 따라 법원에 속하는 권한을 가진다. 행정소송의 제기가 적법하려면, 행정소송법 제8조 제2항에 의하여 준용되는 법원조직법 제2조 제1항에 의하여 행정법원이 심판하는 법률상 분쟁이어야 하고, 법률상 분쟁을 해결할 소송형식이 행정법원에 속하는 권한이어야 한다. 갑이 행정소송을 제기하는 것이 적법하게 인정될 수 있는가와 관련하여 첫째, 법령의 취소를 청구하는 갑의 행정소송의 제기가 행정법원이 심판하는 법률상 분쟁인지 문제된다. 둘째, 어업면허면적을 종전으로 환원하여 주는 처분을 청구하는 갑의 행정소송의 제기가 행정법원에 속하는 권한인지 문제된다.

Ⅱ 법령의 취소를 청구하는 갑의 행정소송의 제기가 행정법원이 심판하는 법률상 분쟁인지 여부

1. 문제의 소재

행정법원이 심판하는 법률상 쟁송은 권리주체 간의 구체적인 법률관계를 둘러싼 특정인의 법률상 이익에 관한 분쟁으로서 법령의 해석·적용을 통하여 해결할 수 있는 분쟁이다. 법률상 쟁송과 관련하여 행정소송에는 ① 권리주체 간의 구체적인 법률관계를 둘러싼 특정인의 법률상 이익에 관한 분쟁이어야 한다는 구체적 사건성에 따른 한계와 ② 법령의 해석·적용을 통하여 해결할 수 있는 분쟁이어야 한다는 법령의 해석·적용에 따른 한계가 있다. 법령의 취소를 청구하는 갑의

---

[4] 2011년 노무사 기출 제1문

행정소송의 제기가 행정법원이 심판하는 법률상 분쟁인지와 관련하여 법령의 취소가 구체적 사건성에 따른 한계 내에 있는지 문제된다.

2. 법령의 취소가 구체적 사건성에 따른 한계 내에 있는지 여부

(1) 구체적 사건성에 따른 한계

구체적 사건성이란 당사자 간의 구체적이고 현실적인 권리·의무에 관한 법적 분쟁이다. 반사적 이익에 관한 분쟁, 사실행위에 관한 분쟁, 추상적 규범통제의 문제, 개인의 권리 또는 이익의 구제와 무관한 분쟁은 구체적 사건성에 따른 한계를 벗어난 것이다.

(2) 사안의 경우

법령의 취소는 법령의 효력 또는 해석 자체를 직접 다투는 소송인 추상적 규범통제의 문제에 해당한다. 이는 당사자 간의 구체적이고 현실적인 권리·의무에 관한 법적 분쟁이 아니므로 구체적 사건성에 따른 한계 내에 있지 않다.

3. 소결

법령의 취소를 청구하는 갑의 행정소송의 제기는 행정법원이 심판하는 법률상 분쟁이 아니다.

Ⅲ 어업면허면적을 종전으로 환원하여 주는 처분을 청구하는 갑의 행정소송의 제기가 행정법원에 속하는 권한인지 여부

1. 문제의 소재

행정소송법(이하 동법이라 함) 제3조 및 제4조에 의하면 항고소송에는 취소소송, 무효등확인소송, 부작위위법확인소송이 있다. 갑이 제기한 어업면허면적을 종전으로 환원하여 주는 처분을 청구하는 행정소송은 소위 의무이행소송이다. 어업면허면적을 종전으로 환원하여 주는 처분을 청구하는 갑의 행정소송의 제기가 행정법원에 속하는 권한인지와 관련하여 소위 의무이행소송이 행정법원에 속하는 권한인지 문제된다.

2. 소위 의무이행소송이 행정법원에 속하는 권한인지 여부

(1) 학설

① 권력분립의 원칙상, 의무이행소송의 인정 여부는 입법정책의 문제라는 점, 그리고 동법 제4조의 항고소송의 종류는 열거적·제한적이라는 점에서 부정하는 견해, ② 권력분립의 목적은 권력 상호 간의 견제를 통한 국민의 권리보장에 있는 것이라는 점, 동법 제4조 제1호의 변경은 문자 그대로 적극적인 변경으로 보아야 한다는 점, 그리고 동법 제4조는 예시규정이라는 점에서 긍정하는 견해, ③ 원칙적으로 허용할 수 없으나 처분요건이 일의적이고, 사전에 구제하지 않으면 회복할 수 없는 손해가 발생할 수 있으며, 다른 구제방법이 없는 경우에는 인정된다는 제한적 허용설이 있다.[5]

---

5) ①②③ 번호를 붙이는 것도 무방하다.

(2) 판례

검사에게 압수물 환부를 이행하라는 청구는 행정청의 부작위에 대하여 일정한 처분을 하도록 하는 의무이행소송으로 현행 행정소송법상 허용되지 아니한다.[6]

(3) 검토 및 사안의 경우

항고소송의 종류를 정하고 있는 동법 제4조를 예시적 규정으로 해석하여 무명항고소송의 형태로 의무이행소송을 실무화하는 것이 가능하다는 견해는 명문으로 인정된 부작위위법확인소송을 사문화시키는 것으로서 입법자의 의사에 반하는 해석이라 할 것이므로 부정설과 판례가 타당하다. 소위 의무이행소송은 행정법원이 가지는 행정법원에 속하는 권한이 아니다.

3. 소결

어업면허면적을 종전으로 환원하여 주는 처분을 청구하는 갑의 행정소송의 제기는 행정법원에 속하는 권한이 아니다.

Ⅳ 설문의 해결

갑이 자신의 재산권을 침해하는 면허면적축소와 관련된 법령의 취소를 청구하는 행정소송을 제기하거나 어업면허면적을 종전으로 환원하여 주는 처분을 청구하는 행정소송을 제기하는 것은 적법하게 인정될 수 있지 않다.

제 2 절   예방적 부작위소송

[제1문][7] A광역시 B구청장은 2017.4.3. 관내 개발제한구역 내에 소재한 간선도로변에 주유소 1개소를 추가로 설치할 수 있도록 'B구 개발제한구역 내 주유소 배치계획 변경고시'를 공고하였고, 같은 날 위 변경고시에 따라 '주유소 운영사업자 모집공고'를 하였다. 위 모집공고에 따라 乙은 2017.5.2. 주유소 운영사업자 선정신청을 하였다. 그런데 甲이 위 선정신청을 하면서 그 신청서에 자신이 생업을 위하여 3년 내의 기간 동안 개발제한구역 밖에 거주한 사실을 기재하고서도 이를 입증할 수 있는 서류를 제출하지 않았다. 위 모집기간이 만료되자 B구청장은 2017.5.22. 甲에게 모집공고의 신청자격 요건을 충족하지 못하였음을 이유로 주유소 운영사업자 불선정처분을 하는 한편, 같은 날 乙에게 주유소 운영사업자 선정처분을 하였다. 乙에 대한 주유소 운영사업자 선정처분에 뒤이어 B구청장이 乙에게 주유소 건축허가를 하려고 하자, 甲은 B구청장을 피고로 하여 다음과

---

6) 대판 1995.3.10, 94누14018
7) 2017년 제3차 모의시험 2문 설문3

같은 청구취지가 기재된 소장을 법원에 제출하였다. 이러한 소송이 현행 「행정소송법」상 허용될 수 있는가? 15점

> ※ 청구취지
> 1. 피고는 소외 乙에게 건축허가를 하여서는 아니 된다.
> 2. 소송비용은 피고가 부담한다.
> 라는 판결을 구합니다.

 해설

Ⅰ 문제의 소재

행정소송법(이하 동법이라 함) 제3조 및 제4조에 의하면 항고소송에는 취소소송, 무효등확인소송, 부작위위법확인소송이 있다. 甲이 제기한 소송형식은 위법한 행정작용을 미리 저지할 것을 목적으로 장래에 있을 특정한 행정행위의 발동에 대한 방지를 청구하는 소송으로 소위 예방적 부작위소송이다. 이러한 소위 예방적 부작위소송이 현행 행정소송법상 허용될 수 있는가와 관련하여 소위 예방적 부작위소송이 행정소송법상 행정법원의 권한에 속하는지 문제된다.

Ⅱ 소위 예방적 부작위소송이 행정소송법상 행정법원의 권한에 속하는지 여부

1. 학설

형식적 권력분립의 원칙에 비추어 동법 제4조는 열거규정이므로 부정하는 견해, 실질적 권력분립의 원칙에 비추어 동법 제4조는 예시규정이므로 긍정하는 견해, 처분요건이 일의적이며, 미리 구제하지 않으면 회복하기 어려운 손해발생 우려가 있고, 다른 구제수단이 없는 예외적인 경우에만 가능하다는 견해 등이 있다.

2. 판례

피고에 대하여 이 사건 신축건물의 준공처분을 하여서는 아니 된다는 내용의 부작위를 구하는 원고의 예비적 청구는 행정소송에서 허용되지 아니하는 것이므로 부적법하다.

3. 검토 및 소결

행정소송법은 절차법으로서 법정주의가 적용된다는 점, 항고소송은 행정청의 판단에 대한 사후적인 통제제도라는 점에 비추어 판례가 타당하다. 소위 예방적 부작위소송은 행정소송법상 행정법원의 권한에 속하지 아니한다.

Ⅲ 설문의 해결

甲이 B구청장을 피고로 하여 제기한 '피고는 소외 乙에게 건축허가를 하여서는 아니 된다.'는 청구는 소위 예방적 부작위소송으로서 현행 행정소송법상 허용될 수 있지 않다.

[제2문] [8] A주식회사는 2000.3.경 안동시장으로부터 분뇨수집·운반업 허가를 받은 다음 그 무렵 안동시장과 사이에 분뇨수집·운반 대행계약을 맺은 후 통상 3년 단위로 계약을 연장해 왔는데 2009.3.18. 계약기간을 그 다음 날부터 2012.3.18.까지로 다시 연장하였다. B주식회사는 안동시에서 분뇨수집·운반업을 영위하기 위하여 「하수도법」 및 같은 법 시행령 소정의 시설, 장비 등을 구비하고 2011.11.10. 안동시장에게 분뇨수집·운반업 허가를 신청하여 같은 해 12.1. 허가처분(이하 '이 사건 처분'이라 한다)을 받았다. 안동시장은 이 사건 처분 후 안동시 전역을 2개 구역으로 나누어 A, B주식회사에 한 구역씩을 책임구역으로 배정하고 각각 2014.12.31.까지를 대행기간으로 하는 새로운 대행계약을 체결하였다. A주식회사는 과거 안동시 전역에서 단독으로 분뇨 관련 영업을 하던 기득권이 전혀 인정되지 않은데다가 수익성이 낮은 구역을 배정받은 데 불만을 품고, B주식회사에 대한 이 사건 처분은 허가기준에 위배되는 위법한 처분이라고 주장하면서 안동시장을 상대로 2011.12.20. 관할법원에 그 취소를 구하는 행정소송을 제기하였다. 만약, 이 사건 처분의 절차가 진행 중인 상태에서 A주식회사가 안동시장을 상대로 "안동시장은 B주식회사에게 분뇨수집·운반업을 허가하여서는 아니 된다."라는 판결을 구하는 행정소송을 관할법원에 제기하였다면 이러한 소송이 현행 「행정소송법」상 허용될 수 있는가? [10점]

해설

[I] 문제의 소재

행정소송법(이하 동법이라 함) 제3조 및 제4조에 의하면 항고소송에는 취소소송, 무효등확인소송, 부작위법확인소송이 있다. A주식회사가 제기한 소송형식은 위법한 행정작용을 미리 저지할 것을 목적으로 장래에 있을 특정한 행정행위의 발동에 대한 방지를 청구하는 소송으로 소위 예방적 부작위소송이다. 이러한 소위 예방적 부작위소송이 현행 행정소송법상 허용될 수 있는가와 관련하여 소위 예방적 부작위소송이 행정소송법상 행정법원의 권한에 속하는지 문제된다.

[II] 소위 예방적 부작위소송이 행정소송법상 행정법원의 권한에 속하는지 여부

1. 학설

형식적 권력분립의 원칙에 비추어 동법 제4조는 열거규정이므로 부정하는 견해, 실질적 권력분립의 원칙에 비추어 동법 제4조는 예시규정이므로 긍정하는 견해, 처분요건이 일의적이며, 미리 구제하지 않으면 회복하기 어려운 손해발생 우려가 있고, 다른 구제수단이 없는 예외적인 경우에만 가능하다는 견해 등이 있다.

2. 판례

피고에 대하여 이 사건 신축건물의 준공처분을 하여서는 아니 된다는 내용의 부작위를 구하는 원고의 예비적 청구는 행정소송에서 허용되지 아니하는 것이므로 부적법하다.

---

8) 제1회 변호사시험 제2문 2.

3. 검토 및 소결

행정소송법은 절차법으로서 법정주의가 적용된다는 점, 항고소송은 행정청의 판단에 대한 사후적인 통제제도라는 점에 비추어 판례가 타당하다. 소위 예방적 부작위소송은 행정소송법상 행정법원의 권한에 속하지 아니한다.

Ⅲ 설문의 해결

A주식회사가 안동시장을 상대로 "안동시장은 B주식회사에게 분뇨수집·운반업을 허가하여서는 아니 된다."라는 판결을 구하는 행정소송을 관할법원에 제기하였다면 이러한 소송은 현행 행정소송법상 허용될 수 있지 않다.

박문각 공인노무사

행정소송 중
항고소송으로서
취소소송

01 | 취소소송의 제기[9]

취소소송의 제기가 적법(취소소송의 제기가 가능)하려면, 처분을 취소소송의 대상으로 취소소송의 원고적격, 취소소송의 피고적격, 취소소송의 협의의 소익, 취소소송의 제소기간, 취소소송의 관할법원, 취소소송의 행정심판전치 등의 취소소송요건을 충족하여야 한다. 갑은 을을 상대로 ○○에 대하여 취소소송을 제기하였다. 갑이 제기하는 취소소송이 적법한지와 관련하여 첫째, ○○이 취소소송의 대상이 되는지 문제된다. 둘째, 갑이 취소소송의 원고적격을 충족하는지 문제된다. 셋째, 을이 취소소송의 피고적격을 충족하는지 문제된다. 넷째, 갑의 제소가 취소소송의 협의의 소익요건을 충족하는지 문제된다. 다섯째, 갑의 제소가 취소소송의 제소기간요건을 충족하는지 문제된다. 여섯째, 갑의 제소가 취소소송의 관할법원요건을 충족하는지 문제된다. 일곱째, 갑의 제소가 취소소송의 행정심판전치요건을 충족하는지 문제된다.

제1절 | 취소소송의 대상

제1항 | 취소소송의 대상 – 처분문서가 1개(일원설에 기초한 판례의 태도를 중심으로)

type 1-1 | 취소소송의 대상이 되는 처분 : 법규에 의한 권리의 설정 또는 의무의 부담을 명하는 것

[제1문] [10] A시와 B시 구간의 시외버스 운송사업을 하고 있는 甲은 최근 자가용 이용의 급증 등으로 시외버스 운송사업을 하는 데 상당한 어려움에 처해 있다. 그런데 관할행정청 X는 甲이 운영하는 노선에 대해 인근에서 대규모 운송사업을 하고 있던 乙에게 새로이 시외버스 운송사업면허를 하였다. 甲은 X의 乙에 대한 시외버스 운송사업면허에 대하여 행정소송을 제기할 수 있는가? 15점

참조조문

「여객자동차 운수사업법」
제1조(목적)
이 법은 여객자동차 운수사업에 관한 질서를 확립하고 여객의 원활한 운송과 여객자동차 운수사업의 종합적인 발달을 도모하여 공공복리를 증진하는 것을 목적으로 한다.

---

9) 대전제 – 전제상황 – 소전제
10) 2009년 재경 기출문제 제1문 1.

> 제6조(면허 등의 기준)
> ① 여객자동차운송사업의 면허기준은 다음 각 호와 같다.
>   1. 사업계획이 당해 노선 또는 사업구역의 수송수요와 수송력 공급에 적합할 것
>   2. ~ 3. 생략

해설

① 문제의 소재

행정소송법(이하 동법이라 함) 제3조에 의하면 행정소송은 항고소송과 당사자소송, 민중소송, 기관소송이다. 甲은 동법 제45조에 의하여 민중소송과 기관소송은 제기할 수 없다. 甲은 X의 乙에 대한 시외버스 운송사업면허에 대하여 행정소송을 제기할 수 있는가와 관련하여 첫째, X의 乙에 대한 시외버스 운송사업면허가 항고소송의 대상인지 문제된다. 둘째, 기존업자인 甲이 취소소송의 원고적격을 충족하는지 문제된다.

② X의 乙에 대한 시외버스 운송사업면허가 항고소송의 대상인지 여부

1. 문제의 소재

동법 제38조 제1항, 동법 제19조와 동법 제2조 제1항 제1호에 의하면 항고소송의 대상이 되는 처분이란 행정청이 행하는 구체적 사실에 관한 법집행으로서의 공권력의 행사 또는 그 거부와 그 밖에 이에 준하는 행정작용을 말한다. X의 乙에 대한 시외버스 운송사업면허는 행정청이 행하는 구체적 사실에 관한 법집행이다. X의 乙에 대한 시외버스 운송사업면허가 항고소송의 대상인지와 관련하여 X의 乙에 대한 시외버스 운송사업면허가 항고소송의 대상이 되는 처분인지 문제된다.

2. X의 乙에 대한 시외버스 운송사업면허가 항고소송의 대상이 되는 처분인지 여부

(1) 판례

항고소송의 대상이 되는 처분은 원칙적으로 행정청의 공법상의 행위로서 특정 사항에 대하여 법규에 의한 권리의 설정 또는 의무의 부담을 명하거나 기타 법률상의 효과를 직접 발생하게 하는 등 국민의 권리·의무에 직접 관계가 있는 행위를 말한다.

(2) 사안의 경우

X의 乙에 대한 시외버스 운송사업면허는 여객자동차 운수사업법에 의하여 乙이라는 특정인에게 특정한 시외버스노선에서의 독점적인 운송사업권의 설정을 명하는 행위이므로 국민의 권리·의무에 직접 관계가 있는 행위이어서 항고소송의 대상이 되는 처분이다. 이를 강학상 특허라 한다.

3. 소결

X의 乙에 대한 시외버스 운송사업면허는 항고소송의 대상이다. 제소기간의 도과가 문제되지 아니

하므로 위법성의 확인만으로 인용판결을 받을 수 있는 취소소송의 제기가 무효확인소송의 제기보다 더 실효적이다.

Ⅲ 기존업자인 甲이 취소소송의 원고적격을 충족하는지 여부

1. 문제의 소재

동법 제12조 제1문에 의하면 취소소송은 처분의 취소를 구할 법률상 이익이 있는 자가 제기할수 있다. 기존업자인 甲이 취소소송의 원고적격을 충족하는지와 관련하여 첫째, 법률상 이익의의미와 법률의 범위가 문제된다. 둘째, 기존업자인 甲이 X의 乙에 대한 시외버스 운송사업면허의 취소를 구할 법률상 이익이 있는 자인지 문제된다.

2. 법률상 이익의 의미와 법률의 범위

통설과 판례는 법률상 이익의 의미를 취소소송의 기능과 관련하여 법률상 보호되는 이익구제설에 의해 법률상 보호되는 이익으로 보면서 그 법률의 범위를 처분의 근거법률 외에 관련 법률까지 고려한다. 사안의 근거법률은 여객자동차 운수사업법이다.

3. 기존업자인 甲이 X의 乙에 대한 시외버스 운송사업면허의 취소를 구할 법률상 이익이 있는 자인지 여부

(1) 판례

강학상 허가는 영업자유를 회복하는 데 불과하고 독점적 영업권을 부여받은 것이 아니기 때문에 신규허가로 인하여 영업상 이익이 감소된다 하더라도 이는 원고들의 반사적 이익을침해하는 것에 지나지 아니하므로 기존업자는 신규허가처분에 대하여 행정소송을 제기할법률상 이익이 없다. 반면에 사업의 면허기준이 사업에 관한 질서를 확립하고 사업의 종합적인 발달을 도모하여 공공의 복리를 증진함과 동시에 업자 간의 과당경쟁으로 인한 경영의 불합리를 미리 방지하는 데 그 목적이 있다면 기존업자는 경업자에 대하여 이루어진 면허나인·허가 등 행정처분의 상대방이 아니라 할지라도 그 처분의 취소를 구할 법률상의 이익이있다.[11]

(2) 사안의 경우

시외버스 운송사업면허의 근거법규인 여객자동차 운수사업법 제1조와 같은 법 제6조 제1항제1호의 수송수요과 수송력 공급을 고려하는 규정의 해석상 해당 업자들 사이의 과당경쟁으로 인한 경영상 불합리를 미리 방지하는 데도 그 목적이 있다고 보이므로 기존업자인 甲은X의 乙에 대한 시외버스 운송사업면허의 취소를 구할 법률상 이익이 있는 자이다.

4. 소결

기존업자인 甲은 취소소송의 원고적격을 충족한다.

---

11) 당해 처분의 근거법규의 해석상 자유롭고 공정한 경쟁을 보호하는 취지라면 기존업자의 경영상 이익의 보호와는 무관하나 과당경쟁으로 인한 경영상 불합리 방지의 취지라면 기존업자는 자신의 경영상 이익의 침해를 이유로 경쟁자소송을 제기할 수 있다. 이 두 표현 중에서 암기가 쉬운 문장을 암기하면 된다.

Ⅳ 설문의 해결

甲은 X의 乙에 대한 시외버스 운송사업면허를 대상으로 취소소송, 즉 행정소송을 제기할 수 있다.

---

type 1-2 취소소송의 대상이 되는 처분 : 기타 법률상 효과를 직접 발생하게 하는 행위들

PART
02

> **[제1문]** [12] Y구 의회의원 甲은 평소 의원간담회나 각종 회의 때 동료의원의 의견을 무시한 채 자기
> 만의 독단적인 발언과 주장으로 회의 분위기를 망치고, 'Y구 의회는 탄압의회'라고 적힌 현수막을
> Y구 청사현관에 부착하고 홀로 철야농성을 하였으며, 만취한 상태에서 공무원의 멱살을 잡는 등 추
> 태를 부려 의원으로서의 품위를 현저히 손상하였다. 이에 Y구 의회는 甲을 의원직에서 제명하는 의
> 결을 하였다. 甲은 위 제명의결에 대하여 행정소송을 제기할 수 있는가? **10점**
>
> **참조조문**
>
> ※ 아래의 법령은 문제출제 당시의 적용법령임
>
> **「지방자치법」**
>
> 제86조(징계의 사유)
>
> 지방의회는 의원이 이 법이나 자치법규에 위배되는 행위를 하면 의결로써 징계할 수 있다.
>
> 제88조(징계의 종류와 의결)
>
> ① 징계의 종류는 다음과 같다.
>   1. 공개회의에서의 경고
>   2. 공개회의에서의 사과
>   3. 30일 이내의 출석정지
>   4. 제명
> ② 제명에는 재적의원 3분의 2 이상의 찬성이 있어야 한다.

 해설

Ⅰ 문제의 소재

국회의원에 대한 제명의결은 헌법 제64조 제3항에 의하여 행정소송을 제기할 수 없는 통치행위
이다. 행정소송법(이하 동법이라 함) 제3조에 의하면 행정소송은 항고소송, 당사자소송, 민중소
송, 기관소송이다. 甲은 동법 제45조에 의하여 민중소송과 기관소송은 제기할 수 없다. 의원직제
명의결이 항고소송이 대상이라면 항고소송을 제기하여야 하고, 항고소송의 대상이 아니라면 당
사자소송을 제기할 수 있다. 甲이 제명의결에 대하여 행정소송을 제기할 수 있는가와 관련하여
Y구 의회의 의원직제명의결이 항고소송의 대상인지 문제된다.

---

12) 2009년 재경 기출문제 제2문 (1)

Ⅱ Y구 의회의 의원직제명의결이 항고소송의 대상인지 여부

1. 문제의 소재

동법 제38조 제1항, 동법 제19조와 동법 제2조 제1항 제1호에 의하면 항고소송의 대상이 되는 처분이란 행정청이 행하는 구체적 사실에 관한 법집행으로서의 공권력의 행사 또는 그 거부와 그밖에 이에 준하는 행정작용을 말한다. Y구 의회의 의원직제명의결이 항고소송의 대상인지와 관련하여 첫째, Y구 의회가 행정청인지 문제된다. 둘째, 의원직제명의결이 항고소송의 대상이 되는 처분인지 문제된다.

2. Y구 의회가 행정청인지 여부

(1) 행정청

동법 제2조 제2항에 규정된 행정청의 개념은 행정조직법상의 행정청이 아니라 행정에 관한 의사를 결정하여 표시하는 기능적 의미의 행정청이다.

(2) 사안의 경우

지방의회는 기능적으로 그 소속의원에 대한 징계의결이나 그 소속의장에 대한 불신임의결에 있어서 그 의사를 결정하고 표시하는 합의제 행정청이다. 그 소속의원 甲에 대하여 의원직제명의결을 하는 Y구 의회는 행정청이다.

3. 의원직제명의결이 항고소송의 대상이 되는 처분인지 여부

(1) 판례

항고소송의 대상이 되는 행정청의 처분은 원칙적으로 행정청의 공법상 행위로서 특정 사항에 대하여 법규에 의한 권리의 설정 또는 의무의 부담을 명하거나 기타 법률상의 효과를 직접 발생하게 하는 등 국민의 권리·의무에 직접 관계가 있는 행위를 말한다.

(2) 사안의 경우

지방의회가 그 소속의원 甲에 대하여 의원으로서의 품위손상행위를 이유로 행하는 의원직제명의결은 의원직에서의 신분박탈이라는 효과를 지방자치법 제88조 제1항 제4호에 의하여 직접 발생하게 하는 행위이므로 국민의 권리·의무에 직접 관계가 있는 행위이어서 항고소송의 대상이 되는 처분이다.

4. 소결

Y구 의회의 의원직제명의결은 항고소송의 대상이다.

Ⅲ 설문의 해결

Y구 의회의 의원직제명의결은 항고소송의 대상이다. 甲은 제명의결에 대하여 항고소송, 즉 행정소송을 제기할 수 있다.

[제2문] [13] 甲은 B광역시장의 허가를 받지 아니하고 B광역시에 공장 건물을 증축하여 사용하고 있다. 이에 B광역시장은 甲에 대하여 증축한 부분을 철거하라는 시정명령을 내렸으나 甲은 이를 이행하지 아니하고 있다. 이에 B광역시장이 甲에 대하여 일정 기간까지 이행강제금을 납부할 것을 명하였으나, 甲은 이에 불응하였다. B광역시장은 「지방세외수입금의 징수 등에 관한 법률」 제8조에 따라 다시 甲에게 일정 기간까지 위 이행강제금을 납부할 것을 독촉하였을 때, 위 독촉행위는 항고소송의 대상이 되는가? **10점**

참조조문

※ 아래의 법령은 문제출제 당시의 적용법령임

「건축법」

제80조(이행강제금)

① 허가권자는 제79조 제1항에 따라 시정명령을 받은 후 시정기간 내에 시정명령을 이행하지 아니한 건축주 등에 대하여는 그 시정명령의 이행에 필요한 상당한 이행기한을 정하여 그 기한까지 시정명령을 이행하지 아니하면 다음 각 호의 이행강제금을 부과한다.

　　1. ~ 2. (생략)

⑦ 허가권자는 제4항에 따라 이행강제금 부과처분을 받은 자가 이행강제금을 납부기한까지 내지 아니하면 「지방세외수입금의 징수 등에 관한 법률」에 따라 징수한다.

「지방세외수입금의 징수 등에 관한 법률」

제2조(정의)

이 법에서 사용하는 용어의 뜻은 다음과 같다.

1. "지방세외수입금"이란 지방자치단체의 장이 행정목적을 달성하기 위하여 법률에 따라 부과·징수하는 조세 외의 금전으로서 과징금, 이행강제금, 부담금 등 대통령령으로 정하는 것을 말한다.

제8조(독촉)

① 납부의무자가 지방세외수입금을 납부기한까지 완납하지 아니한 경우에는 지방자치단체의 장은 납부기한이 지난 날부터 50일 이내에 독촉장을 발급하여야 한다.

② 제1항에 따라 독촉장을 발급할 때에는 납부기한을 발급일부터 10일 이내로 한다.

제9조(압류의 요건 등)

① 지방자치단체의 장은 체납자가 제8조에 따라 독촉장을 받고 지정된 기한까지 지방세외수입금과 가산금을 완납하지 아니한 경우에는 체납자의 재산을 압류한다.

 해설

☐ **문제의 소재**

　행정소송법(이하 동법이라 함) 제38조 제1항, 동법 제19조와 동법 제2조 제1항 제1호에 의하면 항고소송의 대상이 되는 처분이란 행정청이 행하는 구체적 사실에 관한 법집행으로서의 공권력

────────────

13) 2016년 행시 기출문제 제2문 2)

의 행사 또는 그 거부와 그밖에 이에 준하는 행정작용을 말한다. B광역시장이 지방세외수입금의 징수 등에 관한 법률 제8조에 따라 다시 甲에게 일정 기간까지 이행강제금을 납부할 것을 독촉한 것은 행정청이 행하는 구체적 사실에 관한 법집행이다. 독촉행위가 항고소송의 대상이 되는가와 관련하여 B광역시장이 甲에게 행한 이행강제금 납부독촉이 항고소송의 대상이 되는 처분인지 문제된다.

Ⅱ B광역시장이 甲에게 행한 이행강제금 납부독촉이 항고소송의 대상이 되는 처분인지 여부

1. 판례

항고소송의 대상이 되는 행정처분이라 함은 원칙적으로 행정청의 공법상 행위로서 특정 사항에 대하여 법규에 의한 권리의 설정 또는 의무의 부담을 명하거나 기타 법률상 효과를 직접 발생하게 하는 등 국민의 권리·의무에 직접 영향을 미치는 행위를 말한다.

2. 사안의 경우

B광역시장이 甲에게 행한 독촉은 '지방세외수입금의 징수 등에 관한 법률' 제8조 제1항에 의한 통지행위이나 체납액을 완납하지 아니한 경우 '지방세외수입금의 징수 등에 관한 법률' 제9조 제1항의 법률상 효과로서 체납자의 재산압류가 직접 발생하게 되므로 국민의 권리·의무에 직접 영향을 미치는 행위이어서 항고소송의 대상이 되는 처분이다. 이를 준법률행위적 행정행위로서 강학상 통지라 한다.

Ⅲ 설문의 해결

B광역시장이 甲에게 행한 이행강제금 납부독촉은 항고소송의 대상이 된다.

---

type 1-3 취소소송의 대상이 되는 처분 : 국민의 실체적 권리관계에 밀접한 관련이 있는 행위

[제1문] [14] 갑은 1974.5.25. ○○시 ○○구 ○○동 58의1 대 155㎡, 같은 동 59의1 대 162㎡ (이하 '이 사건 토지'라 한다)에 대한 소유권을 취득하였는데, 본래 이 사건 토지의 지목이 '대'였음에 도 관할행정청 을은 1975.7.28. 직권으로 그 지목을 '대'에서 '전'으로 변경하였다. 갑은 2005.7.25. 을에게 이 사건 토지에 관하여 '대'에서 '전'으로 지목을 변경한 조치는 아무런 법적 근거가 없는 무효이므로 지목을 '대'로 환원하여 달라는 취지의 토지지목정정신청을 하였다. 그러나 을은 같은 달 27. 이 사건 토지는 「지적법」 제21조, 제24조가 정하는 등록사항정정 대상 또는 지목변경 대상 토지가 아니라는 이유로 청구인의 위 신청을 반려하였다. 이에 갑은 취소소송을 제기하고자 한다. 그 신청한 행위인 토지지목정정행위는 취소소송의 대상인가? 15점

---

14) 출제예상문제, 대판 2004.4.22, 2003두9015 전합판결

PART
02

참조조문

※ 아래의 법령은 문제출제 당시의 적용법령임

구 「지적법」(2001.1.26. 법률 제6389호로 전문개정되기 전의 것)

제3조(토지의 등록 등)

① 국가는 이 법이 정하는 바에 따라 모든 토지를 필지마다 지번·지목·경계 또는 좌표와 면적을 정하여 지적공부에 등록하여야 한다.

② 지적공부에 등록할 지번·지목·경계 또는 좌표와 면적은 신규등록할 토지가 생기거나 토지의 이동이 있을 때에 토지소유자(宗中·門中 기타 代表者나 管理人이 있는 法人 아닌 社團이나 財團의 경우에는 그 代表者나 管理人을 말한다. 이하 같다)의 신청에 의하여 소관청이 이를 결정한다. 다만, 신청이 없는 때에는 소관청이 직권으로 이를 조사 또는 측량하여 결정한다.

제20조(지목변경신청)

토지의 지목이 다르게 된 때에는 토지소유자는 대통령령이 정하는 바에 의하여 60일 이내에 소관청에 지목변경을 신청하여야 한다.

제38조(등록사항의 정정)

② 토지소유자는 지적공부의 등록사항에 오류가 있음을 발견한 때에는 소관청에 그 정정을 신청할 수 있다.

 해설

① 문제의 소재

행정소송법(이하 동법이라 함) 제19조와 동법 제2조 제1항 제1호에 의하면 취소소송의 대상이 되는 처분이란 행정청이 행하는 구체적 사실에 관한 법집행으로서의 공권력의 행사 또는 그 거부와 그밖에 이에 준하는 행정작용이다. 그 신청한 행위인 토지지목정정행위가 취소소송의 대상이 되는가와 관련하여 토지지목정정행위가 취소소송의 대상이 되는 처분인지 문제된다.

② 토지지목정정행위가 취소소송의 대상이 되는 처분인지 여부

1. 판례

취소소송의 대상이 되는 행정청의 처분은 원칙적으로 행정청의 공법상 행위로서 특정 사항에 대하여 법규에 의한 권리의 설정 또는 의무의 부담을 명하거나 기타 법률상의 효과를 직접 발생하게 하는 등 국민의 권리·의무에 직접 관계가 있는 행위를 말한다.

2. 사안의 경우

지목은 토지행정의 기초[15]로서 공법상의 법률관계에 영향을 미치고, 토지소유권을 제대로 행사하기 위한 전제요건[16]으로서 토지소유자의 실체적 권리관계에 밀접하게 관련되어 있으므로 토지지목정정행위는 국민의 권리·의무에 직접 관계가 있는 행위이어서 취소소송의 대상이 되는 처분이다.

---

15) 토지에 대한 공법상의 규제, 개발부담금의 부과대상, 지방세의 과세대상, 공시지가의 산정, 손실보상가액의 산정 등

16) 토지소유자는 지목을 토대로 토지의 사용·수익·처분에 일정한 제한을 받게 되는 점 등을 고려하면,

III 설문의 해결

그 신청한 행위인 토지지목정정행위는 취소소송의 대상이 된다.

type 1-4 취소소송의 대상이 되는 처분 : 신고를 수리하는 허가관청의 행위

[제1문] 17) 甲은 「식품위생법」상의 식품접객업영업허가를 받아 유흥주점을 영위하여 오다가 17세의 가출 여학생을 고용하던 중, 「식품위생법」 제44조 제2항 제1호의 "청소년을 유흥접객원으로 고용하여 유흥행위를 하게 하는 행위"를 한 것으로 적발되었다. 관할행정청이 제재처분을 하기에 앞서 甲은 乙에게 영업관리권만을 위임하였는데 乙은 甲의 인장과 관계서류를 위조하여 관할행정청에 영업자지위승계신고를 하였고, 그 신고가 수리되었다. 영업자지위승계신고 및 수리의 법적 성질을 검토하시오. 10점

📖 해설

I 문제의 소재

사인의 공법행위인 신고에는 자체완성적 신고와 수리를 요하는 신고가 있다. 수리를 요하는 신고에 대한 수리가 준법률행위적 행정행위로서 취소소송의 대상이 되는 처분이 된다. 乙은 甲의 인장과 관계서류를 위조하여 관할행정청에 영업자지위승계신고를 하였고, 그 신고가 수리되었다. 영업자지위승계신고 및 수리의 법적 성질과 관련하여 첫째, 식품접객업 영업자지위승계신고의 법적 성질이 자족적 신고인지 수리를 요하는 신고인지 문제된다. 둘째, 영업자지위승계신고수리의 법적 성질이 취소소송의 대상인지 문제된다.

II 식품접객업 영업자지위승계신고의 법적 성질이 자족적 신고인지 수리를 요하는 신고인지 여부

1. 판례

영업자지위의 승계가 이루어지는 영업의 종류가 자체완성적 신고업이라면 영업자지위승계신고도 자체완성적 신고이고, 수리를 요하는 신고업이나 허가업이라면 영업자지위승계신고는 수리를 요하는 신고이다. 개별법령이 등록규정과 신고규정으로 구별되어 규정된 경우에는 등록은 수리를 요하는 신고이고, 신고는 자족적 신고이다. 개별법령이 신고규정으로 일의적으로 규정된 경우에는 문언의 합리적이고도 유기적인 해석상 형식적 요건심사에 그치는 신고는 자족적 신고이고, 실질적 요건심사까지 나아가면 수리를 요하는 신고이다. 강학상 허가는 상대적 금지를 해제하여 자연적 자유를 회복시켜주는 행위이므로 실질적 요건심사를 행한다.

---

17) 2009년 일행 기출문제 제1문 1)

2. 사안의 경우

식품접객업영업허가의 법적 성질은 상대적 금지를 해제하여 식품접객업영업이라는 직업의 자유를 회복시켜주는 행위이므로 강학상 허가이다. 강학상 허가업인 식품접객업 영업자지위승계신고에 대한 심사의 내용은 양도인에 대한 허가철회와 양수인에 대한 허가요건의 충족여부에 대한 심사로서 실질적 요건심사이므로 식품접객업 영업자지위승계신고의 법적 성질은 수리를 요하는 신고이다.

Ⅲ 영업자지위승계신고수리의 법적 성질이 취소소송의 대상인지 여부

식품접객업영업양도에 따른 영업자지위승계신고수리의 법적 성질은 수리를 요하는 신고에 대한 수리이다. 이는 준법률행위적 행정행위이므로 행정소송법(이하 동법이라 함) 제19조와 동법 제2조 제1항 제1호에 의하여 취소소송의 대상이 되는 처분이 된다. 영업자지위승계신고수리의 법적 성질은 취소소송의 대상이다.

Ⅳ 설문의 해결

수리를 요하는 신고업인 식품접객업에서의 영업자지위승계신고의 법적 성질은 수리를 요하는 신고이다. 영업자지위승계신고수리의 법적 성질은 취소소송의 대상이다.

[제2문] [18] 甲은 乙로부터 2014.10.7. A시 B구 소재 이용원영업을 양도받고 관할행정청인 B구 구청장 X에게 영업자지위승계신고를 하였다. 그런데 甲은 위 영업소를 운영하던 중, 2014.12.16. C경찰서 소속 경찰관에 의해 「성매매알선 등 행위의 처벌에 관한 법률」 위반으로 적발되었다. 구청장 X는 2014.12.19. 甲에 대하여 3월의 영업정지처분을 하였다. 한편 乙은 이미 같은 법 위반으로 2014년 7월부터 9월까지 2월의 영업정지처분을 받은 바 있었다. 그 후 2015.5.6. B구청 소속 공무원들은 위생 관리 실태를 검사하기 위하여 위 영업소에 들어갔다가 甲이 여전히 손님에게 성매매알선 등의 행위를 하는 것을 적발하였다. 이에 구청장 X는 이미 乙이 제1차 영업정지처분을 받았고, 甲이 제2차 영업정지처분을 받았음을 이유로 2015.5.6.에 적발된 위법행위에 대하여 甲에게 「공중위생관리법」 제11조 제1항 및 제2항, 같은 법 시행규칙 제19조 [별표 7] 행정처분기준에 따라 적법한 절차를 거쳐서 가중된 제재처분인 영업소폐쇄명령을 내렸다. 甲의 영업소 바로 인근에서 이용업을 행해온 丙은 甲이 이전에 「성매매알선 등 행위의 처벌에 관한 법률」을 위반하여 폐쇄명령을 받은 전력이 있음에도 불구하고 구청장 X가 甲의 영업자지위승계신고를 받아주었음을 이유로 하여 이를 취소소송으로 다투고자 한다. 구청장 X가 甲의 영업자지위승계신고를 받아들인 행위는 丙이 제기하는 취소소송의 대상이 되는가? 10점

---

18) 2015년 사시 기출문제 제1문 2.

참조조문

※ 아래의 법령은 문제출제 당시의 적용법령임

「공중위생관리법」

제3조의2(공중위생영업의 승계)

① 공중위생영업자가 그 공중위생영업을 양도하거나 사망한 때 또는 법인의 합병이 있는 때에는 그 양수인·상속인 또는 합병 후 존속하는 법인이나 합병에 의하여 설립되는 법인은 그 공중위생영업자의 지위를 승계한다.

② ~ ③ (생략)

④ 제1항 또는 제2항의 규정에 의하여 공중위생영업자의 지위를 승계한 자는 1월 이내에 보건복지부령이 정하는 바에 따라 시장·군수 또는 구청장에게 신고하여야 한다.

제11조(공중위생영업소의 폐쇄 등)

① 시장·군수·구청장은 공중위생영업자가 이 법 또는 이 법에 의한 명령에 위반하거나 또는 「성매매알선 등 행위의 처벌에 관한 법률」·「풍속영업의 규제에 관한 법률」·「청소년 보호법」·「의료법」에 위반하여 관계행정기관의 장의 요청이 있는 때에는 6월 이내의 기간을 정하여 영업의 정지 또는 일부 시설의 사용중지를 명하거나 영업소폐쇄 등을 명할 수 있다. 다만, 관광숙박업의 경우에는 당해 관광숙박업의 관할행정기관의 장과 미리 협의하여야 한다.

② 제1항의 규정에 의한 영업의 정지, 일부 시설의 사용중지와 영업소폐쇄명령 등의 세부적인 기준은 보건복지부령으로 정한다.

해설

① 문제의 소재

사인의 공법행위인 신고에는 자체완성적 신고와 수리를 요하는 신고가 있다. 수리를 요하는 신고에 대한 수리가 준법률행위적 행정행위로서 행정소송법(이하 동법이라 함) 제19조와 동법 제2조 제1항 제1호에 의하여 취소소송의 대상이 된다. 구청장 X가 甲의 영업자지위승계신고를 받아들인 행위가 丙이 제기하는 취소소송의 대상이 되는가와 관련하여 이용원 영업자지위승계신고의 법적 성질이 자족적 신고인지 수리를 요하는 신고인지 문제된다.

② 이용원 영업자지위승계신고의 법적 성질이 자족적 신고인지 수리를 요하는 신고인지 여부

1. 판례

영업자지위의 승계가 이루어지는 영업의 종류가 자체완성적 신고업이라면 영업자지위승계신고도 자체완성적 신고이고, 수리를 요하는 신고업이나 허가업이라면 영업자지위승계신고는 수리를 요하는 신고이다. 개별법령이 등록규정과 신고규정으로 구별되어 규정된 경우에는 등록은 수리를 요하는 신고이고, 신고는 자족적 신고이다. 개별법령이 신고규정으로 일의적으로 규정된 경우에는 문언의 합리적이고도 유기적인 해석상 형식적 요건심사에 그치는 신고는 자족적 신고이고, 실질적 요건심사까지 나아가면 수리를 요하는 신고이다. 강학상 허가는 상대적 금지를 해제하여 자연적 자유를 회복시켜주는 행위이므로 실질적 요건심사를 행한다.

2. 사안의 경우

이용원영업허가의 법적 성질은 상대적 금지를 해제하여 이용원영업이라는 직업의 자유를 회복시켜주는 행위이므로 강학상 허가이다. 강학상 허가업인 이용원 영업자지위승계신고에 대한 심사의 내용은 양도인에 대한 허가철회와 양수인에 대한 허가요건의 충족 여부에 대한 심사로서 실질적 요건심사이므로 이용원 영업자지위승계신고의 법적 성질은 수리를 요하는 신고이다.

Ⅲ 설문의 해결

구청장 X가 甲의 영업자지위승계신고를 받아들인 행위는 수리를 요하는 신고에 대한 수리이다. 이는 준법률행위적 행정행위로서 동법 제19조와 제2조 제1항 제1호에 의하여 취소소송의 대상이 된다. 구청장 X가 甲의 영업자지위승계신고를 받아들인 행위는 丙이 제기하는 취소소송의 대상이 된다.[19]

---

type 2 **취소소송의 대상이 되는 처분 : 행정청이 행하는 구체적 사실에 관한 법집행으로서의 그밖에 이에 준하는 행정작용**[20]

> **[제1문]**[21] 행정청 乙의 관할구역 내에 있는 A도시공원을 찾는 등산객이 증가하고 있다. 등산객들이 공원입구를 주차장처럼 이용하여 공원의 경관과 이미지를 훼손하고 있다. 이에 관할행정청 乙은 이곳에 휴게 광장을 조성하여 주민들에게 만남의 장소를 제공하고, 도시 경관을 향상시키기 위해 甲의 토지를 포함한 일단의 지역에 대해서 광장의 설치를 목적으로 하는 도시관리계획을 입안·결정하였다. 그런데 행정청 乙은 지역 발전에 대한 의욕이 앞선 나머지 인구, 교통, 환경, 토지이용 등에 대한 기초조사를 하지 않고 도시관리계획을 입안·결정하였다. 甲은 자신의 토지전부를 광장에 포함시키는 乙의 도시관리계획 입안·결정이 법적으로 문제가 있다고 보고, 위 도시관리계획결정의 취소를 구하는 소송을 제기하였다. 위 도시관리계획결정은 취소소송의 대상이 되는가? 10점

---

19) 관광진흥법 제8조 제4항에 의한 지위승계신고를 수리하는 허가관청의 행위는 단순히 양도·양수인 사이에 이미 발생한 사법상 사업양도의 법률효과에 의하여 양수인이 그 영업을 승계하였다는 사실의 신고를 접수하는 행위에 그치는 것이 아니라, 영업허가자의 변경이라는 법률효과를 발생시키는 행위이다(대판 2012.12.13, 2011두29144). 이에 대해서 영업자지위승계신고는 법령의 규정에 의한 당연승계이므로 자체완성적 신고라는 견해가 있다.

20) 행정청이 행하는 구체적 사실에 관한 법집행으로서 공권력 행사를 강학상 행정행위로 보는 시각(일원설)에 따른 문제풀이방식이다.

21) 2009년 사시 기출문제 제1문 1.

📖 해설

Ⅰ 문제의 소재

행정소송법(이하 동법이라 함) 제19조와 동법 제2조 제1항 제1호에 의하면 취소소송의 대상이 되는 처분이란 행정청이 행하는 구체적 사실에 관한 법집행으로서의 공권력의 행사 또는 그 거부와 그밖에 이에 준하는 행정작용을 말한다. 도시관리계획결정이 취소소송의 대상이 되는가와 관련하여 첫째, 도시관리계획결정의 법적 성질이 문제된다. 둘째, 도시관리계획결정이 취소소송의 대상이 되는 처분인지 문제된다.

Ⅱ 도시관리계획결정의 법적 성질

행정계획이란 도시의 건설·정비·개량 등과 같은 특정한 행정목표를 달성하기 위하여 행정에 관한 전문적·기술적 판단을 기초로 관련되는 행정수단을 종합·조정함으로써 장래의 일정한 시점에 일정한 질서를 실현하기 위하여 설정한 활동기준이나 그 설정행위이다. 도시관리계획은 광장의 설치라는 행정목표를 달성하기 위하여 甲의 토지를 포함한 일단의 지역이라는 행정수단을 종합·조정함으로써 휴게 광장 조성을 통한 만남의 장소 제공과 도시 경관의 향상이라는 장래의 일정한 시점에 일정한 질서를 실현하기 위한 설정행위이므로 행정계획이다. 일원설과 일원설에 기초한 판례에 의하면 행정계획은 그 밖에 행정작용이다.

Ⅲ 도시관리계획결정이 취소소송의 대상이 되는 처분인지 여부

1. 판례

취소소송의 대상이 되는 처분이란 행정청의 공법상 행위로서 특정 사항에 관하여 법규에 의한 권리의 설정 또는 의무의 부담을 명하거나 기타 법률상 효과를 직접 발생하게 하는 등 국민의 권리·의무에 직접 관련 있는 행위를 말한다.

2. 사안의 경우

광장의 설치를 목적으로 하는 도시관리계획결정은 입안·결정되면 그 도시관리계획구역 안의 토지소유자에게 토지형질변경금지, 건물소유자에게 건축물의 신축·개축·증축금지 등 권리행사에 일정한 제한을 가하는 의무의 부담을 명하므로 국민의 권리·의무에 직접 관련 있는 행위이어서 취소소송의 대상이 되는 처분이다.

Ⅳ 설문의 해결

도시관리계획결정은 그 밖에 행정작용이나 취소소송의 대상이 되는 처분이므로 행정청이 행하는 구체적 사실에 관한 법집행으로서의 그밖에 이에 준하는 행정작용이다. 이에 대해서 도시관리계획결정은 행정청이 행하는 구체적 사실에 관한 법집행으로서의 공권력의 행사이면서 개별적·직접적·구체적·외부효를 가진 법적 행위이므로 취소소송의 대상이 된다는 견해가 있다. 어느 견해에 의하든 도시관리계획결정에 대해 취소소송을 통하여 다툴 수 있다.

[제2문] [22] 甲과 乙은 丙 소유의 집에 동거 중이다. 甲은 乙의 외도를 의심하여 식칼로 乙을 수차례 위협하였다. 이를 말리던 乙의 모(母) 丁이 112에 긴급신고함에 따라 출동한 경찰관 X는 신고현장에 진입하고자 대문 개방을 요구하였다. 甲이 대문 개방을 거절하자 경찰관 X가 시건 장치를 강제적으로 해제하고 집 안으로 진입하였고, 그 순간에 甲은 乙의 왼팔을 칼로 찔러 경미한 상처를 입혔다. 경찰관 X는 현행범으로 체포된 甲이 경찰관 X의 요구에 순순히 응하였기 때문에, 甲에게 수갑을 채우지 않았고 신체나 소지품에 대한 수색도 제대로 하지 않은 채 지구대로 연행하였다. 그 후 乙이 피해자 진술을 하기 위해 지구대에 도착하자마자 甲은 경찰관 X의 감시 소홀을 틈타 가지고 있던 접이식 칼로 乙의 가슴부위를 찔러 사망하게 하였다. 경찰관 X의 강제적 시건 장치 해제의 법적 성격은 무엇인가? **10점**

해설

Ⅰ 문제의 소재

행정소송법(이하 동법이라 함) 제19조와 동법 제2조 제1항 제1호에 의하면 취소소송의 대상이 되는 처분이란 행정청이 행하는 구체적 사실에 관한 법집행으로서의 공권력의 행사 또는 그 거부와 그밖에 이에 준하는 행정작용을 말한다. 경찰관 X의 강제적 시건 장치 해제의 법적 성격과 관련하여 첫째, 경찰관 X의 강제적 시건 장치 해제의 법적 성질이 문제된다. 둘째, 경찰관 X의 강제적 시건 장치 해제가 취소소송의 대상이 되는 처분인지 문제된다.

Ⅱ 경찰관 X의 강제적 시건 장치 해제의 법적 성질

행정상 사실행위란 행정기관이 국민의 권리 또는 의무 등의 법률적인 변동을 기대하지 않고 도로청소·가로수정비 등 순전히 사실적인 행위를 통하여 결과의 실현을 목적으로 하는 행위이다. 경찰관 X의 강제적 시건 장치 해제는 순전히 시건 장치 해제행위를 통하여 시건 장치의 해제라는 결과의 실현을 목적으로 하는 행위이므로 행정상 사실행위이다. 일원설과 일원설에 기초한 판례에 의하면 행정상 사실행위는 강학상 행정행위밖에 행정작용이다.

Ⅲ 경찰관 X의 강제적 시건 장치 해제가 취소소송의 대상이 되는 처분인지 여부

1. 판례

취소소송의 대상이 되는 처분이란 행정청의 공법상 행위로서 특정 사항에 관하여 법규에 의한 권리의 설정 또는 의무의 부담을 명하거나 기타 법률상 효과를 직접 발생하게 하는 등 국민의 권리·의무에 직접 관련 있는 행위를 말한다.

---

22) 2016년 사시 기출문제 제2문의2 (1)

2. 사안의 경우

경찰관 X의 강제적 시건 장치 해제는 상대방의 동의를 얻지 않고 상대방의 재산에 대해 강제적으로 이루어지는 물리력의 행사이지만 경찰관직무집행법상의 직무행위로서 상대방에게 그 행위를 수인하여야 하는 수인의무의 부담을 명하므로 국민의 권리·의무에 직접 관련 있는 행위이어서 취소소송의 대상이 되는 처분이다.

Ⅳ 설문의 해결

경찰관 X의 강제적 시건 장치 해제는 행정청이 행하는 구체적 사실에 관한 법집행으로서의 그밖에 행정작용이나 취소소송의 대상이 되는 처분이어서 그밖에 이에 준하는 행정작용이다. 이에 대해서 경찰관 X의 강제적 시건 장치 해제는 행정청이 행하는 구체적 사실에 관한 법집행으로서의 공권력의 행사이면서 개별적·직접적·구체적·외부효를 가진 법적 행위이므로 취소소송의 대상이 된다는 견해가 있다. 어느 견해에 의하든 경찰관 X의 강제적 시건 장치 해제의 법적 성격은 취소소송의 대상이 되어 취소소송으로 다툴 수 있다.

[제3문] 23) 甲은 ○○의원을 경영하고 있는데, ○○의원이 담당하고 있는 진료과목과 동일한 과목을 진료하는 의료기관은 관내에는 달리 없다. 보건복지부 소속 공무원 乙은 甲이 B 바이오회사의 C 치료재료에 대해 국민건강보험공단에 청구한 금액이 「치료재료 급여·비급여목록 및 급여상한금액표」(보건복지부 고시 제2015-00호, 2015.3.12. 이하 "고시"라 한다)에 따른 급여금액보다 5,000만원을 상회하였음을 적발하였다. 이 조사결과에 기초하여 보건복지부장관은 ○○의원 대표 甲에게 「국민건강보험법」 제98조에 따라 90일 업무정지처분을 하고, 동법 제100조에 의거하여 그 위반사실을 공표하였다. 甲은 처치에 사용하기 위하여 필요한 재료의 구입금액보다 급여상한금액을 현저히 저렴하게 책정한 "고시"에 대하여 다투고자 한다. "고시"가 취소소송의 대상이 되는가? 10점

 해설

Ⅰ 문제의 소재

행정소송법(이하 동법이라 함) 제19조와 동법 제2조 제1항 제1호에 의하면 취소소송의 대상이 되는 처분이란 행정청이 행하는 구체적 사실에 관한 법집행으로서의 공권력의 행사 또는 그 거부와 그밖에 이에 준하는 행정작용을 말한다. "고시"가 취소소송의 대상이 되는가와 관련하여 첫째, 보건복지부 고시의 법적 성질이 문제된다. 둘째, 보건복지부 고시가 취소소송의 대상이 되는 처분인지 문제된다.

---

23) 출제예상문제

Ⅱ 보건복지부 고시의 법적 성질

1. 판례

수임행정기관이 행정규칙의 형식으로 그 법령의 내용이 될 사항을 구체적으로 정하고 있는 경우, 그러한 행정규칙은 행정기관에 법령의 구체적 내용을 보충할 권한을 부여한 법령규정의 효력[24]에 의하여 그 내용을 보충하는 기능을 갖게 되고, 따라서 당해 법령의 위임한계를 벗어나지 아니하는 한 그것들과 결합하여 대외적인 구속력이 있는 법규명령으로서의 효력을 갖게 된다.

2. 사안의 경우

보건복지부 고시는 보건복지부장관에게 요양급여의 구체적 내용을 보충할 권한을 부여한 국민건강보험법 제46조, 국민건강보험법 시행령 제22조의 효력에 의하여 요양급여의 범위를 보충하는 기능을 가지면서 그 위임의 한계를 벗어나지 아니하였으므로 국민건강보험법, 국민건강보험법 시행령과 결합하여 법규명령으로서의 효력을 가진다. 이를 법령보충적 행정규칙이라 한다. 일원설과 일원설에 기초한 판례에 의하면 법규명령으로서의 효력을 갖게 되는 보건복지부 고시는 그 밖에 행정작용이다.

Ⅲ 보건복지부 고시가 취소소송의 대상이 되는 처분인지 여부

1. 판례

취소소송의 대상이 되는 처분은 원칙적으로 행정청의 공법상 행위로서 특정 사항에 대하여 법규에 의한 권리의 설정 또는 의무의 부담을 명하거나 기타 법률상의 효과를 직접 발생하게 하는 등 국민의 권리 · 의무에 직접 관계가 있는 행위를 말한다.

2. 사안의 경우

보건복지부 고시는 특정 치료재료의 코드, 품명, 규격, 제조회사, 상한금액을 구체적으로 직접 규율하고 있으므로 국민의 권리 · 의무에 직접 관계가 있는 행위이어서 취소소송의 대상이 되는 처분이다.

Ⅳ 설문의 해결

보건복지부 고시의 법적 성질은 행정청이 행하는 구체적 사실에 관한 법집행으로서의 그밖에 행정작용이나 취소소송의 대상이 되는 처분이므로 그밖에 이에 준하는 행정작용이다. 이에 대해서 보건복지부 고시는 행정청이 행하는 구체적 사실에 관한 법집행으로서의 공권력의 행사이면서 개별적 · 직접적 · 구체적 · 외부효를 가진 법적 행위이므로 취소소송의 대상이 된다는 견해가 있다. 어느 견해에 의하든 보건복지부 고시의 법적 성질은 취소소송의 대상이 되어 취소소송으로 다툴 수 있다.

---

24) 〈두문자암기 : 행법구보법〉

type 3-1 취소소송의 대상이 되는 거부처분

[제1문] [25] 甲은 주택을 소유하고 있었는데 그 지역이 한국토지주택공사가 사업자가 되어 시행하는 주택건설사업의 사업시행지구로 편입되면서 甲의 주택도 수용되었다. 사업시행자인 한국토지주택공사는 「공익사업을 위한 토지 등의 취득 및 보상에 관한 법률」 제78조에 따라 이주대책의 일환으로 주택특별공급을 실시하기로 하였다. 그 후 甲은 「주택공급에 관한 규칙」 제19조 제1항 제3호 규정에 따라 A아파트 입주권을 특별분양하여 줄 것을 신청하였다. 그런데 한국토지주택공사는 甲이 A아파트의 입주자모집 공고일을 기준으로 무주택세대주가 아니어서 특별분양대상자에 해당되지 않는다는 이유로 특별분양신청을 거부하였다. 甲이 한국토지주택공사를 피고로 하여 특별분양신청거부처분취소소송을 제기한 경우 그 적법성은? (제소기간은 준수한 것으로 본다) ▮15점▮

참조조문

※ 아래의 법령은 문제출제 당시의 적용법령임

「**주택공급에 관한 규칙**」(국토교통부령)

제19조(주택의 특별공급)

① 사업주체가 국민주택 등의 주택을 건설하여 공급하는 경우에는 제4조에도 불구하고 입주자모집공고일 현재 무주택세대주로서 다음 각 호의 어느 하나에 해당하는 자에게 관련기관의 장이 정하는 우선순위 기준에 따라 1회(제3호·제4호·제4호의2에 해당하는 경우는 제외한다)에 한정하여 그 건설량의 10퍼센트의 범위에서 특별공급할 수 있다. 다만, 시·도지사의 승인을 받은 경우에는 10퍼센트를 초과하여 특별공급할 수 있다.

  3. 다음 각 목의 어느 하나에 해당하는 주택(관계법령에 의하여 허가를 받거나 신고를 하고 건축하여야 하는 경우에 허가를 받거나 신고를 하지 아니하고 건축한 주택을 제외한다)을 소유하고 있는 자로서 당해 특별시장·광역시장·시장 또는 군수가 인정하는 자

    가. 국가·지방자치단체·한국토지주택공사 및 지방공사인 사업주체가 당해 주택건설사업을 위하여 철거하는 주택

「**한국토지주택공사법**」

제1조(목적)

이 법은 한국토지주택공사를 설립하여 토지의 취득·개발·비축·공급, 도시의 개발·정비, 주택의 건설·공급·관리 업무를 수행하게 함으로써 국민주거생활의 향상 및 국토의 효율적인 이용을 도모하여 국민경제의 발전에 이바지함을 목적으로 한다.

제8조(사업)

① 공사는 제1조의 목적을 달성하기 위하여 다음 각 호의 사업을 행한다.

  3. 주택(복리시설을 포함한다)의 건설·개량 … 매입·비축·공급·임대 및 관리

---

25) 2012년 사시 기출문제 제1문 1.

해설

① 문제의 소재

취소소송의 제기가 적법하려면, 취소소송의 대상적격, 취소소송의 원고적격, 취소소송의 피고적격, 취소소송의 협의의 소익, 취소소송의 제소기간, 취소소송의 관할법원, 취소소송의 행정심판의 전치 등 취소소송요건을 충족하여야 한다. 甲이 한국토지주택공사를 피고로 하여 특별분양신청거부처분취소소송을 제기한 경우 그 적법성과 관련하여 첫째, 한국토지주택공사의 특별분양신청의 거부가 취소소송의 대상이 되는 거부처분인지 문제된다. 둘째, 한국토지주택공사가 취소소송의 피고적격을 충족하는지 문제된다.

② 한국토지주택공사의 특별분양신청의 거부가 취소소송의 대상이 되는 거부처분인지 여부

1. 문제의 소재

행정소송법(이하 동법이라 함) 제19조와 동법 제2조 제1항 제1호에 의하면 취소소송의 대상이 되는 처분이란 행정청이 행하는 구체적 사실에 관한 법집행으로서의 공권력의 행사 또는 그 거부와 그밖에 이에 준하는 행정작용을 말한다. 판례에 의하면 거부가 취소소송의 대상이 되는 거부처분이 되려면, 그 신청한 행위가 처분이어야 하고, 그 거부행위가 신청인의 법률관계에 어떤 변동을 일으키는 것이어야 하며, 그 국민에게 그 행위발동을 요구할 법규상 또는 조리상의 신청권이 있어야 한다.[26] 신청권이 있는 처분에 대한 거부행위는 신청인의 법적 상태에 변동을 초래한다고 본다.[27] 한국토지주택공사의 특별분양신청의 거부가 취소소송의 대상이 되는 거부처분인지와 관련하여 첫째, 한국토지주택공사가 행정청인지 문제된다. 둘째, 그 신청한 행위인 특별분양이 처분인지 문제된다. 셋째, 그 국민에게 그 특별분양의 발동을 요구할 법규상 또는 조리상 신청권이 있는지 문제된다.

2. 한국토지주택공사가 행정청인지 여부

(1) 행정청의 의의

동법 제2조 제2항에 의하면 이 법을 적용함에 있어서 행정청에는 법령에 의하여 행정권한의 위임 또는 위탁을 받은 행정기관, 공공단체 및 그 기관 또는 사인이 포함된다. 판례는 행정청은 행정조직법상의 행정청이 아니라 기능적 의미의 행정청이라 한다.

(2) 사안의 경우

한국토지주택공사는 한국토지주택공사법 제8조 제1항 제3호에 의하여 국가사무인 주택관련

---

26) 대판 2011.9.29, 2010두26339 〈두문자암기 : 그신/그거/그국〉

27) 행정청이 국민의 신청에 대하여 한 거부처분도 행정처분의 하나로 항고소송의 대상이 되는 것이나, 그 거부행위가 행정처분이 된다고 하기 위하여는 국민이 그 신청에 따른 행정행위를 해줄 것을 요구할 수 있는 법규상 또는 조리상의 권리가 있어야 하며, 이러한 권리에 의하지 아니한 국민의 신청을 행정청이 받아들이지 아니하고 거부한 경우에는 이로 인하여 신청인의 권리나 법적이익에 어떤 영향을 주는 것이 아니므로 이를 행정처분이라고 할 수 없는 것이다(대판 1989.10.24, 89누725).

사업을 행할 권한을 국가로부터 위임받은 사인이므로 행정청이다. 이를 강학상 공무수탁사인이라 한다.

3. 그 신청한 행위인 특별분양이 처분인지 여부

(1) 판례

취소소송의 대상이 되는 처분은 원칙적으로 행정청의 공법상의 행위로서 특정 사항에 대하여 법규에 의한 권리의 설정 또는 의무의 부담을 명하거나 기타 법률상의 효과를 직접 발생하게 하는 등 국민의 권리·의무에 직접 관계가 있는 행위를 말한다.[28]

(2) 사안의 경우

사업시행자인 한국토지주택공사의 택지분양권이나 아파트입주권에 대한 특별분양결정은 공익사업을 위한 토지 등의 취득 및 보상에 관한 법률 제78조에 의하여 구체적인 수분양권의 설정을 명하므로 국민의 권리·의무에 직접 관계가 있는 행위이어서 처분이다. 이에 대해서 공익사업을 위한 토지 등의 취득 및 보상에 관한 법률 제78조에 의하여 수분양권이 직접 발생하고 한국토지주택공사의 아파트입주권에 대한 특별분양결정은 확인행위라는 견해가 있다.

4. 그 국민에게 그 특별분양의 발동을 요구할 법규상 또는 조리상의 신청권이 있는지 여부

(1) 학설

법규상 또는 조리상의 신청권은 대상적격단계에서 검토해야 한다는 대상적격설, 원고적격단계에서 검토해야 한다는 원고적격설, 본안단계에서 검토해야 한다는 본안문제설 등이 있다.

(2) 판례

신청권이 있는지 여부는 구체적 사건에서 신청인이 누구인가를 고려하지 않고 관계법규의 해석에 의하여 국민에게 그러한 신청권을 인정하고 있는가를 살펴 추상적으로 결정되는 것이다.[29]

(3) 검토

행정소송법상 의무이행소송이 인정되지 않는 점, 문언상 공권력의 행사 또는 그 거부이므로 공권력의 행사인 작위와 거부인 부작위는 동가치성을 가져야 한다는 점 등에서 신청권은 대상적격단계에서 검토해야 한다는 대상적격설과 판례가 타당하다.

(4) 사안의 경우

사업시행자인 한국토지주택공사의 주택특별공급 실시는 근거법규에 명시적으로 특별분양을 신청할 수 있다는 규정이 있거나 법규의 해석상 출원을 전제로 하는 특정 처분은 아니므로 법규상 신청권이 없다. 사업시행자인 한국토지주택공사는 주택특별공급을 실시하기로 하였

---

28) 대판 2015.12.10, 2011두32515 〈두문자암기 : 행공특법권의기〉

29) 대판 2011.10.13, 2008두17905 판례는 신청「권」이라는 용어를 사용하면서도 신청인의 권리 차원에서 절대로 접근하지 않고, 신청의 대상이 된 처분이 신청이 있어야만 나오는 것이라는 처분의 성질 차원에서 접근한다는 것을 반드시 기억한다. 그렇지 않으면 자꾸만 신청권을 권리개념으로 접근하는 원고적격설과 유사한 방향으로 답안을 작성하게 된다. 판례로 접근하면서 권리 측면으로 접근하면 논리모순이 발생하므로 주의를 요한다. 〈두문자 암기 : 신구신고, 관국추결〉

다는 점에서 한국토지주택공사에 의하여 주택특별분양이 예고되었고, 주택특별분양의 출원이 공고되었다고 엿보이므로 그 국민에게 그 특별분양의 발동을 요구할 조리상 신청권이 있다.

5. 소결

한국토지주택공사의 특별분양신청의 거부는 취소소송의 대상이 되는 거부처분이다.

Ⅲ 한국토지주택공사가 취소소송의 피고적격을 충족하는지 여부

1. 취소소송의 피고적격

동법 제13조 제1항 본문에 의하면 취소소송은 다른 법률에 특별한 규정이 없는 한 그 처분 등을 행한 행정청을 피고로 한다. 판례에 의하면 처분을 행한 행정청이란 자기명의로 처분을 한 행정청을 말하며, 정당한 권한을 가진 행정청인지 여부는 불문한다.

2. 사안의 경우

공무수탁사인으로서 행정주체이자 행정청인 한국토지주택공사는 자기명의로 특별분양신청을 거부하였으므로 특별분양신청거부처분을 행한 행정청으로서 취소소송의 피고적격을 충족한다.

Ⅳ 설문의 해결

甲이 한국토지주택공사를 피고로 하여 제기한 특별분양신청거부처분취소소송은 적법하다.

[제2문] 30) A하천 유역에서 농기계공장을 경영하는 甲은 「수질 및 수생태계 보전에 관한 법률」 제4조의5에 의한 오염부하량을 할당받은 자이다. 甲의 공장 인근에서 대규모 민물어류양식장을 운영하는 乙의 양식 어류 절반가량이 갑자기 폐사하였고, 乙은 그 원인을 추적한 결과 甲의 공장에서 유출된 할당오염부하량을 초과하는 오염물질에 의한 것이라는 강한 의심을 가지게 되었다. 甲의 공장으로부터 오염물질의 배출이 계속되어 나머지 어류의 폐사도 우려되는 상황에서 乙은 동법 제4조의6을 근거로 甲에 대한 수질오염방지시설의 개선 등 필요한 조치를 명할 것을 관할행정청 丙에게 요구하였다. 그러나 丙은 甲의 공장으로부터의 배출량이 할당오염부하량을 초과하는지 여부가 명백하지 않다는 이유로 이를 거부하였고, 乙은 동 거부처분에 대한 취소소송을 제소기간 내에 관할법원에 제기하였다. 乙의 거부처분취소소송은 적법한가? 20점

참조조문

※ 아래의 법령은 문제출제 당시의 적용법령임

「수질 및 수생태계 보전에 관한 법률」

제1조(목적)

이 법은 수질오염으로 인한 국민건강 및 환경상의 위해(危害)를 예방하고 하천·호소(湖沼) 등 공공수역의 수질 및 수생태계(水生態系)를 적정하게 관리·보전함으로써 국민이 그 혜택을 널리 향유할 수 있도록 함과 동시에 미래의 세대에게 물려줄 수 있도록 함을 목적으로 한다.

---

30) 2014년 행시 기출문제 제1문 1)

제4조의5(시설별 오염부하량의 할당 등)

① 환경부장관은 오염총량목표수질을 달성·유지하기 위하여 필요하다고 인정되는 경우에는 다음 각 호의 어느 하나의 기준을 적용받는 시설 중 대통령령으로 정하는 시설에 대하여 환경부령으로 정하는 바에 따라 최종방류구별·단위기간별로 오염부하량을 할당하거나 배출량을 지정할 수 있다. 이 경우 환경부장관은 관할 오염총량관리시행 지방자치단체장과 미리 협의하여야 한다.

(각 호 생략)

③ 환경부장관 또는 오염총량관리시행 지방자치단체장은 제1항 또는 제2항에 따라 오염부하량을 할당하거나 배출량을 지정하는 경우에는 미리 이해관계자의 의견을 들어야 하고, 이해관계자가 그 내용을 알 수 있도록 필요한 조치를 하여야 한다.

제4조의6(초과배출자에 대한 조치명령 등)

① 환경부장관 또는 오염총량관리시행 지방자치단체장은 제4조의5 제1항 또는 제2항에 따라 할당된 오염부하량 또는 지정된 배출량(이하 "할당오염부하량 등"이라 한다)을 초과하여 배출하는 자에게 수질오염방지시설의 개선 등 필요한 조치를 명할 수 있다.

제4조의7(오염총량초과부과금)

① 환경부장관 또는 오염총량관리시행 지방자치단체장은 할당오염부하량 등을 초과하여 배출한 자로부터 총량초과부과금(이하 "오염총량초과부과금"이라 한다)을 부과·징수한다.

📖 해설

Ⅰ 문제의 소재

취소소송의 제기가 적법하려면, 취소소송의 대상적격, 취소소송의 원고적격, 취소소송의 피고적격, 취소소송의 협의의 소익, 취소소송의 제소기간, 취소소송의 관할법원, 취소소송의 행정심판의 전치 등 취소소송요건을 충족하여야 한다. 乙의 거부처분취소소송이 적법한가와 관련하여 관할행정청 丙의 개선명령거부가 취소소송의 대상이 되는지 문제된다.

Ⅱ 관할행정청 丙의 개선명령거부가 취소소송의 대상이 되는지 여부

1. 문제의 소재

행정소송법(이하 동법이라 함) 제19조와 동법 제2조 제1항 제1호에 의하면 취소소송의 대상이 되는 처분이란 행정청이 행하는 구체적 사실에 관한 법집행으로서의 공권력의 행사 또는 그 거부와 그밖에 이에 준하는 행정작용을 말한다. 판례에 의하면 거부가 취소소송의 대상이 되는 거부처분이 되려면, 그 신청한 행위가 처분이어야 하고, 그 거부행위가 신청인의 법률관계에 어떤 변동을 일으키는 것이어야 하며, 그 국민에게 그 행위발동을 요구할 법규상 또는 조리상의 신청권이 있어야 한다.[31] 신청권이 있는 처분에 대한 거부행위는 신청인의 법적 상태에 변동을 초래한다고 본다. 관할행정청 丙의 개선명령거부가 취소소송의 대상이 되는지와 관련하여 첫째, 그

---

[31] 대판 2011.9.29, 2010두26339 〈두문자암기 : 그신/그거/그국〉

신청한 행위인 개선명령이 처분인지 문제된다. 둘째, 그 국민에게 그 개선명령의 발동을 요구할 법규상 또는 조리상 신청권이 있는지 문제된다.

2. 그 신청한 행위인 개선명령이 처분인지 여부

(1) 판례

취소소송의 대상이 되는 행정처분이라 함은 원칙적으로 행정청의 공법상 행위로서 특정 사항에 대하여 법규에 의한 권리의 설정 또는 의무의 부담을 명하거나 기타 법률상 효과를 직접 발생하게 하는 등 국민의 권리·의무에 직접 영향을 미치는 행위를 말한다.

(2) 사안의 경우

개선명령은 할당오염부하량 등을 초과하여 배출하는 자에게 수질오염방지시설의 개선 등 필요한 조치를 할 것을 명하는 것이므로 국민의 권리·의무에 직접 영향을 미치는 행위이어서 취소소송의 대상이 되는 처분이다. 이를 강학상 하명이라 한다.

3. 그 국민에게 그 개선명령의 발동을 요구할 법규상 또는 조리상 신청권이 있는지 여부

(1) 학설

법규상 또는 조리상의 신청권은 대상적격단계에서 검토해야 한다는 대상적격설, 원고적격단계에서 검토해야 한다는 원고적격설, 본안단계에서 검토해야 한다는 본안문제설 등이 있다.

(2) 판례

신청권이 있는지 여부는 구체적 사건에서 신청인이 누구인가를 고려하지 않고 관계법규의 해석에 의하여 국민에게 그러한 신청권을 인정하고 있는가를 살펴 추상적으로 결정되는 것이다.[32]

(3) 검토

행정소송법상 의무이행소송이 인정되지 않는 점, 문언상 공권력의 행사 또는 그 거부이므로 공권력의 행사인 작위와 거부인 부작위는 동가치성을 가져야 한다는 점 등에서 신청권은 대상적격단계에서 검토해야 한다는 대상적격설과 판례가 타당하다.

(4) 사안의 경우

근거법규에 개선명령을 신청할 수 있다는 규정이 엿보이지 아니하며 법규의 해석상 출원을 전제로 하는 처분도 아니므로 법규상 신청권이 없다. 더 나아가 조리상 신청권이나 법규상 또는 조리상 신청권 역시 없다. 개선명령규정은 처분청의 처분권한 설정규정에 불과하므로 그 국민에게 그 개선명령의 발동을 요구할 법규상 또는 조리상 신청권이 있지 않다.

---

32) 대판 2011.10.13, 2008두17905 판례는 신청「권」이라는 용어를 사용하면서도 신청인의 권리 차원에서 절대로 접근하지 않고, 신청의 대상이 된 처분이 신청이 있어야만 나오는 것이라는 처분의 성질 차원에서 접근한다는 것을 반드시 기억한다. 그렇지 않으면 자꾸만 신청권을 권리개념으로 접근하는 원고적격설과 유사한 방향으로 답안을 작성하게 된다. 판례로 접근하면서 권리 측면으로 접근하면 논리모순이 발생하므로 주의를 요한다. 〈두문자 암기 : 구신누고〉

4. 소결

관할행정청 丙의 개선명령거부는 취소소송의 대상이 되지 아니한다.

Ⅲ 설문의 해결

乙의 거부처분취소소송은 적법하지 않다.

[제3문] 33) 외국인 甲은 단기방문을 목적으로 대한민국에 체류하던 중 乙회사에서 기술 분야에 종사하고자 「출입국관리법」 제24조 제1항 및 동법 시행령 제12조에 따라 관할행정청 A에게 단기방문(C - 3)에서 기업투자(D - 8)로 체류자격 변경허가를 신청하였다. A는 "乙회사는 외국인이 투자하기 직전에 대한민국 법인 내지 대한민국 국민이 경영하는 기업이 아니어서 「외국인투자 촉진법」에 따른 '외국인투자기업'에 해당하지 아니한다."는 것을 이유로 甲의 체류자격 변경신청에 대해 거부하였다. 체류자격 변경허가의 법적 성질은? **10점**

참조조문

※ 아래의 법령은 문제출제 당시의 적용법령임

「출입국관리법」

제1조(목적)

이 법은 대한민국에 입국하거나 대한민국에서 출국하는 모든 국민 및 외국인의 출입국관리를 통한 안전한 국경관리와 대한민국에 체류하는 외국인의 체류관리 및 난민(難民)의 인정절차 등에 관한 사항을 규정함을 목적으로 한다.

제10조(체류자격)

① 입국하려는 외국인은 대통령령으로 정하는 체류자격을 가져야 한다.

② 1회에 부여할 수 있는 체류자격별 체류기간의 상한은 법무부령으로 정한다.

제24조(체류자격 변경허가)

① 대한민국에 체류하는 외국인이 그 체류자격과 다른 체류자격에 해당하는 활동을 하려면 미리 법무부장관의 체류자격 변경허가를 받아야 한다.

「출입국관리법 시행령」

제12조(체류자격의 구분)

법 제10조 제1항에 따른 외국인의 체류자격은 별표 1과 같다.

---

33) 출제예상문제

[별표 1] 외국인의 체류자격(제12조 관련)	
체류자격(기호)	체류자격에 해당하는 사람 또는 활동범위
8. 단기방문(C – 3)	시장조사, 업무 연락, 상담, 계약 등의 상용활동과 관광, 통과, 요양, 친지 방문, 친선경기, 각종 행사나 회의 참가 또는 참관, 문화예술, 일반연수, 강습, 종교의식 참석, 학술자료 수집, 그 밖에 이와 유사한 목적으로 90일을 넘지 않는 기간 동안 체류하려는 사람(영리를 목적으로 하는 사람은 제외한다)
17. 기업투자(D – 8)	가. 「외국인투자 촉진법」에 따른 외국인투자기업의 경영 관리 또는 생산·기술 분야에 종사하려는 필수 전문인력(국내에서 채용하는 사람은 제외한다)

📖 해설

Ⅰ 문제의 소재

판례에 의하면 행정소송법(이하 동법이라 함) 제19조와 동법 제2조 제1항 제1호에 의하여 거부가 취소소송의 대상이 되는 거부처분이 되려면, 그 신청한 행위가 처분이어야 하고, 그 거부행위가 신청인의 법률관계에 어떤 변동을 일으키는 것이어야 하며, 그 국민에게 그 행위발동을 요구할 법규상 또는 조리상의 신청권이 있어야 한다. 신청권이 있는 처분에 대한 거부행위는 신청인의 법적 상태에 변동을 초래한다. 체류자격 변경허가의 법적 성질과 관련하여 첫째, 그 신청한 행위인 체류자격 변경허가가 처분인지 문제된다. 둘째, 그 국민에게 체류자격 변경허가의 발동을 요구할 법규상·조리상 신청권이 있는지 문제된다.

Ⅱ 그 신청한 행위인 체류자격 변경허가가 처분인지 여부

1. 판례

취소소송의 대상이 되는 처분이란 행정청의 공법상 행위로서 특정 사항에 대하여 법규에 의하여 권리의 설정 또는 의무의 부담을 명하거나 기타 법률상 효과를 직접 발생하게 하는 등 국민의 권리·의무에 직접 관계가 있는 행위를 말한다.

2. 사안의 경우

그 신청한 행위인 체류자격 변경허가는 출입국관리법 제24조와 출입국관리법 시행령 제12조 [별표 1]에 의하여 당초의 체류자격과 다른 체류자격에 해당하는 활동을 할 수 있는 권리의 설정을 명하는 것이므로 취소소송의 대상이 되는 처분이다. 이를 강학상 특허라 한다.

Ⅲ 그 국민에게 체류자격 변경허가의 발동을 요구할 법규상·조리상 신청권이 있는지 여부

1. 학설

법규상 또는 조리상의 신청권은 대상적격단계에서 검토해야 한다는 대상적격설, 원고적격단계에서 검토해야 한다는 원고적격설, 본안단계에서 검토해야 한다는 본안문제설 등이 있다.

2. 판례

신청권이 있는지 여부는 구체적 사건에서 신청인이 누구인가를 고려하지 않고 관계법규의 해석에 의하여 국민에게 그러한 신청권을 인정하고 있는가를 살펴 추상적으로 결정되는 것이다.[34]

3. 검토

행정소송법상 의무이행소송이 인정되지 않는 점, 문언상 공권력의 행사 또는 그 거부이므로 공권력의 행사인 작위와 거부인 부작위는 동가치성을 가져야 한다는 점 등에서 신청권은 대상적격단계에서 검토해야 한다는 대상적격설과 판례가 타당하다.

4. 사안의 경우

출입국관리법 제24조의 문언상 신청할 수 있다는 규정은 없으나, 강학상 특허인 체류자격 변경허가는 출원을 전제로 하는 처분이므로 그 국민에게 체류자격 변경허가의 발동을 요구할 법규상 신청권이 있다.

Ⅳ 설문의 해결

체류자격 변경허가의 법적 성질은 강학상 특허로서 취소소송의 대상이 되는 처분이다. 체류자격 변경허가는 법규의 해석상 출원을 전제로 하는 처분이므로 그 행위발동을 요구할 법규상 신청권이 있다. 출입국관리법 제24조의 문언상 재량행위인지 불분명하나 강학상 특허는 그 행위의 개별적 성질이 형성적 행위이므로 재량행위이다.

type 3-2 수리를 요하는 신고에 대한 수리거부[35]

[제1문] [36] 근로자 A는 甲노동조합을 조직해서 그 설립신고를 하였으나 乙시장은 "설립신고서에서 근로자가 아닌 구직 중에 있는 자의 가입을 허용하고 있다."(「노동조합 및 노동관계조정법」 제2조 제4호 라목)는 사유로 설립신고서를 반려하였다. 이에 甲노동조합은 취소소송을 제기하고자 하는 바, 乙시장의 설립신고서반려는 취소소송의 대상이 될 수 있는가? **25점**

---

34) 대판 2011.10.13, 2008두17905 판례는 신청「권」이라는 용어를 사용하면서도 신청인의 권리 차원에서 절대로 접근하지 않고, 신청의 대상이 된 처분이 신청이 있어야만 나오는 것이라는 처분의 성질 차원에서 접근한다는 것을 반드시 기억한다. 그렇지 않으면 자꾸만 신청권을 권리개념으로 접근하는 원고적격설과 유사한 방향으로 답안을 작성하게 된다. 판례로 접근하면서 권리 측면으로 접근하면 논리모순이 발생하므로 주의를 요한다. 〈두문자 암기 : 신구신고, 관국추결〉

35) 신고의 의의로부터 성급하게 답안작성을 하지 않도록 한다. 문제로부터 어떤 상황에서 문제가 출제되고 있는지를 보여주어야 한다. 신고에 관한 대부분의 문제는 신고의 수리거부상황임을 기억한다. 그렇다면 당연히 '신고의 수리거부가 그 거부로서 거부처분일 수 있을까?'가 문제이지 않을까?

36) 2012년 노무사 기출 제1문 (1)

해설

Ⅰ 문제의 소재

행정소송법(이하 동법이라 함) 제19조와 동법 제2조 제1항 제1호에 의하면 취소소송의 대상이 되는 처분이란 행정청이 행하는 구체적 사실에 관한 법집행으로서의 공권력의 행사 또는 그 거부와 그밖에 이에 준하는 행정작용을 말한다. 乙시장은 "설립신고서에서 근로자가 아닌 구직 중에 있는 자의 가입을 허용하고 있다."는 사유로 설립신고서를 반려하였다. 乙시장의 설립신고서반려가 취소소송의 대상이 될 수 있는가와 관련하여 乙시장의 설립신고서반려가 취소소송의 대상이 되는 거부처분인지 문제된다.

Ⅱ 乙시장의 설립신고서반려가 취소소송의 대상이 되는 거부처분인지 여부

1. 문제의 소재

판례에 의하면 거부가 취소소송의 대상이 되는 거부처분이 되려면, 그 신청한 행위가 처분이어야 하고, 그 거부행위가 신청인의 법률관계에 어떤 변동을 일으키는 것이어야 하며, 그 국민에게 그 행위발동을 요구할 법규상 또는 조리상의 신청권이 있어야 한다.[37] 신청권이 있는 처분에 대한 거부행위는 신청인의 법적 상태에 변동을 초래한다. 乙시장의 설립신고서반려가 취소소송의 대상이 되는 거부처분인지와 관련하여 첫째, 그 신청한 행위인 乙시장의 설립신고서수리행위가 처분인지 문제된다. 둘째, 그 국민에게 그 설립신고서수리의 발동을 요구할 법규상 또는 조리상 신청권이 있는지 문제된다.

2. 그 신청한 행위인 乙시장의 설립신고서수리행위가 처분인지 여부

(1) 문제의 소재

사인의 공법행위인 신고에는 자체완성적 신고와 수리를 요하는 신고가 있다. 수리를 요하는 신고에 대한 수리가 준법률행위적 행정행위로서 취소소송의 대상이 되는 처분이 된다. 그 신청한 행위인 乙시장의 설립신고서수리행위가 처분인지와 관련하여 乙시장에 대한 甲노동조합설립신고가 수리를 요하는 신고인지 문제된다.

(2) 乙시장에 대한 甲노동조합설립신고가 수리를 요하는 신고인지 여부

1) 판례

개별법령이 등록과 신고로 구별되어 규정된 경우에는 등록은 수리를 요하는 신고이고, 신고는 자체완성적 신고이다. 개별법령이 신고로 일의적으로 규정된 경우에는 문언의 합리적인 해석상 형식적 요건심사에 그치면 자체완성적 신고이고, 실질적 요건심사까지 나아가면 수리를 요하는 신고이다.

2) 사안의 경우

甲노동조합설립신고에 대한 乙시장의 심사 정도는 노동조합설립신고에 대해 근로자인지

---

37) 대판 2011.9.29, 2010두26339 〈두문자암기 : 그신/그거/그국〉

근로자가 아닌 구직 중에 있는 자인지에 대한 심사로서 실질적 요건심사까지 나아가므로 乙시장에 대한 甲노동조합설립신고는 수리를 요하는 신고이다.[38]

(3) 소결

그 신청한 행위인 乙시장의 설립신고서수리행위는 처분이다.

3. 그 국민에게 그 설립신고서수리의 발동을 요구할 법규상 또는 조리상 신청권이 있는지 여부

(1) 학설

법규상 또는 조리상의 신청권은 대상적격단계에서 검토해야 한다는 대상적격설, 원고적격단계에서 검토해야 한다는 원고적격설, 본안단계에서 검토해야 한다는 본안문제설 등이 있다.

(2) 판례

신청권이 있는지 여부는 구체적 사건에서 신청인이 누구인가를 고려하지 않고 관계법규의 해석에 의하여 국민에게 그러한 신청권을 인정하고 있는가를 살펴 추상적으로 결정되는 것이다.[39]

(3) 검토 및 사안의 경우

행정소송법상 의무이행소송이 인정되지 않는 점, 문언상 공권력의 행사 또는 그 거부이므로 공권력의 행사인 작위와 거부의 동가치성확보는 신청권에 의하여 한다는 점 등에서 신청권은 대상적격단계에서 검토해야 한다는 대상적격설과 판례가 타당하다. 甲노동조합은 노동조합법 제10조에 의하여 그 설립신고를 하여야 설립신고서수리가 이루어진다는 점에서 그 국민에게 그 노동조합설립신고서수리의 발동을 요구할 법규상 신청권이 있다.

4. 소결

乙시장의 설립신고서반려는 취소소송의 대상이 되는 거부처분이다.

Ⅲ 설문의 해결

乙시장의 설립신고서반려는 취소소송의 대상이 된다.[40]

---

38) 대판 2014.4.10, 2011두6998 노동조합 및 노동관계조정법(이하 '노동조합법'이라 한다)이 행정관청으로 하여금 설립신고를 한 단체에 대하여 같은 법 제2조 제4호 각 목에 해당하는지를 심사하도록 한 취지가 노동조합으로서의 실질적 요건을 갖추지 못한 노동조합의 난립을 방지함으로써 근로자의 자주적이고 민주적인 단결권 행사를 보장하려는 데 있는 점을 고려하면, 행정관청은 해당 단체가 노동조합법 제2조 제4호 각 목에 해당하는지 여부를 실질적으로 심사할 수 있다. 다만 노동조합법 제10조 제1항, 제12조 제1항 등을 고려하면 행정관청은 일단 제출된 설립신고서와 규약의 내용을 기준으로 노동조합법 제2조 제4호 각 목의 해당 여부를 심사하되, 설립신고서를 접수할 당시 그 해당 여부가 문제된다고 볼 만한 객관적인 사정이 있는 경우에 한하여 설립신고서와 규약 내용 외의 사항에 대하여 실질적인 심사를 거쳐 반려 여부를 결정할 수 있다.

39) 대판 2011.10.13, 2008두17905 판례는 신청「권」이라는 용어를 사용하면서도 신청인의 권리 차원에서 절대로 접근하지 않고, 신청의 대상이 된 처분이 신청이 있어야만 나오는 것이라는 처분의 성질 차원에서 접근한다는 것을 반드시 기억한다. 그렇지 않으면 자꾸만 신청권을 권리개념으로 접근하는 원고적격설과 유사한 방향으로 답안을 작성하게 된다. 판례로 접근하면서 권리 측면으로 접근하면 논리모순이 발생하므로 주의를 요한다. 〈두문자 암기 : 신구신고, 관국추결〉

40) '행정소송법 제19조와 같은 법 제2조 제1항 제1호에 의하여'라는 수식어가 있으면 더 좋다.

[제2문] 41) A회사에 근무하는 근로자 甲은 사용자와의 임금인상에 관한 문제를 해결하고 근로조건의 개선을 도모하고자 A회사에 노동조합을 조직하고 관할시장 乙에게 설립신고서를 제출하였다. 이에 관할시장 乙은 A회사노동조합설립신고서에는 'A회사로부터 해고되어 노동위원회에 부당노동행위의 구제신청을 하고 중앙노동위원회의 재심판정이 있기 전의 자'를 조합원으로 가입시킬 수 있다고 명시되어 있고, 이는 「노동조합 및 노동관계조정법」 제2조 제4호 라목의 '근로자가 아닌 자의 가입을 허용하는 경우'에 해당한다는 이유로 甲의 설립신고서를 반려하였다. 관할시장 乙의 설립신고서반려행위에 대하여, 취소소송을 통한 권리구제방안을 논하시오. **35점**

📖 해설

① 문제의 소재

취소소송을 통한 권리구제가 가능하려면, 취소소송의 대상이 되는 처분을 대상으로 원고적격, 피고적격, 협의의 소익, 제소기간, 관할법원, 행정심판의 전치 등의 요건을 충족하여야 한다. 취소소송의 제기가 적법하다면, 가구제를 통하여 취소소송의 본안판결의 실효성을 확보할 수 있다. 취소소송의 원고적격, 피고적격, 협의의 소익, 제소기간, 관할법원, 행정심판의 전치 등의 요건 등은 특별히 문제될만한 사정이 엿보이지 않는다. 관할시장 乙의 설립신고서반려행위에 대하여, 취소소송을 통한 권리구제방안과 관련하여 첫째, 관할시장 乙의 설립신고서반려행위가 취소소송의 대상인지 문제된다. 둘째, 관할시장 乙의 설립신고서반려행위에 대한 가구제가 가능한지 문제된다.

② 관할시장 乙의 설립신고서반려행위가 취소소송의 대상인지 여부

1. 문제의 소재

행정소송법(이하 동법이라 함) 제19조와 동법 제2조 제1항 제1호에 의하면, 취소소송의 대상이 되는 처분이란 행정청이 행하는 구체적 사실에 관한 법집행으로서의 공권력의 행사 또는 그 거부와 그밖에 이에 준하는 행정작용을 말한다. 관할시장 乙이 「노동조합 및 노동관계조정법」 제2조 제4호 라목 사유로 설립신고서를 반려하였으므로 행정청이 행하는 구체적 사실에 관한 법집행이다. 관할시장 乙의 설립신고서반려행위가 취소소송의 대상인지와 관련하여 관할시장 乙의 설립신고서반려가 취소소송의 대상이 되는 거부처분인지 문제된다.

2. 관할시장 乙의 설립신고서반려가 취소소송의 대상이 되는 거부처분인지 여부

(1) 문제의 소재

판례에 의하면 거부가 처분이 되려면, 그 신청한 행위가 처분이어야 하고, 그 거부행위가 신청인의 법률관계에 어떤 변동을 일으키는 것이어야 하며, 그 국민에게 그 행위발동을 요구할

---

41) 2016년 노무사 기출 제1문 (1)

법규상 또는 조리상의 신청권이 있어야 한다. 신청권이 있는 처분에 대한 거부행위는 신청인의 법률관계에 어떤 변동을 일으키는 것이라고 본다. 노동조합은 노동조합법 제10조에 의하여 그 설립신고를 하여야 설립신고서 수리가 이루어진다는 점에서 그 국민에게 그 노동조합 설립신고수리의 발동을 요구할 법규상 신청권이 있다. 관할시장 乙의 설립신고서반려가 취소소송의 대상이 되는 거부처분인지와 관련하여 그 신청한 행위인 관할시장 乙의 설립신고서수리행위가 처분인지 문제된다.

(2) 그 신청한 행위인 관할시장 乙의 설립신고서수리행위가 처분인지 여부

1) 문제의 소재

사인의 공법행위인 신고에는 자체완성적 신고와 수리를 요하는 신고가 있다. 수리를 요하는 신고에 대한 수리가 준법률행위적 행정행위로서 처분이 된다. 그 신청한 행위인 관할시장 乙의 설립신고서수리행위가 처분인지와 관련하여 관할시장 乙에 대한 노동조합설립신고가 자체완성적 신고인지 수리를 요하는 신고인지 문제된다.

2) 관할시장 乙에 대한 노동조합설립신고가 자체완성적 신고인지 수리를 요하는 신고인지 여부

(가) 판례

개별법령이 등록과 신고로 구별되어 규정된 경우에는 등록은 수리를 요하는 신고이고, 신고는 자체완성적 신고이다. 개별법령이 신고로 일의적으로 규정된 경우에는 문언의 합리적인 해석상 형식적 요건심사에 그치면 자체완성적 신고이고, 실질적 요건심사까지 나아가면 수리를 요하는 신고이다.

(나) 사안의 경우

관할시장 乙이 A회사로부터 해고상태에 있는 자를 근로자가 아닌 자로 판단하여 노동조합설립신고서를 반려한 것은 노동조합 및 노동관계조정법에 따른 실질적 심사에 따른 것이므로 노동조합설립신고는 수리를 요하는 신고이다.[42]

3) 소결

그 신청한 행위인 관할시장 乙의 설립신고서수리행위는 처분이다. 이를 준법률행위적 행정행위인 수리라 한다.

(3) 소결

관할시장 乙의 설립신고서반려는 취소소송의 대상이 되는 거부처분이다.

---

42) 대판 2014.4.10, 2011두6998 노동조합 및 노동관계조정법(이하 '노동조합법'이라 한다)이 행정관청으로 하여금 설립신고를 한 단체에 대하여 같은 법 제2조 제4호 각 목에 해당하는지를 심사하도록 한 취지가 노동조합으로서의 실질적 요건을 갖추지 못한 노동조합의 난립을 방지함으로써 근로자의 자주적이고 민주적인 단결권 행사를 보장하려는 데 있는 점을 고려하면, 행정관청은 해당 단체가 노동조합법 제2조 제4호 각 목에 해당하는지 여부를 실질적으로 심사할 수 있다. 다만 노동조합법 제10조 제1항, 제12조 제1항 등을 고려하면 행정관청은 일단 제출된 설립신고서와 규약의 내용을 기준으로 노동조합법 제2조 제4호 각 목의 해당 여부를 심사하되, 설립신고서를 접수할 당시 그 해당 여부가 문제된다고 볼 만한 객관적인 사정이 있는 경우에 한하여 설립신고서와 규약 내용 외의 사항에 대하여 실질적인 심사를 거쳐 반려 여부를 결정할 수 있다.

3. 그 국민에게 그 행위발동을 요구할 법규상 또는 조리상의 신청권이 있는지 여부

(1) 학설

법규상 또는 조리상의 신청권은 대상적격단계에서 검토해야 할 문제라는 대상적격설, 원고적격단계에서 검토해야 할 문제라는 원고적격설, 본안에서 검토해야 할 문제라는 본안문제설 등이 있다.

(2) 판례

신청권이 있는지 여부는 구체적 사건에서 신청인이 누구인가를 고려하지 않고 관계법규의 해석에 의하여 국민에게 그러한 신청권을 인정하고 있는가를 살펴 추상적으로 결정되는 것이다.[43]

(3) 검토 및 사안의 경우

행정소송법상 의무이행소송이 인정되지 않는 점, 문언상 공권력의 행사 또는 그 거부이므로 공권력의 행사인 작위와 거부의 동가치성확보는 신청권에 의하여 한다는 점 등에서 신청권은 대상적격단계에서 검토해야 한다는 대상적격설과 판례가 타당하다. 노동조합은 노동조합법 제10조에 의하여 그 설립신고를 하여야 설립신고서수리가 이루어진다는 점에서 그 국민에게 그 노동조합설립신고수리의 발동을 요구할 법규상 신청권이 있다.

4. 소결

관할시장 乙의 설립신고서반려는 취소소송의 대상이 되는 처분이다.

Ⅲ 관할시장 乙의 설립신고서반려행위에 대한 가구제가 가능한지 여부

1. 행정소송법 제23조의 집행정지가 가능한지 여부

(1) 학설과 판례

수익적 처분의 거부에도 행정소송법 제23조의 집행정지가 가능하다는 견해와 불가능하다는 견해가 있다. 판례에 의하면 수익적 처분의 거부만으로는 권익이 발생하지 않아 집행정지의 이익이 없어 집행정지의 대상이 없다.

(2) 검토 및 사안의 경우

수익적 처분의 거부만으로는 회복하기 어려운 손해 자체가 없다고 보아야 할 것이어서 집행정지가 불가능하다는 견해와 판례가 타당하다. 관할시장 乙의 설립신고서반려행위에 대한 집행정지신청이 있다면 법원은 기각결정을 하게 될 것이다.

2. 민사집행법 제300조 제2항의 가처분이 행정소송법 제8조 제2항에 의하여 준용이 가능한지 여부

(1) 학설과 판례

긍정설과 부정설이 있으나 판례에 의하면 가처분은 민사소송의 본안판결의 실효성을 확보하는

---

43) 대판 2011.10.13, 2008두17905 판례는 신청「권」이라는 용어를 사용하면서도 신청인의 권리 차원에서 절대로 접근하지 않고, 신청의 대상이 된 처분이 신청이 있어야만 나오는 것이라는 처분의 성질 차원에서 접근한다는 것을 반드시 기억한다. 그렇지 않으면 자꾸만 신청권을 권리개념으로 접근하는 원고적격설과 유사한 방향으로 답안을 작성하게 된다. 판례로 접근하면서 권리 측면으로 접근하면 논리모순이 발생하므로 주의를 요한다. 〈두문자 암기 : 신구신고, 관국추결〉

제도이므로 그 성질이 다른 항고소송인 취소소송에 준용할 수 없다.

(2) 검토 및 사안의 경우

취소소송은 처분의 위법성을 확인하여 처분을 취소하는 소송이므로 그 성질상 민사소송의 판결의 실효성을 미리 확보하는 민사집행법 제300조 제2항을 준용할 수 없다는 견해와 판례가 타당하다. 관할시장 乙의 설립신고서반려행위에는 행정소송법 제8조 제2항에 의하여 민사집행법 제300조 제2항의 가처분규정을 준용할 수 없다.

3. 소결

관할시장 乙의 설립신고서반려행위에 대한 가구제는 가능하지 않다.

Ⅳ 설문의 해결

관할시장 乙의 설립신고서반려행위에 대하여 취소소송을 통한 권리구제방안은 취소소송을 통한 반려행위의 취소를 구하는 것이다. 취소소송의 본안판결의 실효성을 확보하기 위한 권리구제방안은 없다.

---

type 4-1 취소소송의 대상이 되는 행정청의 행위 : 자체완성적 신고의 반려행위(수리거부처분이 아닌 수리반려행위)

> **[제1문]** 44) 甲은 자신의 5번째 자녀(女)의 이름을 첫째에서 넷째 자녀의 돌림자인 '자(子)'자를 넣어, '말자(末子)'라고 지어 출생신고를 하였다. 「가족관계의 등록 등에 관한 규칙」 [별표 1]에 의하면 '末'자와 '子'자는 이름으로 사용할 수 있는 한자이다. 그러나 甲의 출생신고서를 접수한 공무원 乙은 '末子'라는 이름이 개명(改名) 신청이 잦은 이름이라는 이유로 출생신고서의 수리를 거부하였다. 乙의 수리거부행위가 항고소송의 대상이 되는지 검토하시오. [15점]
>
> **참조조문**
>
> ※ 아래의 법령은 문제출제 당시의 적용법령임
> 「가족관계의 등록 등에 관한 법률」
> 제44조(출생신고의 기재사항)
> ① 출생의 신고는 출생 후 1개월 이내에 하여야 한다.
> ② 신고서에는 다음 사항을 기재하여야 한다.
>   1. 자녀의 성명·본·성별 및 등록기준지
>   2. 자녀의 혼인 중 또는 혼인 외의 출생자의 구별
>   3. 출생의 연월일시 및 장소

---

44) 2011년 재경 기출문제 제2문 1)

4. 부모의 성명·본·등록기준지 및 주민등록번호(부 또는 모가 외국인인 때에는 그 성명·출생연월일·국적 및 외국인등록번호)

5. 「민법」 제781조 제1항 단서에 따른 협의가 있는 경우 그 사실

6. 자녀가 복수국적자인 경우 그 사실 및 취득한 외국 국적

③ 자녀의 이름에는 한글 또는 통상 사용되는 한자를 사용하여야 한다. 통상 사용되는 한자의 범위는 대법원규칙으로 정한다.

④ 출생신고서에는 의사·조산사 그 밖에 분만에 관여한 사람이 작성한 출생증명서를 첨부하여야 한다. 다만, 부득이한 사유가 있는 경우에는 그러하지 아니하다.

「가족관계의 등록 등에 관한 규칙」

제37조(인명용 한자의 범위)

① 법 제44조 제3항에 따른 한자의 범위는 다음과 같이 한다.

1. 교육과학기술부가 정한 한문교육용 기초한자

2. 별표 1에 기재된 한자. 다만, 제1호의 기초한자가 변경된 경우에, 그 기초한자에서 제외된 한자는 별표 1에 추가된 것으로 보고, 그 기초한자에 새로 편입된 한자 중 별표 1의 한자와 중복되는 한자는 별표 1에서 삭제된 것으로 본다.

② 제1항의 한자에 대한 동자·속자·약자는 별표 2에 기재된 것만 사용할 수 있다.

③ 출생자의 이름에 사용된 한자 중 제1항과 제2항의 범위에 속하지 않는 한자가 포함된 경우에는 등록부에 출생자의 이름을 한글로 기록한다.

 해설

I 문제의 소재

행정소송법(이하 동법이라 함) 제38조 제1항, 동법 제19조와 동법 제2조 제1항 제1호에 의하면 항고소송의 대상이 되는 처분이란 행정청이 행하는 구체적 사실에 관한 법집행으로서의 공권력의 행사 또는 그 거부와 그밖에 이에 준하는 행정작용을 말한다. 甲의 출생신고서를 접수한 공무원 乙은 '末子'라는 이름이 개명(改名) 신청이 잦은 이름이라는 이유로 출생신고서의 수리를 거부하였다. 乙의 수리거부행위가 항고소송의 대상이 되는지와 관련하여 첫째, 출생신고서수리거부가 항고소송의 대상이 되는 거부처분인지 문제된다. 둘째, 출생신고서수리거부가 항고소송의 대상이 되는 행정청의 행위인지 문제된다.

II 출생신고서수리거부가 항고소송의 대상이 되는 거부처분인지 여부

1. 판례

거부가 항고소송의 대상이 되는 거부처분이 되려면, 그 신청한 행위가 처분이어야 하고, 그 거부행위가 신청인의 법률관계에 어떤 변동을 일으키는 것이어야 하며, 그 국민에게 그 행위발동을 요구할 법규상 또는 조리상의 신청권이 있어야 한다.[45] 또한 신청권이 있는 처분에 대한 거부행위는 신청인의 법적 상태에 변동을 초래한다.

---

45) 대판 2011.9.29, 2010두26339 〈두문자암기 : 그신/그거/그국〉

2. 사안의 경우

가족관계의 등록 등에 관한 법률 제44조에 의한 출생신고는 민법상 보고적 신고이다. 그 신청한 행위인 출생신고서수리는 보고적 신고에 대한 수리행위이다. 민법상 보고적 신고는 행정법상 자체완성적 신고에 해당하므로 그 신청한 행위인 출생신고서수리행위는 처분이 아니다. 출생신고서수리거부는 항고소송의 대상이 되는 거부처분이 아니다.

Ⅲ 출생신고서수리거부가 항고소송의 대상이 되는 행정청의 행위인지 여부

1. 판례

행정청의 어떤 행위가 항고소송의 대상이 될 수 있는지의 문제는 추상적·일반적으로 결정할 수 없고, 구체적인 경우 관련 법령의 내용과 취지, 그 행위의 주체·내용·형식·절차적 측면, 그 행위와 상대방 등 이해관계인이 입는 불이익과의 실질적 견련성, 그리고 법치행정의 원리와 당해 행위에 관련한 행정청 및 이해관계인의 태도 등을 참작하여 개별적으로 결정하여야 한다.

2. 사안의 경우

관련 법령인 가족관계의 등록 등에 관한 법률의 취지, 출생신고수리거부의 주체·내용·형식·절차적 측면의 일방성, 출생신고수리거부행위와 출생신고가 거부된 자의 각종 가족법상의 권리의 향유를 불가능하게 하는 불이익 사이의 실질적 견련성, 항고소송의 제기가 분쟁의 조기해소에 유효적절한 수단이라는 측면에서 법치행정의 원리상 출생신고서수리거부는 취소소송의 대상이 되는 행정청의 행위이다.

Ⅳ 설문의 해결

乙의 출생신고서수리거부행위는 수리거부처분이 아니라 항고소송의 대상이 되는 행정청의 행위이다. 이는 '수리반려'처분으로서 항고소송의 대상이 된다.

[제2문] 46) B시설관리공단(이하 'B공단')은 국유재산인 복지시설의 관리청으로서 동 시설 내 건물 일부에 대하여 乙에게 사용·수익허가를 하였다. 乙은 해당 장소에서 「축산물위생관리법」 제24조에 따른 축산물판매업신고를 하고 정육점을 운영하고 있었으나, 구제역 파동 등으로 영업실적이 부진하자 휴업신고를 한 채 영업을 중단하고 있고, B공단에 대한 사용료도 납부하지 않고 있다. 이에 B공단은 사용료 체납을 이유로 乙에 대한 사용·수익허가를 취소하였고, 동 건물에 대한 경쟁입찰에 참여한 甲에 대하여 다시 사용·수익허가를 하였다. B공단으로부터 해당 장소를 인도받은 甲은 다시 정육점 영업을 하고자 「축산물위생관리법」 제21조, 같은 법 시행규칙 제29조 및 [별표 10]에 따른 시설기준을 갖추어 관할 A시장에게 축산물 판매업신고를 하였다. A시 담당공무원 丙은 법령상 명시적 규정은 없지만 그간에도 같은 장소에서 사업자를 달리하는 축산물판매업 중복신고는 수리하지

---

46) 2018년 제1차 모의시험 2문 설문 (1)

않는 것으로 관련 법령을 해석·적용하여 왔고, 이 건 甲의 영업신고에 대하여 관할 도 및 농림축산식품부 등 관련 행정관청에 문의한 결과 위의 해석과 동일한 취지의 답변을 받아 이를 시장에게 보고하였다. 이에 A시장은 '같은 장소에서 영업신고를 한 乙이 휴업신고만 한 채 폐업신고를 하지 아니한 상태이기 때문에 같은 장소에 대한 甲의 영업신고를 수리할 수 없다'는 이유로 甲의 신고를 반려하였다. 그럼에도 불구하고 甲은 영업준비를 계속하여 정육점 영업을 개시하였고, A시장은 丙으로 하여금 미신고영업임을 이유로 같은 법 제38조에 따라 영업소 폐쇄조치의 일환으로 甲의 업소 간판을 제거하는 조치를 하게 하였다. 甲은 자신이 한 영업신고가 반려된 것에 대하여 취소소송을 제기하여 다투려고 한다. A시장의 영업신고 반려행위는 취소소송의 대상이 될 수 있는가? 20점

참조조문

※ 아래의 법령은 문제출제 당시의 적용법령임

「**축산물위생관리법**」

제21조(영업의 종류 및 시설기준)

① 다음 각 호의 어느 하나에 해당하는 영업을 하려는 자는 총리령으로 정하는 기준에 적합한 시설을 갖추어야 한다.

　7. 축산물판매업

제24조(영업의 신고)

① 제21조 제1항 제6호, 제7호, 제7호의2, 제8호에 따른 영업을 하려는 자는 총리령으로 정하는 바에 따라 제21조 제1항에 따른 시설을 갖추고 특별자치도지사·시장·군수·구청장에게 신고하여야 한다.

② 제1항에 따라 신고를 한 자가 그 영업을 휴업, 재개업 또는 폐업하거나 신고한 내용을 변경하려는 경우에는 총리령으로 정하는 바에 따라 식품의약품안전처장 또는 특별자치도지사·시장·군수·구청장에게 신고하여야 한다.

③ 다음 각 호의 어느 하나에 해당하는 경우에는 제1항에 따른 영업신고를 할 수 없다.

　3. 제27조 제1항에 따라 영업정지처분을 받고 그 정지 기간이 지나기 전에 같은 장소에서 같은 종류의 영업을 하려는 경우

　4. 제27조 제1항에 따라 영업정지처분을 받고 그 정지 기간이 지나지 아니한 자(법인인 경우에 그 대표자를 포함한다)가 정지된 영업과 같은 종류의 영업을 하려는 경우

「**축산물위생관리법 시행규칙**」

제29조(영업의 종류별 시설기준)

법 제21조 제1항에 따른 영업의 종류별 시설기준은 별표 10과 같다.

[별표 10] 영업의 종류별 시설기준(제29조 관련)

(생략)

 해설

Ⅰ 문제의 소재

행정소송법(이하 동법이라 함) 제19조와 동법 제2조 제1항 제1호에 의하면 취소소송의 대상이 되는 처분이란 행정청이 행하는 구체적 사실에 관한 법집행으로서의 공권력의 행사 또는 그 거부와

그밖에 이에 준하는 행정작용을 말한다. A시장의 영업신고 반려행위가 취소소송의 대상이 될 수 있는가와 관련하여 첫째, A시장의 영업신고 반려행위가 취소소송의 대상이 되는 거부처분인지 문제된다. 둘째, A시장의 영업신고 반려행위가 취소소송의 대상이 되는 행정청의 행위인지 문제된다.

Ⅱ A시장의 영업신고 반려행위가 취소소송의 대상이 되는 거부처분인지 여부

1. 판례
거부가 취소소송의 대상이 되는 거부처분이 되려면 그 신청한 행위가 처분이어야 하고, 그 거부행위가 신청인의 법적 상태에 변동을 초래하여야 하며, 그 국민에게 그 행위발동을 요구할 법규상·조리상 신청권이 있어야 한다.

2. 사안의 경우
그 신청한 행위인 甲의 영업신고의 수리는 축산물위생관리법 제21조, 제24조의 해석상 자체완성적 신고에 대한 수리이므로 영업신고의 수리행위는 사실행위에 불과하다. A시장의 영업신고 반려행위는 취소소송의 대상이 되는 거부처분이 아니다.

Ⅲ A시장의 영업신고 반려행위가 취소소송의 대상이 되는 행정청의 행위인지 여부

1. 판례
행정청의 행위가 취소소송의 대상이 될 수 있는지는 추상적·일반적으로 결정할 수 없고, 구체적인 경우에 ① 관련 법령의 내용과 취지, ② 그 행위의 주체·내용·형식·절차적 측면, ③ 그 행위와 상대방 등 이해관계인이 입는 불이익 사이의 실질적 견련성, ④ 법치행정의 원리와 ⑤ 그 행위에 관련한 행정청이나 이해관계인의 태도 등을 종합적으로 고려하여 개별적으로 판단하여야 한다.

2. 사안의 경우
축산물위생관리법의 내용과 취지, 영업신고 반려행위의 주체·내용·형식·절차적 측면의 우월성, A시장의 영업신고 반려행위와 甲이 입는 무신고영업을 이유로 한 영업폐쇄의 우려라는 불안정한 지위 사이의 실질적 견련성, 취소소송의 제기가 분쟁의 조기해소에 유효·적절한 수단이라는 측면에서 법치행정의 원리상 A시장의 영업신고 반려행위는 취소소송의 대상이 되는 행정청의 행위이다.

Ⅳ 설문의 해결
A시장의 영업신고 반려행위는 취소소송의 대상이 될 수 있다.

[제3문] 47) 甲은 자신이 소유하고 있는 서울특별시 소재 지상 5층 건물 중 지상 1층에서 정육식당을 운영하던 자인데, 식당 매출이 부진하자 업종을 변경하여 「게임산업진흥에 관한 법률」상 일반게임제공업을 운영하고자 한다. 해당 건물 인근에는 H고등학교가 있기 때문에 甲은 「교육환경 보호에 관한 법률」(이하 '교육환경보호법'이라 한다)에 따라 A교육지원청교육장 乙에게 금지행위 및 시설 금지 해제 신청을 하였고 乙은 A교육지원청 소속 지역교육환경보호위원회(이하 '지역위원회'라 한다)의 현장실사 등을 거쳐 '금지행위 및 시설금지 해제' 결정을 하였다. 이후 甲은 관할 A구청장으로부터 「게임산업진흥에 관한 법률」에 따른 일반게임제공업 허가를 받았다. 甲은 일반게임제공업 허가를 받은 후 건축법령에 따라 건축물대장상 해당 5층 건물 중 지상 1층의 용도를 일반음식점에서 판매시설(게임제공업소)로 변경하여 기재해달라는 신청을 하였다. 그러나 게임장 개설사실을 알게 된 인근 주민들이 항의하자 A구청장은 甲의 건축물대장 용도변경신청을 반려하였다. 甲은 이 반려조치를 항고소송으로 다툴 수 있는가? **15점**

해설

① 문제의 소재

행정소송법(이하 동법이라 함) 제38조 제1항, 동법 제19조와 동법 제2조 제1항 제1호에 의하여 항고소송의 대상이 되는 처분이란 행정청이 행하는 구체적 사실에 관한 법집행으로서의 공권력의 행사 또는 그 거부와 그밖에 이에 준하는 행정작용을 말한다. A구청장의 건축물대장 용도변경신청반려를 항고소송으로 다툴 수 있는가와 관련하여 첫째, A구청장의 건축물대장 용도변경신청반려가 항고소송의 대상이 되는 거부처분인지 문제된다. 둘째, A구청장의 건축물대장 용도변경신청반려가 항고소송의 대상이 되는 행정청의 행위인지 문제된다.

② A구청장의 건축물대장 용도변경신청반려가 항고소송의 대상이 되는 거부처분인지 여부

1. 판례

거부가 항고소송의 대상이 되는 거부처분이 되려면 그 신청한 행위가 처분이어야 하고, 그 거부행위가 신청인의 법적 상태에 변동을 초래하여야 하며, 그 국민에게 그 행위발동을 요구할 법규상·조리상 신청권이 있어야 한다.

2. 사안의 경우

그 신청한 행위인 건축물대장 용도변경은 甲이 건축물의 용도가 변경되었음을 행정청에 알리면 행정청이 건축물대장의 기재 및 관리 등에 관한 규칙에 따라 건축물대장상에 그 변경사항을 기재하는 행위로서 사실행위에 불과하다. A구청장의 건축물대장 용도변경신청반려는 항고소송의 대상이 되는 거부처분이 아니다.

---

47) 2021년 입법고시 (2)

Ⅲ A구청장의 건축물대장 용도변경신청반려가 항고소송의 대상이 되는 행정청의 행위인지 여부

1. 판례

행정청의 행위가 항고소송의 대상이 될 수 있는지는 추상적·일반적으로 결정할 수 없고, 구체적인 경우에 ① 관련 법령의 내용과 취지, ② 그 행위의 주체·내용·형식·절차적 측면, ③ 그 행위와 상대방 등 이해관계인이 입는 불이익 사이의 실질적 견련성, ④ 법치행정의 원리와 ⑤ 그 행위에 관련한 행정청이나 이해관계인의 태도 등을 종합적으로 고려하여 개별적으로 판단하여야 한다.

2. 사안의 경우

건축물대장의 기재 및 관리 등에 관한 규칙의 내용과 취지, 건축물대장 용도변경신청반려의 주체·내용·형식·절차적 측면의 일방성, A구청장의 건축물대장 용도변경신청반려와 甲이 입는 대장과 등기와의 불일치로 인한 재산권 행사의 제한 우려라는 불안정한 지위 사이의 실질적 견련성, 항고소송의 제기가 분쟁의 조기해소에 유효·적절한 수단이라는 측면에서 법치행정의 원리상 A구청장의 건축물대장 용도변경신청반려는 항고소송의 대상이 되는 행정청의 행위이다.

Ⅳ 설문의 해결

A구청장의 건축물대장 용도변경신청반려는 항고소송의 대상이 될 수 있다.

---

type 4-2 취소소송의 대상이 되는 행정청의 행위 : 경원자관계에 서지 않는 제3자가 제기하는 자신에 대한 수익적 처분의 거부(거부처분이 아닌 제외처분)

[제1문] [48] 甲은 국립 K대학교의 교수로 재직 중이다. K대학교는 「교육공무원법」 제24조 등 관계 법령 및 「K대학교 학칙」에 근거한 「K대학교 총장임용후보자 선정에 관한 규정」에 따라 총장임용후보자 선정관리위원회 구성, 총장임용후보자 공모, 정책토론회 등의 절차를 거쳐 총장임용추천위원회 투표 결과 가장 많은 득표를 한 甲을 1순위 총장임용후보자로, 그 다음으로 많은 득표를 한 乙을 2순위로 선정하였다. 이에 따라 K대학교는 교육부장관에게 총장임용후보자로 甲을 1순위, 乙을 2순위로 추천하였는데, 장관은 대통령에게 乙만을 총장임용후보자로 제청하였다. 甲은 1순위 임용후보자인 자신이 아닌 2순위 후보자인 乙을 총장으로 임용하는 것은 위법하다고 주장한다. 임용제청을 받은 대통령은 乙을 총장으로 임용하려 한다. 대통령의 임용행위를 저지하기 위해 甲이 취할 수 있는 행정소송상의 수단을 검토하시오. 15점

---

48) 2019년 5급 공채 제1문 1)

참조조문

※ 아래의 법령은 사례해결에 적합하도록 수정되었음

「교육공무원법」

제24조(대학의 장의 임용)

① 대학(「고등교육법」 제2조 각 호의 학교를 말하되, 공립대학은 제외한다)의 장은 해당 대학의 추천을 받아 교육부장관의 제청으로 대통령이 임용한다.

② ~ ⑤ (생략)

 해설

① 문제의 소재

행정소송상 수단에는 행정소송법(이하 동법이라 함) 제3조와 제4조에 의하면 항고소송(취소소송, 무효등확인소송, 부작위위법확인소송), 당사자소송, 민중소송, 기관소송 등이 있다. 동법 제45조에 의하여 민중소송이나 기관소송은 甲이 취할 수 있는 수단이 아니다. 대통령의 임용행위를 저지하기 위해 甲이 취할 수 있는 행정소송상의 수단과 관련하여 첫째, 대통령의 乙에 대한 총장임용행위를 저지하기 위하여 예방적 금지소송이 가능한지 문제된다. 둘째, 대통령의 乙에 대한 총장임용행위를 저지하기 위하여 甲에 대한 임용제청거부에 대한 항고소송이 가능한지 문제된다.

② 대통령의 乙에 대한 총장임용행위를 저지하기 위하여 예방적 금지소송이 가능한지 여부

1. 학설

형식적 권력분립의 원칙에 비추어 동법 제4조는 열거규정이므로 부정하는 견해, 실질적 권력분립의 원칙에 비추어 동법 제4조는 예시규정이므로 긍정하는 견해, 처분요건이 일의적이며, 미리 구제하지 않으면 회복하기 어려운 손해발생 우려가 있고, 다른 구제수단이 없는 예외적인 경우에만 가능하다는 견해 등이 있다.

2. 판례

피고에 대하여 이 사건 신축건물의 준공처분을 하여서는 아니 된다는 내용의 부작위를 구하는 원고의 예비적 청구는 행정소송에서 허용되지 아니하는 것이므로 부적법하다.

3. 검토

행정소송법은 절차법으로서 법정주의가 적용된다는 점, 항고소송은 행정청의 판단에 대한 사후적인 통제제도라는 점에 비추어 판례가 타당하다.

4. 사안의 경우

대통령의 乙에 대한 총장임용행위를 저지하기 위하여 예방적 금지소송은 가능하지 않다.

Ⅲ 대통령의 乙에 대한 총장임용행위를 저지하기 위하여 甲에 대한 임용제청거부에 대한 항고 소송이 가능한지 여부

1. 문제의 소재

항고소송이 가능하려면, 항고소송요건을 충족하여야 한다. 대통령의 乙에 대한 총장임용행위를 저지하기 위하여 甲에 대한 임용제청거부에 대한 항고소송이 가능한지와 관련하여 첫째, 甲에 대한 임용제청거부가 항고소송의 대상인지 문제된다. 둘째, 甲에 대한 임용제청거부와 대통령의 乙에 대한 총장임용행위 사이의 관계가 문제된다.

2. 甲에 대한 임용제청거부가 항고소송의 대상인지 여부

(1) 문제의 소재

동법 제38조 제1항, 동법 제19조와 동법 제2조 제1항 제1호에 의하면 항고소송의 대상이 되는 처분이란 행정청이 행하는 구체적 사실에 관한 법집행으로서의 공권력의 행사 또는 그 거부와 그밖에 이에 준하는 행정작용을 말한다. 甲과 乙은 경원자관계에 서지 않으므로 甲은 乙을 총장 임용후보자로 제청한 교육부장관의 행위에 대하여 항고소송의 원고적격이 인정되지 않고, 교육 부장관이 乙을 총장임용후보자로 제청한 행위는 종국적 성격이 없으므로 甲 자신에 대한 총장 임용후보자제청거부처분이 되지 않는다. 甲에 대한 임용제청거부가 항고소송의 대상인지와 관 련하여 甲에 대한 임용제청거부가 항고소송의 대상이 되는 행정청의 행위인지 문제된다.

(2) 甲에 대한 임용제청거부가 항고소송의 대상이 되는 행정청의 행위인지 여부

1) 판례

행정청의 행위가 항고소송의 대상이 될 수 있는지는 추상적·일반적으로 결정할 수 없고, 구체적인 경우에 ① 관련 법령의 내용과 취지, ② 그 행위의 주체·내용·형식·절차, ③ 그 행위와 상대방 등 이해관계인이 입는 불이익 사이의 실질적 견련성, ④ 법치행정의 원리와 그 행위에 관련한 행정청이나 이해관계인의 태도 등을 고려하여 개별적으로 결정 하여야 한다.[49]

2) 사안의 경우

① 교육공무원법의 내용과 취지, ② 교육부장관이 乙만을 총장임용후보자로 제청한 행위 의 주체·내용·형식·절차적 측면의 일방성, ③ 교육부장관이 乙만을 총장임용후보자로 제청한 행위와 이해관계인인 甲이 입는 불이익인 대통령으로부터 임용을 받을 기회를 박 탈하는 효과 사이의 실질적 견련성, ④ 항고소송의 제기가 분쟁의 조기해소에 유효적절한 수단이라는 측면에서 법치행정의 원리상 甲에 대한 임용제청거부는 항고소송의 대상이 되 는 행정청의 행위이다.

(3) 소결

甲에 대한 임용제청거부는 항고소송의 대상이다. 이는 임용제청거부처분이 아니라 임용제청 제외처분이다.

---

49) 대판 2010.11.18, 2008두167 전합판결

3. 甲에 대한 임용제청거부와 대통령의 乙에 대한 총장임용행위 사이의 관계50)

甲에 대한 교육부장관의 임용제청거부는 대통령의 乙에 대한 총장임용행위에 대한 사전결정으로 甲에 대한 임용제청거부가 취소인용되면 동법 제30조 제2항의 인용판결의 기속력에 의하여 교육부장관은 다시 총장임용제청행위를 하여야 한다.

4. 소결

임용제청제외처분의 직접 상대방인 甲은 종국적 처분인 대통령의 乙에 대한 총장임용행위를 저지하기 위하여 대통령의 乙에 대한 총장임용행위가 발령되기 전에 중간단계의 처분인 교육부장관이 행한 임용제청제외처분을 대상으로 항고소송이 가능하다.

Ⅳ 설문의 해결

甲이 취할 수 있는 행정소송상 수단은 예방적 금지소송이 불가능하므로 자신에 대한 임용제청제외처분을 대상으로 항고소송을 제기하는 것이다.

---

type 4-3 취소소송의 대상이 되는 행정청의 행위 : 비권력적 사실행위

[제1문] 51) 2008년 세계적 금융위기 이후 한국 정부는 금융시장의 안정화를 중요 정책목표로 설정하였다. 2012년에 접어들면서 금융시장의 불안정성이 높아지자, 금융위원회는 A은행(「은행법」에 따라 설립된 은행임)의 '위험가중자산에 대한 자기자본비율'이 100분의 8 미만으로 떨어졌다고 판단하여, 「금융산업의 구조개선에 관한 법률」(이하 '금산법'이라 함) 제10조 제1항 제2호, 동조 제2항 및 「은행업감독규정」(금융위원회 고시) 제3조 제1항 제1호, 동조 제2항 제5호에 의하여 2012년 7월 1일 A은행에 대해 부실자산을 처분하라는 '경영개선권고'를 하였다. 이에 A은행은 위 권고에 따라 경영개선계획을 세우고 이를 이행하였다. 그럼에도 불구하고 A은행의 경영상태가 호전되지 않자 금융위원회는 A은행이 경영개선계획을 성실히 이행하지 않았다고 보아 금산법 제10조 제1항 제2호, 동조 제2항 및 「은행업감독규정」 제4조 제1항 제2호, 동조 제2항 제1호에 의하여 2012년 10월 15일 A은행에 대해 권역별 영업소를 통폐합하라는 '경영개선요구'를 하였다. 2012년 11월 1일에 이루어진 금융위원회에 대한 국회의 국정감사결과, 2012년 10월 15일 시점에서 A은행이 경영개선계획을 성실히 이행한 것은 아니지만, A은행의 '위험가중자산 대비 자기자본비율'이 100분의 8 미만이었다는 금융위원회의 최초 판단은 잘못되었음이 판명되었다. A은행은 '경영개선권고'를 취소소송을 통해 다툴 수 있는가? (제소기간은 문제 삼지 않음) 10점

---

50) 교육부장관이 특정 후보자를 임용제청에서 제외하고 다른 후보자를 임용제청함으로써 <u>대통령이 임용제청된 다른 후보자를 총장으로 임용한 경우</u>에는, 임용제청에서 제외된 후보자는 대통령이 자신에 대하여 총장임용제외처분을 한 것으로 보아 이를 다투어야 한다. 이러한 경우에는 교육부장관의 임용제청제외처분을 별도로 다툴 소의 이익이 없어진다.

51) 2013년 제1차 모의시험 2문 설문2 (1)

참조조문

※ 아래의 법령은 문제출제 당시의 적용법령임

「**금융산업의 구조개선에 관한 법률**」

제10조(적기시정조치)

① 금융위원회는 금융기관의 자기자본비율이 일정 수준에 미달하는 등 재무상태가 제2항에 따른 기준에 미달하거나 거액의 금융사고 또는 부실채권의 발생으로 금융기관의 재무상태가 제2항에 따른 기준에 미달하게 될 것이 명백하다고 판단되면 금융기관의 부실화를 예방하고 건전한 경영을 유도하기 위하여 해당 금융기관이나 그 임원에 대하여 다음 각 호의 사항을 권고·요구 또는 명령하거나 그 이행계획을 제출할 것을 명하여야 한다.

　　1. (생략)

　　2. 자본증가 또는 자본감소, 보유자산의 처분이나 점포·조직의 축소

　　3. ~ 9. (생략)

② (생략)

제14조(행정처분)

① 금융위원회는 금융기관에 다음 각 호의 어느 하나에 해당하는 경우에는 금융감독원장의 건의에 따라 그 금융기관 임원의 업무집행정지를 명하고, 그 임원의 업무를 대행할 관리인을 선임하거나 주주총회에 그 임원의 해임을 권고할 수 있다.

　　1. 제10조 제1항에 따른 요구 또는 명령을 위반하거나 이를 이행하지 아니한 경우

　　(이하 생략)

제27조(벌칙)

금융기관의 임원, 관리인 또는 청산인(이하 "금융기관의 임원 등"이라 한다)이 다음 각 호의 어느 하나에 해당하는 행위를 한 경우에는 1년 이하의 징역 또는 1천만원 이하의 벌금에 처한다.

1. 제10조 제1항에 따른 명령을 이행하기 위한 절차·조치를 이행하지 아니한 경우

(이하 생략)

제28조(과태료)

① 금융기관이 다음 각 호의 어느 하나에 해당하는 행위를 한 경우에는 2천만원 이하의 과태료를 부과한다.

　　1. ~ 5. (생략)

　　6. 제10조 제1항에 따른 요구 또는 명령을 이행하지 아니하거나 위반한 경우

　　(이하 생략)

 해설

① 문제의 소재

행정소송법(이하 동법이라 함) 제19조와 동법 제2조 제1항 제1호에 의하면 취소소송의 대상이 되는 처분이란 행정청이 행하는 구체적 사실에 관한 법집행으로서의 공권력의 행사 또는 그 거부와 그밖에 이에 준하는 행정작용을 말한다. 행정절차법 제2조 제3호의 행정지도인 경영개선권고는 상대방의 임의적 동의를 전제로 하는 행정작용이므로 권력적 사실행위가 아니어서 취소소송의

대상이 되는 처분이 아니다.[52] A은행이 '경영개선권고'를 취소소송을 통해 다툴 수 있는가와 관련하여 경영개선권고가 취소소송의 대상이 되는 행정청의 행위인지 문제된다.

Ⅱ 경영개선권고가 취소소송의 대상이 되는 행정청의 행위인지 여부

1. 판례

행정청의 행위가 취소소송의 대상이 될 수 있는지는 추상적·일반적으로 결정할 수 없고, 구체적인 경우에 ① 관련 법령의 내용과 취지, ② 그 행위의 주체·내용·형식·절차적 측면, ③ 그 행위와 상대방 등 이해관계인이 입는 불이익 사이의 실질적 견련성, ④ 법치행정의 원리와 ⑤ 그 행위에 관련한 행정청이나 이해관계인의 태도 등을 종합적으로 고려하여 개별적으로 판단하여야 한다.

2. 사안의 경우

관련 법령인 금융산업의 구조개선에 관한 법률의 내용과 취지, 그 경영개선권고의 주체·내용·형식·절차적 측면의 우월성, 그 경영개선권고와 상대방 등 이해관계인이 입게 되는 각종 행정처분, 벌칙, 과태료 등의 불이익 사이의 실질적 견련성, 취소소송의 제기가 분쟁의 조기해소에 유효·적절하다는 점에서 법치행정의 원리상 경영개선권고는 취소소송의 대상이 되는 행정청의 행위이다.

Ⅲ 설문의 해결

A은행은 '경영개선권고'를 취소소송을 통해 다툴 수 있다.

[제2문][53] 甲은 A군에서 S의원을 경영하고 있다. S의원이 담당하고 있는 진료과목과 동일한 과목을 진료하는 의료기관은 A군 내에는 달리 없는 실정이다. 보건복지부 소속 공무원 乙은 2015.5.13. 甲이 B 바이오회사의 C 치료재료에 대해 국민건강보험공단에 청구한 금액이 「치료재료 급여·비급여목록 및 급여상한금액표」(보건복지부 고시 제2015-00호, 2015.3.12. 이하 "고시"라 한다)에 따른 급여금액보다 5,000만원을 상회하였음을 적발하였다. 이 조사결과에 기초하여 보건복지부장관은 2015.6.30. S의원 대표 甲에게 「국민건강보험법」 제98조에 따라 90일 업무정지처분을 하고, 동법 제100조에 의거하여 그 위반사실을 공표하였다. 보건복지부장관은 업무정지처분에 대하여는 사전통지절차를 거쳤으나 위반사실공표에 대하여는 사전통지를 하지 아니하였다. 甲은 위반사실 공표에 대하여 다투고자 한다. 甲은 보건복지부장관이 위반사실공표를 결정할 때에는 그 위반행위의 동기, 정도, 횟수 및 결과 등을 고려하여야 함에도 이를 고려치 않아 위법하다고 주장한다. 이 경우 甲은 보건복지부장관의 위반사실공표를 취소소송의 대상으로 하여 취소소송을 제기할 수 있는지 논하시오. 15점

---

52) 배점이 10점이므로 이렇게 쓴다.

53) 2015년 제3차 모의시험 2문 설문3 (2), 문제표현 및 배점 수정

참조조문

※ 아래의 법령은 문제출제 당시의 적용법령임

「국민건강보험법」

제46조(약제·치료재료에 대한 요양급여비용의 산정)

약제·치료재료(이하 "약제·치료재료"라 한다)에 대한 요양급여비용은 요양기관의 약제·치료재료 구입금액 등을 고려하여 대통령령으로 정하는 바에 따라 달리 산정할 수 있다.

제98조(업무정지)

① 보건복지부장관은 요양기관이 다음 각 호의 어느 하나에 해당하면 그 요양기관에 대하여 1년의 범위에서 기간을 정하여 업무정지를 명할 수 있다.

    1. 속임수나 그 밖의 부당한 방법으로 보험자·가입자 및 피부양자에게 요양급여비용을 부담하게 한 경우

제100조(위반사실의 공표)

① 보건복지부장관은 관련 서류의 위조·변조로 요양급여비용을 거짓으로 청구하여 제98조 또는 제99조에 따른 행정처분을 받은 요양기관이 다음 각 호의 어느 하나에 해당하면 그 위반 행위, 처분 내용, 해당 요양기관의 명칭·주소 및 대표자 성명, 그 밖에 다른 요양기관과의 구별에 필요한 사항으로서 대통령령으로 정하는 사항을 공표할 수 있다. 이 경우 공표 여부를 결정할 때에는 그 위반행위의 동기, 정도, 횟수 및 결과 등을 고려하여야 한다.

    1. 거짓으로 청구한 금액이 1천 500만원 이상인 경우

「국민건강보험법 시행령」

제72조(공표 사항)

법 제100조 제1항 각 호 외의 부분 전단에서 "대통령령으로 정하는 사항"이란 다음 각 호의 사항을 말한다.

1. 해당 요양기관의 종류와 그 요양기관 대표자의 면허번호·성별
2. 의료기관의 개설자가 법인인 경우에는 의료기관의 장의 성명
3. 그 밖에 다른 요양기관과의 구별을 위하여 법 제100조 제2항에 따른 건강보험공표심의위원회(이하 "공표심의위원회"라 한다)가 필요하다고 인정하는 사항

 해설

Ⅰ 문제의 소재

행정소송법(이하 동법이라 함) 제19조와 동법 제2조 제1항 제1호에 의하면 취소소송의 대상이 되는 처분이란 행정청이 행하는 구체적 사실에 관한 법집행으로서의 공권력의 행사 또는 그 거부와 그밖에 이에 준하는 행정작용을 말한다. 甲이 보건복지부장관의 위반사실공표를 취소소송의 대상으로 하여 취소소송을 제기할 수 있는지와 관련하여 첫째, 위반사실공표가 취소소송의 대상이 되는 처분인지 문제된다. 둘째, 위반사실공표가 취소소송의 대상이 되는 행정청의 행위인지 문제된다.

Ⅱ 위반사실공표가 취소소송의 대상이 되는 처분인지 여부

1. 판례

취소소송의 대상이 되는 처분은 원칙적으로 행정청의 공법상 행위로서 특정 사항에 대하여 법규에 의한 권리의 설정 또는 의무의 부담을 명하거나 기타 법률상의 효과를 직접 발생하게 하는 등 국민의 권리·의무에 직접 관계가 있는 행위를 말한다.

2. 사안의 경우

위반사실공표는 국민의 신체·재산에 대한 물리력의 행사가 아니므로 권력적 사실행위가 아니므로 국민의 권리·의무에 직접 관계가 있는 행위가 아니어서 취소소송의 대상이 되는 처분이 아니다.

Ⅲ 위반사실공표가 취소소송의 대상이 되는 행정청의 행위인지 여부

1. 판례

행정청의 행위가 항고소송의 대상이 될 수 있는지는 추상적·일반적으로 결정할 수 없고, 구체적인 경우에 ① 관련 법령의 내용과 취지, ② 그 행위의 주체·내용·형식·절차적 측면, ③ 그 행위와 상대방 등 이해관계인이 입는 불이익 사이의 실질적 견련성, ④ 법치행정의 원리와 ⑤ 그 행위에 관련한 행정청이나 이해관계인의 태도 등을 종합적으로 고려하여 개별적으로 판단하여야 한다.

2. 사안의 경우

관련 법령인 국민건강보험법의 목적과 취지, 그 위반사실공표행위의 주체·내용·형식·절차적 측면의 일방성, 위반사실공표행위와 명단에 공표된 자의 명예훼손 및 수치심 자극이라는 중대한 불이익 사이의 실질적 견련성, 취소소송의 제기가 분쟁의 조기해소에 유효·적절하다는 점에서 법치행정의 원리상 위반사실공표는 취소소송의 대상이 되는 행정청의 행위이다.

Ⅳ 설문의 해결

甲은 보건복지부장관의 위반사실공표를 취소소송의 대상으로 하여 취소소송을 제기할 수 있다.

[제3문] [54] 2014년 1월 C도 K군에서 발생한 제1종 가축전염병인 AI(고병원성 조류 인플루엔자)로 인해 동년 3월 30일까지 전국적으로 약 1,200만 마리의 가금(家禽)류가 「가축전염병 예방법」 제20조에 근거하여 살처분되었다. 이 중 실제로 AI에 감염된 가금류는 28마리에 불과하였다. 이렇게 대규모로 살처분이 이루어진 이유는 AI가 발생한 농장은 물론 발생농가로부터 반경 3km 이내는 가축전염병이 퍼지거나 퍼질 것으로 우려되는 지역으로 보아 살처분을 실시하였기 때문이다. 甲은 C도 K군에서 농사를 짓고 있는 농민이다. K군수는 살처분에 대비하여 「가축전염병 예방법」 제3조 제2항 및

---

54) 2014년 제2차 모의시험 2문 설문1 (1)

동법 시행규칙 제3조의2에 의거하여 K군에 위치한 공유임야를 매몰 후보지로 선정하였다. 그런데 甲은 위 매몰 후보지가 자신이 농사를 짓기 위해 물을 끌어오는 수원지와 50m 떨어져 있고, 자신이 거주하는 마을로부터도 멀지 않은 곳임을 알게 되었다. 甲은 위 후보지 선정을 취소소송을 통해 다투고자 한다. K군수의 매몰 후보지 선정행위가 취소소송의 대상이 되는지를 검토하시오. 20점

참조조문

※ 아래의 법령은 문제출제 당시의 적용법령임

「가축전염병 예방법」

제3조(국가와 지방자치단체의 책무)

② 시장·군수·자치구의 구청장은 제22조 제2항 본문, 제23조 제1항 및 제3항에 따른 가축의 사체 또는 물건의 매몰에 대비하여 농림축산식품부령으로 정하는 기준에 적합한 매몰 후보지를 미리 선정하여 관리하여야 한다.

「가축전염병 예방법 시행규칙」

제3조의2(매몰 후보지의 선정)

법 제3조 제2항에 따른 매몰 후보지에 관한 기준은 별표 5 제2호 가목에 따른 매몰 장소에 관한 기준과 같다.

[별표 5] 소각 또는 매몰기준(제25조 관련)

2. 매몰기준

　가. 매몰 장소의 선택

　　1) 농장 부지 등 매몰 대상 가축 등이 발생한 해당 장소에 매몰하는 것을 원칙으로 한다. 다만, 해당 농장 부지 등이 매몰 장소로 적합하지 않거나, 매몰 장소로 활용할 수 없는 경우 등에 해당할 때에는 국·공유지 등을 활용할 수 있다.

　　3) 매몰 장소로 적합한 장소는 다음과 같다.

　　　가) 하천, 수원지, 도로와 30m 이상 떨어진 곳

　　　나) 음용 지하수 관정(管井)과 75m 이상 떨어진 곳

　　　다) 주민이 집단적으로 거주하는 지역에 인접하지 않은 곳으로 사람이나 가축의 접근을 제한할 수 있는 곳

　　　라) 다음의 어느 하나에 해당하지 않는 곳

　　　　(1) 「수도법」 제7조에 따른 상수원보호구역

　　　　(2) 「먹는물관리법」에 따른 염지하수 관리구역 및 샘물보전구역

　　　　(3) 「지하수법」 제12조에 따른 지하수보전구역

　　　　(4) 그밖에 (1)부터 (3)까지의 규정에 따른 구역에 준하는 지역으로서 수질환경보전이 필요한 지역

📖 해설

① 문제의 소재

행정소송법(이하 동법이라 함) 제19조와 동법 제2조 제1항 제1호에 의하면 취소소송의 대상이 되는 처분이란 행정청이 행하는 구체적 사실에 관한 법집행으로서의 공권력의 행사 또는 그 거부와

그밖에 이에 준하는 행정작용을 말한다. K군수의 매몰 후보지 선정행위가 취소소송의 대상이 되는지와 관련하여 첫째, K군수의 매몰 후보지 선정행위가 취소소송의 대상이 되는 처분인지 문제된다. 둘째, K군수의 매몰 후보지 선정행위가 취소소송의 대상이 되는 행정청의 행위인지 문제된다.

Ⅱ K군수의 매몰 후보지 선정행위가 취소소송의 대상이 되는 처분인지 여부

1. 판례

취소소송의 대상이 되는 처분은 원칙적으로 행정청의 공법상 행위로서 특정 사항에 대하여 법규에 의한 권리의 설정 또는 의무의 부담을 명하거나 기타 법률상의 효과를 직접 발생하게 하는 등 국민의 권리·의무에 직접 관계가 있는 행위를 말한다.

2. 사안의 경우

K군수의 매몰 후보지 선정행위는 국공유지에 행하는 행위로서 국민의 재산에 대한 물리력의 행사가 아니다. 이는 비권력적 사실행위이므로 국민의 권리·의무에 직접 관계가 있는 행위가 아니어서 취소소송의 대상이 되는 처분이 아니다.

Ⅲ K군수의 매몰 후보지 선정행위가 취소소송의 대상이 되는 행정청의 행위인지 여부

1. 판례

행정청의 행위가 취소소송의 대상이 될 수 있는지는 추상적·일반적으로 결정할 수 없고, 구체적인 경우에 ① 관련 법령의 내용과 취지, ② 그 행위의 주체·내용·형식·절차적 측면, ③ 그 행위와 상대방 등 이해관계인이 입는 불이익 사이의 실질적 견련성, ④ 법치행정의 원리와 ⑤ 그 행위에 관련한 행정청이나 이해관계인의 태도 등을 종합적으로 고려하여 개별적으로 판단하여야 한다.

2. 사안의 경우

K군수의 매몰 후보지 선정행위는 관련 법령인 가축전염병 예방법령의 내용과 취지, 매몰 후보지 선정행위의 주체·내용·형식·절차적 측면의 우월성, 매몰 후보지 선정행위와 이해관계인이 입는 농수로서 부적합할 수 있는 우려와 보건상 위해의 우려라는 불이익 사이의 실질적 견련성, 취소소송의 제기가 분쟁의 조기해소에 유효·적절하다는 점에서 법치행정의 원리상 취소소송의 대상이 되는 행정청의 행위이다.

Ⅳ 설문의 해결

K군수의 매몰 후보지 선정행위는 취소소송의 대상이 된다.

[제4문] [55] A도지사는 관내 B시의 일정지역을 친환경 산업단지로 개발하기 위하여 ○○일반산업단지(이하 '산업단지')로 지정하고 이에 관한 ○○일반산업단지관리계획(이하 '관리계획')을 수립·고시하였다. B시의 시장 乙은 A도지사로부터 산업단지의 관리업무를 위임받아 이를 관리하고 있다. 甲은 산업단지 내 부지에서 '코코아제품 제조업' 운영을 내용으로 하는 입주계약을 체결한 후 사업을 개시하였다. 이후 甲은 동일한 부지에 지식산업센터를 설립하여 업종을 '첨단제품 개발 및 공급업'으로 변경하겠다는 내용의 입주계약변경신청을 하면서 이에 관한 사업계획서를 B시에 제출하여 입주변경계약(이하 '이 사건 입주변경계약')을 체결하였다. 그에 따라 첨단제품 제조에 필요한 금속도금업을 주 유치업종으로 하는 지식산업센터의 설립이 승인되었다. 한편, B시 주민 丙 등은 이 사건 입주변경계약이 환경오염을 유발할 우려가 있다고 주장하며 乙에게 여러 차례 민원을 제기하였다. 이에 乙은 친환경 산업단지 조성이라는 관리계획의 방향에 위배된다는 이유로 甲과 체결한 이 사건 입주변경계약을 해지하였다. 甲은 이 사건 입주변경계약 해지의 위법을 다투고자 한다. 이 사건 입주변경계약 해지의 법적 성질을 검토하시오. 10점

참조조문

※ 아래의 법령은 문제출제 당시의 적용법령임

「산업집적활성화 및 공장설립에 관한 법률」

제3조(산업집적활성화 기본계획)

① 산업통상자원부장관은 5년 단위로 전 국토를 대상으로 산업집적의 활성화에 관한 기본계획(이하 "산업집적활성화 기본계획"이라 한다)을 수립하고 고시하여야 한다. 이를 변경할 때에도 또한 같다.

제13조(공장설립 등의 승인)

① 공장의 신설·증설 또는 업종변경(이하 "공장설립 등"이라 한다)을 하려는 자는 대통령령으로 정하는 바에 따라 시장·군수 또는 구청장의 승인을 받아야 하며, 승인을 받은 사항을 변경하려는 경우에도 또한 같다. 다만, 승인을 받은 사항 중 산업통상자원부령으로 정하는 경미한 사항을 변경하려는 경우에는 시장·군수 또는 구청장에게 신고하여야 한다.

② 다음 각 호의 어느 하나에 해당하는 경우에는 제1항에 따른 공장설립 등의 승인을 받은 것으로 본다.

　　1. 제38조 제1항 본문 및 제2항에 따른 입주계약 및 변경계약을 체결한 경우

제30조(관리권자 등)

① 관리권자는 다음 각 호와 같다.

　　2. 일반산업단지 및 도시첨단산업단지는 시·도지사

② 관리기관은 다음 각 호와 같다.

　　1. 관리권자

　　2. 관리권자로부터 관리업무를 위임받은 지방자치단체의 장

제31조(관리업무의 전부 또는 일부의 위임)

① 관리권자는 산업단지를 효율적으로 관리하기 위하여 대통령령으로 정하는 바에 따라 제30조 제2항에 따른 관리기관에 관리업무의 전부 또는 일부를 위임할 수 있다.

제33조(산업단지관리계획의 수립)

① 시·도지사는 「산업입지 및 개발에 관한 법률」 제6조, 제7조, 제7조의2부터 제7조의4까지 및 제8조에

---

55) 2022년 제2차 모의시험 2문 설문1

따라 산업단지가 지정된 경우에는 산업단지로 관리할 필요가 있는 지역에 대하여 대통령령으로 정하는 바에 따라 산업단지관리계획(이하 "관리계획"이라 한다)을 수립하여야 한다.

⑦ 관리계획은 다음 각 호의 사항을 포함하여야 한다.

    1. 관리할 산업단지의 면적에 관한 사항

    2. 입주대상업종 및 입주기업체의 자격에 관한 사항

    3. 산업단지의 용지(이하 "산업용지"라 한다)의 용도별 구역에 관한 사항

    4. 업종별 공장의 배치에 관한 사항

제38조(입주계약 등)

① 산업단지에서 제조업을 하거나 하려는 자는 산업통상자원부령으로 정하는 바에 따라 관리기관과 그 입주에 관한 계약(이하 "입주계약"이라 한다)을 체결하여야 한다. 다만, 대통령령으로 정하는 경우에는 그러하지 아니하다.

② 입주기업체 및 지원기관이 입주계약사항 중 산업통상자원부령으로 정하는 사항을 변경하려는 경우에는 새로 변경계약을 체결하여야 한다.

③ 제1항과 제2항은 산업단지에서 제조업 외의 사업을 하거나 하려는 자에 대하여 준용한다.

제39조(산업용지 등의 처분제한 등)

① 산업시설구역 등의 산업용지 또는 공장 등을 소유하고 있는 입주기업체가 공장설립 등의 완료신고 후 10년 이내에 분양받은 산업용지를 처분하려는 경우 또는 공장 등을 처분하려는 경우에는 산업용지 또는 공장 등을 관리기관에 양도하여야 한다.

제42조(입주계약의 해지 등)

① 관리기관은 입주기업체 또는 지원기관이 다음 각 호의 어느 하나에 해당하는 경우에는 대통령령으로 정하는 기간 내에 그 시정을 명하고 이를 이행하지 아니하는 경우 그 입주계약을 해지할 수 있다.

    5. 제38조 및 제38조의2에 따른 입주계약을 위반한 경우

제43조(입주계약 해지 후의 재산처분 등)

① 제42조 제1항 각 호의 사유로 입주계약이 해지된 자는 그가 소유하는 산업용지 및 공장 등을 산업통상자원부령으로 정하는 기간에 제39조 제1항에 따라 처분하여야 한다.

제43조의2(양도의무 불이행자에 대한 조치)

① 관리권자는 공장 등을 취득한 자가 다음 각 호의 어느 하나에 해당하는 경우에는 대통령령으로 정하는 바에 따라 공장 등의 철거를 명할 수 있다.

    2. 제43조 제1항 및 제2항에 따른 기간에 공장 등을 양도하지 아니한 경우

③ 제1항에 따른 철거명령을 하려면 청문을 하여야 한다.

제43조의3(이행강제금)

① 관리권자는 제43조 제1항에 따른 처분·양도 의무를 이행하지 아니한 자에 대하여는 산업통상자원부령으로 이행기한을 정하여야 하며, 그 기한까지 의무를 이행하지 아니한 경우에는 처분·양도할 재산가액의 100분의 20에 해당하는 금액의 이행강제금을 부과할 수 있다.

제52조(벌칙)

② 다음 각 호의 어느 하나에 해당하는 자는 3년 이하의 징역 또는 3천만원 이하의 벌금에 처한다.

    6. 제42조 제2항을 위반하여 계속 그 사업을 하는 자

📖 해설

Ⅰ 문제의 소재

행정소송법(이하 동법이라 함) 제38조 제1항, 동법 제19조와 동법 제2조 제1항 제1호에 의하면 항고소송의 대상이 되는 처분이란 행정청이 행하는 구체적 사실에 관한 법집행으로서의 공권력의 행사 또는 그 거부와 그밖에 이에 준하는 행정작용을 말한다. 입주변경계약은 행정기본법 제27조에 의하여 행정주체와 국민 사이에서 공법영역에서 이루어진 계약이므로 공법상 계약으로서 그밖에 행정작용이다. 공법상 계약인 입주변경계약의 해지는 대등성을 본질로 하는 공법상 계약 영역에서의 일방적인 행정작용이므로 항고소송의 대상이 되는 처분이 아니다. 입주변경계약 해지의 법적 성질과 관련하여 첫째, 입주변경계약 해지가 항고소송의 대상이 되는 행정청의 행위인지 문제된다. 둘째, 입주변경계약 해지가 기속행위인지 재량행위인지 문제된다.

Ⅱ 입주변경계약 해지가 항고소송의 대상이 되는 행정청의 행위인지 여부

1. 판례

행정청의 행위가 항고소송의 대상이 될 수 있는지는 구체적인 경우 행정처분은 국민의 권리·의무에 직접적으로 영향을 미치는 행위라는 점을 염두에 두고, ① 관련 법령의 내용과 취지, ② 그 행위의 주체·내용·형식·절차, ③ 그 행위와 상대방 등 이해관계인이 입는 불이익 사이의 실질적 견련성, ④ 법치행정의 원리와 ⑤ 그 행위에 관련한 행정청이나 이해관계인의 태도 등을 참작하여 개별적으로 결정해야 한다.

2. 사안의 경우

입주변경계약 해지는 산업집적활성화 및 공장설립에 관한 법률(이하 동법이라 함)의 내용과 취지, 입주변경계약 해지의 주체·내용·형식·절차적 측면의 일방성, 입주변경계약 해지와 동법 제43조·제43조의2·제43조의3에 의한 재산처분의무·양도의무 불이행 시 철거명령에 의한 철거 우려·이행강제금의 부과 우려 등 불이익 사이의 실질적 견련성, 항고소송의 제기가 분쟁의 조기해소에 유효·적절한 수단이라는 측면에서 법치행정의 원리상 항고소송의 대상이 되는 행정청의 행위이다.

Ⅲ 입주변경계약 해지가 기속행위인지 재량행위인지 여부

1. 판례

어떤 행위가 기속행위와 재량행위로 구분된다고 할 때, 그 구분은 당해 행위의 근거가 된 법규의 체제·형식과 그 문언, 당해 행위가 속하는 행정 분야의 주된 목적과 특성, 당해 행위 자체의 개별적 성질과 유형 등을 모두 고려하여 판단하여야 한다.

2. 사안의 경우

입주변경계약 해지의 근거가 된 동법 제42조의 문언상 재량행위임이 명백하다.

Ⅳ 설문의 해결

입주변경계약 해지의 법적 성질은 항고소송의 대상이 되며, 재량행위이다.

제2항 취소소송의 대상 - 처분문서가 2개(일원설에 기초한 판례의 태도를 중심으로)

type 5-1 수익적 처분문서와 수익적 처분 취소인용재결문서가 있는 경우

[제1문] [56] 보건복지부장관이 갑에 대하여 한 의약품제조품목허가처분에 대하여 을이 이미 자신에게 허가한 의약품과 동일·유사한 명칭을 사용하는 의약품에 대하여 허가를 한 것이어서 위법하다는 이유로 행정심판을 제기하자 위 허가에 관한 처분청 겸 재결청인 보건복지부장관은 국무총리행정심판위원회의 의결을 거쳐 위 허가처분을 취소한다는 내용의 이 사건 취소재결을 하였고, 이어서 갑에게 다시 위 허가처분을 취소하는 내용의 처분을 하였다. 갑은 허가처분취소인용재결에 취소소송을 제기하고자 한다. 갑이 제기하는 취소소송은 가능한가? 25점

📖 해설

Ⅰ 문제의 소재

행정소송법(이하 동법이라 함) 제19조에 의하면 취소소송은 처분 등을 대상으로 한다. 다만, 재결취소소송의 경우에는 재결 자체에 고유한 위법이 있음을 이유로 하는 경우에 한한다. 제3자인 을이 제기한 의약품제조품목허가처분취소심판에서 취소인용재결이 나왔다. 이에 의약품제조품목허가처분의 직접 상대방인 갑은 취소소송을 제기하고자 한다. 갑이 제기하는 허가처분취소인용재결취소소송이 가능한가와 관련하여 첫째, 갑이 제기하는 취소소송의 대상이 문제된다. 둘째, 갑이 제기하는 허가처분취소인용재결취소소송이 동법 제19조 본문 소송형식인지, 동법 제19조 단서 소송형식인지 문제된다. 셋째, 갑이 제기하는 허가처분취소인용재결취소소송이 재결 자체에 고유한 위법이 있음을 이유로 하는 경우에 해당하는지 문제된다.

Ⅱ 갑이 제기하는 취소소송의 대상

원처분인 의약품제조품목허가처분은 수익적 처분이므로 직접 상대방인 갑은 취소소송으로 다툴 수 없고, 을에 대한 취소인용재결 후 처분청이 의약품제조품목허가처분의 직접 상대방인 갑에게 허가처분을 취소한다는 취소통지는 갑에게 취소인용재결로 인해 의약품제조품목허가처분이 취소·소멸되었음을 확인시켜주는 의미의 단순한 사실의 통지에 불과하다. 의약품제조품목허가처분의 직접 상대방인 갑은 의약품제조품목허가처분취소인용재결로 인하여 직접 불이익한 효과를 받게 되므로 의약품제조품목허가처분취소인용재결을 다툴 수밖에 없다.[57]

---

56) 판례창작문제, 대판 1998.4.24, 97누17131

57) 대판 1998.4.24, 97누17131

[III] 갑이 제기하는 허가처분취소인용재결취소소송이 동법 제19조 본문 소송형식인지, 동법 제19조 단서 소송형식인지 여부

1. 학설

원처분인 시외버스 운송사업면허처분이 있으므로 재결이 소의 대상이 되는 것이어서 동법 제19조 단서소송이라는 견해와 당해 취소인용재결은 그 성질상 제3자와의 관계에서는 최초처분이 되는 것이므로 동법 제19조 본문소송이라는 견해가 있다.

2. 판례

원처분의 상대방이 아닌 제3자가 행정심판을 청구하여 재결청이 원처분을 취소하는 형성재결을 한 경우에 그 원처분의 상대방은 그 재결에 대하여 항고소송을 제기할 수밖에 없다.[58]

3. 검토

취소인용재결은 원처분에 대한 복심적 쟁송의 결과인 재결이므로 그 재결을 대상으로 제기하여야 한다는 점에서 동법 제19조 단서소송이라는 견해와 판례가 타당하다.

4. 사안의 경우

의약품제조품목허가처분취소인용재결은 재결청이 원처분인 의약품제조품목허가처분을 취소하는 형성재결이다. 갑이 제기하는 허가처분취소인용재결취소소송은 동법 제19조 단서 소송형식이다.[59]

[IV] 갑이 제기하는 허가처분취소인용재결취소소송이 재결 자체에 고유한 위법이 있음을 이유로 하는 경우에 해당하는지 여부

1. 문제의 소재

권한이 없는 기관이 재결하거나 행정심판위원회의 구성원에 결격자가 있다거나 정족수 흠결 등의 사유가 있는 경우는 주체의 위법으로 재결 자체에 고유한 위법이다. 행정심판법상의 심판절차를 준수하지 않은 경우는 절차의 위법으로 재결 자체에 고유한 위법이다. 구두로 한 재결이나 서면에 의하더라도 행정심판법 제46조 제2항 소정의 주요기재 사항이 누락되거나 이유 기재에 중대한 흠이 있는 경우 등은 형식의 위법으로 재결 자체에 고유한 위법이다. 갑이 제기하는 허가처분취소인용재결취소소송이 재결 자체에 고유한 위법이 있음을 이유로 하는 경우에 해당하는지와 관련하여 행정심판법상의 위반이 아닌 내용의 위법[60]이 재결 자체에 고유한 위법인지 문제된다.

---

58) 대판 1998.4.24, 97누17131

59) 대판 1998.4.24, 97누17131

60) 내용의 위법은 처분의 근거법 위반이다.

2. 행정심판법상의 위반이 아닌 내용의 위법이 재결 자체에 고유한 위법인지 여부

(1) 학설

내용의 위법은 행정심판법상의 위반이 아니므로 재결 자체에 고유한 위법에 포함되지 않는다는 견해와 재결 자체에 고유한 위법에 포함된다는 견해의 대립이 있다.

(2) 판례

동법 제19조에서 말하는 재결 자체에 고유한 위법이란 원처분에는 없고 재결에만 있는 재결청의 권한 또는 구성의 위법, 재결의 절차나 형식의 위법, 내용의 위법 등을 뜻하고, 그중 내용의 위법에는 위법·부당하게 인용재결을 한 경우가 해당한다.[61]

(3) 검토

취소인용재결의 내용의 위법은 원처분인 수익적 처분의 내용과 다른 것이어서 원처분에는 없고 재결에만 있는 위법이므로 재결 자체에 고유한 위법이라는 견해와 판례가 타당하다.

(4) 사안의 경우

행정심판법상의 위반이 아닌 내용의 위법도 재결 자체에 고유한 위법이다.

3. 소결

갑이 제기하는 허가처분취소인용재결취소소송은 재결 자체에 고유한 위법이 있음을 이유로 하는 경우에 해당한다.

Ⅴ 설문의 해결

갑은 의약품제조품목허가처분취소인용재결에 대하여 취소소송을 제기할 수 있다.

---

type 5-2 침익적 처분문서와 일부인용재결 또는 적극적 변경재결문서가 있는 경우

[제1문] [62] 노정년은 2003년 박사학위를 취득하고 2005년 3월부터 사립 한국대학교 음대 성악과에서 교원으로 근무하고 있다. 대학의 연봉만으로는 노부모와 처 자녀 등 9인의 가족을 부양하기가 몹시 어렵게 되자, 그는 그 대학 성악과에 지원하려는 중·고등학생들을 대상으로 성악 과외교습에 나섰다. 한국대학교 인사위원회는 2011년 12월 23일 「학원의 설립·운영 및 과외교습에 관한 법률」 제3조가 대학교원으로 하여금 과외교습을 금지하고 있음에도 불구하고 노정년이 주 30시간이 넘는 과외교습활동을 하여 현행법을 위반하였을 뿐만 아니라, 그로 인하여 대학 강의를 소홀하게 하고 있어 대학교원으로서의 품위를 잃은 부적격자라는 이유로 그의 재임용을 거부하기로 결정하였고, 이에 따라 한국대학교 총장은 2011년 12월 29일 노정년에게 계약기간 만료와 더불어 재임용

---

61) 대판 1997.9.12, 96누14661
62) 2013년 제2차 모의시험 1문 설문1 (1)

의사가 더 이상 없음을 통지하였다. 이에 그는 2012년 3월 2일 교원소청심사위원회에 소청심사를 청구하였으나 2012년 4월 5일 기각되었고, 4월 9일 이 결정을 통지받았다. 노정년은 2012년 7월 9일 서울행정법원에 취소소송을 제기하여 자신의 권리침해를 구제받고자 한다. 누구를 피고로 하여 어떤 행위를 대상으로 취소소송을 제기하여야 하는가? 15점

참조조문

※ 아래의 법령은 문제출제 당시의 적용법령임

「교원지위 향상을 위한 특별법」

제7조(교원소청심사위원회의 설치)

① 각급학교 교원의 징계처분과 그 밖에 그 의사에 반하는 불리한 처분(「교육공무원법」 제11조의3 제4항 및 「사립학교법」 제53조의2 제6항에 따른 교원에 대한 재임용 거부처분을 포함한다. 이하 같다)에 대한 소청심사를 하기 위하여 교육과학기술부에 교원소청심사위원회(이하 "심사위원회"라 한다)를 둔다.

② 심사위원회는 위원장 1명을 포함하여 7명 이상 9명 이내의 위원으로 구성하되 위원장과 대통령령으로 정하는 수의 위원은 상임(常任)으로 한다.

제9조(소청심사의 청구 등)

① 교원이 징계처분과 그 밖에 그 의사에 반하는 불리한 처분에 대하여 불복할 때에는 그 처분이 있었던 것을 안 날부터 30일 이내에 심사위원회에 소청심사를 청구할 수 있다. 이 경우에 심사청구인은 변호사를 대리인으로 선임(選任)할 수 있다.

제10조(소청심사 결정)

① 심사위원회는 소청심사청구를 접수한 날부터 60일 이내에 이에 대한 결정을 하여야 한다. 다만, 심사위원회가 불가피하다고 인정하면 그 의결로 30일을 연장할 수 있다.

② 심사위원회의 결정은 처분권자를 기속한다.

③ 제1항에 따른 심사위원회의 결정에 대하여 교원, 「사립학교법」 제2조에 따른 학교법인 또는 사립학교 경영자 등 당사자는 그 결정서를 송달받은 날부터 90일 이내에 「행정소송법」으로 정하는 바에 따라 소송을 제기할 수 있다.

📖 해설

① 문제의 소재

사립학교교원인 노정년은 재임용기간만료통지와 소청심사기각재결을 받았다. 노정년은 누구를 피고로 하여 어떤 행위를 대상으로 취소소송을 제기하여야 하는가와 관련하여 첫째, 재임용기간 만료통지와 소청심사기각재결 중 취소소송의 대상이 문제된다. 둘째, 누가 취소소송의 피고인지 문제된다.

② 재임용기간만료통지와 소청심사기각재결 중 취소소송의 대상

1. 판례

행정소송법 제19조에 의하면 취소소송은 처분 등을 그 대상으로 한다. 다만 재결취소소송의 경우에는 재결 자체에 고유한 위법이 있음을 이유로 하는 경우에 한한다. 판례에 의하면 취소소송의

대상이 되는 처분이란 원칙적으로 행정청의 공법상 행위로서 특정 사항에 대하여 법규에 의한 권리의 설정 또는 의무의 부담을 명하거나 기타 법률상의 효과를 직접 발생하게 하는 등 국민의 권리·의무에 직접 관계가 있는 행위를 말한다. 취소소송의 대상이 되는 재결이란 실질적 의미의 재결이다.

2. 사안의 경우

사립대학인 한국대학교의 총장이 사립학교교원인 노정년에게 행한 재임용기간만료통지는 사법 상의 위임계약이 종료되었음을 알리는 행위로서 행정청의 공법상 행위가 아니므로 취소소송의 대상이 되는 처분이 아니다. 소청심사기각재결은 행정소송법(이하 동법이라 함) 제8조 제1항에 의하여 교원지위 향상을 위한 특별법 제10조 제3항에 따라서 그 결정서를 송달받은 날부터 90일 이내에 행정소송법으로 정하는 바에 따라 소송을 제기할 수 있다. 소청심사기각재결은 재임용기 간만료통지에 대한 합의제 행정청인 소청심사위원회의 최초의 의사표시이므로 재결이 아니라 처 분이다. 취소소송의 대상은 처분인 소청심사기각재결이다.

Ⅲ 누가 취소소송의 피고인지 여부

1. 문제의 소재

동법 제13조에 의하면 취소소송은 다른 법률에 특별한 규정이 없는 한 그 처분 등을 행한 행정청 을 피고로 한다. 누가 취소소송의 피고인지와 관련하여 처분을 행한 행정청이 문제된다.

2. 처분을 행한 행정청

(1) 판례

처분을 행한 행정청이란 처분을 외부적으로 자기명의로 행한 행정청을 말한다.

(2) 사안의 경우

2012.4.5. 소청심사기각재결을 한 교원소청심사위원회는 기능적 의미의 행정청이자 합의제 행정청이면서 외부적으로 소청심사기각재결을 자기명의로 행한 행정청이다. 처분을 행한 행 정청은 교원소청심사위원회이다.

3. 소결

소청심사기각재결 취소소송의 피고는 교원소청심사위원회이다.

Ⅳ 설문의 해결

노정년은 교원소청심사위원회를 피고로 하여 소청심사기각재결을 대상으로 취소소송을 제기하 여야 한다.

[제2문] [63] 甲은 2013.3.15. 전 영업주인 乙로부터 등록 대상 석유판매업인 주유소의 사업 일체를 양수받고 잔금지급액에 다소 이견이 있는 상태에서, 2013.3.28.「석유 및 석유대체연료 사업법」(이하 '법'이라 함) 제10조 제3항에 따라 관할행정청인 A시장에게 성명, 주소 및 대표자 등의 변경 등록을 한 후 2013.4.5.부터 '유정주유소'라는 상호로 석유판매업을 영위하고 있다. 그런데 A시장이 2013.5.7. 관할구역 내 주유소의 휘발유 시료를 채취하여 한국석유관리원에 위탁하여 검사한 결과 '유정주유소'와 인근 '상원주유소'에서 취급하는 휘발유에 경유가 1% 정도 혼합된 것으로 밝혀졌다. 한편, A시장은 취임과 동시에 "A시 관할구역 내에서 유사석유를 판매하다가 단속되는 주유소는 예외 없이 등록을 취소하여 주민들이 믿고 주유소를 이용하도록 만들겠다."라고 공개적으로 밝힌 바 있다. 이에 A시장은 2013.6.7. 甲에 대하여 청문 절차를 거치지 아니한 채 법 제13조 제3항 제12호에 따라 석유판매업등록을 취소하는 처분(이하 '당초처분'이라 함)을 하였고, 甲은 그다음 날 처분이 있음을 알게 되었다. 甲은 당초처분에 불복하여 2013.8.23. 행정심판을 청구하였으며, 행정심판위원회는 2013.10.4. 당초처분이 재량권의 범위를 일탈하거나 남용한 것이라는 이유로 당초처분을 사업정지 3개월로 변경하라는 내용의 변경명령재결을 하였고, 그 재결서는 그날 甲에게 송달되었다. 그렇게 되자, A시장은 청문 절차를 실시한 후 2013.10.25. 당초처분을 사업정지 3개월로 변경한다는 내용의 처분(이하 '변경처분'이라 함)을 하였고, 그 처분서는 다음날 甲에게 직접 송달되었다. 그런데 甲은 "유정주유소는 X정유사로부터 직접 석유제품을 공급받고, 공급받은 석유제품을 그대로 판매하였으며, 상원주유소도 자신과 마찬가지로 X정유사로부터 직접 석유제품을 구입하여 판매하였는데 그 규모와 판매량이 유사한데다가 甲과 동일하게 1회 위반임에도 상원주유소에 대하여는 사업정지 15일에 그치는 처분을 내렸다. 또한 2013.5. 초순경에 주유소 지하에 있는 휘발유 저장탱크를 청소하면서 휘발유보다 값이 싼 경유를 사용하여 청소를 하였는데 그때 부주의하여 경유를 모두 제거하지 못하였고, 그러한 상태에서 휘발유를 공급받다 보니 휘발유에 경유가 조금 섞이게 된 것으로, 개업한 후 처음 겪는 일이고 위반의 정도가 경미하다."라고 주장하면서 행정소송을 제기하여 다투려고 한다. 한편, 법 제13조 제4항은 "위반행위별 처분기준은 산업통상자원부령으로 정한다."라고 되어 있고, 법 시행규칙 [별표 1] 행정처분의 기준 중 개별 기준 2. 다목은 "제29조 제1항 제1호를 위반하여 가짜석유제품을 제조·수입·저장·운송·보관 또는 판매한 경우"에 해당하면 '1회 위반 시 사업정지 1개월, 2회 위반 시 사업정지 3개월, 3회 위반 시 등록취소 또는 영업장 폐쇄'로 규정되어 있다고 가정한다. 甲은 변경처분에도 불구하고 취소소송을 제기하여 다투려고 한다. 이 경우 취소소송의 대상과 제소기간에 대하여 검토하시오. 25점 [64]

 해설

① 문제의 소재

행정소송법 제19조에 의하면 취소소송은 처분 등을 대상으로 한다. 다만, 재결취소소송의 경우

---

63) 제3회 변호사시험 제1문 3.
64) 취소되고 남은 원처분과 달리 변경된 내용의 당초처분과 관련해서는 치열한 학설대립이 존재한다. 그래서 배점이 조금 있다. 그럼에도 불구하고 판례를 정확히 숙지하는 것이 기본 중의 기본이다.

에는 재결 자체에 고유한 위법이 있음을 이유로 하는 경우에 한한다. A시장은 2013.6.7. 甲에 대하여 석유판매업등록을 취소하는 처분(이하 '당초처분'이라 함)을 하였고, 甲은 그다음 날 처분이 있음을 알게 되었다. 甲은 당초처분에 불복하여 2013.8.23. 행정심판을 청구하였으며, 행정심판위원회는 2013.10.4. 당초처분을 사업정지 3개월로 변경하라는 내용의 변경명령재결을 하였고, 그 재결서는 그날 甲에게 송달되었다. 甲이 변경처분에도 불구하고 취소소송을 제기하여 다투려고 하는 것과 관련하여 첫째, 취소소송의 대상이 당초처분인지 변경명령재결인지 문제된다. 둘째, 취소소송의 제소기간이 문제된다.

Ⅱ 취소소송의 대상이 당초처분인지 변경명령재결인지 여부[65]

1. 학설

일부인용의 변경명령재결이 나온 경우 행정소송법 제19조와 관련하여 일부인용의 변경명령재결의 내용상 하자는 재결 자체에 고유한 위법이 아니므로 원처분주의의 원칙상 변경명령재결에 의하여 행해진 변경된 내용의 당초처분이 취소소송의 대상이라는 견해, 일부인용의 변경명령재결에 따른 처분은 원처분을 대체하는 명령재결에 따른 처분에 불과하므로 일부인용의 변경명령재결만이 취소소송의 대상이라는 견해가 있다.

2. 판례

행정청이 식품위생법령에 따라 영업자에게 행정제재처분을 한 후 변경명령재결에 따라 그 처분을 영업자에게 유리하게 변경하는 처분을 한 경우, 변경처분에 의하여 유리하게 변경된 내용의 행정제재가 위법하다 하여 그 취소를 구하는 경우 그 취소소송의 대상은 변경된 내용의 당초처분이지 변경처분은 아니다.[66]

3. 검토

일부인용의 변경명령재결에 따른 처분은 인용받은 부분은 그 형성력으로 인하여 처분의 효과가 소멸하여 취소소송으로 다툴 수 없고, 인용되지 않은 부분에 따른 처분은 원처분과 내용을 같이 하므로 재결 자체에 고유한 위법이 아니라는 점에서 일부인용의 변경명령재결에 의해 취소되지 않고 남은 당초처분을 대상으로 해야 한다는 견해와 판례가 타당하다.

4. 사안의 경우

취소소송의 대상은 변경된 내용의 당초처분인 2013.6.7.자 3개월 사업정지이다.

Ⅲ 취소소송의 제소기간

1. 법률규정

행정소송법 제20조에 의하면 취소소송은 처분 등이 있음을 안 날부터 또는 행정심판청구가 있은

---

65) 위원회의 변경명령재결이 있은 후 피청구인인 행정청이 그에 따른 변경처분을 한 경우에 여전히 불복하는 경우이다. 침익적 처분이 다른 침익적 처분으로 변경되는 경우임을 기억한다.

66) 대판 2007.4.27, 2004두9302 〈두문자암기 : 영유변처/변유변내/변내당〉

때의 기간은 재결서의 정본을 송달받은 날부터 90일 이내에 제기하여야 하고, 처분 등이 있은 날부터 또는 재결이 있은 날부터 1년을 경과하면 이를 제기하지 못한다.

2. 사안의 경우

갑은 재결서 정본을 송달받은 날인 2013.10.4.로부터 90일 이내에 제기하여야 한다.

Ⅳ 설문의 해결

취소소송의 대상은 변경된 내용의 당초처분인 2013.6.7.자 3개월 사업정지이다. 취소소송은 재결서 정본을 송달받은 날인 2013.10.4.로부터 90일 이내에 제기하여야 한다.

---

type 6-1 국세과세처분문서와 국세경정처분문서가 있는 경우

[제1문] [67] ○○세무서장이 1988.10.4.에 갑에 대하여 양도소득세 금 156,141,780원, 방위세 금 31,053,420원의 부과처분을 하자 갑이 이에 불복, 심사청구를 거쳐 국세심판소에 심판청구를 하였는데, 국세심판소는 1989.6.30. 위 부과처분 중 일부가 위법하다고 보고 "○○세무서장이 1988. 10.4. 갑에게 결정고지한 양도소득세 및 방위세의 부과처분은 양도차익을 금 236,070,229원으로 하여 그 과세표준과 세액을 경정결정한다."라는 결정을 하여 ○○세무서장과 갑에게 각 통지하였다. 이에 ○○세무서장은 위 국세심판소의 심판결정에 따라 1989.7.14. 양도소득세를 금 60,686,464원, 방위세를 금 12,137,299원으로 감액경정결정을 하여 이를 갑에게 통지하였다. 그런데 갑은 국세심판소로부터 결정서 수령일로부터 「국세기본법」 제56조 제2항 소정의 제소기간인 60일 이내에 행정소송을 제기할 수 있다는 뜻이 부기된 위 심판결정을 송달받고서도 위 기간 내에 행정소송을 제기하지 아니한 채 위 1989.7.14.자 감액경정결정을 새로운 부과처분으로 보고 위 경정결정으로 취소되지 않고 남은 세액부분이 위법하다 하여 이에 대하여 다시 심사청구와 심판청구를 거쳐 1990.5.10.에야 양도소득세부과처분의 취소를 구하는 소를 제기하였다. 갑의 취소소송의 제기는 적법한가? 15점

 해설

Ⅰ 문제의 소재

행정소송법 제19조에 의하면 취소소송은 처분 등을 그 대상으로 한다. 국세기본법 제22조의3에 의하면 세법에 따라 당초 확정된 세액을 증가시키는 경정은 당초 확정된 세액에 관한 이 법 또는 세법에서 규정하는 권리·의무관계에 영향을 미치지 아니하며, 세법에 따라 당초 확정된 세액을 감소시키는 경정은 그 경정으로 감소되는 세액 외의 세액에 관한 이 법 또는 세법에서 규정하는 권리·의무관계에 영향을 미치지 아니한다. 갑은 1988.10.4.에 부과된 양도소득세 금 156,141,780원,

---

67) 판례창작문제, 대판 1991.9.13, 91누391

방위세 금 31,053,420원, 1989.7.14. 갑에게 통지된 국세심판소의 양도소득세 금 60,686,464원, 방위세 금 12,137,299원으로의 감액경정결정을 받았다. 갑은 국세심판결정에서 부기된 제소기간 내에 행정소송을 제기하지 아니한 채 위 1989.7.14.자 감액경정결정을 새로운 부과처분으로 보고 위 경정결정으로 취소되지 않고 남은 세액부분이 위법하다 하여 이에 대하여 다시 심사청구와 심판청구를 거쳐 1990.5.10.에야 양도소득세부과처분의 취소를 구하는 소를 제기하였다. 갑의 취소소송의 제기는 적법한가와 관련하여 첫째, 당초처분과 경정처분이 있는 경우 취소소송의 대상이 문제된다. 둘째, 갑의 제소가 취소소송의 제소기간요건을 충족하는지 문제된다.

Ⅱ 당초처분과 경정처분이 있는 경우 취소소송의 대상

1. 학설과 판례

학설에는 병존설, 흡수설, 병존적 흡수설, 역흡수설, 역흡수병존설 등이 있으나, 판례에 의하면 과세관청이 과세처분을 한 뒤에 과세표준과 세액에 오류 또는 탈루가 있음을 발견하여 이를 경정하는 처분을 한 경우에,[68] 그것이 감액경정인 때에는 처음의 과세처분에서 결정된 과세표준과 세액의 일부를 취소하는 데에 지나지 않으므로 처음의 과세처분이 감액된 범위 내에서 존속하게 되고 이 처분만이 쟁송의 대상이 되며 경정처분 자체는 쟁송의 대상이 될 수 없는 반면, 증액경정인 때에는 처음의 과세표준과 세액을 포함하여 전체로서 증액된 과세표준과 세액을 다시 결정하는 것이므로 처음의 과세처분은 뒤의 증액경정처분의 일부로 흡수되어 독립된 존재가치를 상실하여 소멸하고 오직 증액경정처분만이 쟁송의 대상이 된다.[69]

2. 검토 및 사안의 경우

감액경정의 경우 행정소송법 제19조의 원처분중심주의에 비추어, 증액경정의 경우 처음의 과세처분은 실질적으로 사전결정인 점에 비추어 판례가 타당하다. 감액경정인 때에는 감액된 범위 내에서 존속하는 처음의 과세처분이 취소소송의 대상이며, 증액경정인 때에는 증액경정처분만이 쟁송의 대상이 된다. 갑이 제기하는 취소소송의 대상은 1988.10.4. 양도소득세 금 60,686,464원, 방위세 금 12,137,299원 처분이다.

---

68) 〈두문자암기 : 과과과/오탈경〉
69) 대판 2013.4.18, 2010두11733 전합판결 '다시 결정이 곧 새로운 재처분이다.'
※ 참고 : "세법의 규정에 의하여 당초 확정된 세액을 증가시키는 경정은 당초 확정된 세액에 관한 이 법 또는 세법에서 규정하는 권리·의무관계에 영향을 미치지 아니한다."라고 규정하고 있다. 증액경정처분이 있는 경우에 당초 신고나 결정은 증액경정처분에 흡수됨으로써 독립한 존재가치를 잃게 되므로, 원칙적으로는 증액경정처분만이 항고소송의 심판대상이 되고 납세자는 그 항고소송에서 당초 신고나 결정에 대한 위법사유도 함께 주장할 수 있다. 그렇지만 위 규정의 문언과 아울러, 위 규정의 입법 취지가 증액경정처분이 있더라도 불복기간이나 경정청구기간의 경과 등으로 더 이상 다툴 수 없게 된 당초 신고나 결정에서의 세액에 대하여 불복을 제한하려는 것에 있음에 비추어 보면, 불복기간이나 경정청구기간의 도과로 더 이상 다툴 수 없게 된 세액에 관하여는 그 취소를 구할 수 없고, 증액경정처분에 의하여 증액된 세액의 범위 내에서만 취소를 구할 수 있다고 할 것이다(대판 2009.5.14, 2006두17390). 이 부분으로 출제할 가능성이 있으니 기억하기 바란다.

Ⅲ 갑의 제소가 취소소송의 제소기간요건을 충족하는지 여부

1. 법률규정

행정소송법 제20조 제1항과 제2항에 의하면 취소소송은 처분 등이 있음을 안 날부터 90일 이내에 제기하여야 하고, 처분 등이 있은 날부터 1년을 경과하면 이를 제기하지 못한다. 다만, 정당한 사유가 있는 때에는 그러하지 아니하다.

2. 사안의 경우

국세심판을 거쳤으므로 그 심판결정서 정본을 받은 1989.6.30.로부터 90일 내인지 판단한다. 갑의 제소는 1989.6.30.로부터 90일이 지난 1990.5.10.이므로 취소소송의 제소기간요건을 충족하지 못한다.

Ⅳ 설문의 해결

취소소송의 대상은 1988.10.4. 양도소득세 금 60,686,464원, 방위세 금 12,137,299원 처분이다. 갑의 제소는 취소소송의 제소기간요건을 충족하지 못하므로 갑의 취소소송의 제기는 부적법하다.

[제2문] [70] 갑은 '○○어패럴'이란 상호로 여성의류를 제조하거나 매수하여 △△백화점의 매장에서 이를 판매하다가 2000.10.경 폐업신고를 마쳤다. 갑은 2001.5.경 세무서장 을에게 2000년 귀속 종합소득세를 신고하면서 2000.1.경부터 같은 해 9.경까지 소득금액 105,670,307원에 대한 종합소득세 27,871,822원을 납부하였고, 당시 병이 이사로 있는 '□□교역'을 통해 매입한 블라우스 및 원단 등에 대한 세금계산서 8장(이하 '이 사건 세금계산서'라 한다)의 공급가액 합계 253,145,080원 상당을 매출원가에 산입하였다. 그런데 '□□교역'이 위장가공사업자임이 적발되어 을은 갑이 신고한 이 사건 세금계산서 공급가액 전액을 필요경비에 불산입하여 2003.10.10. 갑에 대하여 2000년 귀속 종합소득세 147,358,090원(결정세액에서 10원 미만을 절사한 금액)을 부과·고지하였다. 갑은 이에 불복하여 2003.12.29. 을에 대한 이의신청을 거쳐 2004.6.4. 국세심판원에 심판을 청구하였는데, 이때 갑은 인건비 312,531,484원을 필요경비에 산입하여 달라고 함께 주장하였다. 그러나 국세심판원은 2004.11.25. 갑의 위 인건비 주장에 대하여는 따로 판단하지 아니한 채 갑이 실제 거래가 있었다고 주장한 부분 중 9,090,909원 부분(실제 입금한 것으로 확인된 금액 10,000,000원 중 이에 대한 부가가치세를 제외한 부분이다)만을 필요경비에 산입하도록 결정하였고, 이에 따라 을은 위 부과처분 세액을 141,454,750원으로 감액하였다. 이에 갑은 141,454,750원에 대하여 2004.12.4. 취소를 구하는 소를 제기하였다. 갑의 소제기는 가능한가? 15점

---

70) 판례창작문제, 대판 2009.5.14, 2006두17390

참조조문

「국세기본법」

제22조의3(경정 등의 효력)

① 세법에 따라 당초 확정된 세액을 증가시키는 경정(更正)은 당초 확정된 세액에 관한 이 법 또는 세법에서 규정하는 권리·의무관계에 영향을 미치지 아니한다.

② 세법에 따라 당초 확정된 세액을 감소시키는 경정은 그 경정으로 감소되는 세액 외의 세액에 관한 이 법 또는 세법에서 규정하는 권리·의무관계에 영향을 미치지 아니한다.

해설

Ⅰ 문제의 소재

취소소송의 제기가 가능하려면 취소소송요건을 충족하여야 한다. 갑의 소제기가 가능한가와 관련하여 첫째, 갑이 제기하는 취소소송의 대상이 문제된다. 둘째, 취소소송의 제소기간요건을 충족하는지 문제된다.

Ⅱ 갑이 제기하는 취소소송의 대상

1. 학설과 판례

학설에는 병존설, 흡수설, 병존적 흡수설, 역흡수설, 역흡수병존설 등이 있으나, 판례에 의하면 과세관청이 과세처분을 한 뒤에 과세표준과 세액에 오류 또는 탈루가 있음을 발견하여 이를 경정하는 처분을 한 경우에, 그것이 감액경정인 때에는 처음의 과세처분에서 결정된 과세표준과 세액의 일부를 취소하는 데에 지나지 않으므로 처음의 과세처분이 감액된 범위 내에서 존속하게 되고 이 처분만이 쟁송의 대상이 되며 경정처분 자체는 쟁송의 대상이 될 수 없는 반면, 증액경정인 때에는 처음의 과세표준과 세액을 포함하여 전체로서 증액된 과세표준과 세액을 다시 결정하는 것이므로 처음의 과세처분은 뒤의 증액경정처분의 일부로 흡수되어 독립된 존재가치를 상실하여 소멸하고[71] 오직 증액경정처분만이 쟁송의 대상이 된다.

2. 검토 및 사안의 경우

감액경정의 경우 행정소송법 제19조의 원처분중심주의에 비추어, 증액경정의 경우 처음의 과세처분은 실질적으로 사전결정인 점에 비추어 판례가 타당하다. 감액경정인 때에는 감액된 범위 내에서 존속하는 처음의 과세처분이 취소소송의 대상이며, 증액경정인 때에는 증액경정처분만이 쟁송의 대상이 된다. 갑에 대한 과세처분은 2001.5.경 27,871,822원에서 2003.10.10.자 147,358,090원으로 증액경정되었다가 최종적으로 국세심판을 거쳐서 2004.11.25.자 141,454,750원으로 확정되었다. 갑이 제기하는 취소소송의 대상은 증액경정처분인 2003.10.10.자 141,454,750원 처분이다.

---

71) 〈두문자암기 : 건흡독상〉

Ⅲ 취소소송의 제소기간요건을 충족하는지 여부

1. 법률규정

행정소송법 제20조 제1항과 제2항에 의하면 취소소송은 처분 등이 있음을 안 날부터 90일 이내에 제기하여야 하고, 처분 등이 있은 날부터 1년을 경과하면 이를 제기하지 못한다. 다만, 정당한 사유가 있는 때에는 그러하지 아니하다.

2. 사안의 경우

국세심판을 거쳤으므로 그 심판결정서 정본을 받은 2004.11.25.로부터 90일 내인지 판단한다. 갑의 제소는 2004.11.25.로부터 90일 내인 2004.12.4.이므로 취소소송의 제소기간요건을 충족한다.

Ⅳ 설문의 해결

취소소송의 대상은 2003.10.10.자 141,454,750원 처분이다. 갑의 제소는 취소소송의 제소기간요건을 충족한다. 갑의 취소소송의 제기는 가능하다.

---

type 6-2 제1차 영업제한처분문서와 제2차 영업제한처분문서가 있는 경우

[제1문] 72) 구청장 乙은 관내 개설등록한 A주식회사의 대규모점포 甲에 대하여 「유통산업발전법」에 따라 2014.11.24.자로 영업시간제한을 오전 0시부터 오전 8시까지로 하고, 매월 둘째 주와 넷째 주 일요일을 의무휴업일로 지정하는 처분을 하였다. 甲이 위 영업시간제한과 의무휴업일지정이라는 영업제한처분의 취소소송을 제기하여 원심에서 계속 중이던 2016.8.25. 구청장 乙은 甲에 대하여 영업시간제한을 '오전 0시부터 오전 10시까지'로 변경하되, 의무휴업일은 종전과 동일하게 유지하는 내용의 처분을 하였다. 그러면서 구청장 乙은 본안전 항변에서 2014.11.24.자 처분은 변경된 2016.8.25.자 처분에 흡수되어 소멸하였으므로 甲이 제기한 취소소송은 부적법하여 각하되어야 한다고 주장한다. 구청장 乙의 주장은 타당한가?   15점

📖 해설

Ⅰ 문제의 소재

행정소송법(이하 동법이라 함) 제19조에 의하면, 취소소송은 처분 등을 대상으로 한다. 제1차 영업제한처분의 취소소송계속 중 제1차 영업제한처분의 내용의 일부를 변경하는 제2차 영업제한처분이 발령되었다. 甲이 제기한 취소소송은 부적법하여 각하되어야 한다는 구청장 乙의 주장이

---

72) 판례창작문제, 대판 2015.11.19, 2015두295 전합판결

타당한가와 관련하여 2014.11.24.자 처분이 변경된 2016.8.25.자 처분에 흡수되어 소멸하였는지 문제된다.

Ⅱ 2014.11.24.자 처분이 변경된 2016.8.25.자 처분에 흡수되어 소멸하였는지 여부

1. 판례[73]

기존의 행정처분을 변경하는 내용의 행정처분이 뒤따르는 경우, 후속처분이 종전처분을 완전히 대체하는 것이거나 주요 부분을 실질적으로 변경하는 내용인 경우에는 특별한 사정이 없는 한 종전처분은 효력을 상실하고 후속처분만이 취소소송의 대상이 되지만, 후속처분의 내용이 종전처분의 유효를 전제로 그 내용 중 일부만을 추가·철회·변경하는 것이고 추가·철회·변경된 부분이 그 내용과 성질상 나머지 부분과 불가분적인 것이 아닌 경우에는, 후속처분에도 불구하고 종전처분이 여전히 취소소송의 대상이 된다.

2. 사안의 경우

2016.8.25.자 처분은 의무휴업일지정 부분을 그대로 유지한 채 영업시간제한 부분만을 일부 변경하는 것으로서 추가된 영업시간제한 부분은 그 성질상 종전처분의 나머지 내용과 불가분적인 것이 아닌 경우이므로 종전처분 전체를 대체하거나 그 주요 부분을 실질적으로 변경하는 내용이 아니다. 2016.8.25.자 처분으로 종전처분이 소멸하였다고 볼 수는 없고, 종전처분과 그 유효를 전제로 한 2016.8.25.자 처분이 병존하면서 처분의 상대방에 대한 규제 내용을 형성한다. 2016.8.25.자 처분의 발령에도 불구하고 2014.11.24.자 처분도 여전히 취소소송의 대상이다.

Ⅲ 설문의 해결

甲이 제기한 취소소송은 부적법하여 각하되어야 한다는 구청장 乙의 주장은 타당하지 않다.

---

type 6-3 사전결정과 종국결정이 있는 경우, 부분허가와 최종허가가 있는 경우

[제1문] [74] 한국전력공사는 토지에 '원자로등건설사업'(영광원자력발전소 5·6호기 건설사업)을 시행하기 위하여 그 건설허가를 받기에 앞서 1996.2.10.「원자력법」제11조 제3항에 의하여 과학기술처장관으로부터 위 토지를 원자로 및 관계시설의 건설부지로 확정하고 그 곳에 굴착·무근콘크리트공사 등의 사전공사를 할 수 있도록 하는 내용의 이 사건 부지사전승인처분을 받았다. 이에 환경영향평가대상지역 안의 주민인 갑은 부지사전승인처분의 취소를 구하는 소를 제기하였다. 부지사전승인처분에 관한 소송이 계속 중이던 1997.6.14. 한국전력공사는 건설허가처분을 받았다. 이와 관련하여 갑은 원자로건설허가 이후에도 부지사전승인처분에 대해 계속해서 불복할 수 있는가? 10점

---

73) 〈두문자암기 : 완대/주실변/특사/종효후취〉
74) 판례창작문제, 대판 1998.9.4, 97누19588

해설

Ⅰ 문제의 소재

행정소송법(이하 동법이라 함) 제19조에 의하면, 취소소송은 처분 등을 대상으로 한다. 부지사전 승인처분에 관한 소송이 계속 중이므로 부지사전승인처분은 취소소송의 대상이 되는 처분이다. 갑은 원자로건설허가 이후에도 부지사전승인처분에 대해 계속해서 불복할 수 있는가와 관련하여 부지사전승인처분과 원자로건설허가의 관계가 문제된다.

Ⅱ 부지사전승인처분과 원자로건설허가의 관계

1. 판례

원자로 및 관계시설의 부지사전승인처분은 그 자체로서 건설 부지를 확정하고 사전공사를 허용 하는 법률효과를 지닌 독립한 행정처분이기는 하지만, 건설허가 전에 신청자의 편의를 위하여 미리 그 건설허가의 일부요건을 심사하여 행하는 사전적 부분건설허가처분의 성격을 갖고 있는 것이어서 나중에 원자로 및 관계시설의 건설허가처분이 있게 되면 그 건설허가처분에 흡수되어 독립된 존재가치를 상실한다.

2. 사안의 경우

부지사전승인처분에 관한 소송이 계속 중이던 1997.6.14. 한국전력공사는 원자로건설허가처분 을 받았다. 부지사전승인처분은 원자로건설허가 전에 신청자의 편의를 위하여 미리 그 건설허가 의 일부요건을 심사하여 행하는 사전적 부분건설허가처분의 성격을 갖고 있는 것이므로 나중에 받은 원자로건설허가처분에 흡수되어 독립된 존재가치를 상실한다.

Ⅲ 설문의 해결

부지사전승인처분은 원자로건설허가처분에 흡수되었으므로 갑은 원자로건설허가 이후에는 부지 사전승인처분에 대해 계속해서 불복할 수 없다.[75)]

---

type 6-4 동일한 내용의 반복된 처분문서가 있는 경우

[작위처분서의 반복]

> **[제1문]** [76)] A시의 시장은 건물 소유자인 甲에게 「건축법」 제79조 및 「행정대집행법」 제3조에 따라 동 건물이 무허가 건물이라는 이유로 일정 기간까지 철거할 것을 명함과 아울러 불이행할 때에는

---

75) 갑은 원자로건설허가처분의 취소를 구하면서 관할법원에 부지사전승인처분에 관한 소에 대해 추가적 병합을 신청하면 된다.
76) 2012년 일행 기출문제 제1문 1)

대집행한다는 내용의 계고를 하였다. 그 후 甲이 이에 불응하자 다시 2차 계고서를 발송하여 일정 기간까지 자진철거를 촉구하고 불이행하면 대집행한다는 내용을 고지하였다. 그러나 甲은 동 건물이 무허가건물이 아니라고 다투고 있다. (단, 대집행 요건의 구비 여부에 대하여는 아래 각 질문사항에 따라서만 검토하기로 한다) 甲은 위 계고에 대하여 취소소송을 제기하려고 한다. 계고의 법적 성질을 논하고 소송의 대상이 되는 계고가 어느 것인지를 검토하시오. 15점

해설

① 문제의 소재

행정소송법(이하 동법이라 함) 제19조와 동법 제2조 제1항 제1호에 의하면 취소소송의 대상이 되는 처분이란 행정청이 행하는 구체적 사실에 관한 법집행으로서의 공권력의 행사 또는 그 거부와 그밖에 이에 준하는 행정작용을 말한다. 제1차 계고와 제2차 계고가 발령되었다. 계고에 대한 취소소송의 제기와 관련하여 첫째, 계고의 법적 성질이 취소소송의 대상이 되는 처분인지 문제된다. 둘째, 제1차 계고와 반복된 제2차 계고 중 취소소송의 대상이 문제된다.

② 계고의 법적 성질이 취소소송의 대상이 되는 처분인지 여부

1. 판례

취소소송의 대상이 되는 처분은 원칙적으로 행정청의 공법상 행위로서 특정 사항에 대하여 법규에 의한 권리의 설정 또는 의무의 부담을 명하거나 기타 법률상의 효과를 직접 발생하게 하는 등 국민의 권리·의무에 직접 관계가 있는 행위를 말한다.

2. 사안의 경우

계고는 건축법 제79조에 근거하여 철거명령이라는 작위의무의 부담을 명할 뿐만 아니라 행정대집행법 제3조 제1항에 의하여 대집행이라는 후속절차로 진행되는 행정대집행법상의 효과를 직접 발생하게 하는 국민의 권리·의무에 직접 관계가 있는 행위이다. 계고의 법적 성질은 취소소송의 대상이 되는 처분이다. 철거명령은 강학상 하명이고, 계고는 강학상 준법률행위적 행정행위이다.

③ 제1차 계고와 반복된 제2차 계고 중 취소소송의 대상

1. 판례

건물의 소유자에게 위법건축물을 일정 기간까지 철거할 것을 명함과 아울러 불이행할 때에는 대집행한다는 내용의 철거대집행 계고처분을 고지한 후 이에 불응하자 다시 제2차, 제3차 계고서를 발송하여 일정 기간까지의 자진철거를 촉구하고 불이행하면 대집행을 한다는 뜻을 고지하였다면 행정대집행법상의 건물철거의무는 제1차 철거명령 및 계고처분으로서 발생하였고 제2차, 제3차의 계고처분은 새로운 철거의무를 부과한 것이 아니고 다만, 대집행기한의 연기통지에 불과하므로 행정처분이 아니다.

2. 사안의 경우

행정대집행법상의 건물철거의무는 제1차 철거명령 및 계고처분으로서 발생하였고, 반복된 제2차 계고는 제1차 계고와 동일한 내용이므로 건물철거의 자진촉구와 대집행기한의 연기통지에 불과하다. 제1차 계고가 취소소송의 대상이 되는 처분이다.

Ⅳ 설문의 해결

계고의 법적 성질은 취소소송의 대상이 되는 처분이고, 제1차 계고가 취소소송의 대상이다.

[거부처분서의 반복]

> **[제2문] 77)** 甲은 A시 보건소에서 의사 乙로부터 폐렴구균 예방접종을 받았는데, 예방접종을 받은 당일 저녁부터 발열증상과 함께 안면부의 마비증상을 느껴 병원에서 입원 치료를 받았다. 이에 甲은 「감염병의 예방 및 관리에 관한 법률」(이하 '감염병예방법') 제71조에 따라 진료비와 간병비에 대한 예방접종 피해보상을 청구하였는데, 질병관리청장 B는 2020.9.15. 이 사건 예방접종과 甲의 증상 사이에 인과관계가 불분명하다는 이유로 예방접종 피해보상 거부처분(이하 '제1처분')을 하였다. 그러나 甲은 이 사건 예방접종을 받기 이전에는 안면마비 증상이 없었는데 예방접종 당일 바로 발열과 함께 안면마비 증상이 나타났으며 위 증상은 乙의 과실에 따른 이 사건 예방접종에 의하여 발생한 것이라고 주장하면서 피해보상을 재신청하였고, B는 2020.11.10. 재신청에 대하여서도 거부처분을 하였다(이하 '제2처분'). 그리고 위 각 처분은 처분 다음날 甲에게 적법하게 송달되었다. 한편 A시 보건소는 丙회사로부터 폐렴예방접종에 사용되는 의약품을 조달받아 왔다. 그런데 A시장은 丙회사가 위 의약품을 관리·조달하면서 조달계약을 부실하게 이행하였음을 이유로 丙회사에 의약품조달계약 해지를 통보하였다. 甲이 2020.12.30. B가 행한 처분의 취소를 구하는 취소소송을 제기하는 경우, 취소소송의 대상과 제소기간의 준수 여부를 검토하시오. 20점

 해설

Ⅰ 문제의 소재

행정소송법(이하 동법이라 함) 제19조에 의하면, 취소소송은 처분 등을 대상으로 한다. 취소소송의 대상과 제소기간의 준수 여부와 관련하여 첫째, 제1처분과 제2처분 중 취소소송의 대상이 문제된다. 둘째, 제소기간의 준수 여부가 문제된다.

Ⅱ 제1처분과 제2처분 중 취소소송의 대상

1. 판례

거부처분은 관할행정청이 국민의 처분신청에 대하여 거절의 의사표시를 함으로써 성립되고, 그

---

77) 제10회 변호사시험 제2문 1.

PART
02

이후 동일한 내용의 새로운 신청에 대하여 다시 거절의 의사표시를 한 경우에는 새로운 거부처분이 있는 것으로 보아야 할 것이다.[78]

2. 사안의 경우

제2처분은 甲이 예방접종을 받은 당일 저녁부터 발열증상과 함께 안면부의 마비증상을 느껴 병원에서 입원 치료를 받았다는 주장에 대해 피해보상을 거절하는 제1처분과 동일한 사실관계에 기초하고 있는 동일한 내용의 신청에 대한 처분이다. 제2처분도 다시 거절의 의사표시를 명백히 한 경우이므로 동일한 내용의 새로운 신청에 대하여 다시 거절의 의사표시를 한 경우에 해당한다. 제2처분도 새로운 처분으로서 제1처분과 함께 취소소송의 대상이다.

Ⅲ 제소기간의 준수 여부

1. 판례

거부처분은 행정청이 국민의 처분신청에 대하여 그 거절의 의사표시를 함으로써 성립되고, 그 이후 동일한 내용의 신청에 대하여 다시 거절의 의사표시를 명백히 한 경우에는 새로운 처분이 있는 것으로 보아야 할 것이며, 이 경우 행정심판 및 행정소송의 제기기간은 각 처분을 기준으로 진행되고 종전처분에 대한 쟁송기간이 도과하였다 하여 그 이후의 새로운 거부처분에 대하여 행정쟁송을 할 수 없게 되는 것은 아니라 할 것이다.

2. 사안의 경우

甲은 2020.12.30. B가 행한 처분의 취소를 구하는 취소소송을 제기하고자 한다. 제1처분은 2020.9.15.에, 제2처분은 2020.11.10.에 발령되었다. 제1처분은 처분이 있음을 안 날로부터 90일이 도과하였으므로 제소기간을 준수하지 못한다. 제2처분은 처분이 있음을 안 날로부터 90일 이내에 있으므로 제소기간을 준수한다.

Ⅳ 설문의 해결

甲은 2020.11.10.에 B가 행한 거부처분을 대상으로 취소소송을 제기하여야 제소기간을 준수하게 된다.

[제3문] [79] A광역시장은 A광역시의 심각한 주택난 해소를 목적으로, 「택지개발촉진법」에 따라 택지개발사업(이하 '이 사건 사업')을 시행하기 위해 2019.7.1. 같은 법 제3조 및 제8조에 따라 P지구를 택지개발지구로 지정·고시하면서(관계 법령상 필요한 절차는 모두 거쳤다), 같은 법 제7조에 따라 한국토지주택공사(이하 'LH공사')를 사업시행자로 지정하였다. LH공사는 2021.5.3. 이 사건 사업에 따른 이주대책을 수립·공고(이하 '이 사건 공고')하였는데, 그에 따른 이주자택지 공급 대상자

---

78) 대판 1997.3.28, 96누18014
79) 2021년 제3차 모의시험 2문 설문2

요건은 'P지구에 대한 택지개발지구 지정 고시일(2019.7.1.) 1년 이전부터 보상계약체결일 또는 수용재결일까지 계속하여 사업지구 내에 주택을 소유하고 계속 거주한 자(2000.1.1. 이후 건축된 무허가 건물의 소유자는 제외)'이다. 甲은 P지구 내에 주택을 소유하고 있는 자로서, 이 사건 공고에 따라 LH공사에 이주대책(이주자택지 공급)대상자 선정 신청을 하였으나, LH공사는 甲이 자신의 소유라고 주장하는 주택이 실제로는 乙의 소유라는 이유로 甲을 이주대책대상에서 제외하는 결정(이하 '제1차 결정')을 통보하였다. 제1차 결정 통보서에는 "이 결정에 이의가 있으신 경우 본 통지문을 받으신 날부터 30일 이내에 우리 공사에 서면으로 이의신청을 하실 수 있으며, 또한 90일 이내에 행정심판 또는 행정소송을 제기하실 수 있음을 알려드립니다."라는 안내문구가 기재되어 있었다. 이에 甲은 LH공사에 이의신청을 하면서, '자신이 2001.5. 주택을 건축하여 이후 계속 거주하면서 소유하여 왔는데, 단지 착오로 건축물대장에 소유자가 잘못 기재되어 있어 오해를 초래하고 있다'는 주장과 함께, 사실확인서 등 이와 관련된 제반 증빙자료를 새로 첨부하여 제출하였다. 그러나 LH공사는 甲에게 '건축물대장을 무시하고 사실판단에 기하여 소유관계를 인정할 수 없음'을 이유로 甲의 이의신청을 받아들이지 않고, 甲을 이주대책대상에서 제외한다는 결정(이하 '제2차 결정')을 통보하였다. 제2차 결정 통보서에도 제1차 결정 통보서와 동일한 안내문구가 기재되어 있었다. 甲은 제2차 결정을 자신에 대한 재거부처분으로 생각하여 이에 대해 제소기간 내에 취소소송을 제기하였다. 제2차 결정은 취소소송의 대상이 될 수 있는가? 30점

 해설

I 문제의 소재

행정소송법(이하 동법이라 함) 제19조에 의하면, 취소소송은 처분 등을 대상으로 한다. 제2차 결정은 취소소송의 대상이 될 수 있는가와 관련하여 첫째, 이주대책대상자제외결정이 동법 제19조와 동법 제2조 제1항 제1호의 취소소송의 대상이 되는 거부처분인지 문제된다. 둘째, 제1차 결정에도 불구하고 제2차 결정이 취소소송의 대상이 되는지 문제된다.

II 이주대책대상자제외결정이 취소소송의 대상이 되는 거부처분인지 여부

1. 문제의 소재

판례에 의하면 거부가 취소소송의 대상이 되는 거부처분이 되려면, 그 신청한 행위가 처분이어야 하고, 그 거부행위가 신청인의 법률관계에 어떤 변동을 일으키는 것이어야 하며, 그 국민에게 그 행위발동을 요구할 법규상 또는 조리상의 신청권이 있어야 한다.[80] 판례에 의하면 신청권이 있는 처분에 대한 거부행위는 신청인의 법적 상태에 변동을 초래한다. 이주대책대상자제외결정이 취소소송의 대상이 되는 거부처분인지와 관련하여 첫째, 그 신청한 행위인 이주대책대상자결정이 취소소송의 대상이 되는 처분인지 문제된다. 둘째, 그 국민에게 이주대책대상자결정의 발동을 요구할 법규상 또는 조리상의 신청권이 있는지 문제된다.

---

80) 대판 2011.9.29, 2010두26339 〈두문자암기 : 그신/그거/그국〉

2. 그 신청한 행위인 이주대책대상자결정이 취소소송의 대상이 되는 처분인지 여부

(1) 판례

취소소송의 대상이 되는 처분은 원칙적으로 행정청의 공법상의 행위로서 특정 사항에 대하여 법규에 의한 권리의 설정 또는 의무의 부담을 명하거나 기타 법률상의 효과를 직접 발생하게 하는 등 국민의 권리의무에 직접 관계가 있는 행위를 말한다.

(2) 사안의 경우

그 신청한 행위인 이주대책대상자결정은 선정된 이주대책대상자에게 이주자택지 등에 대하여 분양을 받을 권리의 설정을 명하므로 국민의 권리의무에 직접 관계가 있는 행위이어서 취소소송의 대상이 되는 처분이다. 이는 강학상 특허이다.

3. 그 국민에게 이주대책대상자결정의 발동을 요구할 법규상 또는 조리상의 신청권이 있는지 여부

(1) 학설

법규상 또는 조리상의 신청권은 대상적격의 문제라는 대상적격설, 원고적격의 문제라는 원고적격설, 본안의 문제로 보는 본안문제설 등이 있다.

(2) 판례

신청권이 있는지 여부는 구체적 사건에서 신청인이 누구인가를 고려하지 않고 관계법규의 해석에 의하여 국민에게 그러한 신청권을 인정하고 있는가를 살펴 추상적으로 결정되는 것이다.[81] 그 신청의 근거가 된 조항의 명문규정상 행정발동에 대한 개인의 신청권을 인정하고 있다거나 그 명문규정이 없더라도 법률의 해석상 출원을 전제로 하는 처분이라면 법규상 신청권을 인정한다. 법규상 신청권이 없는 경우에도 처분청의 처분예고, 그 처분에 대한 출원공고, 그 처분의 처리기준이 설정·공표된 경우와 학교용지부담금감면처분에는 개발이익환수제도의 취지상 조리상 신청권을 인정한다. 더 나아가 폐기물처리업적정통보 후 형질변경처분에 대해서는 그 거부가 폐기물처리업의 거부로 귀결되므로 법규상 또는 조리상 신청권을 인정하였고, 도시계획결정지구 내의 토지소유자가 신청한 계획변경 또는 취소처분에 대해서는 도시계획법상의 계획입안제안규정과 입안제안에 대한 처리결과통보의무규정, 그리고 헌법상 재산권 보장의 취지상 법규상 또는 조리상 신청권을 인정한다.

(3) 검토

행정소송법상 의무이행소송이 인정되지 않는 점, 문언상 공권력의 행사 또는 그 거부이므로 공권력의 행사인 작위와 거부인 부작위는 동가치성을 가져야 한다는 점에서 신청권은 대상적격단계에서 검토해야 한다는 대상적격설과 판례가 타당하다.

---

81) 대판 2011.10.13, 2008두17905 판례는 신청「권」이라는 용어를 사용하면서도 신청인의 권리 차원에서 절대로 접근하지 않고, 신청의 대상이 된 처분이 신청이 있어야만 나오는 것이라는 처분의 성질 차원에서 접근한다는 것을 반드시 기억한다. 그렇지 않으면 자꾸만 신청권을 권리개념으로 접근하는 원고적격설과 유사한 방향으로 답안을 작성하게 된다. 판례로 접근하면서 권리 측면으로 접근하면 논리모순이 발생하므로 주의를 요한다. 〈두문자 암기 : 신구신고, 관국추결〉

(4) 사안의 경우

택지개발촉진법 제12조 제4항에 따라 준용되는 토지보상법 제79조 제1항에 따라 그 국민에게 법규상 신청권이 있다.

4. 소결

이주대책대상자제외결정은 취소소송의 대상이 되는 거부처분이다.

Ⅲ 제1차 결정에도 불구하고 제2차 결정이 취소소송의 대상이 되는지 여부

1. 판례

수익적 행정행위 신청에 대한 거부처분은 당사자의 신청에 대하여 관할행정청이 거절하는 의사를 대외적으로 명백히 표시함으로써 성립되고, 거부처분이 있은 후 당사자가 다시 신청을 한 경우에는 신청의 제목 여하에 불구하고 그 내용이 새로운 신청을 하는 취지라면 관할행정청이 이를 다시 거절하는 것은 새로운 거부처분으로 봄이 원칙이다.

2. 사안의 경우

甲은 이의신청의 형식을 취하기는 했지만, LH공사의 제1차 결정에서 거부사유가 된 소유관계에 대한 소명과 더불어 신청 자격을 입증할 수 있는 증빙서류를 추가적으로 제출하였으므로 그 내용은 새로운 신청을 하는 취지라고 본다. LH공사의 제2차 제외결정은 새로운 거부처분이므로 제1차 결정에도 불구하고 취소소송의 대상이 된다.

Ⅳ 설문의 해결

LH공사의 제2차 결정은 甲에 대한 이주대책대상자 선정 거부처분이고, 새로운 신청에 대한 거부의 의사표시로서 새로운 거부처분으로 볼 수 있으므로 제1차 결정과 독립하여 취소소송의 대상이 된다.

---

type 6-5 주된 처분문서와 주된 처분에 의해 효과발생이 의제되는 처분이 있는 경우

[부분 인·허가 의제]

[제1문] [82] A군의 군수(이하 'A 군수')는 甲주식회사에게 「중소기업창업 지원법」 제33조 및 제35조에 따라 관할행정청과의 협의를 거쳐 산지전용허가 등이 의제되는 사업계획을 승인하였다. 산지전용허가가 의제되는 부지 인근에 거주하고 있는 주민 乙은 해당 사업이 실시될 경우 산에서 내려오는 물의 흐름이 막혀 지반이 약한 부분에서 토사유출 및 산사태 위험이 있다며 해당 산지전용허가에 반대하고 있다. 관할행정청은 이후 「산지관리법」 제37조에 따라 재해위험지역 일제점검을 하던 중

---

82) 2021년 5급 공채 제1문 2)

甲의 시설공사장에서 토사유출로 인한 산사태 위험을 확인하고, 甲에게 시설물철거 등 재해의 방지에 필요한 조치를 할 것을 명하였다. 다만, 甲에게 통지된 관할행정청의 처분서에는 甲이 충분히 알 수 있도록 처분의 사유와 근거가 구체적으로 명시되지는 않았다. 이해관계인 乙이 산지전용허가를 대상으로 취소소송을 제기할 수 있는지를 검토하시오. (원고적격은 논하지 않는다) |15점|

참조조문

※ 아래의 법령은 문제출제 당시의 적용법령임

「중소기업창업 지원법」

제33조(사업계획의 승인)

① 제조업(「통계법」 제22조 제1항에 따라 통계청장이 작성·고시하는 한국표준산업분류상의 제조업을 말한다)을 영위하고자 하는 창업자는 대통령령으로 정하는 바에 따라 사업계획을 작성하고, 이에 대한 시장·군수 또는 구청장(자치구의 구청장만을 말한다. 이하 같다)의 승인을 받아 사업을 할 수 있다. 사업자 또는 공장용지의 면적 등 대통령령으로 정하는 중요 사항을 변경하려는 경우에도 또한 같다.

제35조(다른 법률과의 관계)

① 제33조 제1항에 따라 사업계획을 승인할 때 다음 각 호의 허가, 인가, 면허, 승인, 지정, 결정, 신고, 해제 또는 용도폐지(이하 이 조에서 "허가 등"이라 한다)에 관하여 시장·군수 또는 구청장이 제4항에 따라 다른 행정기관의 장과 협의를 한 사항에 대하여는 그 허가 등을 받은 것으로 본다.

　6. 「산지관리법」 제14조 및 제15조에 따른 산지전용허가, 산지전용신고, 같은 법 제15조의2에 따른 산지일시사용허가·신고 및 같은 법 제21조에 따라 산지전용된 토지의 용도변경 승인과 「산림자원의 조성 및 관리에 관한 법률」 제36조 제1항 및 제4항에 따른 입목벌채 등의 허가와 신고

④ 시장·군수 또는 구청장이 제33조에 따른 사업계획의 승인 또는 「건축법」 제11조 제1항 및 같은 법 제22조 제1항에 따른 건축허가와 사용승인을 할 때 그 내용 중 제1항부터 제3항까지에 해당하는 사항이 다른 행정기관의 권한에 속하는 경우에는 그 행정기관의 장과 협의하여야 하며, 협의를 요청받은 행정기관의 장은 대통령령으로 정하는 기간에 의견을 제출하여야 한다. 이 경우 다른 행정기관의 장이 그 기간에 의견을 제출하지 아니하면 의견이 없는 것으로 본다.

「산지관리법」

제14조(산지전용허가)

① 산지전용을 하려는 자는 그 용도를 정하여 대통령령으로 정하는 산지의 종류 및 면적 등의 구분에 따라 산림청장 등의 허가를 받아야 하며, 허가받은 사항을 변경하려는 경우에도 같다. 다만, 농림축산식품부령으로 정하는 사항으로서 경미한 사항을 변경하려는 경우에는 산림청장 등에게 신고로 갈음할 수 있다.

④ 관계 행정기관의 장이 다른 법률에 따라 산지전용허가가 의제되는 행정처분을 하기 위하여 산림청장 등에게 협의를 요청하는 경우에는 대통령령으로 정하는 바에 따라 제18조에 따른 산지전용허가기준에 맞는지를 검토하는 데에 필요한 서류를 산림청장 등에게 제출하여야 한다.

PART
02

📖 해설

Ⅰ 문제의 소재

행정소송법(이하 동법이라 함) 제19조와 동법 제2조 제1항 제1호에 의하면 취소소송의 대상이 되는 처분이란 행정청이 행하는 구체적 사실에 관한 법집행으로서의 공권력의 행사 또는 그 거부와 그밖에 이에 준하는 행정작용을 말한다. 이해관계인 乙이 산지전용허가를 대상으로 취소소송을 제기할 수 있는지와 관련하여 사업계획승인으로 의제되는 산지전용허가가 취소소송의 대상이 되는지 문제된다.

Ⅱ 사업계획승인으로 의제되는 산지전용허가가 취소소송의 대상이 되는 처분인지 여부

1. 판례

사업계획승인권자가 관계 행정청의 장과 미리 협의한 사항에 한하여 사업계획 승인처분을 할 때에 인·허가 등이 의제될 뿐이고, 각 호에 열거된 모든 인·허가 등에 관하여 일괄하여 사전협의를 거칠 것을 사업계획승인처분의 요건으로 규정하고 있지 않은 경우 인·허가 의제 대상이 되는 처분에 어떤 하자가 있더라도, 그로써 해당 인·허가 의제의 효과가 발생하지 않을 여지가 있게될 뿐이고, 그러한 사정이 사업계획승인처분 자체의 위법사유가 될 수는 없다. 또한 의제된 인·허가는 통상적인 인·허가와 동일한 효력을 가지므로, 적어도 '부분 인·허가 의제'가 허용되는 경우에는 그 효력을 제거하기 위한 법적 수단으로 의제된 인·허가의 취소나 철회가 허용될 수 있고, 이러한 직권 취소·철회가 가능한 이상 그 의제된 인·허가에 대한 쟁송취소 역시 허용된다.

2. 사안의 경우

① 중소기업창업 지원법 제33조 및 제35조 제1항의 규정상 사업계획승인권자가 관계 행정청의 장과 미리 협의한 사항에 한하여 승인처분을 할 때에 인·허가 등이 의제될 뿐이고, 각 호에 열거된 모든 인·허가 등에 관하여 일괄하여 사전협의를 거칠 것을 사업계획승인처분의 요건으로 규정하고 있지 않고 있다는 점에서 당해 규정에 의한 사업계획승인처분은 산지전용허가결정에 '부분 인·허가 의제'가 허용되는 경우이다. ② 이 경우 사업계획승인으로 의제되는 산지전용허가결정에 위법이 있다고 하더라도 사업계획승인 자체의 위법사유가 될 수 없다. ③ 의제된 인·허가인 산지전용허가결정은 통상적인 산지전용허가결정과 동일한 효력을 가지므로 사업계획승인으로 의제되는 산지전용허가결정이 위법함을 다투고자 하는 이해관계인은 사업계획승인처분의 취소를 구할 것이 아니라 의제된 인·허가인 산지전용허가결정의 취소를 구하여야 한다. ④ 사업계획승인으로 의제되는 산지전용허가는 사업계획승인처분과 별도로 취소소송의 대상이 된다.

Ⅲ 설문의 해결

이해관계인 乙은 산지전용허가를 대상으로 취소소송을 제기할 수 있다.

[복합민원(일괄협의)]

> **[제2문]** [83] 갑은 건축물을 건축하기 위하여 시장 을에게 건축허가신청을 하였다. 이에 시장 을은 갑이 건축하고자 하는 건축물에는 건축법상의 건축허가 제한사유는 없으나 이 사건 토지가 토지형질변경으로 주변 토지의 환경, 풍치, 미관에 손상될 우려가 있는 지역에 해당하여 형질변경불허가 사유가 있으며, 진입로는 농지전용으로 인하여 농로 협소, 오폐수 유입 등으로 인한 일조, 통풍에 현저한 지장을 초래하여 농지전용불허가 사유가 있다고 하면서 갑이 신청한 건축허가처분을 불허하였다. 그러나 사실은 이 사건 토지는 도심으로부터 멀리 떨어져 있고, 인근지역에 인가 및 공공시설이 없어 인구집중과 교통 혼잡을 피할 수 있으며, 간선도로와 쉽게 연결되고, 좌우면은 조경을 할 예정이고, 후면은 지형적으로 차폐되어 있어 토지형질변경으로 주변 토지의 환경, 풍치, 미관과 도시 전체의 미관에 손상될 우려가 있는 지역이 아니므로 형질변경불허가 사유가 없으며, 진입로는 이 사건 토지와 150m 떨어진 국도와 연결된 농로로 지적상 6m 도로이고 중앙 3m만 포장되었으나 나머지 부분도 갑이 포장할 예정이고, 이 사건 토지와 진입로 사이의 용수로를 농지개량조합으로부터 점용허가받아 폭 8m 정도의 암거를 설치하여 진입도로로 활용할 계획인 점 등을 고려하면, 농지전용으로 인하여 농로 협소, 오폐수 유입 등으로 인한 일조, 통풍에 현저한 지장을 초래하거나 농지개량시설의 폐지를 수반하여 인근 농지의 농업경영에 현저한 영향을 미친다고 할 수 없다는 것이 밝혀졌다. 갑은 형질변경불허가 사유나 농지전용불허가 사유가 위법함을 들어 형질변경불허가나 농지전용불허가에 대해서 취소를 구하는 소를 제기할 수 있는가? **10점**

 해설

Ⅰ 문제의 소재

행정소송법(이하 동법이라 함) 제19조와 동법 제2조 제1항 제1호에 의하면, 취소소송의 대상이 되는 처분이란 행정청이 행하는 구체적 사실에 관한 법집행으로서의 공권력의 행사 또는 그 거부와 그밖에 이에 준하는 행정작용을 말한다. 갑은 건축불허가처분사유인 형질변경불허가나 농지전용불허가에 대해서 취소를 구하는 소를 제기할 수 있는가와 관련하여 형질변경불허가나 농지전용불허가가 취소소송의 대상이 되는지 문제된다.

Ⅱ 건축불허가처분사유인 형질변경불허가나 농지전용불허가가 취소소송의 대상이 되는지 여부

1. 판례 [84]

건축불허가처분을 하면서 그 처분사유로 건축불허가 사유뿐만 아니라 형질변경불허가 사유나 농지전용불허가 사유를 들고 있다고 하여 그 건축불허가처분 외에 별개로 형질변경불허가처분이나

---

83) 판례창작문제, 대판 2001.1.16, 99두10988
84) 〈두문자암기 : 건외별형존〉

농지전용불허가처분이 존재하는 것이 아니다.[85]

2. 사안의 경우

건축허가로 의제되는 형질변경허가와 농지전용허가는 부분인허가의제효가 아니다. 실체집중부정설과 판례에 의하면 주된 처분으로 의제된 처분요건미충족을 사유로 주된 처분의 발령을 거부할 수 있다. 인허가의제제도의 취지가 일체의 심사를 배제하는 것이 아니기 때문이다. 건축불허가처분을 하면서 그 처분사유로 건축불허가 사유뿐만 아니라 형질변경불허가 사유나 농지전용불허가 사유를 들고 있다고 하여 그 건축불허가처분 외에 별개로 형질변경불허가처분이나 농지전용불허가처분이 존재하는 것이 아니다. 건축불허가처분사유인 형질변경불허가나 농지전용불허가는 취소소송의 대상이 되는 처분이 아니다.

Ⅲ 설문의 해결

갑은 형질변경불허가나 농지전용불허가에 대해서 취소를 구하는 소를 제기할 수 없다.

제2절 취소소송의 원고적격

제1항 처분의 제3자가 취소소송을 제기하는 경우

type 1-1 일반 제3자

> **[제1문]**[86] 甲은 2010.6. 실시된 지방선거에서부터 2018.6. 실시된 지방선거에서까지 세 차례 연속하여 A시의 시장으로 당선되어 2022.6.까지 12년간 연임하게 되었다. 甲의 후원회 회장은 자신이 운영하는 주유소 확장 공사를 위하여 보도의 상당 부분을 점하는 도로점용허가를 신청하였고, 甲은 이를 허가하였다. A시의 주민 丙은 甲이 도로 본래의 기능과 목적을 침해하는 과도한 범위의 도로점용을 허가하였다고 주장하며, 이 도로점용허가(이하 '이 사건 허가'라 한다)에 대하여 다투고자 한다. 丙은 이 사건 허가에 대하여 취소소송을 제기하고자 한다. 丙의 원고적격을 검토하시오.
>
> 15점

---

85) 따라서 판례는 그 건축불허가처분을 받은 사람은 그 건축불허가처분에 관한 쟁송에서 건축법상의 건축불허가 사유뿐만 아니라 같은 도시계획법상의 형질변경불허가 사유나 농지법상의 농지전용불허가 사유에 관하여도 다툴 수 있는 것이지, 그 건축불허가처분에 관한 쟁송과는 별개로 형질변경불허가처분이나 농지전용불허가처분에 관한 쟁송을 제기하여 이를 다투어야 하는 것은 아니며, 그러한 쟁송을 제기하지 아니하였어도 형질변경불허가 사유나 농지전용불허가 사유에 관하여 불가쟁력이 생기지 아니한다고 결론을 내리고 있다.

86) 제10회 변호사시험 제1문 2 3.

참조조문

※ 아래의 법령은 문제출제 당시의 적용법령임

「도로법」

제61조(도로의 점용 허가)

① 공작물·물건, 그 밖의 시설을 신설·개축·변경 또는 제거하거나 그 밖의 사유로 도로(도로구역을 포함한다. 이하 이 장에서 같다)를 점용하려는 자는 도로관리청의 허가를 받아야 한다. 허가받은 기간을 연장하거나 허가받은 사항을 변경(허가받은 사항 외에 도로 구조나 교통안전에 위험이 되는 물건을 새로 설치하는 행위를 포함한다)하려는 때에도 같다.

② 제1항에 따라 허가를 받아 도로를 점용할 수 있는 공작물·물건, 그 밖의 시설의 종류와 허가의 기준 등에 관하여 필요한 사항은 대통령령으로 정한다.

③ 도로관리청은 같은 도로(토지를 점용하는 경우로 한정하며, 입체적 도로구역을 포함한다)에 제1항에 따른 허가를 신청한 자가 둘 이상인 경우에는 일반경쟁에 부치는 방식으로 도로의 점용 허가를 받을 자를 선정할 수 있다.

④ 제3항에 따라 일반경쟁에 부치는 방식으로 도로점용허가를 받을 자를 선정할 수 있는 경우의 기준, 도로의 점용 허가를 받을 자의 선정 절차 등에 관하여 필요한 사항은 대통령령으로 정한다.

 해설

① 문제의 소재

행정소송법(이하 동법이라 함) 제12조 제1문에 의하면, 취소소송은 처분 등의 취소를 구할 법률상 이익이 있는 자가 제기할 수 있다. 도로점용허가는 공물의 특별사용에 대한 허가로서 강학상 특허이므로 동법 제19조와 동법 제2조 제1항 제1호에 의하여 취소소송의 대상이 되는 처분이다.[87] 丙은 도로점용허가처분의 제3자이다. 丙의 원고적격과 관련하여 첫째, 법률상 이익의 의미와 법률의 범위가 문제된다. 둘째, 丙이 후원회 회장에 대한 도로점용허가의 취소를 구할 법률상 이익이 있는 자인지 문제된다.

② 법률상 이익의 의미와 법률의 범위

1. 학설

취소소송의 기능과 관련하여 권리구제설, 법률상 이익구제설, 보호할 가치 있는 이익구제설, 적법성보장설이 있다. 법률상 이익구제설 내에서 법률의 범위에 관하여 처분의 근거법규만을 고려하는 견해, 처분의 근거법규 외에 관련법규를 고려하는 견해, 처분의 실체법령뿐만 아니라 절차법령까지 고려하는 견해, 헌법의 기본권 규정까지 고려하는 견해 등이 있다.

2. 판례

법률상 이익이란 처분의 근거법규와 관련법규에 의하여 보호되는 개별적·직접적·구체적·법적 이익이다.

---

87) 배점이 15점이어서 이렇게 처리하고 간다.

3. 검토

권리구제설은 원고적격의 인정범위가 협소하다는 점에서, 보호할 가치 있는 이익구제설은 보호할 가치인지의 판단을 판사의 자의적 판단에 맡긴다는 점에서, 적법성보장설은 민중소송화 우려가 있다는 점에서 법률상 이익구제설과 판례가 타당하고, 처분의 근거법규만을 고려하는 견해는 법률상 이익의 인정범위가 협소하다는 점에서, 처분의 실체법령뿐만 아니라 절차법령까지 고려하는 견해와 헌법의 기본권 규정까지 고려하는 견해는 반사적 이익도 법률상 이익으로 본다는 점에서 처분의 근거법규 외에 관련법규를 고려하는 견해와 판례가 타당하다.

4. 사안의 경우

도로점용허가의 근거법률은 도로법이다.

Ⅲ 丙이 후원회 회장에 대한 도로점용허가의 취소를 구할 법률상 이익이 있는 자인지 여부

1. 판례

당해 처분의 근거법규 및 관련법규에 의하여 보호되는 법률상 이익은 당해 처분의 근거법규의 명문 규정에 의하여 보호받는 법률상 이익, 당해 처분의 근거법규에 의하여 보호되지는 아니하나 당해 처분의 행정목적을 달성하기 위한 일련의 단계적인 관련 처분들의 근거법규에 의하여 명시적으로 보호받는 법률상 이익, 당해 처분의 근거법규 또는 관련법규에서 명시적으로 당해 이익을 보호하는 명문의 규정이 없더라도 근거법규 및 관련법규의 합리적 해석상 그 법규에서 행정청을 제약하는 이유가 순수한 공익의 보호만이 아닌 개별적·직접적·구체적 이익을 보호하는 취지가 포함되어 있다고 해석되는 경우까지를 말한다.

2. 사안의 경우

A시의 주민 丙은 도로의 일반사용자이다. A시의 주민 丙은 도로점용허가처분의 근거가 되는 도로법의 명문규정에 의하여 보호받는 법률상 이익이 있는 자라고 보이지 않는다. 명문규정이 없는 경우 문언의 합리적 해석상 그 법규에서 행정청을 제약하는 이유가 순수한 공익의 보호가 아닌 개별적·직접적·구체적 이익을 보호하는 취지가 포함되어 있다고 해석되는 경우이어야 하는데, 도로의 일반사용자에 불과한 丙은 도로점용허가에 대하여 개별적·직접적·구체적 이익을 보호받는 자라고 보이지 않는다. 丙은 후원회 회장에 대한 도로점용허가의 취소를 구할 법률상 이익이 있는 자가 아니다.

Ⅳ 설문의 해결

丙은 취소소송의 원고적격을 충족하지 못한다.

type 1-2 인근주민

[제1문] [88] 2014년 1월 C도 K군에서 발생한 제1종 가축전염병인 AI(고병원성 조류 인플루엔자)로 인해 동년 3월 30일까지 전국적으로 약 1,200만 마리의 가금(家禽)류가 「가축전염병 예방법」 제20 조에 근거하여 살처분되었다. 이 중 실제로 AI에 감염된 가금류는 28마리에 불과하였다. 이렇게 대규 모로 살처분이 이루어진 이유는 AI가 발생한 농장은 물론 발생농가로부터 반경 3km 이내는 가축전 염병이 퍼지거나 퍼질 것으로 우려되는 지역으로 보아 살처분을 실시하였기 때문이다. 甲은 C도 K군 에서 농사를 짓고 있는 농민이다. K군수는 살처분에 대비하여 「가축전염병 예방법」 제3조 제2항 및 동법 시행규칙 제3조의2에 의거하여 K군에 위치한 공유임야를 매몰 후보지로 선정하였다. 그런데 甲은 위 매몰 후보지가 자신이 농사를 짓기 위해 물을 끌어오는 수원지와 50m 떨어져 있고, 자신이 거주하는 마을로부터도 멀지 않은 곳임을 알게 되었다. 甲은 위 후보지 선정을 취소소송을 통해 다투 고자 한다. 甲에게 K군수의 매몰 후보지 선정행위를 다툴 원고적격이 있는지를 검토하시오. **20점**

참조조문

※ 아래의 법령은 문제출제 당시의 적용법령임

「가축전염병 예방법」

제3조(국가와 지방자치단체의 책무)

② 시장·군수·자치구의 구청장은 제22조 제2항 본문, 제23조 제1항 및 제3항에 따른 가축의 사체 또는 물건의 매몰에 대비하여 농림축산식품부령으로 정하는 기준에 적합한 매몰 후보지를 미리 선정 하여 관리하여야 한다.

「가축전염병 예방법 시행규칙」

제3조의2(매몰 후보지의 선정)

법 제3조 제2항에 따른 매몰 후보지에 관한 기준은 별표 5 제2호 가목에 따른 매몰 장소에 관한 기준과 같다.

[별표 5] 소각 또는 매몰기준(제25조 관련)

2. 매몰기준

　가. 매몰 장소의 선택

　　1) 농장 부지 등 매몰 대상 가축 등이 발생한 해당 장소에 매몰하는 것을 원칙으로 한다. 다만, 해당 농장 부지 등이 매몰 장소로 적합하지 않거나, 매몰 장소로 활용할 수 없는 경우 등에 해당할 때에는 국·공유지 등을 활용할 수 있다.

　　3) 매몰 장소로 적합한 장소는 다음과 같다.

　　　가) 하천, 수원지, 도로와 30m 이상 떨어진 곳

　　　나) 음용 지하수 관정(管井)과 75m 이상 떨어진 곳

　　　다) 주민이 집단적으로 거주하는 지역에 인접하지 않은 곳으로 사람이나 가축의 접근을 제한할 수 있는 곳

---

88) 2014년 제2차 모의시험 2문 설문1 (2)

라) 다음의 어느 하나에 해당하지 않는 곳
  (1) 「수도법」 제7조에 따른 상수원보호구역
  (2) 「먹는물관리법」에 따른 염지하수 관리구역 및 샘물보전구역
  (3) 「지하수법」 제12조에 따른 지하수보전구역
  (4) 그밖에 (1)부터 (3)까지의 규정에 따른 구역에 준하는 지역으로서 수질환경보전이 필요한 지역

 해설

Ⅰ 문제의 소재

행정소송법(이하 동법이라 함) 제12조 제1문에 의하면, 취소소송은 처분 등의 취소를 구할 법률상 이익이 있는 자가 제기할 수 있다. 甲은 매몰 후보지 선정행위의 제3자이다. 甲에게 K군수의 매몰 후보지 선정행위를 다툴 원고적격이 있는지와 관련하여 첫째, 매몰 후보지 선정행위가 취소소송의 대상이 되는지 문제된다.[89] 둘째, 법률상 이익의 의미와 법률의 범위가 문제된다. 셋째, 甲이 K군수의 매몰 후보지 선정행위의 취소를 구할 법률상 이익이 있는 자인지 문제된다.

Ⅱ 매몰 후보지 선정행위가 취소소송의 대상이 되는지 여부

1. 문제의 소재

동법 제19조와 동법 제2조 제1항 제1호에 의하면 취소소송의 대상이 되는 처분이란 행정청이 행하는 구체적 사실에 관한 법집행으로서의 공권력의 행사 또는 그 거부와 그밖에 이에 준하는 행정작용을 말한다. 매몰 후보지 선정행위는 국공유지에 대한 침해이므로 국민의 재산에 대한 침해가 아니어서 비권력적 사실행위이다. 매몰 후보지 선정행위는 취소소송의 대상이 되는 처분이 아니다.[90] 매몰 후보지 선정행위가 취소소송의 대상이 되는지와 관련하여 매몰 후보지 선정행위가 취소소송의 대상이 되는 행정청의 행위인지 문제된다.

2. 매몰 후보지 선정행위가 취소소송의 대상이 되는 행정청의 행위인지 여부

(1) 판례

행정청의 행위가 항고소송의 대상이 될 수 있는지는 추상적·일반적으로 결정할 수 없고, 구체적인 경우에 ① 관련 법령의 내용과 취지, ② 그 행위의 주체·내용·형식·절차적 측면, ③ 그 행위와 상대방 등 이해관계인이 입는 불이익 사이의 실질적 견련성, ④ 법치행정의 원리와 ⑤ 그 행위에 관련한 행정청이나 이해관계인의 태도 등을 종합적으로 고려하여 개별적으로 판단하여야 한다.

---

89) 배점이 20점인 이유는 이 부분의 논증이 필요하기 때문이다.
90) 전체 배점이 20점이어서 이렇게 처리하여야 분량조절이 가능하다.

PART
02

(2) 사안의 경우

매몰 후보지 선정행위는 관련 법령인 가축전염병 예방법의 내용과 취지, 매몰 후보지 선정행위의 주체·내용·형식·절차적 측면의 일방성, 매몰 후보지 선정행위와 이해관계인이 입게 될 가축매몰지로부터 유출되는 토사물로부터의 환경상 이익의 침해 우려 등 불이익 사이의 실질적 견련성, 취소소송의 제기가 분쟁의 조기해소에 유효·적절한 수단이라는 점에서 법치행정의 원리상 취소소송의 대상이 되는 행정청의 행위이다.

3. 소결

매몰 후보지 선정행위는 취소소송의 대상이 된다.

Ⅲ 법률상 이익의 의미와 법률의 범위

1. 학설

취소소송의 기능과 관련하여 권리구제설, 법률상 이익구제설, 보호할 가치 있는 이익구제설, 적법성보장설이 있다. 법률상 이익구제설 내에서 법률의 범위에 관하여 처분의 근거법규만을 고려하는 견해, 처분의 근거법규 외에 관련법규를 고려하는 견해, 처분의 실체법령뿐만 아니라 절차법령까지 고려하는 견해, 헌법의 기본권 규정까지 고려하는 견해 등이 있다.

2. 판례

법률상 이익이란 처분의 근거법규와 관련법규에 의하여 보호되는 개별적·직접적·구체적·법적 이익이다.

3. 검토

권리구제설은 원고적격의 인정범위가 협소하다는 점에서, 보호할 가치 있는 이익구제설은 보호할 가치인지의 판단을 판사의 자의적 판단에 맡긴다는 점에서, 적법성보장설은 민중소송화 우려가 있다는 점에서 법률상 이익구제설과 판례가 타당하고, 처분의 근거법규만을 고려하는 견해는 법률상 이익의 인정범위가 협소하다는 점에서, 처분의 실체법령뿐만 아니라 절차법령까지 고려하는 견해와 헌법의 기본권 규정까지 고려하는 견해는 반사적 이익도 법률상 이익으로 본다는 점에서 처분의 근거법규 외에 관련법규를 고려하는 견해와 판례가 타당하다.

4. 사안의 경우

매몰 후보지 선정행위의 근거법규는 가축전염병 예방법이다.

Ⅳ 甲이 K군수의 매몰 후보지 선정행위의 취소를 구할 법률상 이익이 있는 자인지 여부

1. 판례 [91]

행정처분의 근거법규 또는 관련법규에 그 처분으로써 이루어지는 행위 등 사업으로 인하여 환경상 침해를 받으리라고 예상되는 영향권의 범위가 구체적으로 규정되어 있는 경우에는, 그 영향권

---

91) 〈두문자암기 : 특사환침사추/환침입증〉

내의 주민들에 대하여는 특단의 사정이 없는 한 환경상 이익에 대한 침해 또는 침해 우려가 있는 것으로 사실상 추정되어 법률상 보호되는 이익으로 인정됨으로써 원고적격이 인정되며, 그 영향권 밖의 주민들은 당해 처분으로 인하여 그 처분 전과 비교하여 수인한도를 넘는 환경피해를 받거나 받을 우려가 있다는 자신의 환경상 이익에 대한 침해 또는 침해 우려가 있음을 입증하여야만 법률상 보호되는 이익으로 인정되어 원고적격이 인정된다.[92]

2. 사안의 경우

가축전염병 예방법 제3조와 동법 시행규칙 제3조의2 [별표 5]에 의하면 매몰 후보지 선정으로 인하여 환경상 침해를 받으리라고 예상되는 영향권의 범위가 구체적으로 규정되어 있다. 甲은 수원지와 관련하여서는 50m 떨어져 있으므로 K군수의 매몰 후보지 선정행위가 미치는 영향권 밖의 주민이다. 자신이 거주하는 마을로부터도 멀지 않은 곳이라는 점에서 K군수의 매몰 후보지 선정행위가 미치는 영향권 내의 주민이다. 甲은 환경상 이익에 대한 침해 또는 침해 우려가 있는 것으로 사실상 추정되어 K군수의 매몰 후보지 선정행위의 취소를 구할 법률상 이익이 있는 자이다.

Ⅴ 설문의 해결

甲에게 K군수의 매몰 후보지 선정행위를 다툴 원고적격이 있다.

[제2문][93] 甲은 「공유수면관리 및 매립에 관한 법률」(이하 '공유수면매립법'이라고 한다) 제28조 제1항 제3호에 근거하여 A도지사로부터 매립장소 및 면적을 지정받고 매립목적을 택지조성으로 하는 공유수면매립면허를 부여받았다. 이후 甲은 당초의 매립목적과 달리 조선(造船)시설용지지역으로 이 사건 매립지를 이용하고자 A도지사에게 공유수면매립목적변경신청을 하였고, A도지사는 공유수면매립법 제49조 제1항 제3호에 따라 甲의 변경신청을 승인하는 처분(이하 '이 사건 처분'이라 한다)을 하였다. 그런데 이 사건 매립예정지의 인근에는 딸기잼을 만들어 판매하고 있는 S수녀원(재단법인)이 있고, S수녀원은 딸기잼 판매 수익으로 불우 이웃을 돕고 있었다. 한편, 이 딸기잼은 청정지역에서 재배되는 딸기로 만들어 소비자에게 인기가 있었다. 이에 S수녀원은 이 사건 처분으로 인하여 매립지에 조선시설이 조성되면 청정지역의 딸기잼이라는 기존의 이미지에 타격을 받게 되어 딸기잼의 판매수입이 떨어짐은 물론 수녀들의 환경상 이익을 침해하게 된다고 하면서 A도지사를 상대로 이 사건 처분의 취소를 구하는 행정소송을 제기하였다. 위 소송에서 S수녀원에게 원고적격이 인정되는가? 30점

---

92) 대판 2009.9.24, 2009두2825
93) 2015년 제1차 모의시험 2문 설문2

참조조문

※ 아래의 법령은 문제출제 당시의 적용법령임

「공유수면관리 및 매립에 관한 법률」

제30조(매립면허의 기준)

① 매립면허관청은 매립예정지 공유수면 및 매립으로 피해가 예상되는 매립예정지 인근의 구역에 관하여 권리를 가진 자(이하 "공유수면매립 관련 권리자"라 한다)가 있으면 다음 각 호의 어느 하나에 해당하는 경우를 제외하고는 매립면허를 할 수 없다.

　1. 공유수면매립 관련 권리자가 매립에 동의하고, 매립이 환경과 생태계의 변화를 충분히 고려한 것으로 인정되는 경우

　2. 매립으로 생기는 이익이 그 손실을 현저히 초과하는 경우

　3. 법령에 따라 토지를 수용하거나 사용할 수 있는 사업을 위하여 매립이 필요한 경우

　4. 그 밖에 국방 또는 재해예방 등 공익을 위하여 필요한 경우로서 대통령령으로 정하는 경우

② 제1항에 따른 매립으로 피해가 예상되는 매립예정지 인근 구역의 범위는 대통령령으로 정한다.

제49조(매립목적 변경제한의 예외)

① 매립면허취득자, 매립지의 소유권을 취득한 자와 그 승계인은 제48조 제1항 본문에도 불구하고 면허를 받은 매립예정지와 매립지 또는 준공검사를 받은 매립지가 다음 각 호의 어느 하나에 해당하는 경우에는 대통령령으로 정하는 바에 따라 매립면허관청의 승인을 받아 매립목적을 변경할 수 있다.

　1. 매립지의 일부를 공용 또는 공공용으로 변경함으로써 나머지 매립지를 매립목적에 맞게 사용할 수 없게 된 경우

　2. 관련 법령에 따른 국가계획이 변경되어 매립지를 매립목적에 맞게 사용할 수 없게 된 경우

　3. 산업의 발전, 그 밖에 주변여건의 변화 등으로 매립목적을 변경할 수밖에 없는 경우

해설

① 문제의 소재

행정소송법(이하 동법이라 함) 제12조 제1문에 의하면, 취소소송은 처분 등의 취소를 구할 법률상 이익이 있는 자가 제기할 수 있다. S수녀원은 매립목적변경처분의 제3자이다. S수녀원에게 원고적격이 인정되는가와 관련하여 첫째, 매립목적변경처분이 취소소송의 대상이 되는지 문제된다. 둘째, 법률상 이익의 의미와 법률의 범위가 문제된다. 셋째, S수녀원이 조선(造船)시설용지로 매립목적을 변경하는 매립목적변경처분의 취소를 구할 법률상 이익이 있는 자인지 문제된다.

② 매립목적변경처분이 취소소송의 대상이 되는지 여부

1. 문제의 소재

동법 제19조와 동법 제2조 제1항 제1호에 의하면 취소소송의 대상이 되는 처분이란 행정청이 행하는 구체적 사실에 관한 법집행으로서의 공권력의 행사 또는 그 거부와 그밖에 이에 준하는 행정작용을 말한다. 매립목적변경처분은 행정계획에 해당한다. 매립목적변경처분이 취소소송의 대상이 되는지와 관련하여 매립목적변경처분이 취소소송의 대상이 되는 처분인지 문제된다.

2. 매립목적변경처분이 취소소송의 대상이 되는 처분인지 여부

(1) 판례

취소소송의 대상이 되는 처분이란 행정청의 공법상 행위로서 특정 사항에 대하여 법규에 의한 권리의 설정 또는 의무의 부담을 명하거나 기타 법률상 효과를 직접 발생하게 하는 등 국민의 권리·의무에 직접 관계가 있는 행위를 말한다.

(2) 사안의 경우

매립목적변경처분은 매립지에 편입된 토지의 수용의 근거가 된 목적을 변경하여 그 수용의 효과를 계속 유지하게 함으로써 당해 토지소유자의 소유권의 회복을 저지하는 것이므로 국민의 권리·의무에 직접 관계가 있는 행위이어서 취소소송의 대상이 되는 처분이다.

3. 소결

매립목적변경처분은 취소소송의 대상이 된다.

Ⅲ 법률상 이익의 의미와 법률의 범위

1. 학설

취소소송의 기능과 관련하여 권리구제설, 법률상 이익구제설, 보호할 가치 있는 이익구제설, 적법성보장설이 있다. 법률상 이익구제설 내에서 법률의 범위에 관하여 처분의 근거법규만을 고려하는 견해, 처분의 근거법규 외에 관련법규를 고려하는 견해, 처분의 실체법령뿐만 아니라 절차법령까지 고려하는 견해, 헌법의 기본권 규정까지 고려하는 견해 등이 있다.

2. 판례

법률상 이익이란 처분의 근거법규와 관련법규에 의하여 보호되는 개별적·직접적·구체적·법적 이익이다.

3. 검토

권리구제설은 원고적격의 인정범위가 협소하다는 점에서, 보호할 가치 있는 이익구제설은 보호할 가치인지의 판단을 판사의 자의적 판단에 맡긴다는 점에서, 적법성보장설은 민중소송화 우려가 있다는 점에서 법률상 이익구제설과 판례가 타당하고, 처분의 근거법규만을 고려하는 견해는 법률상 이익의 인정범위가 협소하다는 점에서, 처분의 실체법령뿐만 아니라 절차법령까지 고려하는 견해와 헌법의 기본권 규정까지 고려하는 견해는 반사적 이익도 법률상 이익으로 본다는 점에서 처분의 근거법규 외에 관련법규를 고려하는 견해와 판례가 타당하다.

4. 사안의 경우

매립목적변경처분의 근거법규는 공유수면관리 및 매립에 관한 법률이다.

Ⅳ S수녀원이 조선(造船)시설용지로 매립목적을 변경하는 매립목적변경처분의 취소를 구할 법률상 이익이 있는 자인지 여부

1. 판례

행정처분의 근거법규 또는 관련법규에 그 처분으로써 이루어지는 행위 등 사업으로 인하여 환경상 침해를 받으리라고 예상되는 영향권의 범위가 구체적으로 규정되어 있는 경우에는, 그 영향권 내의 주민들에 대하여는 특단의 사정이 없는 한 환경상 이익에 대한 침해 또는 침해 우려가 있는 것으로 사실상 추정되어 법률상 보호되는 이익으로 인정됨으로써 원고적격이 인정되며, 그 영향권 밖의 주민들은 당해 처분으로 인하여 그 처분 전과 비교하여 수인한도를 넘는 환경피해를 받거나 받을 우려가 있다는 자신의 환경상 이익에 대한 침해 또는 침해 우려가 있음을 입증하여야만 법률상 보호되는 이익으로 인정되어 원고적격이 인정된다.[94]

2. 사안의 경우

S수녀원은 딸기잼을 만들어 판매하고 있는 '재단법인'이므로 매립목적변경처분의 제3자이다. 근거법규인 공유수면관리 및 매립에 관한 법률 제30조에 의하면 매립예정지 인근의 구역에 관하여 권리를 가진 자는 법률상 이익이 있는 자이다. S수녀원은 공유수면매립 관련 권리자가 아니다. 매립예정지의 인근에 있는 S수녀원은 환경영향평가대상지역 내의 주민이 아니므로 S수녀원은 자신의 환경상 이익의 침해 또는 침해 우려가 있음을 입증하여야 한다. 청정지역의 딸기잼이라는 기존의 이미지에 타격을 받게 되어 딸기잼의 판매수입이 떨어짐은 물론 수녀들의 환경상 이익을 침해하게 된다고 하나, 이미지 타격은 환경상 이익의 침해가 아니고 S수녀원이 자신들의 소속 수녀들의 환경상 이익의 침해를 주장하는 것은 허용되지 않는 진정단체소송에 해당하므로 자신의 환경상 이익의 침해 또는 침해 우려가 있음을 입증한 것은 아니다. S수녀원은 조선(造船)시설용지로 매립목적을 변경하는 매립목적변경처분의 취소를 구할 법률상 이익이 있는 자가 아니다.

Ⓥ 설문의 해결

A도지사를 상대로 조선(造船)시설용지로 매립목적을 변경하는 매립목적변경처분의 취소를 구하는 행정소송에서 S수녀원에게 원고적격이 인정되지 않는다.

---

type 1-3 기존업자

[제1문] [95] 甲회사는 A광역시에서 5년 전부터 시내 남쪽을 시점으로 하고 북쪽을 종점으로 하는 일반 시내버스 운송사업을 경영하고 있다. 그런데 乙회사가 위 甲회사의 노선 구간과 상당부분 겹치는 신규 일반 시내버스 운송사업을 목적으로 「여객자동차 운수사업법」에 따라 국토해양부장관에게 동 사업의 면허를 신청하여 면허를 받았다. 甲회사는 乙회사에 대한 면허처분에 대하여 불만이 많다. 위 사안에서 甲회사는 국토해양부장관을 상대로 乙회사에 대한 면허처분의 취소소송을 제기할 수 있는지를 검토하시오. 15점

---

94) 대판 2009.9.24, 2009두2825
95) 2012년 제2차 모의시험 2문 설문3 (1)

「여객자동차 운수사업법」

제1조(목적)

이 법은 여객자동차 운수사업에 관한 질서를 확립하고 여객의 원활한 운송과 여객자동차 운수사업의 종합적인 발달을 도모하여 공공복리를 증진하는 것을 목적으로 한다.

제4조(면허 등)

① 여객자동차운송사업을 경영하려는 자는 사업계획을 작성하여 국토해양부령으로 정하는 바에 따라 국토해양부장관의 면허를 받아야 한다. 다만, 대통령령으로 정하는 여객자동차운송사업을 경영하려는 자는 사업계획을 작성하여 국토해양부령으로 정하는 바에 따라 특별시장·광역시장·도지사·특별자치도지사(이하 "시·도지사'라 한다)의 면허를 받거나 시·도지사에게 등록하여야 한다.

② 제1항에 따른 면허나 등록을 하는 경우에는 제3조에 따른 여객자동차운송사업의 종류별로 노선이나 사업구역을 정하여야 한다.

제5조(면허 등의 기준)

① 여객자동차운송사업의 면허기준은 다음 각 호와 같다

1. 사업계획이 해당 노선이나 사업구역의 수송 수요와 수송력 공급에 적합할 것
2. 최저 면허기준 대수(臺數), 보유 차고 면적, 부대시설, 그 밖에 국토해양부령으로 정하는 기준에 적합할 것
3. 대통령령으로 정하는 여객자동차운송사업인 경우에는 운전 경력, 교통사고 유무, 거주지 등 국토해양부령으로 정하는 기준에 적합할 것

 해설

[I] 문제의 소재

취소소송을 제기할 수 있으려면 취소소송의 대상적격, 취소소송의 원고적격, 취소소송의 피고적격, 취소소송의 협의의 소익, 취소소송의 제소기간, 취소소송의 관할법원, 취소소송의 행정심판전치 등의 취소소송요건을 충족하여야 한다. 여객자동차운수사업면허처분은 강학상 특허이므로 취소소송의 대상적격을 충족한다. 기타 취소소송요건은 특별히 문제될만한 사정이 엿보이지 않는다. 甲회사가 국토해양부장관을 상대로 乙회사에 대한 여객자동차운수사업면허처분의 취소소송을 제기할 수 있는지와 관련하여 첫째, 甲회사가 취소소송의 원고적격을 충족하는지 문제된다. 둘째, 국토해양부장관이 취소소송의 피고적격을 충족하는지 문제된다.

[II] 甲회사가 취소소송의 원고적격을 충족하는지 여부

1. 문제의 소재

행정소송법 제12조 제1문에 의하면, 취소소송은 처분 등의 취소를 구할 법률상 이익이 있는 자가 제기할 수 있다. 甲회사는 여객자동차운수사업면허처분의 제3자이다. 甲회사가 취소소송의

원고적격을 충족하는지와 관련하여 첫째, 법률상 이익의 의미와 법률의 범위가 문제된다. 둘째, 甲회사가 여객자동차운수사업면허처분의 취소를 구할 법률상 이익이 있는 자인지 문제된다.

2. 법률상 이익의 의미와 법률의 범위

법률상 이익이란 처분의 근거법규와 관련법규에 의하여 보호되는 개별적·직접적·구체적·법적 이익이다. 사안의 근거법규는 여객자동차 운수사업법이다.

3. 甲회사가 여객자동차운수사업면허처분의 취소를 구할 법률상 이익이 있는 자인지 여부

(1) 판례

당해 처분의 근거법규의 해석상 자유롭고 공정한 경쟁을 보호하는 취지라면 기존업자의 경영상 이익의 보호와는 무관하나 과당경쟁으로 인한 경영상 불합리 방지의 취지라면 기존업자는 자신의 경영상 이익의 침해를 이유로 경쟁자소송을 제기할 수 있다.

(2) 사안의 경우

여객자동차운수사업면허의 근거법규인 여객자동차 운수사업법 제1조와 같은 법 제4조, 제5조 제1항 제1호의 수송 수요와 수송력 공급에 적합해야 한다는 규정의 해석상 그 취지는 해당 업자들 사이의 과당경쟁으로 인한 경영상 불합리 방지이다. 기존업자인 甲회사는 신규업자인 乙회사에 대한 국토해양부장관의 여객자동차운수사업면허의 취소를 구할 법률상 이익이 있는 자이다.

4. 소결

甲회사는 취소소송의 원고적격을 충족한다.

Ⅲ 국토해양부장관이 취소소송의 피고적격을 충족하는지 여부

1. 문제의 소재

동법 제13조에 의하면 취소소송은 그 처분 등을 행한 행정청을 피고로 한다. 국토해양부장관이 취소소송의 피고적격을 충족하는지와 관련하여 국토해양부장관이 여객자동차운수사업면허처분을 행한 행정청인지 문제된다.

2. 국토해양부장관이 여객자동차운수사업면허처분을 행한 행정청인지 여부

(1) 판례

동법 제13조의 처분을 행한 행정청이란 자기 명의로 처분을 한 행정청이다.

(2) 사안의 경우

乙회사는 국토해양부장관에게 여객자동차운수사업의 면허를 신청하여 그 면허를 받았으므로 국토해양부장관이 여객자동차운수사업면허처분을 행한 행정청이다.

3. 소결

국토해양부장관은 취소소송의 피고적격을 충족한다.

Ⅳ 설문의 해결

甲회사는 국토해양부장관을 상대로 乙회사에 대한 여객자동차운수사업면허처분의 취소소송을 제기할 수 있다.

[제2문] [96] A주식회사는 2000.3.경 안동시장으로부터 분뇨수집·운반업 허가를 받은 다음 그 무렵 안동시장과 사이에 분뇨수집·운반 대행계약을 맺은 후 통상 3년 단위로 계약을 연장해 왔는데 2009.3.18. 계약기간을 그 다음 날부터 2012.3.18.까지로 다시 연장하였다. B주식회사는 안동시에서 분뇨수집·운반업을 영위하기 위하여 「하수도법」 및 같은 법 시행령 소정의 시설, 장비 등을 구비하고 2011.11.10. 안동시장에게 분뇨수집·운반업 허가를 신청하여 같은 해 12.1. 허가처분(이하 '이 사건 처분'이라 한다)을 받았다. 안동시장은 이 사건 처분 후 안동시 전역을 2개 구역으로 나누어 A, B주식회사에 한 구역씩을 책임구역으로 배정하고 각각 2014.12.31.까지를 대행기간으로 하는 새로운 대행계약을 체결하였다. A주식회사는 과거 안동시 전역에서 단독으로 분뇨 관련 영업을 하던 기득권이 전혀 인정되지 않은데다가 수익성이 낮은 구역을 배정받은 데 불만을 품고, B주식회사에 대한 이 사건 처분은 허가기준에 위배되는 위법한 처분이라고 주장하면서 안동시장을 상대로 2011.12.20. 관할법원에 그 취소를 구하는 행정소송을 제기하였다. 위 소송에서 A주식회사에게 원고적격이 인정되는가? [30점]

참조조문

※ 아래의 법령은 문제출제 당시의 적용법령임

「하수도법」

제1조(목적)

이 법은 하수도의 설치 및 관리의 기준 등을 정함으로써 하수와 분뇨를 적정하게 처리하여 지역사회의 건전한 발전과 공중위생의 향상에 기여하고 공공수역의 수질을 보전함을 목적으로 한다.

제2조(정의)

이 법에서 사용하는 용어의 정의는 다음과 같다.

2. "분뇨"라 함은 수거식 화장실에서 수거되는 액체성 또는 고체성의 오염물질(개인하수처리시설의 청소 과정에서 발생하는 찌꺼기를 포함한다)을 말한다.

10. "분뇨처리시설"이라 함은 분뇨를 침전·분해 등의 방법으로 처리하는 시설을 말한다.

제3조(국가 및 지방자치단체의 책무)

① 국가는 하수도의 설치·관리 및 관련 기술개발 등에 관한 기본정책을 수립하고, 지방자치단체가 제2항의 규정에 따른 책무를 성실하게 수행할 수 있도록 필요한 기술적·재정적 지원을 할 책무를 진다.

② 지방자치단체의 장은 공공하수도의 설치·관리를 통하여 관할구역 안에서 발생하는 하수·및 분뇨를 적정하게 처리하여야 할 책무를 진다.

제41조(분뇨처리 의무)

① 특별자치도지사·시장·군수·구청장은 관할구역 안에서 발생하는 분뇨를 수집·운반 및 처리하여야

---

96) 제1회 변호사시험 제2문 1.

한다. 이 경우 특별자치도지사·시장·군수·구청장은 당해 지방자치단체의 조례가 정하는 바에 따라 제45조의 규정에 따른 분뇨수집·운반업자로 하여금 그 수집·운반을 대행하게 할 수 있다.

제45조(분뇨수집·운반업)

① 분뇨를 수집(개인하수처리시설의 내부청소를 포함한다)·운반하는 영업(이하 "분뇨수집·운반업"이라 한다)을 하고자 하는 자는 대통령령이 정하는 기준에 따른 시설·장비 및 기술인력 등의 요건을 갖추어 특별자치도지사·시장·군수·구청장의 허가를 받아야 하며, 허가받은 사항 중 환경부령이 정하는 중요한 사항을 변경하고자 하는 때에는 특별자치도지사·시장·군수·구청장에게 변경신고를 하여야 한다.

⑤ 특별자치도지사·시장·군수·구청장은 관할구역 안에서 발생하는 분뇨를 효율적으로 수집·운반하기 위하여 필요한 때에는 제1항에 따른 허가를 함에 있어 관할구역의 분뇨 발생량, 분뇨처리시설의 처리용량, 분뇨수집·운반업자의 지역적 분포 및 장비보유 현황, 분뇨를 발생시키는 발생원의 지역적 분포 및 수집·운반의 난이도 등을 고려하여 영업구역을 정하거나 필요한 조건을 붙일 수 있다.

[부칙]

이 법은 2000.1.1.부터 시행한다.

 해설

Ⅰ 문제의 소재

행정소송법(이하 동법이라 함) 제12조 제1문에 의하면, 취소소송은 처분 등의 취소를 구할 법률상 이익이 있는 자가 제기할 수 있다. A주식회사는 하수도분뇨수집·운반업 허가의 제3자이다. A주식회사에게 원고적격이 인정되는가와 관련하여 첫째, 하수도분뇨수집·운반업 허가가 취소소송의 대상이 되는지 문제된다. 둘째, 법률상 이익의 의미와 법률의 범위가 문제된다. 셋째, A주식회사는 B주식회사에 대한 하수도분뇨수집·운반업 허가의 취소를 구할 법률상 이익이 있는 자인지 문제된다.

Ⅱ 하수도분뇨수집·운반업 허가가 취소소송의 대상이 되는지 여부

1. 문제의 소재

동법 제19조와 동법 제2조 제1항 제1호에 의하면 취소소송의 대상이 되는 처분이란 행정청이 행하는 구체적 사실에 관한 법집행으로서의 공권력의 행사 또는 그 거부와 그밖에 이에 준하는 행정작용을 말한다. 하수도분뇨수집·운반업 허가가 취소소송의 대상이 되는지와 관련하여 하수도분뇨수집·운반업 허가가 취소소송의 대상이 되는 처분인지 문제된다.

2. 하수도분뇨수집·운반업 허가가 취소소송의 대상이 되는 처분인지 여부

(1) 판례

취소소송의 대상이 되는 처분이란 행정청의 공법상 행위로서 특정 사항에 대하여 법규에 의한 권리의 설정 또는 의무의 부담을 명하거나 기타 법률상 효과를 직접 발생하게 하는 등 국민의 권리·의무에 직접 관계가 있는 행위를 말한다.

(2) 사안의 경우

하수도분뇨수집·운반업 허가는 행정청의 하수도법상 행위로서 일정 영역의 하수도분뇨수집·운반업을 하고자 하는 자에게 그 영업을 독점적으로 할 수 있는 권리의 설정을 명하는 것이므로 국민의 권리·의무에 직접 관계가 있는 행위이어서 취소소송의 대상이 되는 처분이다. 이를 강학상 특허라 한다.

3. 소결

하수도분뇨수집·운반업 허가는 취소소송의 대상이 된다.

Ⅲ 법률상 이익의 의미와 법률의 범위

1. 학설

취소소송의 기능과 관련하여 권리구제설, 법률상 이익구제설, 보호할 가치 있는 이익구제설, 적법성보장설이 있다. 법률상 이익구제설 내에서 법률의 범위에 관하여 처분의 근거법규만을 고려하는 견해, 처분의 근거법규 외에 관련법규를 고려하는 견해, 처분의 실체법령뿐만 아니라 절차법령까지 고려하는 견해, 헌법의 기본권 규정까지 고려하는 견해 등이 있다.

2. 판례

법률상 이익이란 처분의 근거법규와 관련법규에 의하여 보호되는 개별적·직접적·구체적·법적 이익이다.

3. 검토

권리구제설은 원고적격의 인정범위가 협소하다는 점에서, 보호할 가치 있는 이익구제설은 보호할 가치인지의 판단을 판사의 자의적 판단에 맡긴다는 점에서, 적법성보장설은 민중소송화 우려가 있다는 점에서 법률상 이익구제설과 판례가 타당하고, 처분의 근거법규만을 고려하는 견해는 법률상 이익의 인정범위가 협소하다는 점에서, 처분의 실체법령뿐만 아니라 절차법령까지 고려하는 견해와 헌법의 기본권 규정까지 고려하는 견해는 반사적 이익도 법률상 이익으로 본다는 점에서 처분의 근거법규 외에 관련법규를 고려하는 견해와 판례가 타당하다.

4. 사안의 경우

사안의 근거법규는 하수도법이다.

Ⅳ A주식회사는 B주식회사에 대한 하수도분뇨수집·운반업 허가의 취소를 구할 법률상 이익이 있는 자인지 여부

1. 판례

행정처분의 직접 상대방이 아닌 제3자라도 당해 처분의 근거법규와 관련법규에 의하여 보호되는 직접적이고 구체적인 이익이 있는 경우에는 취소소송의 원고적격이 인정된다. 당해 처분의 근거 법규의 해석상 자유롭고 공정한 경쟁을 보호하는 취지라면 기존업자의 경영상 이익의 보호와는 무관하나 과당경쟁으로 인한 경영상 불합리 방지의 취지라면 기존업자는 자신의 경영상 이익의 침해를 이유로 경쟁자소송을 제기할 수 있다.

2. 사안의 경우

A주식회사는 B주식회사에 대한 하수도분뇨수집·운반업 허가의 제3자이다. 대통령령이 정하는 기준에 따른 시설·장비 및 기술인력 등의 요건을 갖추어야 한다는 하수도법 제45조 제1항과 제1항에 따른 허가를 함에 있어 관할구역의 분뇨 발생량, 분뇨처리시설의 처리용량, 분뇨수집· 운반업자의 지역적 분포 및 장비보유 현황, 분뇨를 발생시키는 발생원의 지역적 분포 및 수집· 운반의 난이도 등을 고려하여 영업구역을 정할 수 있다는 하수도법 제45조 제2항의 규정의 취지 는 분뇨 등을 적정하게 처리하여 자연환경과 생활환경을 청결히 하고 수질오염을 감소시킴으로 써 국민보건의 향상과 환경보전에 이바지한다는 공익목적을 달성하고자 함과 동시에 적정한 수 요와 공급능력을 고려하여 업자 간의 과당경쟁으로 인한 경영의 불합리를 미리 방지하자는 데 그 취지가 있다고 보인다. A주식회사는 B주식회사에 대한 하수도분뇨수집·운반업 허가의 취소 를 구할 법률상 이익이 있는 자이다.

Ⅴ 설문의 해결

안동시장을 상대로 2011.12.20. 관할법원에 제기한 하수도분뇨수집·운반업 허가의 취소를 구 하는 행정소송에서 A주식회사에게 원고적격이 인정된다.

---

type 1-4 타방신청인

[제1문] [97] 甲과 乙은 '면허의 기본자격을 갖춘 자 중에서 개인택시 면허기준 우선순위에 따라 면허 를 발급'한다는 내용의 'A광역시 개인택시운송사업면허 모집공고'에 따라서 개인택시운송사업면허를 신청하였다. A광역시장은 「A광역시 개인택시운송사업면허 사무처리규정」(이하 '이 사건 규정')에 따 라서 甲에게는 개인택시운송사업면허처분을 한 반면, 乙에 대해서는 우선순위가 뒤에 있음을 이유 로 개인택시운송사업면허제외처분을 하였다. 甲은 개인택시운송사업면허를 발급받기 이전에 제1종 보통면허, 제1종 특수면허 및 제2종 원동기장치자전거면허를 취득하였다. 그런데 甲은 개인택시운 송사업에 종사하던 중 휴무일에 혈중알코올농도 0.1%의 술에 취한 상태에서 그 소유의 개인택시를 운전하다가 교통사고를 일으켰고, 이를 이유로 취득한 운전면허 전부에 대한 취소처분을 받았다. A광역시장은 甲에 대하여 자동차운전면허가 취소되었음을 이유로 개인택시운송사업면허를 취소하 기로 하고 그에 대한 사전통지를 하였다. 그런데 甲이 개인택시운송사업면허의 취소가 있기 전에

---

97) 2022년 제3차 모의시험 2문 설문1 (2)

A시청을 방문하였을 때, 담당공무원이 甲에게 개인택시운송사업면허의 취소에 대한 관련법규 및 행정처분 절차에 대하여 설명을 한 후 청문절차를 진행하려고 하자, 이에 응하지 않고 자동차운전면허의 취소와 관련하여 경찰청장을 상대로 구제절차를 진행하고 있으니 개인택시운송사업면허의 취소를 연기해달라는 내용이 포함된 '청문서'라는 제목의 서류를 A광역시장에게 제출하였다. 이후 A광역시장은 甲이 이미 '청문서'라는 서류를 제출한 사실이 있음을 들어 별도의 청문절차를 진행하지 않고 사전통지한 내용대로 개인택시운송사업면허취소처분을 하였다. 乙은 이 사건 규정에 따른 자신의 무사고 운전경력의 산정에 오류가 있고 오히려 甲보다 자신의 면허발급순위가 우선한다고 주장하며 甲에 대한 개인택시운송사업면허처분의 취소를 구하고자 한다. 당해 취소소송에서 乙의 원고적격을 검토하시오. 15점

참조조문

※ 아래의 법령은 문제출제 당시의 적용법령임

「여객자동차 운수사업법」

제5조(면허 등의 기준)

① 여객자동차운송사업의 면허기준은 다음 각 호와 같다.
   1. 사업계획이 해당 노선이나 사업구역의 수송 수요와 수송력 공급에 적합할 것
   2. 최저 면허기준 대수(臺數), 보유 차고 면적, 부대시설, 그밖에 국토교통부령으로 정하는 기준에 적합할 것
   3. 대통령령으로 정하는 여객자동차운송사업인 경우에는 운전 경력, 교통사고 유무, 거주지 등 국토교통부령으로 정하는 기준에 적합할 것

④ 시·도지사는 「택시운송사업의 발전에 관한 법률」 제9조에 따라 사업구역별 택시 총량의 산정 또는 재산정이 있거나 수송 수요의 급격한 변화 등 국토교통부령으로 정하는 사유로 제3항의 수송력 공급계획을 변경할 필요가 있는 경우에는 국토교통부장관의 승인을 받아 이를 변경할 수 있다. 다만, 사업구역별 택시 총량의 재산정으로 인하여 공급계획을 변경하는 경우에는 국토교통부장관의 승인을 받지 아니하고 수송력 공급계획을 변경할 수 있다.

제85조(면허취소 등)

① 국토교통부장관, 시·도지사(터미널사업·자동차대여사업 및 대통령령으로 정하는 여객자동차운송사업에 한정한다) 또는 시장·군수·구청장(터미널사업에 한정한다)은 여객자동차 운수사업자가 다음 각 호의 어느 하나에 해당하면 면허·허가·인가 또는 등록을 취소하거나 6개월 이내의 기간을 정하여 사업의 전부 또는 일부를 정지하도록 명하거나 노선폐지 또는 감차 등이 따르는 사업계획 변경을 명할 수 있다. 다만, 제5호·제8호·제39호 및 제41호의 경우에는 면허, 허가 또는 등록을 취소하여야 한다.
   37. 대통령령으로 정하는 여객자동차운송사업의 경우 운수종사자의 운전면허가 취소되거나 제87조 제1항 제2호 또는 제3호에 해당되어 운수종사자의 자격이 취소된 경우

제86조(청문)

국토교통부장관 또는 시·도지사는 제49조의15 또는 제85조 제1항에 따라 제4조, 제28조, 제36조, 제49조의3, 제49조의10 또는 제49조의18에 따른 여객자동차운송사업, 자동차대여사업, 터미널사업, 플랫폼운송사업, 플랫폼가맹사업 또는 플랫폼중개사업의 면허, 허가 또는 등록을 취소하려면 청문을 하여야 한다.

> **「여객자동차 운수사업법 시행령」**
>
> **제3조(여객자동차운송사업의 종류)**
>
> 여객자동차운송사업은 다음 각 호와 같이 세분한다.
>
> 1. 개인택시운송사업 : 운행계통을 정하지 아니하고 국토교통부령으로 정하는 사업구역에서 1개의 운송
>   계약에 따라 국토교통부령으로 정하는 자동차 1대를 사업자가 직접 운전(사업자의 질병 등 국토교통
>   부령으로 정하는 사유가 있는 경우는 제외한다)하여 여객을 운송하는 사업. 이 경우 국토교통부령으
>   로 정하는 바에 따라 경형·소형·중형·대형·모범형 및 고급형 등으로 구분한다.
> 2. (이하 생략)
>
> **제41조(면허취소 등)**
>
> ① 법 제85조 제1항 각 호 외의 부분 본문에서 "대통령령으로 정하는 여객자동차운송사업"이란 마을버스
>   운송사업·전세버스운송사업·특수여객자동차운송사업 및 수요응답형 여객자동차운송사업을 말하
>   며, 같은 항 제37호에서 "대통령령으로 정하는 여객자동차운송사업"이란 개인택시운송사업을 말한다.

📖 해설

Ⅰ 문제의 소재

행정소송법 제12조 제1문에 의하면, 취소소송은 처분 등의 취소를 구할 법률상 이익이 있는 자가 제기할 수 있다. 개인택시운송사업면허처분은 강학상 특허이므로 취소소송의 대상이 되는 처분이다. 乙은 개인택시운송사업면허처분의 제3자이다. 당해 취소소송에서 乙의 원고적격이 인정되는가와 관련하여 첫째, 법률상 이익의 의미와 법률의 범위가 문제된다. 둘째, 타방신청인인 乙은 甲에 대한 개인택시운송사업면허처분의 취소를 구할 법률상 이익이 있는 자인지 문제된다.

Ⅱ 법률상 이익의 의미와 법률의 범위

판례에 의하면 행정처분의 직접 상대방이 아닌 제3자라도 당해 처분의 근거법규와 관련법규에 의하여 보호되는 직접적이고 구체적인 이익이 있는 경우에는 취소소송의 원고적격이 인정된다. 개인택시운송사업면허처분의 근거법규는 여객자동차 운수사업법령이다.

Ⅲ 타방신청인인 乙은 甲에 대한 개인택시운송사업면허처분의 취소를 구할 법률상 이익이 있는 자인지 여부

1. 판례

인·허가 등의 수익적 행정처분을 신청한 수인이 서로 경쟁관계에 있어서 일방에 대한 허가 등의 처분이 타방에 대한 불허가 등으로 귀결될 수밖에 없는 때 허가 등의 처분을 받지 못한 자는 비록 경원자에 대하여 이루어진 허가 등 처분의 상대방이 아니라 하더라도 당해 처분의 취소를 구할 원고적격이 있다.

2. 사안의 경우

사업계획이 해당 노선이나 사업구역의 수송 수요와 수송력 공급에 적합하여야 하고, 특히 최저 면허기준 대수, 보유 차고 면적, 부대시설, 그밖에 국토교통부령으로 정하는 기준에 적합하여야 하며, 사업구역별 택시 총량의 제한을 받는다는 점에서 일방에 대한 허가 등의 처분이 타방에 대한 불허가 등으로 귀결될 수밖에 없는 때에 해당한다. 타방신청인인 乙은 일방신청인인 甲에 대한 개인택시운송사업면허처분의 취소를 구할 법률상 이익이 있는 자이다.

Ⅳ 설문의 해결

甲에 대한 개인택시운송사업면허처분취소소송에서 乙의 원고적격은 인정된다.

type 1-5 주주

[제1문] [98] 금융감독위원회는 1999.9.14. 법 제2조 제3호에 기하여 A회사를 부실금융기관으로 결정(부실금융기관 결정처분)하고, 예금보험공사가 신주를 인수하도록 하는 자본금의 증가(증자명령) 및 예금보험공사가 인수한 주식 이외의 기존 주식 전부를 무상 소각하는 자본금의 감소를 명하는 처분(감자명령)을 하고, A회사가 위 증자명령 및 감자명령을 이행하지 아니하자 같은 달 30. A회사의 대표이사, 이사 등 기존 임원 전부에 대하여 직무정지를 명함과 동시에 법 제10조 제1항 제4호에 기하여 위 임원들의 직무를 대행할 관리인들을 선임하고, 그 다음날 관리인들에 대하여 그 선임 목적 중 주요사항의 하나인 자본금의 증가·감소를 결의할 것을 명하였다. 이에 관리인들은 1999.10.1. 이사회를 개최하여 기명식 보통주식 10,000,000주를 제3자(예금보험공사)에 배정하는 방식으로 신주를 발행하고, 위 신주 이외의 기존 주식 전부를 무상으로 소각하여 자본금을 감소하기로 하는 내용의 결의를 하였다. 이러한 신주발행 및 자본감소에 의하여 A회사의 1인 주주가 된 예금보험공사는 1999.11.4. 개최된 A회사의 임시주주총회에서 직무정지 중인 대표이사 및 이사 전원을 해임할 것을 결의하였다. 이에 A회사의 주주인 갑은 부실금융기관 결정처분에 대하여 취소소송을 제기할 수 있는가? 25점

참조조문

※ 아래의 법령은 문제출제 당시의 적용법령임

구 「금융산업의 구조개선에 관한 법률」(2000.1.21. 법률 제6178호로 개정되기 전의 것)

제2조(정의)

이 법에서 사용하는 용어의 정의는 다음과 같다.

1. "금융기관"이라 함은 다음 각 목의 1에 해당하는 것을 말한다.

2. 삭제

---

98) 판례창작문제, 대판 2004.12.23, 2000두2648

3. "부실금융기관"이라 함은 다음 각 목의 1에 해당하는 금융기관을 말한다.

　가. 경영상태를 실사한 결과 부채가 자산을 초과하는 금융기관 또는 거액의 금융사고 또는 부실채권의 발생으로 부채가 자산을 초과하여 정상적인 경영이 어려울 것이 명백한 금융기관으로서 금융감독위원회 또는 예금자보호법 제8조의 규정에 의한 운영위원회가 결정한 금융기관. 이 경우 부채와 자산의 평가 및 산정은 금융감독위원회가 미리 정하는 기준에 의한다.

　나. 예금자보호법 제2조 제4호의 규정에 의한 예금 등 채권(이하 "預金 등 債權"이라 한다. 이하 이 條에서 같다)의 지급 또는 다른 금융기관으로부터의 차입금의 상환이 정지상태에 있는 금융기관

　다. 외부로부터의 자금지원 또는 별도의 차입(정상적인 金融去來에서 발생하는 借入을 제외한다)이 없이는 예금 등 채권의 지급이나 차입금의 상환이 어렵다고 금융감독위원회 또는 예금자보호법 제8조의 규정에 의한 운영위원회가 인정한 금융기관

4. ～ 8. (생략)

제10조(적기시정조치)

① 금융감독위원회는 금융기관의 자기자본비율이 일정 수준에 미달하는 등 재무상태가 제2항의 규정에 의한 기준에 미달하거나 거액의 금융사고 또는 부실채권의 발생으로 인하여 금융기관의 재무상태가 제2항의 규정에 의한 기준에 미달하게 될 것이 명백하다고 판단되는 때에는 금융기관의 부실화를 예방하고 건전한 경영을 유도하기 위하여 당해 금융기관에 대하여 다음 각 호의 사항을 권고·요구 또는 명령하거나 그 이행계획을 제출할 것을 명하여야 한다.

　1. ～ 3. (생략)

　4. 임원의 직무정지 또는 임원의 직무를 대행하는 관리인의 선임

　5. 주식의 소각 또는 병합

　6. ～ 9. (생략)

② ～ ⑤ (생략)

 해설

[ⅰ] **문제의 소재**

　취소소송을 제기할 수 있으려면 취소소송의 대상적격, 취소소송의 원고적격, 취소소송의 피고적격, 취소소송의 협의의 소익, 취소소송의 제소기간, 취소소송의 관할법원, 취소소송의 행정심판의 전치 등의 취소소송요건을 충족하여야 한다. 기타 취소소송요건은 특별히 문제될만한 사정이 엿보이지 않는다. A회사의 주주인 갑은 부실금융기관 결정처분에 대하여 취소소송을 제기할 수 있는가와 관련하여 첫째, 부실금융기관 결정처분이 취소소송의 대상이 되는지 문제된다. 둘째, A회사의 주주인 갑이 취소소송의 원고적격을 충족하는지 문제된다.

[ⅱ] **부실금융기관 결정처분이 취소소송의 대상이 되는지 여부**

1. 문제의 소재

　행정소송법(이하 동법이라 함) 제19조와 동법 제2조 제1항 제1호에 의하면 취소소송의 대상이 되는 처분이란 행정청이 행하는 구체적 사실에 관한 법집행으로서의 공권력의 행사 또는 그 거부와

그밖에 이에 준하는 행정작용을 말한다. 부실금융기관 결정처분이 취소소송의 대상이 되는지와 관련하여 부실금융기관 결정처분이 취소소송의 대상이 되는 처분인지 문제된다.

2. 부실금융기관 결정처분이 취소소송의 대상이 되는 처분인지 여부

(1) 판례

취소소송의 대상이 되는 처분이란 행정청의 공법상 행위로서 특정 사항에 대하여 법규에 의한 권리의 설정 또는 의무의 부담을 명하거나 기타 법률상 효과를 직접 발생하게 하는 등 국민의 권리·의무에 직접 관계가 있는 행위를 말한다.

(2) 사안의 경우

금융감독위원회의 부실금융기관 결정처분은 구 금융산업의 구조개선에 관한 법률 제10조 제1항 각 호의 조치를 할 수 있게 하는 효과를 직접 발생하게 하므로 국민의 권리·의무에 직접 관계가 있는 행위이어서 취소소송의 대상이 되는 처분이다.

3. 소결

부실금융기관 결정처분은 취소소송의 대상이 된다.

Ⅲ A회사의 주주인 갑이 취소소송의 원고적격을 충족하는지 여부

1. 문제의 소재

동법 제12조 제1문에 의하면, 취소소송은 처분 등의 취소를 구할 법률상 이익이 있는 자가 제기할 수 있다. A회사의 주주인 갑은 부실금융기관 결정처분의 제3자이다. A회사의 주주인 갑이 취소소송의 원고적격을 충족하는지와 관련하여 첫째, 법률상 이익의 의미와 법률의 범위가 문제된다. 둘째, A회사의 주주인 갑이 부실금융기관 결정처분의 취소를 구할 법률상 이익이 있는 자인지 문제된다.

2. 법률상 이익의 의미와 법률의 범위

(1) 학설

취소소송의 기능과 관련하여 권리구제설, 법률상 이익구제설, 보호할 가치 있는 이익구제설, 적법성보장설이 있다. 법률상 이익구제설 내에서 법률의 범위에 관하여 처분의 근거법규만을 고려하는 견해, 처분의 근거법규 외에 관련법규를 고려하는 견해, 처분의 실체법령뿐만 아니라 절차법령까지 고려하는 견해, 헌법의 기본권 규정까지 고려하는 견해 등이 있다.

(2) 판례

법률상 이익이란 처분의 근거법규와 관련법규에 의하여 보호되는 개별적·직접적·구체적·법적 이익이다.

(3) 검토

권리구제설은 원고적격의 인정범위가 협소하다는 점에서, 보호할 가치 있는 이익구제설은 보호할 가치인지의 판단을 판사의 자의적 판단에 맡긴다는 점에서, 적법성보장설은 민중소송화 우려가 있다는 점에서 법률상 이익구제설과 판례가 타당하고, 처분의 근거법규만을 고려하는 견해는 법률상 이익의 인정범위가 협소하다는 점에서, 처분의 실체법령뿐만 아니라 절차법령까지 고려하는 견해와 헌법의 기본권 규정까지 고려하는 견해는 반사적 이익도 법률상 이익으로 본다는 점에서 처분의 근거법규 외에 관련법규를 고려하는 견해와 판례가 타당하다.

(4) 사안의 경우

부실금융기관 결정처분의 근거법규는 금융산업의 구조개선에 관한 법률이다.

3. A회사의 주주인 갑이 부실금융기관 결정처분의 취소를 구할 법률상 이익이 있는 자인지 여부

(1) 판례

예외적으로 당해 법인에 대한 행정처분으로 인하여 궁극적으로 주식이 소각되거나 주주의 법인에 대한 권리가 소멸하는 등 주주의 지위에 중대한 영향을 초래하게 되는데도 그 처분의 성질상 당해 법인이 이를 다툴 것을 기대할 수 없고 달리 주주의 지위를 보전할 구제방법이 없는 경우에는 주주도 그 처분에 대하여 직접적이고 구체적인 법률상 이해관계를 가진다.

(2) 사안의 경우

A회사에 대한 부실금융기관 결정처분은 궁극적으로 주주 갑이 소유한 기존 주식을 무상으로 소각되게 하여 주주의 지위에 중대한 영향을 초래함에도 불구하고, A회사에 대한 부실금융기관 결정처분을 원인으로 새로이 선임된 직무대행자와 임시이사가 그 처분의 성질상 부실금융기관 결정처분을 다툴 것을 기대할 수 없으며, 달리 주주의 지위를 보전할 구제방법도 엿보이지 아니한다. A회사의 주주인 갑은 A회사에 대한 부실금융기관 결정처분의 취소를 구할 법률상 이익이 있는 자이다.

4. 소결

A회사의 주주인 갑은 취소소송의 원고적격을 충족한다.

Ⅳ 설문의 해결

A회사의 주주인 갑은 부실금융기관 결정처분에 대하여 취소소송을 제기할 수 있다.

---

type 1-6 단체

> **[제1문]** [99] A시는 자신의 관할구역 내의 국유하천에 대한 주변자연환경개선계획(이하 '자연환경개선계획')을 발표하면서 관계 A시 소유의 시민체육공원이 포함된 부지를 시민자연생태공원용지로 그 지목과 용도를 변경하여 생태공원을 조성하고 생태학습장 및 환경교육센터 등을 설치한다고 고시하였다. 이러한 자연환경개선계획을 발표하는 과정에서 법령상 정해진 도시계획위원회의 심의는 거치지 않았다. 이 계획에 대해 인근 주민과 환경관련 시민사회단체(NGO) 등은 적극적인 찬성입장을 표명하였으나, 시민체육공원의 위탁관리주체인 서울올림픽기념국민체육진흥공단(이하 '진흥공단')은

---

99) 2011년 재경 기출문제 제1문 1)

A시의 자연환경개선계획에 대하여 '이는 국가예산의 낭비일 뿐만 아니라 시민체육공원을 정기적, 부정기적으로 이용하는 국민 일반의 권리를 침해하는 것'이라면서 비판하고 있다. 진흥공단이 A시의 자연환경개선계획에 대해서 항고소송을 제기할 경우 당해 소송은 적법한가? 25점 100)

참조조문

※ 아래의 법령은 문제출제 당시의 적용법령임

「국민체육진흥법」

제36조(서울올림픽기념국민체육진흥공단)

① 제24회 서울올림픽대회를 기념하고 국민체육 진흥을 위한 다음의 사업을 하게 하기 위하여 문화체육관광부장관의 인가를 받아 서울올림픽기념국민체육진흥공단(이하 "진흥공단"이라 한다)을 설립한다.
　1. 제24회 서울올림픽대회 기념사업
　2. 기금의 조성, 운용 및 관리와 이에 딸린 사업
　3. 체육시설의 설치·관리 및 이에 따른 부동산의 취득·임대 등 운영 사업
　4. 체육 과학의 연구
　5. 그밖에 문화체육관광부장관이 인정하는 사업
② 진흥공단은 법인으로 한다.
③ 진흥공단에 관하여 이 법 및 「공공기관의 운영에 관한 법률」에서 규정한 것 외에는 「민법」 중 재단법인에 관한 규정을 준용한다.
④ 진흥공단은 제1항 제3호에 따른 체육시설 중 제24회 서울올림픽대회를 위하여 설치된 체육시설의 유지·관리에 드는 경비를 충당하기 위하여 그 체육시설에 입장하는 자로부터 입장료를 받을 수 있다.
⑤ 제4항의 입장료를 받으려면 문화체육관광부장관의 승인을 받아야 한다. 승인받은 사항을 변경하려는 때에도 또한 같다.

「체육시설의 설치·이용에 관한 법률」

제6조(생활체육시설)

① 국가와 지방자치단체는 국민이 거주지와 가까운 곳에서 쉽게 이용할 수 있는 생활체육시설을 대통령령으로 정하는 바에 따라 설치·운영하여야 한다.
② 제1항에 따른 생활체육시설을 운영하는 국가와 지방자치단체는 장애인이 생활체육시설을 쉽게 이용할 수 있도록 시설이나 기구를 마련하는 등의 필요한 시책을 강구하여야 한다.

제8조(체육시설의 개방과 이용)

① 제5조 및 제6조에 따른 체육시설은 경기대회 개최나 시설의 유지·관리 등에 지장이 없는 범위에서 지역 주민이 이용할 수 있도록 개방하여야 한다.
② 제1항에 따른 체육시설의 개방 및 이용에 관하여 필요한 사항은 문화체육관광부령으로 정한다.

 해설

① 문제의 소재

항고소송의 제기가 적법하려면 항고소송의 대상적격, 항고소송의 원고적격, 항고소송의 피고적격, 항고소송의 협의의 소익, 항고소송의 관할법원 등의 항고소송요건을 충족하여야 한다. 취소

---

100) 원점수는 20점이나 변시 특성에 맞춰 점수 수정

소송의 제소기간 내이므로 위법성 확인만으로 인용판결을 받는 취소소송을 제기하는 것이 무효
확인소송을 제기하는 것보다 실효적이다.[101] 진흥공단이 A시의 자연환경개선계획에 대해서 취
소소송을 제기할 경우 당해 소송은 적법한가와 관련하여 첫째, A시의 자연환경개선계획이 취소
소송의 대상이 되는지 문제된다. 둘째, 진흥공단이 취소소송의 원고적격을 충족하는지 문제된다.

Ⅱ A시의 자연환경개선계획이 취소소송의 대상이 되는지 여부

1. 문제의 소재

행정소송법(이하 동법이라 함) 제19조와 동법 제2조 제1항 제1호에 의하면 취소소송의 대상이
되는 처분이란 행정청이 행하는 구체적 사실에 관한 법집행으로서의 공권력의 행사 또는 그 거부
와 그밖에 이에 준하는 행정작용을 말한다. A시의 자연환경개선계획은 강학상 행정계획으로서
강학상 행정행위밖에 행정작용이다. A시의 자연환경개선계획이 취소소송의 대상이 되는지와 관
련하여 A시의 자연환경개선계획이 취소소송의 대상이 되는 처분인지 문제된다.

2. A시의 자연환경개선계획이 취소소송의 대상이 되는 처분인지 여부

(1) 판례

취소소송의 대상이 되는 처분이라 함은 원칙적으로 행정청의 공법상 행위로서 특정 사항에
대하여 법규에 의한 권리의 설정 또는 의무의 부담을 명하거나 기타 법률상 효과를 발생하게
하는 등으로 국민의 권리·의무에 직접 영향을 미치는 행위를 말한다.

(2) 사안의 경우

자연환경개선계획은 고시됨으로써 부지 소유자에게 토지형질변경금지 등 재산권 행사를 제
한하므로 국민의 권리·의무에 직접 영향을 미치는 행위이어서 취소소송의 대상이 되는 처분
이다. 이를 구속적 계획이라 한다.

3. 소결

A시의 자연환경개선계획은 취소소송의 대상이 된다.

Ⅲ 진흥공단이 취소소송의 원고적격을 충족하는지 여부

1. 문제의 소재

동법 제12조 제1문에 의하면, 취소소송은 처분 등의 취소를 구할 법률상 이익이 있는 자가 제기
할 수 있다. 진흥공단은 자연환경개선계획의 제3자이다. 진흥공단이 취소소송의 원고적격을 충
족하는지와 관련하여 첫째, 법률상 이익의 의미와 법률의 범위가 문제된다. 둘째, 진흥공단이 자
연환경개선계획의 취소를 구할 법률상 이익이 있는 자인지 문제된다.

---

101) 「행정소송의 제기가 적법한가?」라고 물을 때에는 제소기간에 대한 언급이 설문에 있으면 그 기간의 도과 여부
에 따라 취소소송이나 무효확인소송 중 하나를 선택하여 문제를 풀이하면 된다. 제소기간에 대한 언급이 설문
에 없으면 가정적 판단을 하면 아니 되고, 문제가 되는 요건이 아니므로 취소소송을 선택하여 풀이하면 된다.

2. 법률상 이익의 의미와 법률의 범위

(1) 학설

취소소송의 기능과 관련하여 권리구제설, 법률상 이익구제설, 보호할 가치 있는 이익구제설, 적법성보장설이 있다. 법률상 이익구제설 내에서 법률의 범위에 관하여 처분의 근거법규만을 고려하는 견해, 처분의 근거법규 외에 관련법규를 고려하는 견해, 처분의 실체법령뿐만 아니라 절차법령까지 고려하는 견해, 헌법의 기본권 규정까지 고려하는 견해 등이 있다.

(2) 판례

법률상 이익이란 처분의 근거법규와 관련법규에 의하여 보호되는 개별적·직접적·구체적·법적 이익이다.

(3) 검토

권리구제설은 원고적격의 인정범위가 협소하다는 점에서, 보호할 가치 있는 이익구제설은 보호할 가치인지의 판단을 판사의 자의적 판단에 맡긴다는 점에서, 적법성보장설은 민중소송화 우려가 있다는 점에서 법률상 이익구제설과 판례가 타당하고, 처분의 근거법규만을 고려하는 견해는 법률상 이익의 인정범위가 협소하다는 점에서, 처분의 실체법령뿐만 아니라 절차법령까지 고려하는 견해와 헌법의 기본권 규정까지 고려하는 견해는 반사적 이익도 법률상 이익으로 본다는 점에서 처분의 근거법규 외에 관련법규를 고려하는 견해와 판례가 타당하다.

(4) 사안의 경우

자연환경개선계획의 근거법규는 국민체육진흥법이다.

3. 진흥공단이 자연환경개선계획의 취소를 구할 법률상 이익이 있는 자인지 여부

(1) 판례

사단법인 대한의사협회는 의료법에 의하여 의사들을 회원으로 하여 설립된 사단법인으로서, 국민건강보험법상 요양급여행위, 요양급여비용의 청구 및 지급과 관련하여 직접적인 법률관계를 갖지 않고 있으므로, 보건복지부 고시인 '건강보험요양급여행위 및 그 상대가치점수 개정'으로 인하여 자신의 법률상 이익을 침해당하였다고 할 수 없다.[102]

(2) 사안의 경우

진흥공단은 국민체육진흥법에 의해 설립된 법인이다. 진흥공단이 주장하는 국가예산낭비와 시민체육공원을 이용하는 국민 일반의 권리침해는 국민체육진흥법이 보호하는 이익이 아니므로 진흥공단은 자연환경개선계획의 취소를 구할 법률상 이익이 있는 자가 아니다. 이를 소위 진정단체소송이라 한다.

4. 소결

진흥공단은 취소소송의 원고적격을 충족하지 못한다.

---

102) 대판 2006.5.25, 2003두11988

Ⅳ 설문의 해결

진흥공단이 A시의 자연환경개선계획에 대해서 제기하는 항고소송은 부적법하다.

제2항 처분의 직접상대방이 취소소송을 제기하는 경우

type 2-1 자(者)가 아닌 기관(機關)

[제1문] 103) 갑은 경기도 산하 ○○기초자치단체 선거관리위원회 직원으로서 ○○기초자치단체장 주민소환투표의 총괄팀장이었으나, 당해 주민소환투표가 「주민투표법」 위반으로 주민소환투표절차가 취소된 결과 경기도선관위의 문책성 전보인사의 대상이 되어 경기도 산하 □□기초자치단체 선거관리위원회로 전보되었다. 이에 갑은 ○○기초자치단체장 주민소환투표와 관련하여 언론에 투표과정상의 부패행위가 있었음을 폭로하고 그 결과 보복성 인사를 당했다고 주장하였다. 중앙선거관리위원회는 갑을 대상으로 그 주장과 관련된 감사를 실시하려 하였으나, 갑이 3회에 걸쳐 감사의 연기를 요청하자 감사를 거부한 것으로 간주하여 감사를 종결하고 갑에 대한 징계의견을 경기도선거관리위원회에 통보하였고, 그에 따른 후속조치로 경기도선거관리위원회가 갑에 대한 중징계의결을 자체징계위원회에 요구하자 갑은 국민권익위원회에게 당해 징계요구의 취소 및 향후 예상되는 신분상 불이익의 예방을 구하는 신분보장조치를 요구하였다. 이에 국민권익위원회는 경기도선거관리위원회 위원장인 을에 대하여 당해 징계요구를 취소하고 향후 신고로 인한 신분상 불이익처분 및 근무조건상의 차별을 하지 말 것을 요구하기로 의결하였고, 그에 따라 경기도선거관리위원회 위원장인 을에게 위 의결 내용을 통지하였다. 그러나 경기도선관위는 갑을 「국가공무원법」 제78조 제1항 제1호 내지 제3호의 규정에 따라 파면에 처하고 이를 갑에게 통지하였다. 이에 갑이 국민권익위원회에게 파면처분을 취소하는 신분보장조치를 요구하자 국민권익위원회는 경기도선거관리위원회 위원장 을에게 「국민권익위원회법」 제62조 제7항 및 제63조에 따라 갑에 대한 파면 징계를 취소할 것을 요구함과 아울러 갑의 신분보장조치를 요구하였다. 이에 경기도선거관리위원회 위원장 을은 국민권익위원회의 갑에 대한 파면 징계를 취소할 것을 요구함과 아울러 갑의 신분보장조치 요구에 대하여 취소소송을 제기하였다. 경기도선거관리위원회 위원장 을이 제기한 소송은 적법한가? 25점

참조조문

「부패방지 및 국민권익위원회의 설치와 운영에 관한 법률」
제62조(불이익조치 등의 금지)
① 누구든지 신고자에게 신고나 이와 관련한 진술, 자료 제출 등(이하 "신고 등"이라 한다)을 한 이유로 불이익조치를 하여서는 아니 된다.
② 누구든지 신고 등을 하지 못하도록 방해하거나 신고자에게 신고 등을 취소하도록 강요해서는 아니 된다.
제62조의2(신분보장 등의 조치 신청 등)
① 신고자는 신고 등을 이유로 불이익조치를 받았거나 받을 것으로 예상되는 경우에는 대통령령으로 정

---

103) 판례창작문제, 대판 2013.7.25, 2011두1214

하는 바에 따라 위원회에 해당 불이익조치에 대한 원상회복이나 그 밖에 필요한 조치(이하 "신분보장
등조치"라 한다)를 신청할 수 있다.

② ～ ③ (생략)

④ 위원회는 제1항에 따른 신청(제3항에 따라 각하결정된 경우는 제외한다)에 대하여 조사를 하여야 한
다. 이 경우 다음 각 호의 어느 하나에 해당하는 자에게 출석을 요구하여 진술을 청취하거나 진술서·
자료의 제출, 사실·정보의 조회를 요구할 수 있으며, 위원회로부터 이러한 요구를 받은 자는 성실히
따라야 한다.

⑤ (생략)

제62조의3(신분보장 등의 조치 결정 등)

① 위원회는 조사 결과 신분보장신청인이 신고 등을 이유로 불이익조치(제2조 제7호 아목 및 자목에 해
당하는 불이익조치는 제외한다)를 받았거나 받을 것으로 예상되는 경우에는 소속기관장 등에게 30일
이내의 기간을 정하여 다음 각 호의 신분보장 등 조치를 취하도록 요구하는 결정(이하 "신분보장등조
치결정"이라 한다)을 하여야 하며, 소속기관장 등은 정당한 사유가 없으면 이에 따라야 한다.

② ～ ⑥ (생략)

제90조(불이익조치 및 신분보장등조치결정 불이행의 죄)

① 다음 각 호의 어느 하나에 해당하는 자는 3년 이하의 징역 또는 3천만원 이하의 벌금에 처한다.

1. 제62조 제1항(제65조 및 제67조에서 준용하는 경우를 포함한다)을 위반하여 제2조 제7호 가목에
해당하는 불이익조치를 한 자

2. 제62조의3 제1항(제65조 및 제67조에서 준용하는 경우를 포함한다)에 따른 신분보장등조치결정
을 이행하지 아니한 자

② 다음 각 호의 어느 하나에 해당하는 자는 2년 이하의 징역 또는 2천만원 이하의 벌금에 처한다.

1. 제62조 제1항(제65조 및 제67조에서 준용하는 경우를 포함한다)을 위반하여 제2조 제7호 나목부
터 사목까지의 어느 하나에 해당하는 불이익조치를 한 자

2. 제62조 제2항을 위반하여 신고 등을 방해하거나 신고 등을 취소하도록 강요한 자

③ (생략)

제91조(과태료)

① 제62조의2 제4항(제65조 및 제67조에서 준용하는 경우를 포함한다)을 위반하여 출석, 진술서·자료
의 제출, 사실·정보의 조회 요구에 따르지 아니한 자에게는 3천만원 이하의 과태료를 부과한다.

② ～ ③ (생략)

 해설

Ⅰ 문제의 소재

취소소송의 제기가 가능하려면 취소소송의 대상적격, 취소소송의 원고적격, 취소소송의 피고적
격, 취소소송의 협의의 소익, 취소소송의 제소기간, 취소소송의 관할법원, 취소소송의 행심전치
주의 등 취소소송요건을 충족하여야 한다. 경기도선거관리위원회 위원장 을이 제기한 소송은 적
법한가와 관련하여 첫째, 국민권익위원회의 보호조치권고가 취소소송의 대상이 되는지 문제된
다. 둘째, 경기도선거관리위원회 위원장 을이 취소소송의 원고적격을 충족하는지 문제된다.

Ⅱ 국민권익위원회의 보호조치권고가 취소소송의 대상이 되는지 여부

1. 문제의 소재

행정소송법(이하 동법이라 함) 제19조와 동법 제2조 제1항 제1호에 의하면 취소소송의 대상이 되는 처분이란 행정청이 행하는 구체적 사실에 관한 법집행으로서의 공권력의 행사 또는 그 거부와 그밖에 이에 준하는 행정작용을 말한다. 국민권익위원회의 보호조치권고는 행정기관 내부의 행정지도로 비권력적 사실행위이어서 취소소송의 대상이 되는 처분이 아니다. 국민권익위원회의 보호조치권고가 취소소송의 대상이 되는지와 관련하여 국민권익위원회의 보호조치권고가 취소소송의 대상이 되는 행정청의 행위인지 문제된다.

2. 국민권익위원회의 보호조치권고가 취소소송의 대상이 되는 행정청의 행위인지 여부

(1) 판례

행정청의 행위가 취소소송의 대상이 될 수 있는지는 추상적·일반적으로 결정할 수 없고, 구체적인 경우에 ① 관련 법령의 내용과 취지, ② 그 행위의 주체·내용·형식·절차적 측면, ③ 그 행위와 상대방 등 이해관계인이 입는 불이익 사이의 실질적 견련성, ④ 법치행정의 원리와 ⑤ 그 행위에 관련한 행정청이나 이해관계인의 태도 등을 종합적으로 고려하여 개별적으로 판단하여야 한다.

(2) 사안의 경우

국민권익위원회의 보호조치권고는 관련 법령인 국민권익위원회법의 내용과 취지, 국민권익위의 보호조치권고의 주체·내용·형식·절차적 측면의 일방성, 국민권익위원회의 보호조치권고와 상대방 국가기관인 을이 입는 국민권익위법 제90조, 국민권익위법 제91조에 의한 불이익 사이의 실질적 견련성, 취소소송의 제기가 분쟁의 조기해소에 유효·적절한 수단이라는 측면에서 법치행정의 원리상 취소소송의 대상이 되는 행정청의 행위이다.

3. 소결

국민권익위원회의 보호조치권고는 취소소송의 대상이 된다.

Ⅲ 경기도선거관리위원회 위원장 을이 취소소송의 원고적격을 충족하는지 여부

1. 문제의 소재

동법 제12조 제1문에 의하면 취소소송은 처분 등의 취소를 구할 법률상 이익이 있는 자가 제기할 수 있다. 경기도선거관리위원회 위원장 을은 침익적 처분인 국민권익위원회의 보호조치권고의 직접 상대방이나 국가기관이다. 경기도선거관리위원회 위원장 을이 취소소송의 원고적격을 충족하는지와 관련하여 경기도선거관리위원회 위원장 을이 보호조치권고의 취소를 구할 법률상 이익이 있는 자인지 문제된다.

2. 경기도선거관리위원회 위원장 을이 보호조치권고의 취소를 구할 법률상 이익이 있는 자인지 여부

(1) 판례

국가기관이 항고소송을 제기할 수 있다고 보기 위해서는 다른 국가기관이 행한 조치 및 그 조치에 불응한 경우에 부과될 수 있는 불이익처분의 근거법령과 그 내용, 침해되는 국가기관의 권리침해 내지 불이익의 내용과 정도, 우월적 지위에서 고권적인 권한행사로 볼 수 있는지 여부, 정부조직 내에서 가능한 해결조정 수단이 행정조직법 기타 법령상 존재하는지 여부, 권한쟁의에 관한 심판, 기관소송 등 다른 권리구제 수단으로 분쟁을 해결할 수 있는지 여부 등을 종합적으로 검토하여야 한다.[104] 취소소송을 제기하는 것이 유효·적절한 수단인 경우 국가기관에 불과하더라도 당사자능력 및 원고적격을 가진다고 봄이 상당하다.

(2) 사안의 경우

보호조치권고는 취소소송의 대상이 된다는 점, 국민권익위법에서 보호조치권고를 다툴 방법으로서 기관소송이 없다는 점, 보호조치권고는 국민권익위원회가 헌법기관인 을에 대하여 한 것으로서 정부 조직 내에서 그 처분의 당부에 대한 심사·조정을 할 수 있는 다른 방도가 없다는 점, 국민권익위원회는 헌법에 의하여 설치된 국가기관이라고 할 수 없으므로 헌법기관인 을과 국민권익위원회 사이에 권한쟁의심판이 가능하지 않다는 점에서 경기도선거관리위원회 위원장 을은 보호조치권고를 다툴 별다른 방법이 없다. 이 경우 취소소송을 제기하는 것이 유효·적절한 수단이므로 경기도선거관리위원회 위원장 을은 취소소송의 당사자능력 및 원고적격을 가진다.

3. 소결

경기도선거관리위원회 위원장 을은 취소소송의 원고적격을 충족한다.

Ⅳ 설문의 해결

경기도선거관리위원회 위원장 을이 제기한 국민권익위원회의 보호조치권고취소소송은 적법하다.

type 2-2 대한민국과 서울특별시

> **[제1문]** [105] 대한민국은 자신이 운영하는 A시의 교도소가 지나치게 낡은 나머지 도저히 수용시설로 적합하지 아니하다고 판단하여 A시의 시장에게 개축 및 증축협의를 요청하였다. 그러나 A시의 시장은 이런저런 핑계로 건축협의를 거부하였다. 이에 대한민국은 A시장의 건축협의거부를 대상으로 취소소송을 제기하였다. 이 소의 제기는 적법한가? 35점
>
> **참조조문**
>
> **「건축법」**
> 제11조(건축허가)
> ① 건축물을 건축하거나 대수선하려는 자는 특별자치시장·특별자치도지사 또는 시장·군수·구청장의

---

104) 〈두문자암기 : 다그불법내/침권불내정/우고권/정해존/권기다 종검〉
105) 판례창작문제, 대판 2014.3.13, 2013두15934

허가를 받아야 한다. 다만, 21층 이상의 건축물 등 대통령령으로 정하는 용도 및 규모의 건축물을 특별시나 광역시에 건축하려면 특별시장이나 광역시장의 허가를 받아야 한다.

제29조(공용건축물에 대한 특례)

① 국가나 지방자치단체는 제11조, 제14조, 제19조, 제20조 및 제83조에 따른 건축물을 건축·대수선·용도변경하거나 가설건축물을 건축하거나 공작물을 축조하려는 경우에는 대통령령으로 정하는 바에 따라 미리 건축물의 소재지를 관할하는 허가권자와 협의하여야 한다.

② 국가나 지방자치단체가 제1항에 따라 건축물의 소재지를 관할하는 허가권자와 협의한 경우에는 제11조, 제14조, 제19조, 제20조 및 제83조에 따른 허가를 받았거나 신고한 것으로 본다.

「지방자치법」

제13조(지방자치단체의 사무 범위)

① 지방자치단체는 관할구역의 자치사무와 법령에 따라 지방자치단체에 속하는 사무를 처리한다.

② 제1항에 따른 지방자치단체의 사무를 예시하면 다음 각 호와 같다. 다만, 법률에 이와 다른 규정이 있으면 그러하지 아니하다.

   1. 지방자치단체의 구역, 조직, 행정관리 등

     가. ~ 카. (생략)

   2. 주민의 복지증진

     가. ~ 차. (생략)

   3. 농림·수산·상공업 등 산업 진흥

     가. ~ 하. (생략)

   4. 지역개발과 자연환경보전 및 생활환경시설의 설치·관리

     가. 지역개발사업

     나. 지방 토목·건설사업의 시행

     다. 도시·군계획사업의 시행

     라. 지방도(地方道), 시도(市道)·군도(郡道)·구도(區道)의 신설·개선·보수 및 유지

     마. 주거생활환경 개선의 장려 및 지원

     바. ~ 더. (생략)

   5. 교육·체육·문화·예술의 진흥

     가. ~ 마. (생략)

   6. 지역민방위 및 지방소방

     가. ~ 나. (생략)

   7. 국제교류 및 협력

     가. ~ 나. (생략)

「지방자치법 시행령」

제10조(지방자치단체의 종류별 사무)

① 법 제14조 제1항의 배분기준에 따른 지방자치단체의 종류별 사무는 별표 1과 같다. 다만, 법령에 이와 다른 규정이 있는 경우에는 그에 따른다.

※ [별표 1] 제4호 (나)목 8.은 위 '지방 토목·건설사업의 시행' 사무 중의 하나로서 '건축허가 등에 관한 업무'와 '무허가건축물 단속'을 시·군·자치구의 사무로 분류·규정하고 있다.

📖 해설

① 문제의 소재

취소소송의 제기가 가능하려면 취소소송의 대상적격, 취소소송의 원고적격, 취소소송의 피고적격, 취소소송의 협의의 소익, 취소소송의 제소기간, 취소소송의 관할법원, 취소소송의 행심전치주의 등 취소소송요건을 충족하여야 한다. 대한민국이 A시장의 건축협의거부를 대상으로 제기한 취소소송이 적법한가와 관련하여 첫째, A시장의 건축허가사무가 국가사무인지 자치사무인지 문제된다. 둘째, A시장의 건축협의거부가 취소소송의 대상이 되는지 문제된다. 셋째, 대한민국이 건축협의거부취소소송의 원고적격을 충족하는지 문제된다.

② A시장의 건축허가사무가 국가사무인지 자치사무인지 여부

1. 판례

지방자치단체의 장이 처리하도록 법령에 규정되어 있는 사무가 자치사무인지 아니면 기관위임사무인지를 판단하기 위하여는 그에 관한 법령의 규정 형식과 취지를 우선 고려하여야 하지만, 그 밖에 그 사무의 성질이 전국적으로 통일적인 처리가 필요한 사무인지, 그에 관한 경비부담과 최종적인 책임귀속의 주체가 누구인지 등도 함께 고려하여야 한다.

2. 사안의 경우

A시장의 건축허가사무가 국가사무라면 취소소송을 제기하지 못하고 직무이행명령을 통하여 건축협의거부를 해결할 수 있다. A시장의 건축허가사무가 국가사무인지 자치사무인지는 우선 건축허가사무에 관한 법령의 규정형식을 고려하여야 한다. 건축법 제11조 제1항은 건축허가권자를 특별자치도지사, 시장·군수·구청장 또는 특별시장, 광역시장으로 규정하고, 건축법 제29조는 국가나 지방자치단체가 건축물을 건축하려는 경우에는 미리 건축물의 소재지를 관할하는 허가권자와 협의하여야 하고 협의를 마친 경우 건축허가를 의제하고 있다. 이러한 건축법 제29조 제1항, 제2항, '지방 토목·건설사업의 시행'을 지방자치법 제13조 제2항 제4호 (나)목 등은 자치단체의 사무로 예시하고 있다. 그밖에 실제의 경비 부담, 수수료의 납부 및 귀속 등에 관한 사정들을 아울러 종합하여 보면 건축허가에 관한 사무는 물론이고 건축허가를 의제하는 건축협의에 관한 사무도 지방자치단체의 자치사무라고 할 것이다.

③ A시장의 건축협의거부가 취소소송의 대상이 되는지 여부

1. 문제의 소재

행정소송법(이하 동법이라 함) 제19조와 동법 제2조 제1항 제1호에 의하면 취소소송의 대상이 되는 처분이란 행정청이 행하는 구체적 사실에 관한 법집행으로서의 공권력의 행사 또는 그 거부와 그밖에 이에 준하는 행정작용을 말한다. 대한민국은 A시장의 건축협의거부의 직접 상대방이나 국민이 아니므로 그 신청한 행위가 취소소송의 대상이 되는 처분이 아니어서 A시장의 건축협의거부는 취소소송의 대상이 되는 거부처분이 아니다. A시장의 건축협의거부가 취소소송의 대상이 되는지와 관련하여 A시장의 건축협의거부가 취소소송의 대상이 되는 행정청의 행위인지 문제된다.

2. A시장의 건축협의거부가 취소소송의 대상이 되는 행정청의 행위인지 여부

(1) 판례

행정청의 행위가 항고소송의 대상이 될 수 있는지는 추상적·일반적으로 결정할 수 없고, 구체적인 경우에 ① 관련 법령의 내용과 취지, ② 그 행위의 주체·내용·형식·절차적 측면, ③ 그 행위와 상대방 등 이해관계인이 입는 불이익 사이의 실질적 견련성, ④ 법치행정의 원리와 ⑤ 그 행위에 관련한 행정청이나 이해관계인의 태도 등을 종합적으로 고려하여 개별적으로 판단하여야 한다.

(2) 사안의 경우

관련 법령인 건축법의 내용과 취지, 그 건축협의거부의 주체·내용·형식·절차적 측면의 일방성, 그 건축협의거부와 이해관계인인 대한민국이 입는 건축행위불가능이라는 불이익 사이의 실질적 견련성, 취소소송의 제기가 분쟁의 조기해소에 유효·적절한 수단이라는 측면에서 법치행정의 원리상 A시장의 건축협의거부는 취소소송의 대상이 되는 행정청의 행위이다.

3. 소결

A시장의 건축협의거부는 취소소송의 대상이 된다.

Ⅳ 대한민국이 건축협의거부취소소송의 원고적격을 충족하는지 여부

1. 문제의 소재

동법 제12조 제1문에 의하면 취소소송은 처분 등의 취소를 구할 법률상 이익이 있는 자가 제기할 수 있다. 대한민국은 침익적 처분인 A시장의 건축협의거부의 직접 상대방이나 공법인이다. 대한민국이 건축협의거부취소소송의 원고적격을 충족하는지와 관련하여 대한민국이 건축협의거부의 취소를 구할 법률상 이익이 있는 자인지 문제된다.

2. 대한민국이 건축협의거부의 취소를 구할 법률상 이익이 있는 자인지 여부

(1) 판례

행정처분에 대한 취소소송에서 원고적격이 있는지는 처분의 상대방인지 여부에 따라 결정되는 것이 아니라, 그 취소를 구할 법률상 이익이 있는지 여부에 따라 결정된다. 법률상 이익이란 처분의 근거법률에 따라 보호되는 직접적이고 구체적인 이익이 있는 경우를 말하고, 간접적이거나 사실적·경제적 이해관계를 가지는 데 불과한 경우는 포함되지 않는다.

(2) 사안의 경우

허가권자인 지방자치단체의 장인 A시장이 행한 건축협의거부행위는 비록 그 상대방이 행정주체인 대한민국이라 하더라도 이에 대한 법적 분쟁을 해결할 실효적인 다른 법적 수단으로서 직무이행명령, 권한쟁의심판, 기관소송 등이 없는 이상 허가권자를 상대로 항고소송을 통해 그 거부처분의 취소를 구할 법률상 이익이 있다고 해석된다. 대한민국은 건축협의거부의 취소를 구할 법률상 이익이 있는 자이다.

3. 소결

대한민국은 건축협의거부취소소송의 원고적격을 충족한다.

Ⓥ 설문의 해결

대한민국이 A시장의 건축협의거부를 대상으로 제기한 취소소송은 적법하다.

type 2-3 외국인

[제1문] [106] A는 1980.11.10. 대한민국에서 출생하여 거주하다가 2006.1.18. 미국 시민권을 취득한 후 대한민국 국적을 상실한 재외동포이고, B는 주LA총영사관 총영사로서 법무부장관으로부터 사증발급권한을 위임받은 재외공관장이다. 병무청장은 2006.1.28. 법무부장관에게 "A는 공연을 위하여 병무청장의 국외여행 허가를 받고 출국한 후 미국 시민권을 취득함으로써 사실상 병역의무를 면탈하였는데, A가 재외동포의 자격으로 입국하여 방송활동, 음반 출반, 공연 등 연예활동을 할 경우 국군 장병들의 사기가 저하되고 청소년들이 병역의무를 경시하게 되며 외국국적 취득을 병역 면탈의 수단으로 악용하는 사례가 빈번히 발생할 것으로 예상되므로 A가 재외동포 자격으로 재입국하고자 하는 경우 국내에서 취업, 가수활동 등 영리활동을 할 수 없도록 하고, 불가능할 경우 입국 자체를 금지해 달라고 요청하였다. 법무부장관은 2006.2.1. 「출입국관리법」 제11조 제1항 제3호, 제4호, 제8호에 따라 A의 입국을 금지하는 결정을 하고, 같은 날 그 내용을 법무부 내부전산망인 '출입국관리정보시스템'에 입력하였으나, A에게 통보를 하지는 않았다. A는 2019.8.27. B에게 재외동포(F－4) 체류자격의 사증발급을 신청하였다. B는 2019.9.2. A에게 전화로 'A는 2006.2.1.자 결정에 따라 입국규제대상자에 해당하여 사증발급이 거부되었다'라고 통보하였으며, 사증발급거부처분서를 교부하지는 않았다. A는 B의 2019.9.2.자 사증발급거부처분에 대해서 취소소송을 제기하려고 한다. 이 취소소송이 적법한지 여부에 대해서 검토하시오. (단, 제소기간은 준수한 것으로 본다) 25점

참조조문

※ 아래의 법령은 문제출제 당시의 적용법령임

「출입국관리법」

제7조(외국인의 입국)

① 외국인이 입국할 때에는 유효한 여권과 법무부장관이 발급한 사증(査證)을 가지고 있어야 한다.

제8조(사증)

① 제7조에 따른 사증은 1회만 입국할 수 있는 단수사증(單數査證)과 2회 이상 입국할 수 있는 복수사증(複數査證)으로 구분한다.

② 법무부장관은 사증발급에 관한 권한을 대통령령으로 정하는 바에 따라 재외공관의 장에게 위임할 수 있다.

③ 사증발급에 관한 기준과 절차는 법무부령으로 정한다.

---

106) 2021년 제2차 모의시험 2문 설문2

제11조(입국의 금지 등)

① 법무부장관은 다음 각 호의 어느 하나에 해당하는 외국인에 대하여는 입국을 금지할 수 있다.

1. ~ 2. (생략)

3. 대한민국의 이익이나 공공의 안전을 해치는 행동을 할 염려가 있다고 인정할 만한 상당한 이유가 있는 사람

4. 경제질서 또는 사회질서를 해치거나 선량한 풍속을 해치는 행동을 할 염려가 있다고 인정할 만한 상당한 이유가 있는 사람

5. ~ 7. (생략)

8. 제1호부터 제7호까지의 규정에 준하는 사람으로서 법무부장관이 그 입국이 적당하지 아니하다고 인정하는 사람

「출입국관리법 시행규칙」

제9조(사증발급권한의 위임)

① 영 제11조 제2항에 따라 법무부장관이 재외공관의 장에게 위임하는 사증발급 권한(영 제7조의2 제4항에 따른 전자사증 발급권한은 제외한다)은 다음 각 호와 같다.

1. ~ 4. (생략)

5. 영 별표 1의2 중 체류자격 26. 재외동포(F − 4)의 자격에 해당하는 사람에 대한 체류기간 2년 이하의 사증발급

제9조의2(사증 등 발급의 기준)

제8조 및 제10조에 따라 법무부장관이 사증 등의 발급을 승인하거나 제9의 위임에 따라 재외공관의 장이 사증을 발급하는 경우 사증발급을 신청한 외국인이 다음 각 호의 요건을 갖추었는지의 여부를 심사·확인하여야 한다.

1. 유효한 여권을 소지하고 있는지 여부

2. 법 제11조의 규정에 의한 입국의 금지 또는 거부의 대상이 아닌지 여부

3. 영 별표 1부터 별표 1의3까지에서 정하는 체류자격에 해당하는지 여부

「재외동포의 출입국과 법적 지위에 관한 법률」

제5조(재외동포체류자격의 부여)

① 법무부장관은 대한민국 안에서 활동하려는 외국국적동포에게 신청에 의하여 재외동포체류자격을 부여할 수 있다.

② 법무부장관은 외국국적동포에게 다음 각 호의 어느 하나에 해당하는 사유가 있으면 제1항에 따른 재외동포체류자격을 부여하지 아니한다. 다만, 법무부장관이 필요하다고 인정하는 경우에는 제1호에 해당하는 외국국적동포가 41세가 되는 해 1월 1일부터 부여할 수 있다.

1. 다음 각 목의 어느 하나에 해당하지 아니한 상태에서 대한민국 국적을 이탈하거나 상실하여 외국인이 된 남성의 경우

   가. 현역·상근예비역·보충역 또는 대체역으로 복무를 마치거나 마친 것으로 보게 되는 경우

   나. 전시근로역에 편입된 경우

   다. 병역면제처분을 받은 경우

2. 대한민국의 안전보장, 질서유지, 공공복리, 외교관계 등 대한민국의 이익을 해칠 우려가 있는 경우

📖 해설

① 문제의 소재

취소소송의 제기가 적법하려면 취소소송의 대상적격, 취소소송의 원고적격, 취소소송의 피고적격, 취소소송의 협의의 소익, 취소소송의 제소기간, 취소소송의 관할법원, 취소소송의 행심전치주의 등 취소소송요건을 충족하여야 한다. A가 제기하려고 하는 B의 2019.9.2.자 사증발급거부처분취소소송이 적법한지와 관련하여 첫째, 사증발급거부가 취소소송의 대상이 되는 거부처분인지 문제된다. 둘째, A가 취소소송의 원고적격을 충족하는지 문제된다.

② 사증발급거부가 취소소송의 대상이 되는 거부처분인지 여부

1. 문제의 소재

판례에 의하면 행정소송법(이하 동법이라 함) 제19조와 동법 제2조 제1항 제1호에 따라 거부가 취소소송의 대상이 되는 거부처분이 되려면, 그 신청한 행위가 처분이어야 하고, 그 거부행위가 신청인의 법률관계에 어떤 변동을 일으키는 것이어야 하며, 그 국민에게 그 행위발동을 요구할 법규상 또는 조리상의 신청권이 있어야 한다. 신청권이 있는 처분에 대한 거부행위는 신청인의 법적 상태에 변동을 초래한다. 사증발급거부가 취소소송의 대상이 되는 거부처분인지와 관련하여 첫째, 그 신청한 행위인 사증발급이 처분인지 문제된다. 둘째, 그 국민에게 사증발급을 요구할 법규상·조리상 신청권이 있는지 문제된다.

2. 그 신청한 행위인 사증발급이 처분인지 여부

(1) 판례

취소소송의 대상이 되는 처분은 원칙적으로 행정청의 공법상의 행위로서 특정 사항에 대하여 법규에 의한 권리의 설정 또는 의무의 부담을 명하거나 기타 법률상의 효과를 직접 발생하게 하는 등 국민의 권리·의무에 직접 관계가 있는 행위를 말한다.

(2) 사안의 경우

외국인에 대하여 대한민국에 입국할 수 있는 예비조건 내지 입국허가의 추천으로서의 성질을 가지는 사증발급은 대한민국에 입국할 수 있는 입국허가와 밀접한 관련이 있는 행위이므로 국민의 권리·의무에 직접 관계가 있는 행위이어서 취소소송의 대상이 되는 처분이다.

3. 그 국민에게 사증발급을 요구할 법규상·조리상 신청권이 있는지 여부

(1) 판례

신청권이 있는지 여부는 구체적 사건에서 신청인이 누구인가를 고려하지 않고 관계법규의 해석에 의하여 국민에게 그러한 신청권을 인정하고 있는가를 살펴 추상적으로 결정되는 것이다.

(2) 사안의 경우

출입국관리법 시행규칙 제9조의2에 의하면 재외공관의 장이 사증을 발급하는 경우 사증발급을 신청한 외국인이 다음 각 호의 요건을 갖추었는지의 여부를 심사·확인하여야 한다. 사증발급을 신청한 외국인이라는 명문의 규정상 그 국민에게 사증발급을 요구할 법규상 신청권이 있다.

4. 소결

사증발급거부는 취소소송의 대상이 되는 거부처분이다.

Ⅲ A가 취소소송의 원고적격을 충족하는지 여부

1. 문제의 소재

동법 제12조 제1문에 의하면 취소소송은 처분 등의 취소를 구할 법률상 이익이 있는 자가 제기할 수 있다. A는 침익적 처분인 사증발급거부의 직접 상대방이나 국민이 아니다. A가 취소소송의 원고적격을 충족하는지와 관련하여 A가 사증발급거부의 취소를 구할 법률상 이익이 있는 자인지 문제된다.

2. A가 사증발급거부의 취소를 구할 법률상 이익이 있는 자인지 여부

(1) 판례

행정처분에 대한 취소소송에서 원고적격이 있는지는 처분의 상대방인지 여부에 따라 결정되는 것이 아니라, 그 취소를 구할 법률상 이익이 있는지 여부에 따라 결정된다. 법률상 이익이란 처분의 근거법률에 따라 보호되는 직접적이고 구체적인 이익이 있는 경우를 말하고, 간접적이거나 사실적·경제적 이해관계를 가지는 데 불과한 경우는 포함되지 않는다.

(2) 사안의 경우

A는 대한민국에서 출생하여 26년간 대한민국 국적을 보유하면서 거주한 사람이므로 이미 대한민국과 실질적 관련성이 있거나 대한민국에서 법적으로 보호가치 있는 이해관계를 형성하였다고 볼 수 있다. 재외동포의 대한민국 출입국과 대한민국 안에서의 법적 지위를 보장함을 목적으로 '재외동포법'[107]이 특별히 제정되어 시행 중이다. 재외동포인 A는 사증발급거부처분의 취소를 구할 법률상 이익이 있는 자이다.

3. 소결

A는 취소소송의 원고적격을 충족한다.

Ⅳ 설문의 해결

A가 제기하려고 하는 B의 2019.9.2.자 사증발급거부처분취소소송은 적법하다.

---

107) 「재외동포의 출입국과 법적 지위에 관한 법률」

제 3 절 취소소송의 피고적격

단독문제로 사례형 출제가능성이 현저히 떨어지나, 부분논점으로 나오므로 관련 문제에서 학습합니다.

제 4 절 취소소송의 협의의 소익요건

제1항 취소소송제도 자체가 지닌 협의의 소익요건

type 1-1 처분의 효과가 소멸된 경우 : 법률상 이익의 침해가 있는 경우

[제1문] [108] 사립학교법인이 운영하는 A 초등학교에 재학하던 甲이 학교폭력을 행사하였다는 이유로 A 초등학교의 학교폭력대책자치위원회가 「학교폭력예방 및 대책에 관한 법률」 제17조 제1항 소정의 '전학(제8호)'의 조치를 의결하여 A 초등학교장이 甲에게 전학처분을 하였다. 한편, 교육부장관은 「학교생활기록 작성 및 관리지침」을 개정하여 각급 학교의 학교생활기록부에 학교폭력 관련 조치사항을 기록하고 졸업 후 5년간 보존하도록 하였다. 이에 따라 A 초등학교장은 甲에 대한 전학 조치사항을 甲의 학교생활기록부에 기재하였다. 甲은 자신에 대한 전학처분에 대해 시·도학생징계조정위원회의 재심을 거쳐 취소소송을 제기하였고, 취소소송의 계속 중 甲은 자진하여 전학을 하였다. 이 경우 甲의 취소소송은 협의의 소익이 있는가? **20점**

참조조문

※ 아래의 법령은 문제출제 당시의 적용법령임

「학교폭력예방 빛 대책에 관한 법률」

제17조(가해학생에 대한 조치)

① 자치위원회는 피해학생의 보호와 가해학생의 선도·교육을 위하여 가해학생에 대하여 다음 각 호의 어느 하나에 해당하는 조치(수 개의 조치를 병과하는 경우를 포함한다)를 할 것을 학교의 장에게 요청하여야 하며, 각 조치별 적용 기준은 대통령령으로 정한다. 다만, 퇴학처분은 의무교육과정에 있는 가해학생에 대하여는 적용하지 아니한다.
  1. ~ 7. (생략)
  8. 전학
  9. 퇴학처분
⑥ 제1항에 따른 요청이 있는 때에는 학교의 장은 14일 이내에 해당 조치를 하여야 한다.

제17조의2(재심청구)

② 학교의 장이 제17조 제1항 제8호와 제9호에 따라 내린 조치에 대하여 이의가 있는 학생 또는 그 보호자는 그 조치를 받은 날부터 15일 이내 또는 그 조치가 있음을 알게 된 날부터 10일 이내에 「초·중등교육법」 제18조의3에 따른 시·도학생징계조정위원회에 재심을 청구할 수 있다.

---

108) 2019년 제2차 모의시험 2문 설문3

⑥ 제2항에 따른 재심청구, 심사절차, 결정통보 등은 「초·중등교육법」 제18조의2 제2항부터 제4항까지의 규정을 준용한다.

「초·중등교육법」

제18조의2(재심청구)

② 제18조의3에 따른 시·도학생징계조정위원회는 제1항에 따른 재심청구를 받으면 30일 이내에 심사·결정하여 청구인에게 통보하여야 한다.

③ 제2항의 심사결정에 이의가 있는 청구인은 통보를 받은 날부터 60일 이내에 행정심판을 제기할 수 있다.

제25조(학교생활기록)

① 학교의 장은 학생의 학업성취도와 인성(人性) 등을 종합적으로 관찰·평가하여 학생지도 및 상급학교(「고등교육법」 제2조 각 호에 따른 학교를 포함한다)의 학생 선발에 활용할 수 있는 다음 각 호의 자료를 교육부령으로 정하는 기준에 따라 작성·관리하여야 한다.

1. 인적사항
2. 학적사항
3. 출결상황
4. 자격증 및 인증 취득상황
5. 교과학습발달상황
6. 행동특성 및 종합의견
7. 그 밖에 교육목적에 필요한 범위에서 교육부령으로 정하는 사항

③ 학교의 장은 소속 학교의 학생이 전출하면 제1호에 따른 자료를 그 학생이 전입한 학교의 장에게 넘겨주어야 한다.

해설

① 문제의 소재

취소소송의 협의의 소익이란 행정소송법(이하 동법이라 함) 제4조 제1호의 취소소송을 통한 권리보호의 필요성이다. 취소소송의 협의의 소익은 취소소송의 대상이 되는 처분을 대상으로 취소소송의 원고적격을 충족하면 원칙적으로 충족된다. 다만, 처분의 효과가 소멸되거나 원상회복이 불가능하거나 이미 법익침해가 해소된 경우에는 예외적으로 취소소송을 통한 권리보호의 필요성이 없다. 甲은 자신에 대한 전학처분취소소송의 계속 중 자진하여 전학을 하였으므로 전학처분의 효과가 소멸되었다. 동법 제12조 제2문에 의하면, 처분 등의 효과가 기간의 경과, 처분 등의 집행 그 밖의 사유로 인하여 소멸된 뒤에도 그 처분 등의 취소로 인하여 회복되는 법률상 이익이 있는 자의 경우에는 또한 같다. 甲의 취소소송은 협의의 소익이 있는가와 관련하여 첫째, 동법 제12조 제2문의 법적 성질과 법률상 이익의 의미가 문제된다. 둘째, 甲이 동법 제12조 제2문에 의하여 전학처분의 취소로 인하여 회복되는 법률상 이익이 있는 자인지 문제된다.

Ⅱ 동법 제12조 제2문의 법적 성질과 법률상 이익의 의미

1. 학설

동법 제12조 제2문의 법적 성질을 취소소송의 원고적격규정으로 보면서 동법 제12조 제1문의 법률상 이익과 그 의미가 동일하다는 견해, 동법 제12조 제2문의 법적 성질을 위법확인소송의 원고적격규정으로 보면서 처분의 위법확인에 대한 정당한 이익으로 보는 견해, 동법 제12조 제2문의 법적 성질을 협의의 소익규정으로 보면서 동법 제12조 제1문의 법률상 이익보다 넓게 보아야 한다는 견해 등이 있다.

2. 판례

법률상 이익이란 처분의 근거법규와 관계법규에 의하여 보호되는 개별적·직접적·구체적 이익 외에 구체적이고 현실적인 반복처분의 위험의 제거와 구체적이고 현실적인 가중처분의 위험의 제거이다.

3. 검토

처분의 위법확인에 대한 정당한 이익으로 보는 견해는 취소판결이 형성판결이라는 점에서, 동법 제12조 제1문의 법률상 이익과 그 의미가 동일하다는 견해는 국민의 권리구제의 확대 측면에서 문제가 있다는 점에서 판례가 타당하다.

4. 사안의 경우

동법 제12조 제2문의 법률상 이익의 의미는 동법 제12조 제1문의 법률상 이익 외에 구체적이고 현실적인 반복처분의 위험의 제거와 구체적이고 현실적인 가중처분의 위험의 제거이다.

Ⅲ 甲이 동법 제12조 제2문에 의하여 전학처분의 취소로 인하여 회복되는 법률상 이익이 있는 자인지 여부

1. 판례

법률상 이익은 당해 처분의 근거법률에 의하여 보호되는 직접적이고 구체적인 이익이 있는 경우를 말하고 간접적이거나 사실적, 경제적 이해관계를 가지는 데 불과한 경우에는 여기에 해당하지 아니하며, 제재적 행정처분에 효력기간이 정하여져 있는 경우 그 처분의 효력 또는 집행이 정지된 바 없다면 그 기간의 경과로 행정처분의 효력은 상실되므로 그 기간 경과 후에는 그 처분이 외형상 잔존함으로 인하여 어떠한 법률상 이익이 침해되고 있다고 볼 만한 별다른 사정이 없는 한 그 처분의 취소를 구할 법률상의 이익이 없다.

2. 사안의 경우

전학처분은 효력기간이 정하여져 있는 제재적 행정처분은 아니다. 교육부장관은 학교생활기록 작성 및 관리지침을 개정하여 각급 학교의 학교생활기록부에 학교폭력 관련 조치사항을 기록하고 졸업 후 5년간 보존하도록 하였고, 이에 따라 A 초등학교장은 甲에 대한 전학조치사항을 甲의 학교생활기록부에 기재하였다. 이러한 학교생활기록부는 초·중등교육법 제25조 제2항에 의하여

학교의 장이 작성·관리하는 학생지도 및 상급학교의 학생 선발에 활용할 수 있는 자료이므로 A 초등학교장이 甲에 대한 전학조치사항을 甲의 학교생활기록부에 기재한 것은 초·중등교육법에 의하여 보호되는 개별적·직접적·구체적 이익에 대한 침해이다. 甲은 전학처분의 취소로 인하여 회복되는 법률상 이익이 있는 자이다. 이 경우 판례는 甲에게 전학처분의 취소를 구할 법률상 이익이 있다고 한다.

Ⅳ 설문의 해결

甲의 전학처분취소소송은 협의의 소익이 있다.

type 1-2 처분의 효과가 소멸된 경우 : 반복처분의 위험이 있는 경우

[제1문] 109) 교육부장관은 A학교법인의 이사 甲에게 「고등교육법」 위반사유가 있음을 이유로 A학교법인에 대하여 甲의 임원취임승인을 취소하면서 乙을 임시이사로 선임하는 처분을 하였다. 甲은 교육부장관을 상대로 본인에 대한 임원취임승인취소처분과 乙에 대한 임시이사선임처분의 취소를 구하는 소송을 제기하였다. 소송 진행 중 임시이사 乙의 임기가 만료되어 임시이사는 丙으로 변경되었고, 甲의 원래 임기가 만료되었을 뿐만 아니라 甲에 대한 「사립학교법」 제22조 제2호 소정의 임원결격사유기간도 경과하였다. 甲이 제기한 취소소송은 협의의 소의 이익이 있는가? 15점

참조조문

※ 아래의 법령은 문제출제 당시의 적용법령임

「사립학교법」

제20조의2(임원취임의 승인취소)

① 임원이 다음 각 호의 1에 해당하는 행위를 하였을 때에는 관할청은 그 취임승인을 취소할 수 있다.
  1. 이 법, 「초·중등교육법」 또는 「고등교육법」의 규정을 위반하거나 이에 의한 명령을 이행하지 아니한 때
  2. (이하 생략)

② 제1항의 규정에 의한 취임승인의 취소는 관할청이 당해 학교법인에게 그 사유를 들어 시정을 요구한 날로부터 15일이 경과하여도 이에 응하지 아니한 경우에 한한다. 다만, 시정을 요구하여도 시정할 수 없는 것이 명백하거나 회계부정, 횡령, 뇌물수수 등 비리의 정도가 중대한 경우에는 시정요구 없이 임원취임의 승인을 취소할 수 있으며, 그 세부적 기준은 대통령령이 정한다.

제22조(임원의 결격사유)

다음 각 호의 1에 해당하는 자는 학교법인의 임원이 될 수 없다.

1. (생략)
2. 제20조의2의 규정에 의하여 임원취임의 승인이 취소된 자로서 5년이 경과하지 아니한 자
3. (이하 생략)

---

109) 2017년 행시 기출문제 제2문 (2)

제25조(임시이사의 선임)
① 관할청은 다음 각 호의 어느 하나에 해당되는 경우에는 이해관계인의 청구 또는 직권으로 조정위원회의 심의를 거쳐 임시이사를 선임하여야 한다.
　1. (생략)
　2. 제20조의2에 따라 학교법인의 임원취임 승인을 취소한 때. 다만, 제18조 제1항에 따른 이사회 의 결정족수를 초과하는 이사에 대하여 임원취임 승인이 취소된 때에 한한다.
　3. (이하 생략)

 해설

Ⅰ 문제의 소재

취소소송의 협의의 소익이란 행정소송법(이하 동법이라 함) 제4조 제1호의 취소소송제도를 통한 권리보호의 필요성으로, 취소소송의 대상이 되는 처분을 대상으로 취소소송의 원고적격을 충족하여 소제기하면 취소소송의 협의의 소익은 원칙적으로 충족된다. 다만 처분의 효과가 소멸되거나 원상회복이 불가능하거나 이미 법익침해가 해소된 경우에는 예외적으로 권리보호의 필요성이 없다. 이와 관련하여 甲이 제기한 취소소송에 권리보호의 필요성이 있는지 문제된다.

Ⅱ 甲이 제기한 취소소송에 권리보호의 필요성이 있는지 여부

1. 문제의 소재

동법 제12조 제2문에 의하면 처분 등의 효과가 기간의 경과, 처분 등의 집행 그 밖의 사유로 인하여 소멸된 뒤에도 그 처분 등의 취소로 인하여 회복되는 법률상 이익이 있는 자의 경우에는 또한 같다. 소송계속 중 임원취임승인취소처분의 효과가 소멸되었고, 임시이사선임처분의 효과가 소멸되었다. 이와 관련하여 甲이 임원취임승인취소처분과 임시이사선임처분의 취소로 인하여 회복되는 법률상 이익이 있는 자인지 문제된다.

2. 甲이 임원취임승인취소처분과 임시이사선임처분의 취소로 인하여 회복되는 법률상 이익이 있는 자인지 여부

(1) 판례

제소 당시에는 소의 이익이 있어 적법하였는데, 소송계속 중 해당 행정처분이 기간의 경과 등으로 그 효과가 소멸한 때에 처분이 취소되어도 원상회복이 불가능하다고 보이는 경우라도, 무효 확인 또는 취소로써 회복할 수 있는 다른 권리나 이익이 남아 있거나 또는 그 행정처분과 동일한 사유로 위법한 처분이 반복될 위험성이 있어 행정처분의 위법성 확인 내지 불분명한 법률문제에 대한 해명이 필요한 경우에는 예외적으로 그 처분의 취소를 구할 소의 이익을 인정할 수 있다.

(2) 사안의 경우

① 甲의 임기만료와 임원결격사유기간의 경과로 임원취임승인취소처분의 효과가 소멸된 후 甲에 대해 학교법인이 임원취임승인신청을 다시 하였을 경우 또 다시 甲에 대한 임원취임승인취소처분의 사유인 고등교육법위반이라는 동일한 사유로 임원취임승인취소처분이 반복될 위험성이 있어 임원취임승인취소처분의 위법성 확인이 필요한 경우이다. 甲은 임원취임승인취소처분의 취소로 인하여 회복되는 법률상 이익이 있다. ② 乙의 임기만료로 乙에 대한 임시이사선임처분의 효과가 소멸되더라도 법원이 선행 乙에 대한 임시이사선임처분의 취소를 구할 법률상 이익을 긍정하여 그 위법성 내지 하자의 존재를 판결로 명확히 해명하고 확인하여 준다면 乙의 임시이사선임처분과 임기만료에 터 잡은 후행 丙의 임시이사선임처분과 같은 구체적인 침해의 반복 위험을 방지할 수 있을 뿐 아니라, 후행 丙의 임시이사선임처분의 효력을 다투는 소송에서 기판력에 의하여 선행 乙의 임시이사선임처분의 위법성을 다투지 못하게 함으로써 그 선임처분을 전제로 이루어진 후행 丙의 임시이사선임처분의 효력을 쉽게 배제할 수 있어 甲의 권리구제에 도움이 되는 경우이다. 甲은 선행 乙의 임시이사선임처분의 취소로 인하여 회복되는 법률상 이익이 있다. 판례는 이 경우 甲은 임원취임승인취소처분과 임시이사선임처분의 취소를 구할 법률상 이익이 있다고 한다.

3. 소결

甲이 제기한 취소소송에 권리보호의 필요성이 있다.

Ⅲ 설문의 해결

甲이 제기한 취소소송은 협의의 소익이 있다.

---

type 1-3 **처분의 효과가 소멸된 경우 : 가중처분의 위험이 있는 경우**

[제1문] [110] 甲은 100% 국내산 유기농재료를 사용하여 미백과 주름방지에 특효가 있는 기능성 상품을 개발하였다고 광고하여 엄청난 판매수익을 올리고, 나아가 '**로션'이라는 상표등록까지 마쳤다. 그런데 식품의약품안전처장 乙은 甲이 값싼 외국산 수입재료를 국내산 유기농재료로 속여 상품을 제조 · 판매하였음을 이유로 3월의 영업정지처분을 하였다. 한편, 영업정지의 처분기준에는 위반 횟수에 따라 가중처분을 하도록 되어 있다. 이미 3월의 영업정지기간이 도과한 후, 甲이 위 영업정지처분의 취소를 구할 법률상 이익이 있는지를 검토하시오. 20점

---

110) 2013년 사시 기출문제 제3문

해설

I 문제의 소재

취소소송의 협의의 소익이란 행정소송법(이하 동법이라 함) 제4조 제1호의 취소소송을 통한 권리보호의 필요성이다. 취소소송의 협의의 소익은 취소소송의 대상이 되는 처분을 대상으로 취소소송의 원고적격을 충족하면 원칙적으로 충족된다. 다만 처분의 효과가 소멸되거나 원상회복이 불가능하거나 이미 법익침해가 해소된 경우에는 예외적으로 취소소송을 통한 권리보호의 필요성이 없다. 3월의 영업정지처분은 이미 3월의 영업정지기간이 도과하여 그 효과가 소멸되었다. 동법 제12조 제2문에 의하면, 처분 등의 효과가 기간의 경과, 처분 등의 집행 그 밖의 사유로 인하여 소멸된 뒤에도 그 처분 등의 취소로 인하여 회복되는 법률상 이익이 있는 자의 경우에는 또한 같다. 甲이 위 영업정지처분의 취소를 구할 법률상 이익이 있는지와 관련하여 첫째, 동법 제12조 제2문의 법적 성질과 법률상 이익의 의미가 문제된다. 둘째, 甲이 3월의 영업정지처분의 취소로 인하여 회복되는 법률상 이익이 있는 자인지 문제된다.

II 동법 제12조 제2문의 법적 성질과 법률상 이익의 의미

1. 학설

동법 제12조 제2문의 법적 성질을 취소소송의 원고적격규정으로 보면서 동법 제12조 제1문의 법률상 이익과 그 의미가 동일하다는 견해, 동법 제12조 제2문의 법적 성질을 위법확인소송의 원고적격규정으로 보면서 처분의 위법확인에 대한 정당한 이익으로 보는 견해, 동법 제12조 제2문의 법적 성질을 협의의 소익규정으로 보면서 동법 제12조 제1문의 법률상 이익보다 넓게 보아야 한다는 견해 등이 있다.

2. 판례

법률상 이익이란 처분의 근거법규와 관계법규에 의하여 보호되는 개별적·직접적·구체적 이익 외에 구체적이고 현실적인 반복처분의 위험의 제거와 구체적이고 현실적인 가중처분의 위험의 제거이다.

3. 검토

처분의 위법확인에 대한 정당한 이익으로 보는 견해는 취소판결이 형성판결이라는 점에서, 동법 제12조 제1문의 법률상 이익과 그 의미가 동일하다는 견해는 국민의 권리구제의 확대 측면에서 문제가 있다는 점에서 판례가 타당하다.

4. 사안의 경우

동법 제12조 제2문의 법률상 이익의 의미는 동법 제12조 제1문의 법률상 이익 외에 구체적이고 현실적인 반복처분의 위험의 제거와 구체적이고 현실적인 가중처분의 위험의 제거이다.

Ⅲ 甲이 3월의 영업정지처분의 취소로 인하여 회복되는 법률상 이익이 있는 자인지 여부

1. 판례

가중요건이 법률 또는 시행령에 규정된 경우 그 법률 또는 시행령은 법규명령이지만, 가중요건이 시행규칙으로 제정된 경우 그 시행규칙은 행정규칙이다. 다만 제재적 행정처분의 가중사유나 전제요건에 관한 규정이 법령에 근거를 두고 있는 이상 … 그러한 규칙이 정한 바에 따라 선행처분을 받은 상대방이 그 처분의 존재로 인하여 장래에 받을 불이익, 즉 후행처분의 위험은 구체적이고 현실적인 것이므로, 상대방에게는 선행처분의 취소소송을 통하여 그 불이익을 제거할 필요가 있다.

2. 사안의 경우

영업정지의 처분기준에는 위반횟수에 따라 가중처분을 하도록 되어 있다. 영업정지의 처분기준이 법률 또는 시행령에 규정된 경우 3월의 영업정지기간이 지난 3월의 영업정지처분의 취소를 구할 법률상 이익이 있다. 반면에 영업정지의 처분기준이 시행규칙에 규정된 경우 그 규정이 법령에 근거를 두고 있다면 가중처분의 위험은 구체적이고 현실적인 것이므로 甲은 3월의 영업정지기간이 지난 3월의 영업정지처분의 취소를 구할 법률상 이익이 있으나, 그 규정이 법령에 근거를 두고 있지 않다면 단순한 행정규칙이므로 甲은 3월의 영업정지처분의 취소를 구할 법률상 이익이 없다. 위반횟수에 따라 가중처분을 하도록 되어 있는 영업정지의 처분기준이 법령에 근거를 두고 있다는 특별한 사정이 엿보이지 않는다. 甲은 3월의 영업정지처분의 취소로 인하여 회복되는 법률상 이익이 있는 자가 아니다.

Ⅳ 설문의 해결

이미 3월의 영업정지기간이 도과한 후, 甲은 3월의 영업정지처분의 취소를 구할 법률상 이익이 있는 자가 아니다.

---

type 1-4 원상회복이 불가능한 경우

[제1문] [111] Y구 의회의원 甲은 평소 의원간담회나 각종 회의 때 동료의원의 의견을 무시한 채 자기만의 독단적인 발언과 주장으로 회의분위기를 망치고, 'Y구 의회는 탄압의회'라고 적힌 현수막을 Y구 청사현관에 부착하고 홀로 철야농성을 하였으며, 만취한 상태에서 공무원의 멱살을 잡는 등 추태를 부려 의원으로서의 품위를 현저히 손상하였다. 이에 Y구 의회는 甲을 의원직에서 제명하는 의결을 하였다. 만일 법원이 甲의 취소소송을 받아들여 소송의 계속 중 甲의 임기가 만료되었다면, 수소법원은 어떠한 판결을 하여야 하는가? 10점

---

111) 2009년 재경 기출문제 제2문 (2)

「지방자치법」

제33조(의원의 의정활동비 등)

① 지방의회의원에게 다음 각 호의 비용을 지급한다.

    1. 의정 자료를 수집하고 연구하거나 이를 위한 보조 활동에 사용되는 비용을 보전(補塡)하기 위하여 매월 지급하는 의정활동비

    2. 본회의 의결, 위원회의 의결 또는 의장의 명에 따라 공무로 여행할 때 지급하는 여비

    3. 지방의회의원의 직무활동에 대하여 지급하는 월정수당

② 제1항 각 호에 규정된 비용의 지급기준은 대통령령으로 정하는 범위에서 해당 지방자치단체의 의정비심의위원회에서 결정하는 금액 이내로 하여 지방자치단체의 조례로 정한다.

③ 의정비심의위원회의 구성·운영 등에 관하여 필요한 사항은 대통령령으로 정한다.

 해설

① 문제의 소재

취소소송의 소송요건을 충족하면 수소법원은 본안판결을 하여야 하고, 소송요건을 충족하지 아니하면 본안전판결을 하여야 한다. 취소소송요건은 사실심변론종결시까지 유지되어야 한다. 甲의 취소소송을 받아들였다는 점에서 甲의 취소소송은 적법한 소제기이었다가 소송의 계속 중 甲의 임기가 만료되었다. 이때 수소법원은 어떠한 판결을 하여야 하는가와 관련하여 甲의 취소소송은 취소소송을 통한 권리보호의 필요성이 있는지 문제된다.

② 甲의 취소소송은 취소소송을 통한 권리보호의 필요성이 있는지 여부

1. 문제의 소재

취소소송제도를 통한 권리보호의 필요성은 취소소송의 대상이 되는 처분을 대상으로 취소소송의 원고적격을 충족하여 소제기하면 원칙적으로 충족된다. 다만 처분의 효과가 소멸되거나 원상회복이 불가능하거나 이미 법익침해가 해소된 경우에는 예외적으로 권리보호의 필요성이 없다. 소송의 계속 중 甲의 임기가 만료되었으므로 甲의 의원직 회복, 즉 원상회복은 불가능하다. 甲의 취소소송은 취소소송을 통한 권리보호의 필요성이 있는지와 관련하여 甲에게 여전히 취소소송을 통한 권리보호의 필요성이 있는지 문제된다.

2. 甲에게 여전히 취소소송을 통한 권리보호의 필요성이 있는지 여부

    (1) 판례

        처분취소인용판결로 인하여 처분에 의해 직접 침해된 주된 이익의 회복이 불가능하다 할지라도, 부수적 이익이 존재하는 경우에는 협의의 소익이 존재한다. 부수적 이익은 법률상 규정이 있어야 한다.

(2) 사안의 경우

甲은 임기만료로 인하여 제명의결의 취소로 제명의결에 의해 직접 상실된 주된 이익인 Y구 의회의원으로서의 지위를 회복할 수는 없다. 제명의결이 취소되면 제명의결 시부터 임기만료일까지의 기간에 대해 지방자치법 제33조 제1항 제3호상 월정수당의 지급을 구할 수 있는 등 제명의결의 취소로 인하여 회복되는 부수적 이익이 있다. 甲에게 여전히 취소소송을 통한 권리보호의 필요성이 있다. 판례는 이 경우 甲에게 제명의결의 취소로 인하여 회복되는 법률상 이익이 남아있다고 한다.

3. 소결

甲의 취소소송은 취소소송을 통한 권리보호의 필요성이 있다.

Ⅲ 설문의 해결

수소법원은 본안판결을 하여야 할 것이다.

[제2문] 112) 건설회사에 근무하는 甲은 건설현장불법행위 단속을 나온 공무원 乙의 중과실로 인하여 공사현장에서 업무 중 골절 등 산재사고로 인한 상해를 입었고, 이를 이유로 2014년 2월경 근로복지공단으로부터 휴업급여와 장해급여 등을 지급받았다. 그런데 이후 甲이 회사가 가입하고 있던 보험회사로부터 별도로 장해보상금을 지급받자 근로복지공단은 甲이 이중으로 보상받았음을 이유로 2016년 3월경 이미 지급된 급여의 일부에 대한 징수결정을 하고 이를 甲에게 고지하였다. 그러나 甲이 이 같은 징수결정에 대해서 민원을 제기하자 2016년 11월경 당초의 징수결정금액의 일부를 감액하는 처분을 하였는데, 그 처분고지서에는 "이의가 있는 경우 「행정심판법」 제27조의 규정에 의한 기간 내에 행정심판을 청구하거나 「행정소송법」 제20조의 규정에 의한 기간 내에 행정소송을 제기할 수 있습니다."라고 기재되어 있었다. 한편 공무원 乙은 공직기강확립감찰기간 중 중과실로 甲에 대한 산재사고를 야기하였음을 이유로 해임처분을 받자 이에 대해서 소청심사를 거쳐 취소소송을 제기하였다. 해임처분취소소송의 계속 중 乙이 정년에 이르게 된 경우 乙에게 해임처분의 취소를 구할 법률상 이익이 인정되는지 여부를 검토하시오. 25점

해설

Ⅰ 문제의 소재

취소소송의 협의의 소익이란 취소소송을 통한 권리보호의 필요성이다. 취소소송의 협의의 소익은 취소소송의 대상이 되는 처분을 대상으로 취소소송의 원고적격이 충족되면 원칙적으로 충족

---

112) 2017년 노무사 기출 제1문 (2)

된다. 행정소송법 제4조 제1호에 의하면, 취소소송은 행정청의 위법한 처분 등을 취소 또는 변경하는 소송이다. 따라서 처분의 효과가 소멸되거나 원상회복이 불가능하거나 이미 법익침해가 해소된 경우에는 취소소송을 통한 권리보호의 필요가 없어 예외적으로 협의의 소익이 없다. 협의의 소익은 소송요건 중 하나이므로 사실심변론종결시까지 유지되어야 한다. 乙의 공무원으로서의 지위는 정년에 이르렀으므로 상실되었고, 그 회복이 불가능하다. 乙에게 해임처분의 취소를 구할 법률상 이익이 인정되는지와 관련하여 해임처분취소소송을 통한 권리보호의 필요성이 있는지 문제된다.

Ⅱ 해임처분취소소송을 통한 권리보호의 필요성이 있는지 여부

1. 판례

처분취소인용판결로 인하여 그 처분에 의해 직접 침해되는 주된 이익의 회복이 불가능하다 할지라도, 부수적 이익이 존재하는 경우에는 협의의 소익이 존재한다. 부수적 이익은 법률상 규정이 있어야 한다.

2. 사안의 경우

乙은 이 사건 해임처분취소소송계속 중 정년에 이르렀으므로 해임처분의 취소로 인하여 해임처분에 의해 소멸된 공무원관계를 다시 회복할 수는 없다. 그 해임처분의 취소로 인하여 해임처분시부터 정년도달일까지의 기간 동안에 대해 행해진 삭감된 봉급액과 정년 이후의 연금삭감액 등 해임처분의 취소로 인하여 회복되는 부수적 이익이 있다. 乙이 제기한 취소소송은 예외적으로 해임처분의 취소로 공무원의 지위회복이라는 원상회복이 불가능함에도 취소소송을 통한 권리보호의 필요성이 있다. 이 경우 판례는 취소를 구할 법률상 이익이 남아있다고 한다.

Ⅲ 설문의 해결

소송계속 중 乙의 정년이 도달되었다 하더라도 협의의 소익으로서 부수적 이익이 있으므로 乙에게 해임처분의 취소를 구할 법률상 이익이 인정된다.

---

type 1-5 이미 법익침해가 해소된 경우

[제1문] [113] ○○공립 고등학교 교장 을은 재학생 갑에 대하여 ○○공립 고등학교 학칙과 ○○공립 고등학교 학칙의 부칙에 의한 세칙에 따라 학생선도위원회의 징계심의를 거쳐서 퇴학처분을 하였다. 이에 갑은 퇴학처분취소소송을 제기하였다. 한편 갑은 퇴학처분을 당한 후 고등학교졸업학력검정고시에 합격하였다. 갑의 소제기는 적법한가? 20점

---

113) 판례창작문제, 대판 1992.7.14, 91누4737 고등학교졸업이 대학입학자격이나 학력인정으로서의 의미밖에 없다고 할 수 없으므로 고등학교졸업학력검정고시에 합격하였다 하여 고등학교 학생으로서의 신분과 명예가 회복될 수 없는 것이니 퇴학처분을 받은 자로서는 퇴학처분의 위법을 주장하여 그 취소를 구할 소송상의 이익이 있다.

참조조문

「고등교육법」

제33조(입학자격)

① 대학(산업대학·교육대학·전문대학 및 원격대학을 포함하며, 대학원대학은 제외한다)에 입학할 수 있는 사람은 고등학교를 졸업한 사람이나 법령에 따라 이와 같은 수준 이상의 학력이 있다고 인정된 사람으로 한다.

②~④ (생략)

「초·중등교육법」

제18조(학생의 징계)

① 학교의 장은 교육을 위하여 필요한 경우에는 법령과 학칙으로 정하는 바에 따라 학생을 징계하거나 그 밖의 방법으로 지도할 수 있다. 다만, 의무교육을 받고 있는 학생은 퇴학시킬 수 없다.

② 학교의 장은 학생을 징계하려면 그 학생이나 보호자에게 의견을 진술할 기회를 주는 등 적정한 절차를 거쳐야 한다.

「초·중등교육법 시행령」

제31조(학생의 징계 등)

① 법 제18조 제1항 본문의 규정에 의하여 학교의 장은 교육상 필요하다고 인정할 때에는 학생에 대하여 다음 각 호의 어느 하나에 해당하는 징계를 할 수 있다.

  1. 학교 내의 봉사
  2. 사회봉사
  3. 특별교육이수
  4. 1회 10일 이내, 연간 30일 이내의 출석정지
  5. 퇴학처분

②~⑧ (생략)

해설

Ⅰ 문제의 소재

취소소송의 제기가 적법하려면, 취소소송의 대상적격, 취소소송의 원고적격, 취소소송의 피고적격, 취소소송의 협의의 소익, 취소소송의 제소기간, 취소소송의 관할법원, 취소소송의 행심전치주의 등 취소소송요건을 충족하여야 한다. 기타 취소소송요건은 특별히 문제될만한 사정이 엿보이지 않는다. 갑의 소제기는 적법한가와 관련하여 첫째, 학교장 을의 퇴학처분이 취소소송의 대상인지 문제된다. 둘째, 갑이 제기한 취소소송이 취소소송의 협의의 소익요건을 충족하는지 문제된다.

Ⅱ 학교장 을의 퇴학처분이 취소소송의 대상인지 여부

1. 문제의 소재

행정소송법 제19조와 같은 법 제2조 제1항 제1호에 의하면, 취소소송의 대상인 처분이란 행정청이 행하는 구체적 사실에 관한 법집행으로서의 공권력의 행사 또는 그 거부와 그 밖에 이에 준하는 행정작용을 말한다. 갑의 ○○공립 고등학교 재학관계는 특별신분법관계이다. 학교장 을의 퇴학처분이 취소소송의 대상인지와 관련하여 학교장 을의 퇴학처분이 취소소송의 대상이 되는 처분인지 문제된다.

2. 학교장 을의 퇴학처분이 취소소송의 대상이 되는 처분인지 여부

(1) 판례

취소소송의 대상이 되는 처분은 원칙적으로 행정청의 공법상 행위로서 특정 사항에 대하여 법규에 의한 권리의 설정 또는 의무의 부담을 명하거나 기타 법률상의 효과를 직접 발생하게 하는 등 국민의 권리의무에 직접 관계가 있는 행위를 말한다. 예외적으로 어떠한 처분의 근거나 법적인 효과가 행정규칙에 규정되어 있다고 하더라도, 그 처분이 행정규칙의 내부적 구속력에 의하여 상대방에게 권리의 설정 또는 의무의 부담을 명하거나 기타 법적인 효과를 발생하게 하는 등으로 그 상대방의 권리·의무에 직접 영향을 미치는 행위라면, 이 경우에도 취소소송의 대상이 되는 행정처분에 해당한다.

(2) 사안의 경우

○○공립 고등학교 학칙에 징계처분의 근거를 두고 있으며, 당해 학칙은 내부적 구속력을 가지고 있다. ○○공립 고등학교 교장 을의 퇴학처분은 상대방인 갑에게 ○○공립 고등학교 학칙의 내부적 구속력에 의하여 ○○고등학교 학생으로서의 지위를 박탈하는 법적 효과를 직접 발생하게 하므로 취소소송의 대상이 되는 처분이다.

3. 소결

학교장 을의 퇴학처분은 취소소송의 대상이 된다.

Ⅲ 갑이 제기한 취소소송이 취소소송의 협의의 소익요건을 충족하는지 여부

1. 문제의 소재

취소소송의 협의의 소익이란 행정소송법 제4조 제1호의 취소소송을 통한 권리보호의 필요성이다. 취소소송의 대상이 되는 처분을 대상으로 취소소송의 원고적격을 충족하여 소제기하면 취소소송의 협의의 소익은 원칙적으로 충족된다. 다만 처분의 효과가 소멸되거나 원상회복이 불가능하거나 이미 법익침해가 해소된 경우에는 예외적으로 취소소송을 통한 권리보호의 필요성이 없다. 퇴학처분은 고졸검정고시의 합격으로 인하여 퇴학처분의 근거법규에 의해 직접 침해되는 고졸학력불인정과 대학진학시험응시박탈이 해소되었다. 갑이 제기한 취소소송이 취소소송의 협의의 소익요건을 충족하는지와 관련하여 갑에게 취소소송을 통한 권리보호의 필요성이 여전히 있는지 문제된다.

2. 갑에게 취소소송을 통한 권리보호의 필요성이 여전히 있는지 여부

(1) 판례

처분의 근거법규에 의하여 직접 침해되는 법률상 이익의 침해가 해소되더라도, 그 처분으로 인한 법률상 이익의 침해가 잔존한다면 당해 처분의 취소를 구할 소송상 이익이 있다.

(2) 사안의 경우

퇴학처분의 근거법규에 의하여 직접 침해되는 대학입학자격박탈이나 고졸학력불인정은 고등학교졸업학력검정고시의 합격으로 해소되었다. 고등학교졸업학력검정고시에 합격하였다 하여 고등학교 학생으로서의 신분과 명예가 회복될 수 없다. 갑에게 취소소송을 통한 권리보호의 필요성이 여전히 있다. 이 경우 판례는 퇴학처분의 취소를 구할 소송상 이익이 있다고 한다.

3. 소결

갑이 제기한 취소소송은 취소소송의 협의의 소익요건을 충족한다.

Ⅳ 설문의 해결

갑의 취소소송의 제기는 적법하다.

제2항 취소소송도 소송이므로 소송일반의 협의의 소익요건

type 2-1 오로지 이론상 의미밖에 없는 경우(경원자인 경우)

> **[제1문]** [114] A시 시장은 지역문화발전을 도모하는 비영리적 전통문화육성·개발사업을 지원하기 위하여 제정한 「A시 전통문화육성·개발사업지원에 관한 조례」에 따라 보조금을 받고자 하는 사업자를 공모하였다. 비영리법인 甲은 A시의 전통문화상품인 모시를 재료로 한 의복을 개발하기로 하고 A시의 공모에 응하였다. 한편 주식회사 乙은 전통시장의 현대화사업을 추진하려는 목적으로 위 공모에 응하였다. A시 시장은 甲을 사업자로 선정하고 보조금을 지급하기로 결정하였다. 乙은 응모사업이 영리성이 강하고 보조금 예산이 한정되어 있으며 평가점수가 甲보다 낮음을 이유로 사업자로 선정되지 못하였다. 乙이 甲에 대한 보조금지급결정의 취소소송을 제기할 경우, 그 소송은 적법한가?
>
> 20점

📖 해설

Ⅰ 문제의 소재

취소소송의 제기가 적법하려면, 취소소송의 대상적격, 취소소송의 원고적격, 취소소송의 피고적격, 취소소송의 협의의 소익, 취소소송의 제소기간, 취소소송의 관할법원, 취소소송의 행정심판의 전치 등의 취소소송요건을 모두 충족하여야 한다. 乙이 甲에 대한 보조금지급결정의 취소소송을 제기할 경우 기타 취소소송요건은 특별히 문제될만한 사정이 엿보이지 않는다. 그 소송은 적법한가와 관련하여 첫째, 乙이 취소소송의 원고적격을 충족하는지 문제된다. 둘째, 乙이 취소소송의 협의의 소익요건을 충족하는지 문제된다.

---

114) 2014년 행시 기출문제 제3문 2)

Ⅱ 乙이 취소소송의 원고적격을 충족하는지 여부

1. 문제의 소재

행정소송법(이하 동법이라 함) 제12조 제1문에 의하면 취소소송은 처분 등의 취소를 구할 법률 상의 이익이 있는 자가 제기할 수 있다. 乙은 甲에 대한 보조금지급결정의 제3자이다. 乙이 취소 소송의 원고적격을 충족하는지와 관련하여 첫째, 법률상 이익의 의미와 법률의 범위가 문제된다. 둘째, 乙이 보조금지급결정의 취소를 구할 법률상 이익이 있는 자인지 문제된다.

2. 법률상 이익의 의미와 법률의 범위

취소소송의 기능과 연결하여 권리구제설, 법이 보호하는 이익구제설, 소송상 보호할 가치 있는 이익구제설, 적법성보장설 등의 대립이 있으나, 판례는 법률상 이익이란 법률에 의하여 보호되는 개별적·직접적·구체적 이익을 말한다고 판시하여 법이 보호하는 이익구제설의 입장이다. 법이 보호하는 이익구제설 내에서도 처분의 근거법규만이라는 견해, 처분의 근거법규 및 관련법규라 는 견해, 실체법령뿐만 아니라 절차법령까지 보는 견해, 헌법의 기본권 규정까지 확대하는 견해 등의 대립이 있으나, 판례는 처분의 근거법규 및 관련법규라고 판시하고 있다. 보조금지급결정의 근거법규는 A시 전통문화육성·개발사업지원에 관한 조례이다.

3. 乙이 보조금지급결정의 취소를 구할 법률상 이익이 있는 자인지 여부

(1) 판례

인·허가 등의 수익적 행정처분을 신청한 여러 사람이 서로 경쟁관계에 있어 일방에 대한 허가 등의 처분이 타방에 대한 불허가 등으로 귀결될 수밖에 없는 때에는 허가 등의 처분을 받지 못한 사람은 처분의 상대방이 아니라 하더라도 당해 처분의 취소를 구할 당사자적격이 있다. 이러한 관계를 경원자관계라 한다.

(2) 사안의 경우

보조금 예산이 한정된 상황이므로 일방신청인인 甲에 대한 보조금지급결정은 타방신청인인 乙에 대한 보조금지급결정의 거부로 나타나므로 이는 경원자관계에 해당한다. 보조금지급결 정을 받지 못한 乙은 甲에 대한 보조금지급결정처분에 대하여 그 처분의 취소를 구할 법률상 이익이 있는 자이다.

4. 소결

타방신청인인 乙은 취소소송의 원고적격을 충족한다.

Ⅲ 乙이 취소소송의 협의의 소익요건을 충족하는지 여부

1. 문제의 소재

취소소송도 소송이므로 취소소송의 협의의 소익 이외에 소송일반의 협의의 소익으로서 보다 간 이한 권리구제수단이 없을 것, 오로지 이론상 의미만 추구하는 소송이 아닐 것, 오로지 부당한 목적만을 추구하는 소송이 아닐 것, 소권이 실효된 자가 제기하는 소송이 아니어야 한다. 타방신청인인 乙은 보조금지급결정처분의 제3자로서 경원자이다. 乙이 취소소송의 협의의 소익요건을 충족하는지와 관련하여 乙이 제기하는 보조금지급결정처분취소소송이 오로지 이론상 의미만 추구하는 소송인지 문제된다.

2. 乙이 제기하는 보조금지급결정처분취소소송이 오로지 이론상 의미만 추구하는 소송인지 여부

(1) 판례

명백한 법적 장애로 인하여 원고 자신의 신청이 인용될 가능성이 처음부터 배제되어 있는 경우에는 원고의 청구가 이론적인 의미만 있을 뿐 실제적 효용이 없으므로 당해 처분의 취소를 구할 정당한 이익은 부정된다.

(2) 사안의 경우

乙회사가 주식회사로서 영리추구를 주 업무로 하고 있다는 사실은 보조금지급결정을 받는 데에 있어서 요건미비는 아니나, 전통시장의 현대화사업을 추진하려는 목적으로 보조금지급결정공모에 응하였다는 점은 A시 전통문화육성·개발사업지원에 관한 조례가 지원하는 비영리적 전통문화육성·개발사업이 아니라는 점에서 보조금지급결정을 받는 데에 있어서 요건미비이다. 이는 명백한 법적 장애로 인하여 乙 자신의 신청이 인용될 가능성이 처음부터 배제되어 있는 경우에 해당한다. 乙이 제기하는 보조금지급결정취소소송은 오로지 이론상 의미만 추구하는 소송이다.

3. 소결

乙은 취소소송의 협의의 소익요건을 충족하지 못한다. 이 경우 판례는 보조금지급결정의 취소를 구할 정당한 이익이 부인된다고 한다.

Ⅳ 설문의 해결

乙은 취소소송의 원고적격은 충족하나, 협의의 소익요건은 충족하지 못한다. 乙이 제기한 보조금지급결정처분취소소송은 부적법하다.

제 5 절	취소소송의 제소기간요건

제1항 취소되고 남은 원처분이 취소소송의 대상인 경우 기산점

[제1문] [115] A장관은 소속 일반직공무원인 甲이 '재직 중 「국가공무원법」 제61조 제1항을 위반하여 금품을 받았다'는 이유로 적법한 징계절차를 거쳐 2008.4.3. 甲에 대해 해임처분을 하였고, 甲은 2008.4.8. 해임처분서를 송달받았다. 이에 甲은 소청심사위원회에 이 해임처분이 위법·부당하다고

---

115) 2009년 사시 기출문제 제3문 2.

주장하며 소청심사를 청구하였다. 소청심사위원회는 2008.7.25. 해임을 3개월의 정직처분으로 변경하라는 처분명령재결을 하였고, 甲은 2008.7.30. 재결서를 송달받았다. A장관은 2008.8.5. 甲에 대해 정직처분을 하였다. 2008.8.10. 정직처분서를 송달받은 甲은 취소소송을 제기하고자 한다. 처분을 대상으로 취소소송을 제기하는 경우 어떠한 처분을 대상으로 할 것인가? 또 이 취소소송에서 어느 시점을 제소기간 준수 여부의 기준시점으로 하여야 하는가? 20점

해설

Ⅰ 취소소송의 대상

1. 문제의 소재

행정소송법(이하 동법이라 함) 제19조에 의하면 취소소송은 처분 등을 대상으로 한다. 다만, 재결 취소소송의 경우에는 재결 자체에 고유한 위법이 있음을 이유로 하는 경우에 한한다. 2008.4.8. 해임처분, 2008.7.30 3개월의 정직처분변경명령재결, 2008.8.10. 3개월의 정직처분이 있다. 어떠한 처분을 취소소송의 대상으로 할 것인가와 관련하여 2008.4.8. 해임처분, 2008.7.30. 3개월의 정직처분변경명령재결, 2008.8.10. 3개월의 정직처분 중 취소소송의 대상이 문제된다.

2. 2008.4.8. 해임처분, 2008.7.30. 3개월의 정직처분변경명령재결, 2008.8.10. 3개월의 정직처분 중 취소소송의 대상

(1) 학설

취소소송의 대상에 대하여 수정재결은 당초처분의 강도를 감경한 것에 불과한 것으로서 재결 자체에 고유한 위법이 있다고 볼 수 없으므로 변경된 당초처분이라는 견해, 수정재결은 당초 처분을 완전히 대체하는 것이므로 수정재결이라는 견해, 국민에 대한 구체적인 권익의 침해는 처분이 있어야 현실화된다는 점에서 수정재결에 따른 변경처분이라는 견해, 수정재결과 수정재결에 따른 변경처분이 모두 대상이 된다는 견해 등이 있다.

(2) 판례

행정청이 영업자에게 행정제재처분을 한 후 일부 인용의 처분변경명령재결에 따라 당초처분을 영업자에게 유리하게 변경하는 처분을 한 경우, 그 취소소송의 대상은 변경된 내용의 당초처분이지 변경처분은 아니다.[116]

[116) 행정청이 식품위생법령에 따라 영업자에게 행정제재처분을 한 후 그 처분을 영업자에게 유리하게 변경하는 처분을 한 경우, 변경처분에 의하여 당초처분은 소멸하는 것이 아니고 당초부터 유리하게 변경된 내용의 처분으로 존재하는 것이므로, 변경처분에 의하여 유리하게 변경된 내용의 행정제재가 위법하다 하여 그 취소를 구하는 경우 그 취소소송의 대상은 변경된 내용의 당초처분이지 변경처분은 아니고, 제소기간의 준수 여부도 변경처분이 아닌 변경된 내용의 당초처분을 기준으로 판단하여야 한다.

(3) 검토

변경명령재결이나 수정재결은 제재처분의 강도를 감경하는 것에 불과하므로 일부취소재결과 본질적으로 다른 구조를 가진다고 보이지 않는다는 점에서 변경된 당초처분이 취소소송의 대상이 된다는 판례가 타당하다.

(4) 사안의 경우

취소소송의 대상은 A장관이 행한 2008.4.8.자 3개월 정직처분이다.[117]

3. 소결

A장관이 행한 2008.4.8.자 3개월 정직처분이 취소소송의 대상이다.

[II] 취소소송의 제소기간 준수 여부의 기준시점

1. 취소소송의 제소기간

동법 제20조 제1항과 제2항에 의하면 특별한 사정이 없는 한 취소소송은 처분 등이 있음을 안 날(재결서 정본을 받은 날)부터 90일 이내에 제기하여야 하고, 처분 등이 있은 날부터 1년을 경과하면 이를 제기하지 못한다.

2. 사안의 경우

甲은 원칙적으로 해임처분서를 송달받은 날인 2008.4.8.자로부터 90일 이내에 취소소송을 제기하여야 하나, 행정심판을 제기한 경우에 해당되기 때문에 동법 제20조 제1항에 의하여 제소기간 준수 여부의 기준시점은 재결서의 정본을 송달받은 날인 2008.7.30.이다.[118]

[III] 설문의 해결

취소소송의 대상은 A장관이 행한 2008.4.8.자 3개월 정직처분이다. 제소기간 준수 여부의 기준 시점은 재결서의 정본을 송달받은 날인 2008.7.30.이다.

---

117) 원처분이나 변경처분을 취소소송의 대상으로 한다면 별 문제가 없으나, 변경명령재결을 취소소송의 대상으로 한다면 당연히 재결 자체에 고유한 위법이 있음을 이유로 하는 경우인지 추가적 검토가 필요하다. 다행히도 결론은 수정된 당초처분이다.

118) 수정재결이 취소소송의 대상이 된다는 견해를 택했다면 변경명령재결의 재결서를 송달받은 시점(2008.7.30.)부터 90일 이내에, 변경처분이 취소소송의 대상이 된다는 견해를 택했다면, A장관의 정직처분서를 송달받은 시점(2008.8.10.)부터 90일 이내에 취소소송을 제기하여야 한다. 일부기각(일부인용)의 이행재결에 따른 후속 변경처분에 의하여 변경된 내용의 당초처분의 취소를 구하는 이 사건 소 또한 행정심판재결서 정본을 송달받은 날로부터 90일 이내 제기되어야 한다(대판 2007.4.27, 2004두9302).

[제2문] [119] 일반음식점을 운영하는 업주 甲은 2012.12.25. 2명의 청소년에게 주류를 제공한 사실이 경찰의 연말연시 일제 단속에 적발되어 2013.2.15. 관할 구청장 乙로부터 영업정지 2개월의 처분을 통지받았다. 甲은 자신의 업소가 대학가에 소재하고 있어서 주된 고객이 대학생인데, 고등학생이 오는 경우도 있어 신분증으로 나이를 확인하고 출입을 시키도록 종업원 A에게 철저히 교육을 하였다. 그런데 종업원 A는 사건 당일은 성탄절이라 점포 내 많은 손님들로 북적거려서 신분증을 일일이 확인하는 것은 어렵겠다고 판단하여 간헐적으로 신분증 확인을 하였고, 경찰의 단속에서 청소년이 발견된 것이다. 한편 甲은 평소 청소년 선도활동을 활발히 한 유공으로 표창을 받았을 뿐 아니라 지금까지 관계 법령 위반으로 인한 영업정지 등 행정처분과 행정벌을 받은 바가 전혀 없으며, 간암으로 투병 중인 남편과 초등학생인 자식 2명을 부양하고 있다. 만약 위 사례에서 영업정지 2개월의 처분에 대해 2013.2.20. 乙이 영업정지 1개월의 처분에 해당하는 과징금으로 변경하는 처분을 하였고 甲이 2013.2.23. 이 처분의 통지를 받았다면, 甲이 이에 대해 취소소송을 제기할 경우 취소소송의 기산점과 그 대상을 설명하시오. [10점]

 해설

Ⅰ 취소소송의 대상

1. 학설

적극적 변경도 실질적으로 일부취소이므로 후속 변경처분에 의하여 유리하게 변경되어 존속하는 당초처분을 대상으로 취소소송을 제기하여야 한다는 견해인 변경된 원처분설과 처분청의 직권에 의한 적극적 변경은 당초처분을 대체하는 새로운 처분이므로 변경처분을 대상으로 취소소송을 제기하여야 한다는 견해인 변경처분설이 있다.

2. 판례

행정청이 식품위생법령에 기하여 영업자에 대하여 행정제재처분을 한 후 그 처분을 영업자에게 유리하게 변경하는 처분을 한 경우(이하 처음의 처분을 '당초처분', 나중의 처분을 '변경처분'이라 한다), 변경처분에 의하여 당초처분은 소멸하는 것이 아니고 당초부터 유리하게 변경된 내용의 처분으로 존재하는 것이므로, 변경처분에 의하여 유리하게 변경된 내용의 행정제재가 위법하다 하여 그 취소를 구하는 경우 그 취소소송의 대상은 변경된 내용의 당초처분이지 변경처분은 아니다. [120]

3. 검토

당초의 처분과 변경된 처분의 동일성 유지 여부에 따라 동일성이 유지되는 경우에는 당초의 처분을, 동일성이 유지되지 않는 경우에는 변경처분을 대상으로 보는 판례가 타당하다.

4. 사안의 경우

영업정지 2개월의 처분에 대해 2013.2.20. 乙이 행한 영업정지 1개월의 처분에 해당하는 과징금

---

119) 2013년 일행 기출문제 제1문 3)

120) 대판 2007.04.27, 2004두9302

변경처분은 영업정지 2개월 처분과 동일성이 유지된다고 보아야 할 것이므로 甲은 유리하게 변경된 당초처분인 2013.2.15.자의 영업정지 1개월의 처분에 해당하는 과징금처분을 대상으로 취소소송을 제기하여야 할 것이다.

Ⅱ 취소소송의 기산점

1. 취소소송의 제소기간

행정소송법 제20조 제1항에 의하면 취소소송은 처분 등이 있음을 안 날부터 90일 이내에 제기하여야 한다. 제소기간의 준수 여부는 변경처분이 아닌 변경된 내용의 당초처분을 기준으로 판단하여야 한다.

2. 사안의 경우

유리하게 변경된 당초처분인 2013.2.15.자 영업정지 1개월의 처분에 해당하는 과징금처분이 취소소송의 대상이므로 그 취소소송의 기산점은 2013.2.15.이 된다.[121]

Ⅲ 설문의 해결

2013.2.15.자의 영업정지 1개월의 처분에 해당하는 과징금처분을 대상으로 취소소송을 제기하고, 그 취소소송의 기산점은 2013.2.15.이 된다.

[제3문] [122] 건설회사에 근무하는 甲은 건설현장불법행위 단속을 나온 공무원 乙의 중과실로 인하여 공사현장에서 업무 중 골절 등 산재사고로 인한 상해를 입었고, 이를 이유로 2014년 2월경 근로복지공단으로부터 휴업급여와 장해급여 등을 지급받았다. 그런데 이후 甲이 회사가 가입하고 있던 보험회사로부터 별도로 장해보상금을 지급받자 근로복지공단은 甲이 이중으로 보상받았음을 이유로 2016년 3월경 이미 지급된 급여의 일부에 대한 징수결정을 하고 이를 甲에게 고지하였다. 그러나 甲이 이 같은 징수결정에 대해서 민원을 제기하자 2016년 11월경 당초의 징수결정금액의 일부를 감액하는 처분을 하였는데, 그 처분고지서에는 "이의가 있는 경우 「행정심판법」 제27조의 규정에 의한 기간 내에 행정심판을 청구하거나 「행정소송법」 제20조의 규정에 의한 기간 내에 행정소송을 제기할 수 있습니다."라고 기재되어 있었다. 한편 공무원 乙은 공직기강확립감찰기간 중 중과실로 甲에 대한 산재사고를 야기하였음을 이유로 해임처분을 받자 이에 대해서 소청심사를 거쳐 취소소송을 제기하였다. 甲은 감액처분에 불복하여 행정심판을 청구하였고 각하재결을 받은 후 재결서를 송달받은 즉시 2017년 5월경 근로복지공단을 상대로 위 감액처분의 취소를 구하는 행정소송을 제기하였다. 이 경우 당해 취소소송의 적법 여부를 검토하시오. [25점]

---

121) 변경처분설에 따르면 2013.2.20. 과징금부과처분이 취소소송의 대상이며, 이때 제소기간의 기산점은 이 처분을 송달받은 2013.2.23.이 된다.

122) 2017년 노무사 기출 제1문 (1)

해설

① 문제의 소재

취소소송의 제기가 적법하려면, 취소소송의 대상적격, 취소소송의 원고적격, 취소소송의 피고적격, 취소소송의 협의의 소익, 취소소송의 제소기간, 취소소송의 관할법원, 취소소송의 행정심판의 전치 등의 취소소송요건을 충족하여야 한다. 甲은 감액처분의 직접 상대방이므로 취소소송의 원고적격은 문제되지 않는다. 근로복지공단은 산업재해보상보험법에 의해 국가사무인 보험급여사무의 위임을 받은 사인이므로 행정청이다. 취소소송의 피고적격은 문제되지 않는다. 취소소송의 협의의 소익, 관할법원, 행정심판의 전치 등은 특별히 문제될만한 사정이 엿보이지 않는다. 당해 취소소송의 적법 여부와 관련하여 첫째, 취소소송의 대상이 문제된다. 둘째, 취소소송의 제소기간요건을 충족하는지 문제된다.

② 취소소송의 대상

1. 문제의 소재

행정소송법(이하 동법이라 함) 제19조와 동법 제2조 제1항 제1호에 의하면 취소소송의 대상이 되는 처분이란 행정청이 행하는 구체적 사실에 관한 법집행으로서의 공권력의 행사 또는 그 거부와 그밖에 이에 준하는 행정작용을 말한다. 당초의 징수결정처분과 후속의 감액처분이 있다. 취소소송의 대상과 관련하여 당초의 징수결정처분과 후속의 감액처분 중 취소소송의 대상이 문제된다.

2. 당초의 징수결정처분과 후속의 감액처분 중 취소소송의 대상

(1) 학설

적극적 변경도 실질적으로 일부취소이므로 후속 변경처분에 의하여 유리하게 변경되어 존속하는 당초처분을 대상으로 취소소송을 제기하여야 한다는 견해인 변경된 원처분설과 처분청의 직권에 의한 적극적 변경은 당초처분을 대체하는 새로운 처분이므로 변경처분을 대상으로 취소소송을 제기하여야 한다는 견해인 변경처분설이 있다.

(2) 판례

행정청이 식품위생법령에 기하여 영업자에 대하여 행정제재처분을 한 후 그 처분을 영업자에게 유리하게 변경하는 처분을 한 경우(이하 처음의 처분을 '당초처분', 나중의 처분을 '변경처분'이라 한다), 변경처분에 의하여 당초처분은 소멸하는 것이 아니고 당초부터 유리하게 변경된 내용의 처분으로 존재하는 것이므로, 변경처분에 의하여 유리하게 변경된 내용의 행정제재가 위법하다 하여 그 취소를 구하는 경우 그 취소소송의 대상은 변경된 내용의 당초처분이지 변경처분은 아니다.

(3) 검토

당초의 처분과 변경된 처분의 동일성이 유지되는 경우에는 당초의 처분을 취소소송의 대상으로, 동일성이 유지되지 않는 경우에는 변경처분을 대상으로 보는 판례가 타당하다.

(4) 사안의 경우

당초의 2016년 3월경 행한 징수결정처분에 대해 2016년 11월경 행한 당초의 징수결정금액의 일부를 감액하는 처분은 당초의 징수결정처분과 동일성이 유지된다고 보아야 할 것이므로 甲은 유리하게 변경된 당초처분인 2016년 3월경 행한 감액처분을 대상으로 취소소송을 제기하여야 할 것이다.

3. 소결

2016년 3월경 행한 감액처분이 취소소송의 대상이 된다.

Ⅲ 취소소송의 제소기간요건을 충족하는지 여부

1. 법률규정

동법 제20조에 의하면 취소소송은 처분 등이 있음을 안 날(또는 재결서의 정본을 송달받은 날)부터 90일 이내에 제기하여야 한다. 취소소송은 처분 등이 있은 날부터 1년(제1항 단서의 경우는 재결이 있은 날부터 1년)을 경과하면 이를 제기하지 못한다. 다만, 정당한 사유가 있는 때에는 그러하지 아니하다.

2. 사안의 경우

2016년 3월경 행한 감액처분을 대상으로 취소쟁송을 제기하여야 한다. 각하재결은 2016년 3월경 행한 감액처분이 있음을 안 날로부터 90일이 경과하여 나온 것임을 알 수 있다. 甲의 취소소송의 제기 역시 2016년 3월경 행한 감액처분이 있음을 안 날로부터 90일이 경과하였다. 이 기간은 불변기간이다. 甲의 취소소송의 제기는 취소소송의 제소기간요건을 충족하지 못한다.

Ⅳ 설문의 해결

甲이 제기한 감액처분의 취소를 구하는 취소소송은 부적법하다.

제2항 하자의 승계[123)]

[제1문] [124)] A시의 시장은 건물 소유자인 甲에게 「건축법」 제79조 및 「행정대집행법」 제3조에 따라 동 건물이 무허가 건물이라는 이유로 일정 기간까지 철거할 것을 명함과 아울러 불이행할 때에는 대집행한다는 내용의 계고를 하였다. 그 후 甲이 이에 불응하자 다시 2차 계고서를 발송하여 일정 기간까지 자진철거를 촉구하고 불이행하면 대집행한다는 내용을 고지하였다. 그러나 甲은 동

---

123) 하자의 승계문제는 거의 대부분 독립형으로 출제되니 목차의 구성과 흐름을 잘 기억하기 바란다.
124) 2012년 일행 기출문제 제1문 3)

건물이 무허가 건물이 아니라고 다투고 있다(단, 대집행 요건의 구비 여부에 대하여는 아래 각 질문 사항에 따라서만 검토하기로 한다). 철거명령의 위법을 이유로 계고의 위법을 다툴 수 있는가? 10점

🔖 해설

Ⅰ 문제의 소재

하자의 승계문제란 선행행위의 하자를 이유로 후행행위를 다투는 문제를 말한다. 선행행위의 하자를 이유로 후행행위를 다투려면, 하자승계논의의 전제조건을 충족하여야 하고, 선행행위의 하자가 후행행위의 하자로 하자의 승계가 허용되는 범위 내에 있어야 한다. 철거명령의 위법을 이유로 계고의 위법을 다툴 수 있는가와 관련하여 선행행위인 철거명령과 후행행위인 계고가 하자승계논의의 전제조건을 충족하는지 문제된다.

Ⅱ 선행행위인 철거명령과 후행행위인 계고가 하자승계논의의 전제조건을 충족하는지 여부

1. 하자승계논의의 전제조건

선행행위와 후행행위는 모두 취소소송의 대상이 되는 처분이어야 하고, 선행처분은 취소사유가 존재하면서 불가쟁력이 발생하여야 하며, 후행처분은 적법해야 한다.

2. 사안의 경우

선행처분인 철거명령은 작위의무를 부과하는 강학상 하명이고, 후행처분인 계고는 준법률행위적 행정행위로서 통지이므로 모두 취소소송의 대상이 되는 처분이다. 선행처분인 철거명령에 대하여 甲은 동 건물이 무허가 건물이 아니라고 다투고 있으므로 내용상 하자로서 취소사유가 있음을 주장하고 있다. 선행처분인 철거명령과 후행처분인 1차 계고는 한 장의 문서로 이루어졌으므로 제소기간의 기산점이 동일하다. ① 후행처분인 1차 계고에 대한 소제기가 적법하다면, 선행처분인 철거명령은 불가쟁력을 발생하지 못하므로 하자승계논의의 전제조건을 충족하지 못한다. 따라서 철거명령의 위법을 이유로 계고의 위법을 다툴 수 없다. ② 선행처분인 철거명령에 불가쟁력이 발생한다면, 함께 이루어진 1차 계고 역시 불가쟁력이 발생하여 1차 계고에 대한 소제기는 부적법하여 하자승계논의의 전제조건을 충족하지 못한다. 따라서 철거명령의 위법을 이유로 계고의 위법을 다툴 수 없다.

Ⅲ 설문의 해결

철거명령과 계고에 대한 제소기간의 기산점이 동일하므로 철거명령의 위법을 이유로 계고의 위법을 다툴 수 없다.

[제2문] 125) A주식회사는 Y도지사에게 「산업입지 및 개발에 관한 법률」 제11조에 의하여 X시 관내 토지 3,261,281㎡에 대하여 산업단지지정요청서를 제출하였고, 해당 지역을 관할하는 X시장은 요청서에 대한 사전검토 의견서를 Y도지사에게 제출하였다. 이에 Y도지사는 A주식회사를 사업시행자로 하여 위 토지를 '○○ 제2일반지방산업단지'(이하 "산업단지"라고 한다)로 지정·고시한 후, A주식회사의 산업단지개발실시계획을 승인하였다. 그러나 도지사는 위 산업단지를 지정하면서, 주민 및 관계 전문가 등의 의견을 청취하지 않았다. 한편, 甲은 X시 관내에 있는 토지소유자로서 甲의 일단의 토지 중 90%가 위 산업단지의 지정·고시에 의해 수용의 대상이 되었다. A주식회사는 甲소유 토지의 취득 등에 대하여 甲과 협의하였으나 협의가 성립되지 아니하였다. 이에 A주식회사는 Y도(道) 지방토지수용위원회에 재결을 신청하였고, 동 위원회는 금 10억 원을 보상금액으로 하여 수용재결을 하였다. 甲은 Y도 지방토지수용위원회의 수용재결에 대하여 취소소송을 제기하면서 Y도지사의 산업단지 지정에 하자가 있다고 주장한다. 산업단지 지정에 대한 취소소송의 제소기간이 도과한 경우에 甲의 주장은 인용될 수 있는가? (단, 소의 적법요건은 충족하였다고 가정한다) 20점

해설

I 문제의 소재

하자의 승계문제란 선행행위의 하자를 이유로 후행행위를 다투는 문제를 말한다. 선행행위의 하자를 이유로 후행행위를 다투려면, 하자승계논의의 전제조건을 충족하여야 하고, 선행행위의 하자가 후행행위의 하자로 하자의 승계가 허용되는 범위 내에 있어야 한다. 산업단지 지정에 대한 취소소송의 제소기간이 도과한 경우에 甲의 주장은 인용될 수 있는가와 관련하여 첫째, 산업단지 지정과 수용재결이 하자승계논의의 전제조건을 충족하는지 문제된다. 둘째, 산업단지 지정의 하자가 수용재결의 하자로 하자의 승계가 허용되는 범위 내에 있는지 문제된다.

II 산업단지 지정과 수용재결이 하자승계논의의 전제조건을 충족하는지 여부

1. 문제의 소재

하자의 승계가 논의되려면 그 전제조건으로서 선행처분과 후행처분이 있어야 하고, 선행처분은 취소사유인 위법성이 존재하여야 하며, 제소기간이 도과하여 불가쟁력이 발생하여야 한다. 그리고 후행처분은 적법하여야 한다. 선행행위인 Y도지사의 산업단지 지정은 산업입지 및 개발에 관한 법률 제22조에 의하여 사업시행자에게 수용권과 사용권을 설정하여 주므로 강학상 특허로서 처분이다. 후행행위인 Y도 지방토지수용위원회의 수용재결은 강학상 대리로서 처분이다. 선행처분인 산업단지 지정에 대한 취소소송의 제소기간이 도과하였으므로 불가쟁력이 발생하였다. 수용재결에 대한 소제기가 부적법하다는 특별한 사정이 엿보이지 않는다. 산업단지 지정과 수용재결이 하자승계논의의 전제조건을 충족하는지와 관련하여 첫째, 선행처분인 Y도지사의 산업단지

지정에 하자가 존재하는지 문제된다. 둘째, 선행처분인 Y도지사의 산업단지 지정의 하자의 정도 가 취소사유인지 문제된다.

2. 선행처분인 Y도지사의 산업단지 지정에 하자가 존재하는지 여부

(1) 법률규정

산업입지 및 개발에 관한 법률 제10조 제1항에 의하면 산업단지 지정권자는 … 산업단지를 지정하거나 … 하려는 경우에는 이를 공고하여 주민 및 관계 전문가 등의 의견을 들어야 하 고, 그 의견이 타당하다고 인정할 때에는 이를 반영하여야 한다.

(2) 사안의 경우

Y도지사는 산업단지를 지정하면서 주민 및 관계 전문가 등의 의견을 청취하지 않았으므로 산업입지 및 개발에 관한 법률 제10조 제1항 위반으로 절차상 하자가 존재한다. 법령상 절차 규정 위반인 절차상 하자는 행정소송법 제30조 제3항의 취지에 비추어 독자적 위법사유로 보는 것이 일반적이다.

3. 선행처분인 Y도지사의 산업단지 지정의 하자의 정도가 취소사유인지 여부

중대·명백설과 판례는 절차상 하자는 중대한 법규위반은 아니나 명백한 법규위반이므로 취소사 유로 본다. 절차는 처분의 목적이 아니므로 절차상 하자는 취소사유로 보는 것이 타당하다.

4. 소결

Y도지사의 산업단지 지정의 하자와 Y도 지방토지수용위원회의 수용재결은 하자승계논의의 전제 조건을 충족한다.

Ⅲ Y도지사의 산업단지 지정의 하자가 Y도 지방토지수용위원회의 수용재결의 하자로 하자의 승계가 허용되는 범위 내에 있는지 여부

1. 학설

선행행위와 후행행위가 결합하여 하나의 효과를 완성하는 경우에는 선행행위의 하자가 후행행위 에 승계되는 반면, 양 행위가 서로 독립하여 별개의 효과를 발생시키는 경우에는 선행행위가 당 연무효가 아닌 한 선행행위의 하자가 후행행위에 승계되지 않는다고 하는 하자승계론과 제소기 간이 도과하여 불가쟁력이 발생된 행정행위의 하자의 승계가능성은 원칙적으로 부인되어야 하 며, 다만 이렇게 선행행위의 위법을 주장할 수 없는 것이 당사자에게 수인한도를 넘는 가혹함을 가져오며, 그 결과가 당사자에게 예측가능한 것이 아닌 경우에는 국민의 권리구제 차원에서 예외 적으로 후행행위를 다투면서 선행행위의 위법을 주장할 수 있다는 구속력이론이 있다.

2. 판례

선행행위와 후행행위가 결합하여 하나의 효과를 완성하는 경우에는 선행행위의 하자가 후행행위 에 승계되고, 선행행위와 후행행위가 서로 독립하여 별개의 효과를 목적으로 하는 경우에도 국민 의 권리구제차원에서 예외적으로 후행행위를 다투면서 선행행위의 위법을 주장할 수 있다.

3. 검토

구속력이론은 행정행위와 판결이 구조적인 차이가 있음에도 불구하고 행정행위에 기판력과 유사한 효력을 인정한다는 점에서 문제가 있고, 하자승계론은 형식적으로 판단한 나머지 구체적 타당성이 고려되지 않는다는 문제가 있다는 점에서 법적 안정성과 구체적 타당성을 조화시키는 판례가 타당하다. 따라서 원칙적으로 선행행위와 후행행위가 결합하여 하나의 효과를 완성하는 경우에는 선행행위의 하자가 후행행위에 승계되나, 선행행위와 후행행위가 서로 독립하여 별개의 효과를 목적으로 하는 경우에도 선행처분의 구속력으로 인한 후행처분의 불이익이 수인한도를 넘는 가혹함을 가져오거나 당사자에게 예측가능한 것이 아닌 경우에는 국민의 권리구제차원에서 예외적으로 후행행위를 다투면서 선행행위의 위법을 주장할 수 있다.

4. 사안의 경우

① Y도지사의 산업단지 지정과 Y도 지방토지수용위원회의 수용재결은 서로 독립하여 별개의 효과를 목적으로 하는 경우에 해당한다. ② 선행처분인 Y도지사의 산업단지 지정이 있게 되면 Y도 지방토지수용위원회의 수용재결이 있게 된다는 점에서 후행처분이 예측가능하나, 선행처분인 Y도지사의 산업단지 지정에 대해 제소기간 내에 다투지 못할 특별한 사정이 엿보이지 아니하므로 선행처분으로서 산업단지지정의 결과인 후행처분으로서 수용재결이 甲에게 가혹하다고 보이지 않는다. Y도지사의 산업단지 지정의 하자는 Y도 지방토지수용위원회의 수용재결의 하자로 하자의 승계가 허용되는 범위 내에 있지 않다.

Ⅳ 설문의 해결

Y도 지방토지수용위원회의 수용재결에 대하여 취소소송을 제기하면서 Y도지사의 산업단지 지정에 하자가 있다는 甲의 주장은 인용될 수 없다.

[제3문] [126] 甲은 乙로부터 2014.10.7. A시 B구 소재 이용원 영업을 양도받고 관할행정청인 B구 구청장 X에게 영업자지위승계신고를 하였다. 그런데 甲은 위 영업소를 운영하던 중, 2014.12.16. C경찰서 소속 경찰관에 의해 「성매매알선 등 행위의 처벌에 관한 법률」 위반으로 적발되었다. 구청장 X는 2014.12.19. 甲에 대하여 3월의 영업정지처분을 하였다. 한편 乙은 이미 같은 법 위반으로 2014년 7월부터 9월까지의 2월의 영업정지처분을 받은 바 있었다. 그 후 2015.5.6. B구청 소속 공무원들은 위생 관리 실태를 검사하기 위하여 위 영업소에 들어갔다가 甲이 여전히 손님에게 성매매알선 등의 행위를 하는 것을 적발하였다. 이에 구청장 X는 이미 乙이 제1차 영업정지처분을 받았고, 甲이 제2차 영업정지처분을 받았음을 이유로 2015.5.6.에 적발된 위법행위에 대하여 甲에게 「공중위생관리법」 제11조 제1항 및 제2항, 같은 법 시행규칙 제19조 [별표 7] 행정처분기준에 따라 적법한 절차를 거쳐서 가중된 제재처분인 영업소폐쇄명령을 내렸다. 甲은 구청장 X의 영업소폐쇄

명령에 대한 취소소송을 제기하면서, 자신에 대한 제2차 영업정지처분의 위법성을 폐쇄명령의 취소 사유로 주장하고 있다. 甲에 대한 제2차 영업정지처분 시에 의견청취절차를 거치지 않았으나, 이를 다투지 않은 채 제소기간이 도과하였다. 이러한 甲의 주장이 타당한지를 검토하시오. 25점

해설

① 문제의 소재

하자의 승계문제란 선행행위의 하자를 이유로 후행행위를 다투는 문제를 말한다. 선행행위의 하자를 이유로 후행행위를 다투려면, 하자승계논의의 전제조건을 충족하여야 하고, 선행행위의 하자가 후행행위의 하자로 하자의 승계가 허용되는 범위 내에 있어야 한다. 甲의 주장이 타당한지와 관련하여 첫째, 제2차 영업정지처분과 영업소폐쇄명령이 하자승계논의의 전제조건을 충족하는지 문제된다. 둘째, 제2차 영업정지처분의 하자가 영업소폐쇄명령의 하자로 하자의 승계가 허용되는 범위 내에 있는지 문제된다.

② 제2차 영업정지처분과 영업소폐쇄명령이 하자승계논의의 전제조건을 충족하는지 여부

1. 문제의 소재

하자의 승계가 논의되려면 선행행위와 후행행위는 모두 취소소송의 대상이 되는 처분이어야 하고, 선행처분은 그 하자가 취소사유이어야 하고, 제소기간이 경과하여 불가쟁력이 발생하여야 하며, 후행처분은 적법하여야 한다는 조건을 충족하여야 한다. 선행행위인 제2차 영업정지 처분은 부작위의무를 부과하는 강학상 하명으로서 처분이다. 후행행위인 영업소폐쇄명령은 작위의무를 부과하는 강학상 하명으로서 처분이다. 선행행위인 제2차 영업정지처분의 제소기간이 도과하였으므로 불가쟁력이 발생하였다. 제2차 영업정지처분과 영업소폐쇄명령이 하자승계논의의 전제조건을 충족하는지와 관련하여 선행행위인 제2차 영업정지처분에 의견청취절차를 거치지 않았다는 점이 하자로서 취소사유인지 문제된다.

2. 선행행위인 제2차 영업정지처분에 의견청취절차를 거치지 않았다는 점이 절차상 하자로서 취소사유인지 여부

(1) 의견청취절차를 거치지 않았다는 점이 절차상 하자인지 여부

1) 법률규정

행정절차법 제22조에 제3항에 의하면 행정청이 당사자에게 의무를 부과하거나 권익을 제한하는 처분을 할 때 제1항 또는 제2항의 경우 외에는 당사자 등에게 의견제출의 기회를 주어야 한다. 동조 제4항에 의하면 제21조 제4항 각 호의 어느 하나에 해당하는 경우와 당사자가 의견진술의 기회를 포기한다는 뜻을 명백히 표시한 경우에는 의견청취를 하지 아니할 수 있다.

2) 사안의 경우

행정절차법 제21조 제4항 각 호의 사유가 있다는 특별한 사정이 엿보이지 아니하고, 당사자인 甲이 의견진술의 기회를 포기한다는 뜻을 명백히 표시한 사정도 엿보이지 아니하므로 이 사건 제2차 영업정지처분에는 절차상의 하자가 존재한다.

(2) 의견청취절차를 거치지 않은 하자가 독자적 위법사유인지 여부

1) 학설과 판례

절차위반을 이유로 다시 처분한다고 하여도 전과 동일한 내용의 처분을 하는 경우에는 행정경제 및 소송경제에 반한다는 소극설, 적정한 절차는 적정한 결정의 전제가 된다는 적극설, 재량행위는 절차의 하자가 존재하는 경우 위법해지지만, 기속행위는 내용상 하자가 존재하지 않는 한 절차상 하자만으로는 위법해지지 않는다는 절충설이 있다. 판례는 법령상 요구되는 청문절차의 결여를 위법사유로 보고 있으나, 법령상 근거 없이 단순히 훈령상 요구되는 청문절차를 결여한 것은 위법사유로 보지 아니한다.

2) 검토 및 사안의 경우

법률적합성원칙에 따라 행정작용은 실체상뿐만 아니라 절차상으로도 적법하여야 하며, 행정소송법 제30조 제3항에 의하여 취소소송 등의 기속력이 절차의 위법을 이유로 하는 경우에 준용된다는 점에 비추어 적극설이 타당하다. 의견청취절차를 거치지 않은 하자는 독자적 위법사유이다.

(3) 의견청취절차를 거치지 않은 위법성의 정도가 취소사유인지 여부

중대·명백설과 판례에 의하면 절차위반은 중대한 적법요건의 위반이 아니라는 점에서 중대한 법규위반은 아니나 명백한 법규위반이어서 취소사유이다. 이에 대해서 의견청취절차를 흠결한 경우 이는 중대하고 명백한 하자이므로 당연무효에 해당한다고 보는 견해가 있다. 절차는 처분의 목적이 아니므로 판례가 타당하다.

(4) 소결

선행행위인 제2차 영업정지처분에 의견청취절차를 거치지 않았다는 점은 절차상 하자로서 취소사유이다.

3. 소결

제2차 영업정지처분의 하자와 영업소폐쇄명령은 하자승계논의의 전제조건을 충족한다.

Ⅲ 제2차 영업정지처분의 하자가 영업소폐쇄명령의 하자로 하자의 승계가 허용되는 범위 내에 있는지 여부

1. 학설

선행행위와 후행행위가 결합하여 하나의 효과를 완성하는 경우에는 선행행위의 하자가 후행행위에 승계되는 반면, 양 행위가 서로 독립하여 별개의 효과를 발생시키는 경우에는 선행행위가 당연무효가 아닌 한 선행행위의 하자가 후행행위에 승계되지 않는다고 하는 하자승계론과 제소기간이 도과하여 불가쟁력이 발생된 행정행위의 하자의 승계가능성은 원칙적으로 부인되어야 하며, 다만 이렇게 선행행위의 위법을 주장할 수 없는 것이 당사자에게 수인한도를 넘는 가혹함을 가져오며, 그 결과가 당사자에게 예측가능한 것이 아닌 경우에는 국민의 권리구제 차원에서 예외적으로 후행행위를 다투면서 선행행위의 위법을 주장할 수 있다는 구속력이론이 있다.

2. 판례

원칙적으로 하자승계론의 입장에서 선행행위와 후행행위가 결합하여 하나의 효과를 완성하는 경우에는 선행행위의 하자가 후행행위에 승계되는 반면, 양 행위가 서로 독립하여 별개의 효과를 발생시키는 경우에는 선행행위가 당연무효가 아닌 한 선행행위의 하자가 후행행위에 승계되지 않는다고 보나, 그 경우에도 국민의 권리구제차원에서 예외적으로 수인성의 원칙을 이유로 하자의 승계를 인정하였다.

3. 검토

구속력이론은 행정행위와 판결이 구조적인 차이가 있음에도 불구하고 행정행위에 기판력과 유사한 효력을 인정한다는 점에서 문제가 있고, 하자승계론은 형식적으로 판단한 나머지 구체적 타당성이 고려되지 않는다는 문제가 있다는 점에서 법적 안정성과 구체적 타당성을 조화롭게 꾀하는 판례가 타당하다. 원칙적으로 선행행위와 후행행위가 결합하여 하나의 효과를 완성하는 경우에는 선행행위의 하자가 후행행위에 승계되나, 선행행위와 후행행위가 서로 독립하여 별개의 효과를 목적으로 하는 경우에도 선행처분의 구속력으로 인한 후행처분의 불이익이 수인한도를 넘는 가혹함을 가져오거나 당사자에게 예측가능한 것이 아닌 경우에는 국민의 권리구제차원에서 예외적으로 후행행위를 다투면서 선행행위의 위법을 주장할 수 있다.

4. 사안의 경우

① 선행행위인 제2차 영업정지처분은 일시적으로 영업을 제한하는 것임에 반해, 영업소폐쇄명령은 영구적으로 해당 장소에서 영업하는 것을 차단하는 것이므로, 서로 독립하여 별개의 효과를 목적으로 하는 경우이다. ② 제2차 영업정지처분을 받고, 또 다시 위법행위를 하면 영업소폐쇄명령이 발령된다는 점에서 후행처분인 영업소폐쇄명령이 예측가능하다. ③ 甲은 제2차 영업정지처분에 대하여 제소기간 안에 그 처분의 위법성을 주장하며 취소소송을 제기할 수 없었다는 특별한 사정이 엿보이지 않으므로 수인이 불가능하다고 보이지 않는다. 제2차 영업정지처분의 하자는 영업소폐쇄명령의 하자로 승계가 허용되는 범위 내에 있지 않다.

Ⅳ 설문의 해결

제2차 영업정지처분의 위법성을 영업소폐쇄명령의 취소사유로 주장하는 甲의 주장은 타당하지 않다.

제 6 절   취소소송의 관할법원 요건 - 선결문제

제1항   부당이득반환청구소송

[제1문] [127] 정부는 문화한국의 기치를 내걸고 전국에 문화시설을 확충하기로 하였다. 이에 부응하여 국회는 새로 개발되는 지역에는 반드시 일정규모의 문화시설을 갖추도록 하고 문화시설의 용지 확보를 위하여 개발 사업지역에서 단독주택건축을 위한 토지 또는 공동주택 등을 분양받는 자에게 부담금을 부과 · 징수할 수 있도록 하는 것을 골자로 하는 「문화시설용지확보에 관한 특례법」(가상의 법률임. 이하 특례법이라 한다)을 제정 · 공포하였고, 특례법은 2012.1.1.부터 시행되었다. 이에 A도(道)의 B군수는 A도로부터 A도 조례가 정하는 바에 의하여 권한을 위임받아 「도시 및 주거환경정비법」에 따른 개발사업을 실시하였다. 이에 따라 건축된 관내 C아파트를 분양받은 甲에 대하여 2012.2.26. 특례법 제3조 제1항에 따라 문화시설용지부담금을 부과하는 처분을 하였다. 이에 甲은 위 처분에 따라 부과된 부담금을 납부했다. 그 후 헌법재판소는 2013.3.31. "특례법 제3조 제1항 중 같은 법 제2조 제2호가 정한 「도시 및 주거환경정비법」에 의하여 시행하는 개발사업지역에서 공동주택을 분양받은 자에게 문화시설용지 확보를 위하여 부담금을 부과 · 징수할 수 있다는 부분은 헌법에 위반된다."는 결정을 하였다. 이에 甲은 자신이 이미 납부한 문화시설용지부담금을 되돌려 받고자 한다. 甲이 취할 수 있는 「행정소송법」상 수단과 그 승소가능성은? 40점

참조조문

※ 아래의 법령은 문제풀이를 위한 가상의 법령임

「문화시설용지확보에 관한 특례법」

제2조(정의)

이 법에서 사용하는 용어의 정의는 다음과 같다.

2. "개발사업"이라 함은 「도시 및 주거환경정비법」에 의하여 시행하는 사업 중 300세대 규모 이상의 주택건설용 토지를 조성 · 개발하는 사업을 말한다.

제3조(부담금의 부과징수)

① 시 · 도지사는 문화시설용지의 확보를 위하여 개발사업지역에서 단독주택 건축을 위한 토지(「공익사업을 위한 토지 등의 취득 및 보상에 관한 법률」에 의한 이주용 택지로 분양받은 토지를 제외한다) 또는 공동주택(임대주택을 제외한다) 등을 분양받는 자에게 부담금을 부과 · 징수할 수 있다.

제8조(권한의 위임)

① 시 · 도지사는 당해 시 · 도의 조례가 정하는 바에 의하여 제3조의 규정에 의한 부담금의 부과징수에 관한 업무를 시장 · 군수 · 구청장(자치구의 구청장을 말한다)에게 위임할 수 있다.

---

127) 2013년 재경 기출문제 제2문

📖 해설

Ⅰ 문제의 소재

甲이 자신이 이미 납부한 문화시설용지부담금을 되돌려 받는 수단은 부당이득반환청구소송이다. 부당이득반환청구소송에서 승소하려면 법률상 원인없이 문화시설용지부담금을 납부하였어야 한다. 처분과 관련하여 법률상 원인없이란 처분이 무효임을 의미한다. 부당이득반환을 위한 행정소송법상 수단은 행정소송법(이하 동법이라 함) 제11조, 동법 제10조 제2항, 동법 제8조 제2항이다. 甲이 취할 수 있는 행정소송법상 수단과 그 승소가능성과 관련하여 첫째, 부담금부과처분의 근거법규인 특례법 제3조 제1항의 위헌결정의 소급효가 甲에게 미치는지 문제된다. 둘째, 동법 제11조에 의하여 승소가 가능한지 문제된다. 셋째, 동법 제38조 제1항, 동법 제10조 제2항에 의하여 승소가 가능한지 문제된다. 넷째, 동법 제8조 제2항에 의하여 승소가 가능한지 문제된다.

Ⅱ 부담금부과처분의 근거법규인 특례법 제3조 제1항의 위헌결정의 소급효가 甲에게 미치는지 여부

1. 문제의 소재

헌법재판소법 제47조 제2항에 의하면 위헌으로 결정된 법률 또는 법률의 조항은 그 결정이 있는 날부터 효력을 상실한다. 이는 원칙상 장래적 폐지효이다. 이와 관련하여 특례법 제3조 제1항의 위헌결정의 예외적 소급효가 甲에게 미치는지 문제된다.

2. 특례법 제3조 제1항의 위헌결정의 예외적 소급효가 갑에게 미치는지 여부

(1) 판례

헌법재판소의 위헌결정의 효력은 위헌제청을 한 당해 사건, 위헌결정이 있기 전에 이와 동종 사건의 위헌 여부에 관하여 헌법재판소에 위헌여부심판제청을 하였거나 법원에 위헌여부심판제청신청을 한 경우의 당해 사건, 따로 위헌제청신청은 하지 아니하였지만 당해 법률 또는 법률의 조항이 재판의 전제가 되어 법원에 계속 중인 사건, 위헌결정 이후에 위와 같은 이유로 제소된 일반사건에도 미친다. 그러나 취소소송의 제소기간을 경과하여 확정력이 발생한 행정처분에는 위헌결정의 소급효가 미치지 않는다.

(2) 사안의 경우

甲에 대하여 문화시설용지부담금을 부과하는 처분은 2012.2.26.에 내려졌고, 헌법재판소의 위헌결정은 2013.3.31.에 내려졌다. 헌법재판소의 위헌결정일인 2013.3.31. 이후에 제기한 甲의 취소소송은 일반사건에 해당한다. 일반사건인 甲의 취소소송은 문화시설용지부담금처분서를 받은 2012.2.26.로부터 90일이 지난 후이므로 취소소송의 제소기간을 경과하여 확정력이 발생한 행정처분이어서 위헌결정의 예외적 소급효가 미치지 않는다.

3. 소결

부담금부과처분의 근거법규인 특례법 제3조 제1항의 위헌결정의 소급효는 甲에게 미치지 않는다.

Ⅲ 동법 제11조에 의하여 승소가 가능한지 여부

1. 문제의 소재

동법 제11조 제1항에 의하면, 처분 등의 효력 유무 또는 존재 여부가 민사소송의 선결문제로 되어 당해 민사소송의 수소법원이 이를 심리·판단하는 경우에는 제17조, 제25조, 제26조 및 제33조의 규정을 준용한다. 이와 관련하여 첫째, 문화시설용지부담금 반환청구소송이 민사소송의 수소법원이 심리·판단하는 소송인지 문제된다. 둘째, 문화시설용지부담금부과처분의 효력과 판결의 형식이 문제된다.

2. 문화시설용지부담금 반환청구소송이 민사소송의 수소법원이 심리·판단하는 소송인지 여부

(1) 학설

문화시설용지부담금 반환청구소송은 부당이득반환청구소송으로서 공법적 원인에 기인한 소송이므로 공법상 당사자소송이며 행정법원이 그 수소법원이 된다는 견해와 문화시설용지부담금 반환청구소송은 부당이득반환청구소송으로서 민법 제741조에 의한 소송이므로 민사소송이며 민사법원이 그 수소법원이 된다는 견해가 있다.

(2) 판례

개발부담금 부과처분이 취소된 이상 그 후의 부당이득으로서의 과오납금 반환에 관한 법률관계는 단순한 민사관계에 불과한 것이고, 행정소송절차에 따라야 하는 관계로 볼 수 없다.[128]

(3) 검토

민법 제741조에 입각하여 부당이득의 반환을 구하므로 사법설과 판례가 타당하다.

(4) 사안의 경우

문화시설용지부담금 반환청구소송은 민사소송의 수소법원이 심리·판단하는 소송이다.

3. 문화시설용지부담금부과처분의 효력과 판결의 형식

처분이 무효가 되려면 중대한 법규위반이면서 명백한 법규위반이어야 한다. 甲에 대하여 위헌결정의 소급효가 미치지 않으므로 문화시설용지부담금부과처분의 효력은 공정력이 있어 유효하다. 甲이 제기한 문화시설용지부담금 반환청구소송은 법률상 원인없는 부당이득이 아니므로 패소판결을 면치 못한다.

4. 소결

동법 제11조에 의하여 승소가 가능하지 않다.

Ⅳ 동법 제38조 제1항, 동법 제10조 제2항에 의하여 승소가 가능한지 여부

1. 관련청구소송의 병합

동법 제38조 제1항, 동법 제10조 제2항에 의하면 항고소송에는 사실심의 변론종결시까지 관련

---

128) 대판 1995.12.22, 94다51253

청구소송을 병합하거나 피고 외의 자를 상대로 한 관련청구소송을 항고소송이 계속된 법원에 병합하여 제기할 수 있다.

2. 사안의 경우

문화시설용지부담금 반환청구소송은 동법 제10조 제1항 제1호에 의하여 문화시설용지부담금처분과 관련되는 부당이득반환청구소송으로 관련청구소송이다. 문화시설용지부담금처분취소소송이나 문화시설용지부담금처분무효확인소송과 문화시설용지부담금 반환청구소송은 병합제기가 가능하다. 위헌법률의 소급효가 미치지 않을 뿐만 아니라 취소소송의 제소기간도 도과하였으므로 문화시설용지부담금처분의 효력은 유효한 처분이다. 동법 제38조 제1항, 동법 제10조 제2항에 의하여 승소가 가능하지 않다.

Ⅴ 동법 제8조 제2항에 의하여 승소가 가능한지 여부

1. 문제의 소재

동법 제8조 제2항에 의하여 민사소송법 제216조와 제218조의 기판력제도를 이용할 수 있다. 전소로 부담금부과처분취소소송이나 부담금부과처분무효확인소송을 제기하여 취소인용판결이나 무효확인인용판결을 받은 후 인용판결의 효력으로서 처분의 소급무효나 당연무효라는 기판력을 후소인 부당이득반환청구소송에 선결문제로서 미치게 하는 방법이다. 동법 제8조 제2항에 의하여 승소가 가능한지와 관련하여 부담금부과처분취소소송이나 부담금부과처분무효확인소송에서 인용판결이 가능한지 문제된다.

2. 부담금부과처분취소소송이나 부담금부과처분무효확인소송에서 인용판결이 가능한지 여부

이미 제소기간이 도과하여 부담금부과처분취소소송에서 부적법소각하판결을 받게 되거나 부담금부과처분무효확인소송은 甲에 대하여 위헌결정의 소급효가 미치지 않으므로 문화시설용지부담금부과처분의 효력은 유효하여 수소법원은 기각판결을 할 것이다.

3. 소결

동법 제8조 제2항에 의하여 부담금부과처분취소소송의 부적법소각하판결이나 부담금부과처분무효확인소송의 기각판결의 기판력이 미치는 부당이득반환청구소송에서 甲은 승소가능하지 않다.

Ⅵ 설문의 해결

甲이 취할 수 있는 행정소송법상 수단은 동법 제11조와 동법 제10조 제2항, 그리고 동법 제8조 제2항이나 그 승소가능성은 없다.

[제2문] [129] A하천 유역에서 농기계공장을 경영하는 甲은「수질 및 수생태계 보전에 관한 법률」제4조의 5에 의한 오염부하량을 할당받은 자이다. 甲의 공장 인근에서 대규모 민물어류양식장을 운영하는 乙의 양식 어류 절반가량이 갑자기 폐사하였고, 乙은 그 원인을 추적한 결과 甲의 공장에서 유출된 할당오염부하량을 초과하는 오염물질에 의한 것이라는 강한 의심을 가지게 되었다. 甲의 공장으로부터 오염물질의 배출이 계속되어 나머지 어류의 폐사도 우려되는 상황에서 乙은 동법 제4조의6을 근거로 甲에 대한 수질오염방지시설의 개선 등 필요한 조치를 명할 것을 관할행정청 丙에게 요구하였다. 그러나 丙은 甲의 공장으로부터의 배출량이 할당오염부하량을 초과하는지 여부가 명백하지 않다는 이유로 이를 거부하였고, 乙은 동 거부처분에 대한 취소소송을 제소기간 내에 관할법원에 제기하였다. 한편 甲이 할당오염부하량을 초과하여 오염물질을 배출하였음을 이유로 관할행정청은 동법 제4조의 7에 근거하여 오염총량초과부과금을 부과하였고, 甲은 이를 납부하였다. 그런데 甲에게 부과된 부과금처분은 관련 법령상 요구되는 의견청취절차를 거치지 아니한 것이었고, 甲은 이를 이유로 이미 납부한 부과금을 반환받고자 하는 경우, 부당이득반환청구소송을 통해 구제받을 수 있는가? **10점**

 해설

① 문제의 소재

행정소송법 제11조 제1항에 의하면 처분 등의 효력 유무 또는 존재 여부가 민사소송의 선결문제로 되어 당해 민사소송의 수소법원이 이를 심리·판단하는 경우에는 제17조, 제25조, 제26조 및 제33조의 규정을 준용한다. 부당이득반환청구소송은 처분이 무효이어서 법률상 원인없음을 다투는 것이므로 처분의 효력 유무가 부당이득반환청구소송의 선결문제로 되어 부당이득반환청구소송의 수소법원은 이를 스스로 심리·판단할 수 있다. 甲이 부당이득반환청구소송을 통해 구제받을 수 있는가와 관련하여 관련 법령상 요구되는 의견청취절차를 거치지 아니하고 甲에게 부과된 부과금처분이 무효인지 문제된다.

② 관련 법령상 요구되는 의견청취절차를 거치지 아니하고 甲에게 부과된 부과금처분이 무효인지 여부

1. 문제의 소재

甲에게 부과된 부과금처분은 관련 법령상 요구되는 의견청취절차를 거치지 아니한 것이므로 절차상 하자가 존재함은 분명하다. 관련 법령상 요구되는 의견청취절차를 거치지 아니하고 甲에게 부과된 부과금처분이 무효인지와 관련하여 첫째, 절차상 하자가 독자적 위법사유인지 문제된다. 둘째, 절차상 하자의 위법성의 정도가 무효인지 문제된다.

2. 절차상 하자가 독자적 위법사유인지 여부

절차상 위법의 경우 처분행정청은 동일한 내용의 처분을 다시 할 수도 있으므로 무용한 반복이 될

---

129) 2014년 행시 기출문제 제1문 3)

수 있다는 점에서 그 인정 여부에 대한 견해의 대립이 있으나, 행정소송법 제30조 제3항의 취지와 사전적 권리구제제도로서의 행정절차의 중요성과 그 기능을 고려할 때 독자적 위법사유이다.

3. 절차상 하자의 위법성의 정도가 무효인지 여부

의견청취절차가 결여된 경우 이를 무효사유로 보는 견해가 있으나, 무효와 취소의 구별기준에 있어 다수설과 판례인 중대·명백설에 의할 때 의견청취의 결여는 중대한 법규위반은 아니나 명백한 법규위반이므로 무효가 아닌 취소사유이다.

4. 사안의 경우

관련 법령상 요구되는 의견청취절차를 거치지 아니하고 甲에게 부과된 부과금처분은 취소사유이다.

Ⅲ 설문의 해결

이미 납부한 부과금은 법률상 원인없는 이익이 아니어서 甲은 부당이득반환청구소송을 통해 구제받을 수 없다.

[제3문] [130] 甲은 A시에서 개인변호사 사무실을 운영하는 변호사로서 관할 세무서장 乙에게 2010년부터 2012년까지 3년간의 부가가치세 및 종합소득세를 자진신고 납부한 바 있다. 丙은 甲의 변호사 사무실에서 직원으로 근무하다가 2013년 3월경 사무장직을 그만두면서 사무실의 형사약정서 복사본과 민사사건 접수부를 가지고 나와 이를 근거로 乙에게 甲의 세금탈루사실을 제보하였다. 이에 따라 乙은 2013년 6월 甲에 대하여 세무조사를 하기로 결정하고, 甲에게 조사를 시작하기 10일 전에 조사대상 세목, 조사기간 및 조사 사유, 그 밖에 대통령령으로 정하는 사항을 통지하였다. 그런데 통지를 받은 甲은 장기출장으로 인하여 세무조사를 받기 어렵다는 이유로 乙에게 연기해 줄 것을 신청하였으나 乙은 이를 거부하였다. 甲은 소득세부과처분에 대하여 취소소송을 제기하였으나 기각판결이 확정되었다. 만약 그 후 甲이 이전 과세처분상의 납부액이 법령상 기준을 초과하였다는 이유로 초과납부한 금액에 대한 국세환급결정을 신청하였지만 乙이 이를 거부하였다면, 이에 대하여 甲이 권리구제를 받을 수 있는 방안은 무엇인가? 15점

참조조문

※ 아래의 법령은 문제출제 당시의 적용법령임

「국세기본법」

제51조(국세환급금의 충당과 환급)

① 세무서장은 납세의무자가 국세·가산금 또는 체납처분비로서 납부한 금액 중 잘못 납부하거나 초과하여 납부한 금액이 있거나 세법에 따라 환급하여야 할 환급세액(세법에 따라 환급세액에서 공제하여야 할 세액이 있을 때에는 공제한 후에 남은 금액을 말한다)이 있을 때에는 즉시 그 잘못 납부한 금액, 초과하여 납부한 금액 또는 환급세액을 국세환급금으로 결정하여야 한다. 이 경우 착오납부·이중납부로 인한 환급청구는 대통령령으로 정하는 바에 따른다.

해설

Ⅰ 문제의 소재

甲이 과세처분상의 납부액이 법령상 기준을 초과하였다는 이유로 초과납부한 금액에 대하여 권리구제를 받는 방안은 부당이득반환청구소송을 제기하는 것이다. 부당이득이란 법률상 원인없이 얻는 이득이다. 甲이 권리구제를 받을 수 있는 방안과 관련하여 첫째, 갑은 행정소송법(이하 동법이라 함) 제11조의 소송형식을 통하여 권리구제가 가능한지 문제된다. 둘째, 甲은 동법 제38조 제1항에 의하여 준용되는 제10조 제2항의 소송형식이나 동법 제8조 제2항에 의하여 준용되는 기판력제도를 통하여 권리구제가 가능한지 문제된다.

Ⅱ 甲은 동법 제11조의 소송형식을 통하여 권리구제가 가능한지 여부

1. 문제의 소재

동법 제11조 제1항에 의하면 처분 등의 효력 유무 또는 존재 여부가 민사소송의 선결문제로 되어 당해 민사소송의 수소법원이 이를 심리·판단하는 경우에는 제17조, 제25조, 제26조 및 제33조의 규정을 준용한다. 판례는 부당이득반환청구소송은 민법 제741조에 의해 청구하므로 사권설의 입장에서 부당이득반환청구소송의 일종인 조세과오납금반환청구소송을 민사소송으로 다루고 있다. 따라서 소득세부과처분의 효력 유무가 조세과오납금반환청구소송의 선결문제로 되는 조세과오납금반환청구소송의 수소법원은 그 효력 유무를 스스로 심사할 수 있다. 甲은 동법 제11조의 소송형식을 통하여 권리구제가 가능한지와 관련하여 소득세부과처분이 무효이어서 법률상 원인 없는 조세과오납금인지 문제된다.

2. 소득세부과처분이 무효이어서 법률상 원인없는 조세과오납금인지 여부

전소인 소득세부과처분취소소송에서 기각판결이 확정되었으므로 소득세부과처분이 적법유효하다는 점에 관하여 기판력이 생긴다. 따라서 전소인 소득세부과처분취소소송과 선결관계에 있는 후소인 조세과오납금반환청구소송의 수소법원은 전소판단과 모순되는 판단을 할 수 없다. 따라서 법률상 원인없는 과오납금이 아니다.

3. 소결

갑은 조세과오납금반환청구소송을 통하여 권리구제가 가능하지 않다.

Ⅲ 甲은 동법 제38조 제1항에 의하여 준용되는 제10조 제2항의 소송형식이나 동법 제8조 제2항에 의하여 준용되는 기판력제도를 통하여 권리구제가 가능한지 여부

1. 문제의 소재

甲이 국세환급거부결정취소소송과 조세과오납금반환청구소송을 동시에 제기하거나 국세환급거부결정취소소송을 제기하여 인용판결 후 조세과오납금반환청구소송을 통하여 권리구제가 가능하려면, 국세환급결정거부가 처분이어야 한다. 甲은 동법 제38조 제1항에 의하여 준용되는 제10조

제2항의 소송형식이나 동법 제8조 제2항에 의하여 준용되는 기판력제도를 통하여 권리구제가 가능한지와 관련하여 국세환급결정거부가 처분인지 문제된다.

2. 국세환급거부결정이 처분인지 여부

(1) 거부처분의 성립요건

판례는 거부가 처분이 되려면, 그 신청한 행위가 처분이어야 하고, 그 거부행위가 신청인의 법률관계에 변동을 일으켜야 하며, 그 국민에게 그 행위발동을 요구할 법규상 또는 조리상 신청권이 있어야 한다고 한다. 판례에 의하면 그 신청한 행위로서 처분이란 행정청이 공법영역에서 특정 사항에 대하여 법규에 의하여 권리의 설정 또는 의무의 부담을 명하거나 기타 법률상 효과를 발생시키는 등 국민의 권리·의무에 직접 관련 있는 행위를 말한다.

(2) 사안의 경우

그 신청한 행위인 국세환급결정은 납부의무자가 갖는 환급청구권의 존부나 범위에 구체적이고 직접적인 영향을 미치는 것이 아니므로 처분의 상대방에게 권리의 설정 또는 의무의 부담을 명하거나 기타 법률상 효과를 발생시키는 것이 아니어서 처분이 아니다. 국세환급거부결정은 처분이 아니다.

3. 소결

甲은 국세환급거부결정취소소송과 조세과오납금반환청구소송을 동시에 제기하거나 국세환급거부결정취소소송을 제기하여 인용판결 후 조세과오납금반환청구소송을 통한 권리구제가 가능하지 않다.

Ⅳ 설문의 해결

甲이 권리구제를 받을 수 있는 방안은 현행법상 없다.

[제4문] 131) 행정청 A는 미성년자에게 주류를 판매한 업주 甲에게 영업정지처분에 갈음하여 과징금부과처분을 하였고, 甲은 부과된 과징금을 납부하였다. 그러나 甲은 이후 과징금부과처분에 하자가 있음을 알게 되었다. (아래 각 문제는 독립된 것임)

1. A가 권한 없이 과징금부과처분을 한 경우, 甲이 이미 납부한 과징금을 반환받기 위해 제기할 수 있는 소송유형들을 검토하시오. 20점

2. A가 처분의 이유를 제시하지 아니한 채 과징금부과처분을 하였고, 甲은 이미 납부한 과징금을 반환받기 위해 과징금부과처분을 다투고자 한다. 甲이 제기할 수 있는 소송을 설명하시오. 10점

---

131) 2015년 사시 기출문제 제2문

해설

[설문 1.에 대하여]

Ⅰ 문제의 소재

A가 권한 없이 과징금부과처분을 한 경우, 무권한자가 행한 처분은 그 하자가 중대하고 명백하므로 당연무효라 할 것이므로 그 과징금처분의 효력은 무효이다. 甲이 이미 납부한 과징금을 반환받기 위해 제기할 수 있는 소송유형은 부당이득반환청구소송이다. 甲이 이미 납부한 과징금을 반환받기 위해 제기할 수 있는 소송유형들과 관련하여 첫째, 甲은 부당이득반환청구소송을 제기하는 것이 가능한지 문제된다. 둘째, 甲은 과징금부과처분무효확인소송과 부당이득반환청구소송을 병합하여 제기하는 것이 가능한지 문제된다. 셋째, 甲은 과징금부과처분무효확인소송의 인용판결을 받은 후 부당이득반환청구소송을 제기하는 것이 가능한지 문제된다.

Ⅱ 甲은 부당이득반환청구소송을 제기하는 것이 가능한지 여부

1. 법률규정

행정소송법(이하 동법이라 함) 제11조에 의하면 처분 등의 효력 유무 또는 존재 여부가 민사소송의 선결문제로 되어 당해 민사소송의 수소법원이 이를 심리·판단하는 경우에는 제17조, 제25조, 제26조 및 제33조의 규정을 준용한다.

2. 사안의 경우

공법상의 부당이득반환청구권은 공법적 원인에 의하여 발생되기 때문에 공권의 성격을 가지며 이에 대한 분쟁은 동법 제3조 제2호의 당사자소송에 의하여야 한다는 입장이 학설의 일반적인 입장이나, 판례는 부당이득반환청구권은 민법 제741조에 의하여 발생하는 사권이므로 민사소송으로 다루고 있다. 판례가 타당하다. 甲은 부당이득반환청구소송을 민사법원에 제기하여 선결문제로 과징금처분의 효력이 무효임을 판단할 수 있으므로 제기할 수 있다.

Ⅲ 甲은 과징금부과처분무효확인소송과 부당이득반환청구소송을 병합하여 제기하는 것이 가능한지 여부

동법 제38조 제1항에 의하여 준용되는 동법 제10조에 의하여 甲은 무효확인소송과 부당이득반환청구소송을 병합하여 행정법원에 제기할 수 있다. 수소법원은 무효확인소송에 의해 계쟁처분이 무효임을 확인하면서 동시에 부당이득을 원고에게 반환하라는 취지의 이행명령을 할 것이며, 만약 행정 측이 이러한 이행명령을 이행하지 않을 경우 원고는 이행판결의 집행력에 근거하여 강제집행을 신청할 수 있으므로 매우 효과적인 권리구제수단이 된다.

Ⅳ 甲은 과징금부과처분무효확인소송의 인용판결을 받은 후 부당이득반환청구소송을 제기하는 것이 가능한지 여부

1. 학설

민사소송의 일반원칙인 확인소송의 보충성의 원칙에 따라 행정처분의 무효를 전제로 한 이행소송

등과 같은 다른 구제수단이 있는 경우에는 무효확인소송의 소의 이익을 부정하고, 다른 구제수단에 의하여 분쟁이 해결되지 않는 경우에 한하여 무효확인소송을 보충적으로 인정하는 입장과 행정소송법은 취소판결의 기속력을 무효확인소송에도 준용하고 있으므로 무효확인판결 자체만으로도 원상회복 등 실효성을 확보할 수 있고, 행정소송법은 무효확인소송의 보충성을 규정하고 있지 않으므로 근거법률에 의해 보호되는 직접적이고 구체적인 이익이 있는 경우에는 무효확인소송을 제기할 수 있다는 입장이 있다.

2. 판례

행정처분의 근거법률에 의하여 보호되는 직접적·구체적인 이익이 있는 경우에는 동법 제35조에 규정된 '무효확인을 구할 법률상 이익'이 있다고 보아야 하고, 이와 별도로 무효확인소송의 보충성이 요구되지는 아니하므로, 행정처분의 무효를 전제로 한 이행소송 등과 같이 당해 법률관계에 관한 직접적인 구제수단이 있는지 여부를 따질 필요가 없다.[132]

3. 검토

무효확인판결에는 동법 제38조 제1항에 의해 준용되는 동법 제30조에 의하여 기속력으로 원상회복의무가 인정된다는 점에서 법률상 이익만으로 무효확인소송을 제기할 수 있다는 판례가 타당하다.

4. 사안의 경우

甲은 A의 과징금부과처분에 대하여 무효확인소송을 제기할 수 있다. 갑은 무효확인소송에서 무효확인인용판결을 받으면 동법 제8조 제2항에 의하여 준용되는 민사소송법 제216조와 제218조에 의하여 기판력이 발생하므로 이미 납부한 과징금을 반환받기 위해 부당이득반환청구소송을 제기할 수 있다.

Ⓥ 설문의 해결

甲이 이미 납부한 과징금을 반환받기 위해 제기할 수 있는 소송유형에는 동법 제11조에 의한 부당이득반환청구소송, 동법 제10조 제2항에 의한 과징금부과처분무효확인소송과 부당이득반환청구소송의 병합제기, 동법 제8조 제2항에 의한 과징금부과처분무효확인소송 인용판결 후 부당이득반환청구소송의 제기 등이 있다.

[설문 2.에 대하여]

Ⅰ 문제의 소재

甲이 이미 납부한 과징금을 반환받으려면, 법률상 원인없이 과징금을 납부하였어야 한다. 처분의 이유를 제시하지 아니한 채 행한 과징금부과처분은 행정절차법 제23조 위반으로 그 위법성의

---

132) 대판 2008.3.20, 2007두6342 전합판결

정도가 중대한 법규위반은 아니지만 명백한 법규위반이어서 그 효력은 취소사유이다. 甲이 제기할 수 있는 소송과 관련하여 첫째, 甲은 부당이득반환청구소송을 제기하는 것이 가능한지 문제된다. 둘째, 甲은 과징금부과처분취소소송과 부당이득반환청구소송을 병합하여 제기하는 것이 가능한지 문제된다. 셋째, 甲은 과징금부과처분취소소송의 인용판결을 받은 후 부당이득반환청구소송을 제기하는 것이 가능한지 문제된다.

⑪ 甲은 부당이득반환청구소송을 제기하는 것이 가능한지 여부

甲은 부당이득반환청구소송을 민사법원에 제기한다 하여도 선결문제로 과징금처분의 효력이 위법하나 유효하므로 패소판결을 면치 못한다. 따라서 甲은 이미 납부한 과징금을 반환받기 위해 부당이득반환청구소송을 제기할 수 없다.

⑪⑪ 甲은 과징금부과처분취소소송과 부당이득반환청구소송을 병합하여 제기하는 것이 가능한지 여부

과징금부과처분에 대해 제소기간이 도과하지 않았다면 취소소송과 부당이득반환청구소송을 행정법원에 병합하여 제기할 수 있다. 판례에 의하면 취소소송에 부당이득반환청구가 병합되어 제기된 경우 부당이득반환청구가 인용되기 위해서는 그 소송절차에서 당해 처분이 취소되면 충분하고, 그 처분의 취소가 확정되어야 하는 것은 아니다. 따라서 甲은 이미 납부한 과징금을 반환받기 위해 부당이득반환청구소송을 제기할 수 있다.

⑪∨ 甲은 과징금부과처분취소소송의 인용판결을 받은 후 부당이득반환청구소송을 제기하는 것이 가능한지 여부

과징금부과처분의 효력이 취소사유이므로 취소소송의 제소기간이 도과하지 않았다면, 甲은 취소소송을 제기함으로써 취소인용판결을 받아 과징금부과처분의 효력을 소급무효로 한 다음 그 기판력을 부당이득반환청구소송에 미치게 함으로써 과징금을 반환받을 수 있다. 따라서 甲은 이미 납부한 과징금을 반환받기 위해 취소소송의 인용판결을 받은 후 부당이득반환청구소송을 제기할 수 있다.

⑪ 설문의 해결

甲이 이미 납부한 과징금을 반환받기 위해 제기할 수 있는 소송유형에는 동법 제10조 제2항에 의한 취소소송과 부당이득반환청구소송의 병합제기, 동법 제8조 제2항에 의한 취소소송 인용판결 후 부당이득반환청구소송의 제기 등이 있다.

[제5문] [133] 甲은 A시 시청 민원실 주차장 부지 일부와 그에 붙어 있는 A시 소유의 유휴 토지 위에 창고건물을 건축하여 사용하고 있다. A시 소속 재산 관리 담당 공무원은 A시 공유재산에 대한 정기 실태조사를 하는 과정에서 甲이 사용하고 있는 주차장 부지 일부 및 유휴 토지(이하 '이 사건 토지' 라 한다)에 관하여 대부계약 등 어떠한 甲의 사용권원도 발견하지 못하자 甲이 이 사건 토지를 정당한 권원 없이 점유하고 있다고 판단하여 관리청인 A시 시장 乙에게 이러한 사실을 보고하였다. 이에 乙은 무단점유자인 甲에 대하여 ①「공유재산 및 물품관리법」제81조 제1항에 따라 변상금을 부과 하였고(이하 '변상금부과조치'라 한다), ② 같은 법 제83조 제1항에 따라 이 사건 토지 위의 건물을 철거하고 이 사건 토지를 반환할 것을 명령하였다(이하 '건물철거 및 토지반환명령'이라 한다). 甲이 이미 변상금을 납부하였으나, 乙의 변상금부과조치에 하자가 있어 변상금을 돌려받으려 한다. 甲은 어떠한 소송을 제기하여야 하는가? 25점

 해설

① 문제의 소재

변상금을 돌려받는 소송은 부당이득반환청구소송이다. 부당이득이란 행정법 관계에서 법률상 원인없이 재산적 이익을 얻고 이로 말미암아 행정법 관계의 타방에게 손해를 준 자에 대해서 이익의 반환을 명하는 제도이다. 특히 처분과 관련하여 '법률상 원인없이'란 처분의 효력이 무효임을 의미한다. 甲은 어떠한 소송을 제기하여야 하는가와 관련하여 첫째, 甲은 변상금반환청구소송을 제기하는 것이 가능한지 문제된다. 둘째, 甲은 변상금부과처분취소소송과 변상금반환청구소송을 병합하여 제기하는 것이 가능한지 문제된다. 셋째, 甲은 변상금부과처분취소소송의 취소인용판결을 받은 후 변상금반환청구소송을 제기하는 것이 가능한지 문제된다.

② 甲은 변상금반환청구소송을 제기하는 것이 가능한지 여부

1. 법률규정

행정소송법 제11조 제1항에 의하면 처분 등의 효력 유무 또는 존재 여부가 민사소송의 선결문제로 되어 당해 민사소송의 수소법원이 이를 심리·판단하는 경우에는 제17조, 제25조, 제26조 및 제33조의 규정을 준용한다.

2. 사안의 경우

민법 제741조에 의하여 청구하는 부당이득반환청구소송은 민사소송이므로 민사소송의 수소법원이 심리·판단한다. 변상금부과조치의 하자의 정도가 취소사유에 그친다면, 그 효력은 유효하여 '법률상 원인없이'에 해당하지 아니하므로 변상금반환청구소송은 패소하게 될 것이다. 반면에 변상금부과조치의 하자의 정도가 무효라면 '법률상 원인없이'에 해당하여 변상금반환청구소송은 승소하게 될 것이다. 설문상 변상금부과조치의 하자는 甲이 주차장 부지 일부 및 유휴 토지를 정당한

권원 없이 점유하고 있다고 판단하여 변상금을 부과한 것이므로 내용상 하자이다. 내용상 하자는 중대·명백설에 의하면 중대한 법규위반이나 명백한 법규위반은 아니어서 취소사유이다. 따라서 甲은 변상금반환청구소송에서 패소하게 될 것이므로 변상금반환청구소송을 제기하는 것이 가능하지 않다.

Ⅲ. 甲은 변상금부과처분취소소송과 변상금반환청구소송을 병합하여 제기하는 것이 가능한지 여부

1. 법률규정

행정소송법 제10조 제2항에 의하면 취소소송에는 사실심의 변론종결시까지 관련청구소송을 병합하거나 피고 외의 자를 상대로 한 관련청구소송을 취소소송이 계속된 법원에 병합하여 제기할 수 있다.

2. 사안의 경우

변상금반환청구소송은 행정소송법 제10조 제1항 제1호에 의하여 관련청구소송이므로 변상금부과처분취소소송과 병합하여 제기할 수 있다. 판례는 부당이득반환청구가 인용되기 위해서는 그 소송절차에서 판결에 의해 당해 처분이 취소되면 충분하고 그 처분의 취소가 확정되어야 하는 것은 아니라고 보아야 한다고 판시한 바 있다. 따라서 甲은 변상금부과처분취소소송과 변상금반환청구소송을 동시에 제기하는 것이 가능하다.

Ⅳ. 甲은 변상금부과처분취소소송의 취소인용판결을 받은 후 변상금반환청구소송을 제기하는 것이 가능한지 여부

1. 법률규정

행정소송법 제8조 제2항에 의하면 행정소송에 관하여 이 법에 특별한 규정이 없는 사항에 대하여는 법원조직법과 민사소송법 및 민사집행법의 규정을 준용한다.

2. 사안의 경우

변상금부과조치의 하자의 정도가 취소사유인 경우에는 변상금부과처분취소소송에서 취소인용판결을 받아 확정되면 민사소송법 제216조와 제218조에 의해 변상금부과처분의 소급무효에 기판력이 발생한다. 따라서 '법률상 원인없이'에 해당하게 되므로 변상금반환청구소송은 승소하게 될 것이다. 따라서 甲은 변상금부과처분취소소송의 취소인용판결을 받은 후 변상금반환청구소송을 제기하는 것이 가능하다.

Ⅴ. 설문의 해결

甲은 乙의 변상금부과조치에 하자가 있어 이미 납부한 변상금을 돌려받으려면, 변상금부과조치의 하자가 취소사유이므로 변상금부과처분취소소송과 변상금반환청구소송을 병합하여 제기하거나 변상금부과처분취소소송을 제기하여 취소인용판결이 확정된 후 변상금반환청구소송을 제기하여야 한다.

[제6문] [134] 국민건강보험공단은 甲에게 보험료부과처분을 하였고, 甲은 별도의 검토 없이 이를 납부하였다. 그러나 甲은 이후 당해 보험료부과처분이 무효임을 알게 되었다. 甲이 이미 납부한 보험료를 돌려받기 위하여 제기할 수 있는 소송의 종류에 대하여 설명하시오. 25점

해설

Ⅰ 문제의 소재

이미 납부한 보험료를 돌려받기 위한 소송수단은 부당이득반환청구소송이다. 반환청구의 대상인 부당이득이란 법률상 원인없이 타인이 소지하고 있는 이득이다. 보험료부과처분이 무효이므로 이미 납부한 보험료는 타인인 국가가 소지하고 있는 이득이다. 甲이 이미 납부한 보험료를 돌려받기 위하여 제기할 수 있는 소송의 종류와 관련하여 첫째, 보험료반환청구소송을 제기할 수 있는지 문제된다. 둘째, 보험료부과처분무효확인소송과 보험료반환청구소송의 병합제기가 가능한지 문제된다. 셋째, 보험료부과처분무효확인소송의 인용확정판결을 받은 후 보험료반환청구소송을 제기하는 것이 가능한지 문제된다.

Ⅱ 보험료반환청구소송을 제기할 수 있는지 여부

1. 문제의 소재

행정소송법 제11조 제1항에 의하면 처분 등의 효력 유무 또는 존재 여부가 민사소송의 선결문제로 되어 당해 민사소송의 수소법원이 이를 심리·판단하는 경우에는 제17조, 제25조, 제26조 및 제33조의 규정을 준용한다. 보험료반환청구소송을 제기할 수 있는지와 관련하여 보험료반환청구소송이 민사소송인지 문제된다.

2. 보험료반환청구소송이 민사소송인지 여부

(1) 학설

보험료반환청구소송은 부당이득반환청구소송으로서 공법적 원인인 보험료부과처분에 기인한 소송이므로 공법상 당사자소송이며 행정법원이 그 수소법원이 된다는 견해와 보험료부과처분은 부당이득반환청구소송으로서 민법 제741조에 의한 소송이므로 민사소송이며 민사법원이 그 수소법원이 된다는 견해가 있다.

(2) 판례

개발부담금 부과처분이 취소된 이상 그 후의 부당이득으로서의 과오납금 반환에 관한 법률관계는 단순한 민사관계에 불과한 것이고, 행정소송절차에 따라야 하는 관계로 볼 수 없다. [135]

---

134) 2017년 노무사 기출 제3문
135) 대판 1995.12.22, 94다51253

(3) 검토 및 사안의 경우

부당이득의 반환은 민법 제741조에 근거하여 소구하므로 부당이득의 반환청구소송은 민사소송이며 민사법원이 그 수소법원이 된다는 견해와 판례가 타당하다. 보험료반환청구소송은 민사소송이다.

3. 소결

甲은 당해 보험료부과처분이 무효임을 알게 되었다. 행정소송법 제11조의 선결문제로서 보험료반환청구소송을 제기할 수 있다.

Ⅲ 보험료부과처분무효확인소송과 보험료반환청구소송의 병합제기가 가능한지 여부

1. 문제의 소재

행정소송법 제10조 제2항에 의하면 취소소송에는 사실심의 변론종결시까지 관련청구소송을 병합하거나 피고 외의 자를 상대로 한 관련청구소송을 취소소송이 계속된 법원에 병합하여 제기할 수 있다. 보험료부과처분무효확인소송과 보험료반환청구소송의 병합제기가 가능한지와 관련하여 첫째, 보험료반환청구소송이 보험료부과처분무효확인소송에 관련청구소송인지 문제된다. 둘째, 보험료부과처분무효확인소송의 인용판결이 확정되어야 보험료반환청구소송이 승소하는지 문제된다.

2. 보험료반환청구소송이 보험료부과처분무효확인소송에 관련청구소송인지 여부

행정소송법 제10조 제1항 제1호에 의하면 관련청구소송이란 당해 처분 등과 관련되는 손해배상·부당이득반환·원상회복 등 청구소송이다. 판례에 의하면 손해배상청구 등의 민사소송이 행정소송에 관련청구로 병합되기 위해서는 그 청구의 내용 또는 발생원인이 행정소송의 대상인 처분 등과 법률상 또는 사실상 공통되거나, 그 처분의 효력이나 존부 유무가 선결문제로 되는 등의 관계에 있어야 함이 원칙이다.[136] 보험료반환청구소송은 보험료부과처분의 효력 유무가 선결문제로 되는 관계에 있으므로 관련청구소송이다.

3. 보험료부과처분무효확인소송의 인용판결이 확정되어야 부당이득반환청구소송이 승소하는지 여부

판례에 의하면 행정소송법 제10조는 처분의 취소를 구하는 취소소송에 당해 처분과 관련되는 부당이득반환소송을 관련청구로 병합할 수 있다고 규정하고 있는바, 이 조항을 둔 취지에 비추어 보면, 취소소송에 병합할 수 있는 당해 처분과 관련되는 부당이득반환소송에는 당해 처분의 취소를 선결문제로 하는 부당이득반환청구가 포함되고, 이러한 부당이득반환청구가 인용되기 위해서는 그 소송절차에서 판결에 의해 당해 처분이 취소되면 충분하고 그 처분의 취소가 확정되어야 하는 것은 아니다. 보험료부과처분무효확인소송의 청구인용이 있으면 부당이득반환청구소송이 승소하는 것이지, 보험료부과처분무효확인소송의 인용판결이 확정되어야 부당이득반환청구소송이 승소하는 것은 아니다.

---

136) 대판 2000.10.27, 99두561

4. 소결

보험료부과처분무효확인소송과 부당이득반환청구소송의 병합제기가 가능하다.

Ⓘ Ⓥ 보험료부과처분무효확인소송의 인용확정판결을 받은 후 보험료반환청구소송을 제기하는 것이 가능한지 여부

1. 문제의 소재

행정소송법 제8조 제2항에 의하여 준용되는 민사소송법 제216조와 제218조에 의하면 확정판결은 주관적 범위, 객관적 범위에 기판력을 미친다. 보험료부과처분무효확인소송의 인용확정판결을 받은 후 부당이득반환청구소송을 제기하는 것이 가능한지와 관련하여 보험료부과처분무효확인소송의 인용확정판결의 기판력이 보험료반환청구소송에 미치는지 문제된다.

2. 보험료부과처분무효확인소송의 인용확정판결의 기판력이 보험료반환청구소송에 미치는지 여부

(1) 기판력이 미치는 효력범위

기판력이란 전소 판결의 판단이 후소법원의 판단을 구속하는 소송법상 효력이다. 기판력은 동일관계, 모순관계, 선결문제에 미친다. 기판력에 반하는 소제기의 경우 각하판결을 면치 못한다. 기판력은 전소 판결의 주문에 미친다.

(2) 사안의 경우

보험료부과처분무효확인소송의 청구인용확정판결은 보험료부과처분의 효력이 무효임을 확인하는 것이다. 전소 판결의 기판력은 처분의 당연무효에 미치므로 당연무효인 보험료부과처분에 미친다. 보험료부과처분무효확인소송의 인용확정판결의 기판력은 선결문제인 보험료반환청구소송에 미치므로 무효인 보험료부과처분에 의해 납부한 보험료는 부당이득이 된다.

3. 소결

보험료부과처분무효확인소송의 인용확정판결을 받은 후 보험료반환청구소송을 제기하는 것은 가능하다.

Ⓥ 설문의 해결

이미 납부한 보험료를 반환받기 위하여 甲이 제기할 수 있는 소송의 형식은 행정소송법 제11조, 행정소송법 제10조 제2항, 행정소송법 제8조 제2항에 의한 소송형식이다.

제2항 국가배상청구소송

[제1문] [137] A시는 택지개발사업을 위해 관련 법령에 따른 절차를 거쳐 甲 소유의 토지 등을 취득하고자 甲과 보상에 관하여 협의하였으나 협의가 성립되지 않았다. 이에 A시는 관할 토지수용위원회에

---

137) 2010년 사시 기출문제 제1문 3.

재결을 신청하여 "A시는 甲의 토지를 수용하고, 甲은 그 지상 공작물을 이전한다. A시는 甲에게 보상금으로 1억원을 지급한다."라는 취지의 재결을 받았다. 그러나 甲은 보상금이 너무 적다는 이유로 보상금 수령을 거절하였다. 그러자 A시는 보상금을 공탁하였고, A시장은 甲에게 보상 절차가 완료되었음을 이유로 위 토지상의 공작물을 이전하고 토지를 인도하라고 명하였다. 만약 A시장이 대집행했을 때, 甲이 "위법한 명령에 기초한 대집행으로 말미암아 손해를 입었다."라고 주장하면서 관할 민사법원에 국가배상청구소송을 제기한다면 민사법원은 위 명령의 위법성을 스스로 심사할 수 있는가? **12점**

 해설

① 문제의 소재

행정소송법 제11조 제1항에 의하면 처분등의 효력 유무 또는 존재 여부가 민사소송의 선결문제로 되어 당해 민사소송의 수소법원이 이를 심리·판단하는 경우에는 제17조, 제25조, 제26조 및 제33조의 규정을 준용한다. A시장이 대집행했을 때 甲은 "위법한 명령에 기초한 대집행으로 말미암아 손해를 입었다."라고 주장하면서 관할 민사법원에 국가배상청구소송을 제기하고자 한다. 민사법원은 위 명령의 위법성을 스스로 심사할 수 있는가와 관련하여 첫째, 공작물이전명령 및 토지인도명령의 위법여부가 국가배상청구소송의 선결문제인지 문제된다. 둘째, 국가배상청구소송의 수소법원이 공작물이전명령 및 토지인도명령의 위법 여부를 스스로 심사할 수 있는지 문제된다.

② 공작물이전명령 및 토지인도명령의 위법 여부가 국가배상청구소송의 선결문제인지 여부

1. 학설

처분의 위법은 협의의 행위위법이다. 처분의 위법 여부 판단이 국가배상청구소송의 법령위반과 관련하여 선결문제인지에 대해 법령위반은 결과위법이므로 또는 상대적 위법이므로 선결문제가 아니라는 견해와 법령위반도 동일한 행위위법이므로 선결문제라는 견해가 있다.

2. 판례

취소소송에서 청구인용판결이 확정되었다 하더라도 그 기판력에 의하여 국가배상청구소송에서 고의·과실이 추정되는 것은 아니다.

3. 검토

소송의 유형에 따라 위법성의 의미를 달리 보는 결과위법성설이나 상대적 위법성설은 법 개념상의 혼동을 가져온다는 점에서 행위위법설과 판례가 타당하다.

4. 사안의 경우

공작물이전명령 및 토지인도명령의 위법 여부는 국가배상청구소송의 선결문제이다.

Ⅲ 관할 민사법원이 공작물이전명령 및 토지인도명령의 위법 여부를 스스로 심사할 수 있는지 여부

1. 학설

공정력은 행정행위의 적법성의 추정을 의미하므로 행정행위에 대한 취소권한이 없는 민사법원은 그 행정행위가 적법하다고 인정하여야 하며, 선결문제에 대하여 규정하고 있는 행정소송법 제11조 제1항은 민사법원에 대하여 처분 등의 '효력 유무 또는 존재 여부만'을 선결문제의 심판권한으로 부여하고 있고, 처분의 위법 여부는 취소소송의 수소법원에 전속적 관할이 있어서 위법 여부를 심사할 수 없다는 부정설과 공정력은 법적 안정성의 관점에서 인정된 유효성의 추정이지 행정행위의 적법성을 추정하는 것이 아니며, 행정소송법 제11조는 선결문제 심판권에 대한 예시적 규정에 불과하므로 민사법원이 행정처분의 위법 여부에 대해서 심사할 수 있다는 긍정설이 있다.

2. 판례

위법한 행정대집행이 완료되면 그에 대한 무효확인 또는 취소를 구할 소의 이익은 없으나, 그 대집행에 대한 취소판결이 있어야만 그 행정처분의 위법을 이유로 한 손해배상청구를 할 수 있는 것은 아니다.

3. 검토

국가배상청구소송에서 선결문제로서 행정행위의 위법성 판단은 행정행위의 효력을 부인하는 것이 아니라, 단순한 위법성 확인에 그치는 것이므로 공정력에 반하지 않는다는 견해와 판례가 타당하다.

4. 사안의 경우

민사법원은 A시장의 甲에 대한 공작물이전명령 및 토지인도명령의 위법 여부를 스스로 심사할 수 있다.

Ⅳ 설문의 해결

민사법원은 A시장의 甲에 대한 공작물이전명령 및 토지인도명령의 위법성을 스스로 심사할 수 있다.

제3항 형사소송

[제1문] [138] 만 20세인 甲과 만 17세인 乙은 2015.6.14. 23:50경 담배를 피우지 못하도록 표시된 인터넷 컴퓨터게임시설제공업소(일명 'PC방')에서 함께 담배를 피우며 게임을 하고 있었다. 경찰관 A는 PC방을 순찰하던 중 학생처럼 보이는 甲과 乙을 발견하고 담배피우는 것을 제지하면서 두 사람에게 신분증 제시를 요구하였다. 그러나 甲은 신분증을 제시하지 않았을 뿐만 아니라, 이름과 생년월일 등 신분확인을 위한 자료의 요구에도 일절 응하지 아니하면서 경찰관 A를 향해 키보드를

---

138) 제5회 변호사시험 제1문 4.

던지며 저항하였다. 이에 경찰관 A는 甲을 진정시킨 후 甲의 동의 하에 甲과 함께 경찰서로 이동하여 甲을 공무집행방해 혐의로 입건하였다. 그리고 경찰관 A는 甲의 신원확인을 위하여 甲에게 십지(十指)지문채취를 요구하였으나, 甲은 경찰관 A의 공무집행이 위법하였음을 주장하며 피의사실을 부인하면서 지문채취에 불응하였다. 같은 해 6.16. 관할 경찰서장은 甲이 「경범죄처벌법」 제3조 제34호를 위반하였다는 이유로 관할 지방법원에 즉결심판을 청구하였고, 위 법원은 같은 날 甲에게 벌금 5만원을 선고하였으며, 甲은 이에 불복하여 같은 해 6.19. 법원에 정식재판을 청구하였다. 1심 계속 중 甲은 위 「경범죄처벌법」 제3조 제34호가 자신의 기본권을 침해한다고 주장하며 위 법원에 위헌법률심판 제청신청을 하였고, 법원은 2015.7.1. 위 신청을 기각하였다. 2015.7.6. 甲은 기각결정문을 송달받은 후, 2015.8.3. 「경범죄처벌법」 제3조 제34호가 피의사실을 부인하는 경우에 적용되는 한 위헌이라며 헌법소원심판을 청구하는 한편, 같은 날 PC방 등의 금연구역에서 흡연을 금지하는 「국민건강증진법」 제9조 제6항과 제34조 제3항이 자신의 기본권을 침해한다며 위헌확인을 구하는 헌법소원심판을 청구하였다. PC방 영업을 하는 丙은 청소년 출입시간을 준수하지 않았다는 이유로 관할시장으로부터 영업정지 1월의 처분을 받았다. 그런데 관할시장은 이 처분을 하기 전에 丙에게 처분의 원인이 되는 사실과 의견제출의 방법 등에 관한 「행정절차법」상 사전통지를 하지 아니하였다. 이에 丙은 사전통지 없는 영업정지처분이 위법하다고 주장하며 영업정지명령에 불응하여 계속하여 영업을 하였고, 관할시장은 「게임산업진흥에 관한 법률」상 영업정지명령위반을 이유로 丙을 고발하였다. 이 사건을 심리하는 형사법원은 丙에 대해 본안판결을 할 수 있겠는가?

25점

참조조문

※ 아래의 법령은 문제출제 당시의 적용법령임

「경범죄처벌법」

제3조(경범죄의 종류)

① 다음 각 호의 어느 하나에 해당하는 사람은 10만 원 이하의 벌금, 구류 또는 과료(科料)의 형으로 처벌한다.

　34. (지문채취 불응) 범죄 피의자로 입건된 사람의 신원을 지문조사 외의 다른 방법으로는 확인할 수 없어 경찰공무원이나 검사가 지문을 채취하려고 할 때에 정당한 이유없이 이를 거부한 사람

「국민건강증진법」

제9조(금연을 위한 조치)

④ 다음 각 호의 공중이 이용하는 시설의 소유자·점유자 또는 관리자는 해당 시설의 전체를 금연구역으로 지정하여야 한다. 이 경우 금연구역을 알리는 표지와 흡연자를 위한 흡연실을 설치할 수 있으며, 금연구역을 알리는 표지와 흡연실을 설치하는 기준·방법 등은 보건복지부령으로 정한다.

　23. 「게임산업진흥에 관한 법률」에 따른 청소년게임제공업소, 일반게임제공업소, 인터넷컴퓨터게임시설제공업소 및 복합유통게임제공업소

⑥ 누구든지 제4항 및 제5항에 따라 지정된 금연구역에서 흡연하여서는 아니 된다.

제34조(과태료)

③ 제9조 제6항을 위반하여 금연구역에서 흡연을 한 자에게는 10만 원 이하의 과태료를 부과한다.

「게임산업진흥에 관한 법률」

제28조(게임물 관련사업자의 준수사항)

게임물 관련사업자는 다음 각 호의 사항을 지켜야 한다.

7. 대통령령이 정하는 영업시간 및 청소년의 출입시간을 준수할 것

제35조(허가취소 등)

② 시장·군수·구청장은 제26조의 규정에 의하여 게임제공업·인터넷컴퓨터게임시설제공업 또는 복합
  유통게임제공업의 허가를 받거나 등록 또는 신고를 한 자가 다음 각 호의 어느 하나에 해당하는 때에
  는 6월 이내의 기간을 정하여 영업정지를 명하거나 허가·등록취소 또는 영업폐쇄를 명할 수 있다.
  5. 제28조의 규정에 따른 준수사항을 위반한 때

제45조(벌칙)

다음 각 호의 어느 하나에 해당하는 자는 2년 이하의 징역 또는 2천만 원 이하의 벌금에 처한다.

9. 제35조 제2항 제2호의 규정에 의한 영업정지명령을 위반하여 영업한 자

「게임산업진흥에 관한 법률 시행령」

제16조(영업시간 및 청소년 출입시간제한 등)

법 제28조 제7호에 따른 영업시간 및 청소년의 출입시간은 다음 각 호와 같다.

2. 청소년의 출입시간

  가. 청소년게임제공업자, 복합유통게임제공업자(「청소년 보호법 시행령」 제5조 제1항 제2호 단서에
     따라 청소년의 출입이 허용되는 경우만 해당한다.), 인터넷컴퓨터게임시설제공업자의 청소년 출입
     시간은 오전 9시부터 오후 10시까지로 한다. 다만, 청소년이 친권자·후견인·교사 또는 직장의
     감독자 그 밖에 당해 청소년을 보호·감독할 만한 실질적인 지위에 있는 자를 동반한 경우에는
     청소년 출입시간 외의 시간에도 청소년을 출입시킬 수 있다.

📖 해설

Ⅰ 문제의 소재

영업정지명령위반죄가 되려면, 영업정지가 적법하여야 한다. 형사법원이 유죄판결을 하려면, 범
죄구성요건인 영업정지명령의 적법성 판단이 가능하여야 한다. 형사법원은 丙에 대해 본안판결
을 할 수 있겠는가와 관련하여 첫째, 영업정지명령의 법적 성질이 문제된다. 둘째, 행정소송법
제11조에 의하여 영업정지명령의 위법여부를 형사법원이 심리·판단할 수 있는지 문제된다.

Ⅱ 영업정지명령의 법적 성질

1. 판례

취소소송의 대상이 되는 처분이란 행정청의 공법상 행위로서 특정 사항에 대하여 법규에 의하여
권리의 설정 또는 의무의 부담을 명하거나 기타 법률상 효과를 직접 발생하게 하는 등 국민의
권리·의무에 직접 관계가 있는 행위를 말한다.

2. 사안의 경우

영업정지명령은 게임산업진흥에 관한 법률 제35조 제2항에 따라 관할시장이 丙에게 1월간 영업을 하지 말라는 부작위의무의 부담을 명하므로 국민의 권리·의무에 직접 관계가 있는 행위이어서 취소소송의 대상이 되는 처분이다. 처분의 위법 여부는 원칙적으로 행정소송법 제3조와 같은 법 제4조에 의하여 항고소송으로 다투어야 한다.

Ⅲ 영업정지명령의 위법 여부를 형사법원이 심리·판단할 수 있는지 여부

1. 문제의 소재

행정소송법 제11조 제1항에 의하면 처분 등의 효력 유무 또는 존재 여부가 민사소송의 선결문제로 되어 당해 민사소송의 수소법원이 이를 심리·판단하는 경우에는 제17조, 제25조, 제26조 및 제33조의 규정을 준용한다. 영업정지명령의 위법 여부는 영업정지명령위반죄의 선결문제임은 분명하다. 영업정지명령의 위법 여부를 형사법원이 심리·판단할 수 있는지와 관련하여 형사소송에 행정소송법 제11조를 적용할 수 있는지 문제된다.

2. 형사소송에 행정소송법 제11조를 적용할 수 있는지 여부

(1) 학설

행정행위의 위법성 판단은 취소소송의 수소법원의 배타적 관할이고, 행정소송법 제11조는 민사법원의 선결문제 심사권만을 규정하고 있으므로 형사소송에 행정소송법 제11조를 적용할 수 없다는 견해와 효력부인에 이르지 않은 위법성만의 확인은 공정력에 반하지 아니하고, 행정소송법 제11조는 민사법원의 선결문제 심사권을 예시적으로 규정한 것에 불과하므로 형사소송에 행정소송법 제11조를 적용할 수 있다는 견해가 있다.

(2) 판례

구 도시계획법 제78조 제1항에 정한 처분이나 조치명령을 받은 자가 이에 위반한 경우 이로 인하여 같은 법 제92조에 정한 처벌을 하기 위하여는 그 처분이나 조치명령이 적법한 것이라야 하고, 그 처분이 당연무효가 아니라 하더라도 그것이 위법한 처분으로 인정되는 한 같은 법 제92조 위반죄가 성립될 수 없다.

(3) 검토

행정기본법 제15조에 의하면 공정력은 적법성 추정이 아니라 통용력이므로 취소소송의 수소법원이 아니더라도 처분의 효력부인에 미치지 아니하는 한 처분의 위법성 확인이 가능하므로 형사소송에 행정소송법 제11조를 적용할 수 있다는 견해와 판례가 타당하다.

(4) 사안의 경우

형사소송에 행정소송법 제11조를 적용할 수 있다.

3. 소결

영업정지명령의 위법 여부를 형사법원이 심리·판단할 수 있다.

Ⅳ 설문의 해결

형사 법원은 丙에 대해 본안판결을 할 수 있다.

제 **7** 절	취소소송의 행정심판전치 요건 - 재결취소소송이 아니라 재결주의

[제1문] 139) 지방노동위원회의 처분(「근로기준법」 제30조에 따른 구제명령과 그에 준하는 것)에 대한 행정쟁송절차를 설명하시오. (다툼이 있을 경우 판례에 따름) 25점

 해설

Ⅰ 문제의 소재

지방노동위원회의 처분(「근로기준법」 제30조에 따른 구제명령과 그에 준하는 것)에 대한 행정쟁송절차는 재결주의를 취하므로 중앙노동위원회의 재심판정은 필수적으로 거쳐야 한다. 중앙노동위원회의 재심판정은 특별법상의 행정심판이다. 지방노동위원회의 처분(「근로기준법」 제30조에 따른 구제명령과 그에 준하는 것)에 대한 행정쟁송절차는 항고소송절차이다. 항고소송 중 취소소송절차에는 소제기절차, 본안심리절차, 판결절차가 있다. 이하 살펴본다.

Ⅱ 취소소송 소제기절차

1. 문제의 소재

취소소송의 제기가 적법하려면, 취소소송의 대상적격, 취소소송의 원고적격, 취소소송의 피고적격, 취소소송의 협의의 소익, 취소소송의 관할법원 등의 요건을 충족하여야 한다. 취소소송의 소제기절차와 관련하여 첫째, 지방노동위원회의 구제명령과 중앙노동위원회의 재심판정의 법적 성질이 문제된다. 둘째, 취소소송의 대상이 문제된다. 셋째, 취소소송의 피고적격이 문제된다. 넷째, 취소소송의 협의의 소익이 문제된다.

2. 지방노동위원회의 구제명령과 중앙노동위원회의 재심판정의 법적 성질

지방노동위원회는 사기업과 소속 근로자 간의 분쟁에 대하여 노동관계법에 의한 우월한 공권력의 주체로서 각종 행정작용을 행하는 행정청이다. 사기업이 소속 근로자에 대해 행한 각종 처분을 취소하고 처분시부터 취소시까지 봉급을 지급하라는 구제명령은 사기업이 소속 근로자에 대하여 행한 처분의 효력을 소급적으로 무효화하고 사기업에 대하여 봉급지급에 대한 작위하명을 한다는 점에서 처분이다. 구제명령에 대하여 행하는 중앙노동위원회의 재심판정은 대심구조를

---

139) 2012년 노무사 기출 제3문 재결주의

갖춘 중앙노동위원회가 지방노동위원회의 구제명령의 당부에 관하여 독립적 지위에서 행할 뿐만 아니라 노동위원회법 제15조의3에 의하여 행정심판법이 준용된다는 점에서 특별법상의 행정심판으로서 재결이다.

3. 취소소송의 대상

행정소송법(이하 동법이라 함) 제19조에 의하면 취소소송은 처분 등을 대상으로 한다. 다만, 재결취소소송의 경우에는 재결 자체에 고유한 위법이 있음을 이유로 하는 경우에 한한다. 동법 제8조 제1항에 의하면 행정소송에 대하여는 다른 법률에 특별한 규정이 있는 경우를 제외하고는 이 법이 정하는 바에 의한다. 노동위원회법 제27조에 의하면 지방노동위원회의 결정에 불복하는 경우 중앙노동위원회에 재심을 신청할 수 있으며 재심판정에 불복하는 경우 재심판정을 대상으로 중앙노동위원회위원장을 피고로 하여 취소소송을 제기하여야 한다. 동법 제8조 제1항과 노동위원회법 제27조에 의하여 甲이 제기하는 취소소송의 대상은 지방노동위원회의 결정이 아닌 중앙노동위원회의 재심판정이다. 이를 재결주의라 한다.

4. 취소소송의 피고적격

동법 제13조에 의하면 취소소송은 다른 법률에 특별한 규정이 없는 한 그 처분 등을 행한 행정청을 피고로 한다. 노동위원회법 제27조에 의하면 중앙노동위원회의 처분에 대한 소송은 중앙노동위원회위원장을 피고로 하여 처분의 송달을 받은 날부터 15일 이내에 제기하여야 한다. 동법 제13조와 노동위원회법 제27조에 의하여 중앙노동위원회위원장을 취소소송의 피고로 하여야 한다.

5. 취소소송의 협의의 소익

취소소송의 협의의 소익은 동법 제4조 제1호의 취소소송을 통한 권리보호의 필요성이다. 따라서 처분의 효과가 소멸된 경우, 원상회복이 불가능한 경우, 이미 권리침해의 상태가 해소된 경우 등에는 예외적으로 취소소송을 통한 권리보호의 필요성이 없다. 다만 권리가 소멸된 뒤에도 동법 제12조 제2문에 의하여 처분의 취소로 인하여 회복되는 법률상 이익이 있는 자, 주된 이익의 회복이 불가능하더라도 부수적 이익의 회복이 가능한 경우, 잔존하는 법익침해가 있는 경우에는 취소소송을 통한 권리보호의 필요성이 있다.

Ⅲ 취소소송의 본안심리절차

동법 제8조 제2항에 의하여 준용되는 민사소송법에 의하여 변론주의가 준용된다. 변론주의의 예외로서 동법 제25조에 의한 행정심판기록제출명령제도와 동법 제26조에 의한 직권심리제도가 있다. 직권심리제도에 의하여 직권증거조사는 당연히 인정된다. 반면에 직권사실탐지는 기록상 현출된 자료가 있을 때 가능하다.

Ⅳ 취소소송의 판결절차

동법 제28조의 사정판결도 가능하다. 재심판정에 대한 판결에는 동법 제8조 제2항에 의하여 준용되는 민사소송법 제216조와 218조에 의하여 기판력이 발생한다. 재심판정취소인용판결에는 동법 제30조 제1항이 적용되어 기속력 중에서 반복금지효가 발생한다. 취소인용판결에는 당연히 대세효가 발생한다.

제8절 취소소송의 가구제

제1항 침익적 작위처분취소소송과 가구제

> **[제1문]** [140) 5인 가족을 부양하고 있는 甲은 공직에서 은퇴한 뒤 퇴직금 등 자신의 거의 전 재산을 투입하여 서울 종로구 소재 헬스클럽 앞에서 일반음식점영업인 삼계탕 집을 경영하고 있는데, 거의 대부분의 손님이 위 헬스클럽 회원들이다. 그런데 경쟁 업소인 또 하나의 삼계탕 집에서 사용하는 식재료가 다소 불결하다는 소문이 돌자 건강관리에 예민한 헬스클럽 회원들 대부분이 甲의 삼계탕 집을 이용하게 되면서 甲의 삼계탕 집은 성업을 이루게 되었다. 그런데 종로구청 식품위생과 공무원들이 2016.9.1. 甲의 삼계탕 집을 단속한 결과 주방에서 생률(生栗 ; 날것 그대로의 밤)이 담긴 봉지의 상단에 '유통기한 2016.8.25.까지'라는 문구가 적혀 있는 사실을 발견하자, 종로구청장 A는 2016.9.5. "甲이 2016.9.1.에 유통기한이 경과한 생률을 조리의 목적으로 주방에 보관함으로써 「식품위생법」 제44조 제1항 제3호를 위반하였다는 이유로 「식품위생법」 제75조 및 동법 시행규칙 제89조 별표 23에 따라 甲에게 2016.10.1.부터 15일간 영업정지를 명하는 처분(이하 '1차 영업정지처분'이라 한다)을 하였고, 이 처분은 2016.9.12. 甲에게 도달되었다. 甲은 2016.9.28. 종로구청장을 피고로 하여 서울행정법원에 1차 영업정지처분의 취소를 구하는 소(이하 '이 사건 소'라 한다)를 제기하였다. 甲이 이 사건 소를 제기하면서 동시에 서울행정법원에 1차 영업정지처분에 대한 집행정지신청(이하 '이 사건 집행정지신청'이라 한다)을 한 경우, 이 사건 집행정지신청은 인용될 수 있는가?
>
> 15점

 해설

① 문제의 소재

행정소송법(이하 동법이라 함) 제23조에 의하면, 제1항에 집행부정지원칙을 규정하고, 제2항에 그 예외로써 집행정지를 규정하고 있다. 집행정지신청을 인용하려면, 적극적 요건으로서 본안소송의 계속, 처분이 존재, 회복하기 어려운 손해예방의 필요, 손해예방의 긴급한 필요와 소극적 요건으로서 집행정지가 공공복리에 중대한 영향을 끼치지 아니할 것, 집행정지신청만으로도 본안청구의 이유 없음이 명백하지 아니할 것 등의 요건을 충족하여야 한다. 기타 집행정지인용요건은 특별히 문제될만한 사정이 엿보이지 아니한다. 1차 영업정지처분에 대한 집행정지신청은

---

140) 2016년 제2차 모의시험 2문 설문1

인용될 수 있는가와 관련하여 첫째, 1차 영업정지처분취소소송이 본안에 계속 중인 소송인지 문제된다. 둘째, 1차 영업정지처분으로 인하여 생길 회복하기 어려운 손해예방의 필요가 있는지 문제된다. 셋째, 1차 영업정지처분으로 인하여 생길 회복하기 어려운 손해예방의 긴급한 필요가 있는지 문제된다.

Ⅱ 1차 영업정지처분취소소송이 본안에 계속 중인 소송인지 여부

1. 취소소송제기의 적법요건

취소소송의 제기가 적법하려면, 취소소송의 대상적격, 취소소송의 원고적격, 취소소송의 피고적격, 취소소송의 협의의 소익, 취소소송의 제소기간, 취소소송의 관할법원, 취소소송의 행심전치주의 등 취소소송요건을 충족하여야 한다.

2. 사안의 경우

판례는 본안에 계속 중인 소송과 관련하여 집행정지신청이 취소소송의 제기 이전만 아니라면 허용된다는 입장이다. 甲이 1차 영업정지처분취소소송을 제기하면서 동시에 서울행정법원에 1차 영업정지처분에 대한 집행정지신청을 한 것이기는 하나 1차 영업정지처분취소소송의 제기가 부적법하다는 특별한 사정이 엿보이지 않으므로 본안에 계속 중인 소송이 된다. 이는 신청인 측이 주장·소명하여야 한다.

Ⅲ 1차 영업정지처분으로 인하여 생길 회복하기 어려운 손해예방의 필요가 있는지 여부

1. 판례

기업이미지 및 신용이 훼손당하였다고 주장하는 경우에 그 손해가 금전으로 보상할 수 없어 '회복하기 어려운 손해'에 해당한다고 하기 위해서는, 그 경제적 손실이나 기업이미지 및 신용의 훼손으로 인하여 사업자의 자금사정이나 경영 전반에 미치는 파급효과가 매우 중대하여 사업 자체를 계속할 수 없거나 중대한 경영상의 위기를 맞게 될 것으로 보이는 등의 사정이 존재하여야 한다.[141]

2. 사안의 경우

경쟁 업소인 또 하나의 삼계탕 집에서 사용하는 식재료가 다소 불결하다는 소문이 돌자 건강관리에 예민한 헬스클럽 회원들 대부분이 甲의 삼계탕 집을 이용하게 되면서 甲의 삼계탕 집은 성업을 이루게 되었다는 점에서 1차 영업정지처분으로 인하여 건강관리에 예민한 헬스클럽 회원들 대부분이 甲의 삼계탕 집을 떠남으로써 기업이미지의 훼손으로 경영 전반에 미치는 파급효과가 매우 중대하여 중대한 경영상의 위기를 맞게 될 것으로 보이는 사정이 존재한다는 점에서 그 손해는 금전으로 보상할 수 없어 '회복하기 어려운 손해'에 해당한다. 1차 영업정지처분으로 인하여 생길 회복하기 어려운 손해예방의 필요가 있다. 이는 신청인 측이 주장·소명하여야 한다.

---

141) '회복하기 어려운 손해'라 함은 특별한 사정이 없는 한 금전으로 보상할 수 없는 손해로서 이는 금전보상이 불능인 경우 내지는 금전보상으로는 사회관념상 행정처분을 받은 당사자가 참고 견딜 수 없거나 또는 참고 견디기가 현저히 곤란한 경우의 유·무형의 손해를 일컫는다 할 것이다.

Ⅳ. 1차 영업정지처분으로 인하여 생길 회복하기 어려운 손해예방의 긴급한 필요가 있는지 여부

1. 판례

'처분 등이나 그 집행 또는 절차의 속행으로 인하여 생길 회복하기 어려운 손해를 예방하기 위하여 긴급한 필요'가 있는지 여부는 처분의 성질과 태양 및 내용, 처분상대방이 입는 손해의 성질·내용 및 정도, 원상회복·금전배상의 방법 및 난이도 등은 물론, 본안청구의 승소가능성의 정도 등을 종합적으로 고려하여 구체적·개별적으로 판단하여야 한다.[142]

2. 사안의 경우

본안청구의 승소가능성이 있으므로 집행정지사건 자체에 의하여도 본안청구가 이유 없음이 명백하지 아니하여서 1차 영업정지처분으로 인하여 생길 회복하기 어려운 손해예방의 긴급한 필요가 있다. 이는 신청인측이 주장·소명하여야 한다.

Ⅴ. 설문의 해결

甲이 1차 영업정지처분취소소송을 제기하면서 동시에 1차 영업정지처분에 대한 집행정지신청을 한 경우 집행정지신청은 인용될 수 있다.

제2항 수익적 처분에 대한 거부처분취소소송과 가구제

[제1문][143] 네팔인 찬드라는 「외국인근로자의 고용 등에 관한 법률」(이하 "이 사건 법률"이라 함)에 의한 고용허가를 받아 2010년 1월 1일 대한민국에 입국하여 일해 왔다. 그는 근로환경 등을 이유로 위 법률이 정한 절차에 따라 사업장을 3회 변경하였다. 그런데 지금 근무하는 사업장의 사업주 천만복이 2012년 4월 4일 경영악화를 이유로 그를 더 이상 고용할 수 없다고 통보하였다. 그는 해고(이 해고는 정당한 것으로 전제함)된 후 2012년 5월 21일 다른 회사로 사업장을 변경하기 위하여 관할 안산 고용지원센터(이 사건 법률 제25조에 따른 직업안정기관)를 방문하여 사업장 변경을 할 수 있는지 문의하였다. 안산 고용지원센터의 장은 외국인근로자의 사업장 변경은 원칙적으로 3회를 초과하여 변경할 수 없도록 하고 있는 이 사건 법률 제25조 제4호에 따라 사업장 변경이 불가능하다는 통지서를 발송하여 2012년 5월 31일 찬드라에게 송달되었다. 이후 새로운 사업장을 찾지 못한 그는 법무부장관에게 체류허가 연장신청을 하였다. 하지만 법무부장관은 2012년 12월 20일자로 이를 거부하였으며, 또한 이 사건 법률 제25조 제3항에 따라 늦어도 2012년 12월 31일까지 출국할 것을 권유하였다. 찬드라가 법무부장관의 체류기간연장거부에 대하여 취소소송을 제기한 경우 강제출국 당하지 않기 위하여 잠정적으로 취할 수 있는 조치는? `20점`

---

142) 대결 2008.5.6, 2007무147
143) 2013년 제1차 모의시험 1문 설문1 (2)

해설

Ⅰ 문제의 소재

찬드라가 법무부장관의 체류기간연장거부에 대하여 취소소송을 제기한 경우 강제출국 당하지 않기 위하여 잠정적으로 취할 수 있는 조치와 관련하여 첫째, 체류기간연장거부에 대하여 집행정지가 가능한지 문제된다. 둘째, 행정소송법 제8조 제2항에 의하여 준용되는 민사집행법 제300조 제2항의 가처분이 가능한지 문제된다.

Ⅱ 체류기간연장거부에 대하여 집행정지가 가능한지 여부

1. 문제의 소재

행정소송법 제23조에 의하면, 제1항에 집행부정지원칙을 규정하고, 제2항에 그 예외로써 집행정지를 규정하고 있다. 체류기간연장거부에 대하여 집행정지가 가능한지와 관련하여 첫째, 체류기간연장거부 취소소송의 제기가 적법한지 문제된다. 둘째, 체류기간연장거부로 인하여 생길 회복하기 어려운 손해를 예방할 긴급한 필요가 있는지 문제된다.

2. 체류기간연장거부 취소소송의 제기가 적법한지 여부

(1) 취소소송제기의 적법요건

취소소송의 제기가 적법하려면, 취소소송의 대상적격, 취소소송의 원고적격, 취소소송의 피고적격, 취소소송의 협의의 소익, 취소소송의 제소기간, 취소소송의 관할법원, 취소소송의 행심전치주의 등 취소소송요건을 충족하여야 한다.

(2) 사안의 경우

체류기간연장거부는 취소소송의 대상이 되는 거부처분이고, 찬드라는 거부처분의 직접 상대방이며, 법무부장관은 처분청이고, 기타 취소소송요건은 특별히 문제될만한 사정이 보이지 않는다. 체류기간연장거부 취소소송의 제기는 적법하다. 본안소송의 계속과 처분의 존재라는 집행정지인용의 적극적 요건은 충족된다. 이는 신청인인 찬드라가 주장·소명한다.

3. 체류기간연장거부로 인하여 생길 회복하기 어려운 손해를 예방할 긴급한 필요가 있는지 여부

(1) 학설과 판례

수익적 처분의 거부에 대하여 행정소송법 제23조의 집행정지가 가능하다는 견해와 불가능하다는 견해가 있다. 판례에 의하면 신청에 대한 거부처분의 효력을 정지하더라도 거부처분이 없었던 것과 같은 상태, 즉 거부처분이 있기 전의 신청시의 상태로 되돌아가는 데에 불과하고 행정청에게 신청에 따른 처분을 하여야 할 의무가 생기는 것이 아니므로, 거부처분의 효력정지는 그 거부처분으로 인하여 신청인에게 생길 손해를 방지하는 데에 아무런 소용이 없어 그 효력정지를 구할 이익이 없다.[144]

---

144) 대판 1992.2.13, 91두47

(2) 검토 및 사안의 경우

수익적 처분의 거부만으로는 회복하기 어려운 손해 자체가 없다고 보아야 할 것이어서 집행 정지가 불가능하다는 견해와 판례가 타당하다. 수익적 처분인 체류기간연장처분의 거부만으로는 아직 권익이 발생하지 않아 체류기간연장거부처분의 효력을 정지하더라도 거부처분이 있기 전의 신청시의 상태로 되돌아가는 데에 불과하여 회복하기 어려운 손해 자체가 없으므로 체류기간연장거부로 인하여 생길 회복하기 어려운 손해를 예방할 긴급한 필요가 없다.

4. 소결

체류기간연장거부에 대하여 집행정지가 가능하지 않다.

[III] 행정소송법 제8조 제2항에 의하여 준용되는 민사집행법 제300조 제2항의 가처분이 가능한 지 여부

1. 학설과 판례

민사집행법 제300조 제2항의 준용과 관련하여 준용긍정설과 준용부정설이 있으나 판례에 의하면 가처분은 민사소송의 본안판결의 실효성을 확보하는 제도이므로 그 성질이 다른 항고소송인 취소소송에 준용할 수 없다.

2. 검토 및 사안의 경우

취소소송은 처분의 위법성을 확인하여 처분을 취소하는 공익소송이므로 그 성질상 민사소송의 판결의 실효성을 미리 확보하는 민사집행법 제300조 제2항을 준용할 수 없다는 견해와 판례가 타당하다. 체류기간연장거부처분취소소송은 항고소송이므로 그 성질상 민사판결의 실효성을 미리 확보하는 민사집행법 제300조 제2항을 준용할 수 없다.

[IV] 설문의 해결

찬드라가 법무부장관의 체류기간연장거부에 대하여 취소소송을 제기한 경우, 강제출국 당하지 않기 위하여 잠정적으로 취할 수 있는 조치는 현행법상 없다.

02 | 취소소송의 본안의 심리[145]

[제1문] [146] 갑은 법인세 등의 부과처분취소소송을 담당한 사실심법원에서 법인세 등의 부과처분으로 인한 납세의무성립일 현재에는 A회사의 과점주주가 아니었으므로 관할세무서장의 갑에 대한 이 사건 제2차 납세의무자로서의 과세처분이 위법한 처분이라고만 주장하였을 뿐 위 제2차 납세의무의 전제가 되는 A회사에 대한 주된 납세의무의 성립이나 그 부가처분의 내용과 세액 및 산출근거에 대하여는 위법하다고 다툰 사실이 없었다. 이에 갑은 사실심이 직권으로 위법인지 판단하지 않은 잘못이 있다하여 상고법원에 상고하였다. 상고법원은 갑의 상고를 인용할 수 있는가? **25점**

 해설

Ⅰ **문제의 소재**

행정소송법 제26조에 의하면, 법원은 필요하다고 인정할 때에는 직권으로 증거조사를 할 수 있고, 당사자가 주장하지 아니한 사실에 대하여도 판단할 수 있다. 행정소송법 제8조 제2항에 의하면 행정소송에 관하여 이 법에 특별한 규정이 없는 사항에 대하여는 법원조직법과 민사소송법 및 민사집행법의 규정을 준용한다. 갑은 제2차 납세의무자로서의 과세처분이 위법한 처분이라고만 주장하였을 뿐 위 제2차 납세의무의 전제가 되는 A회사에 대한 주된 납세의무의 성립이나 그 부가처분의 내용과 세액 및 산출근거에 대하여는 위법하다고 다툰 사실이 없다. 상고법원은 갑의 상고를 인용할 수 있는가와 관련하여 첫째, 제2차 납세의무의 전제가 되는 A회사에 대한 주된 납세의무의 성립이나 그 부가처분의 내용과 세액 및 산출근거에 대하여 위법하다는 주장책임의 소재가 문제된다. 둘째, 사실심법원은 갑이 주장하지 아니한 A회사에 대한 주된 납세의무의 성립이나 그 부가처분의 내용과 세액 및 산출근거에 대해서도 판단할 수 있는지 문제된다.

Ⅱ **제2차 납세의무의 전제가 되는 A회사에 대한 주된 납세의무의 성립이나 그 부가처분의 내용과 세액 및 산출근거에 대하여 위법하다는 주장책임의 소재**

1. 문제의 소재

본안의 심리란 본안에서 행하는 소송자료의 수집을 말한다. 수집되는 소송자료는 사실자료와

---

145) 이 부분은 준사례형으로만 출제가 가능하다. 전체의 논리흐름의 부분테마로 학습하는 지점이 아니다. 독립적인 논리로 하나의 테마를 완전하게 익혀야 한다. 이에는 변/주/입/직/위/처/경/관/참/변/병의 11개의 독립테마가 있다.

146) 판례창작문제, 대판 1988.4.27, 87누1182

증거자료이다. 민사소송의 본안심리는 사실자료는 주장책임을 통하여, 증거자료는 입증책임을 통하여 관할법원에 수집된다. 제2차 납세의무의 전제가 되는 A회사에 대한 주된 납세의무의 성립이나 그 부가처분의 내용과 세액 및 산출근거에 대하여 위법하다는 주장책임의 소재와 관련하여 제2차 납세의무의 전제가 되는 A회사에 대한 주된 납세의무의 성립이나 그 부가처분의 내용과 세액 및 산출근거에 대하여 위법하다는 주장책임이 갑에게 있는지 문제된다.

2. 제2차 납세의무의 전제가 되는 A회사에 대한 주된 납세의무의 성립이나 그 부가처분의 내용과 세액 및 산출근거에 대하여 위법하다는 주장책임이 갑에게 있는지 여부

(1) 학설

사실자료가 당사자로부터 주장되면,[147] 누가 입증책임을 지느냐와 관련하여 원고책임설, 피고책임설, 법률요건분류설, 독자분배설 등이 있다.

(2) 판례

민사소송법의 규정이 준용되는 행정소송에 있어서 입증책임은 원칙적으로 민사소송의 일반원칙에 따라 당사자 간에 분배되고 항고소송의 경우에는 그 특성에 따라 당해 처분의 적법을 주장하는 피고에게 그 적법사유에 대한 입증책임이 있다. 따라서 피고가 주장하는 당해 처분의 적법성이 합리적으로 수긍할 수 있는 일응의 입증이 있는 경우에는 그 처분은 정당하다 할 것이며 이와 상반되는 주장과 입증은 그 상대방인 원고에게 그 책임이 돌아간다.

(3) 검토

원고책임설은 공정력이란 사실상 통용력이란 점에서, 피고책임설은 입증이 곤란한 경우 피고에게만 패소의 책임을 묻는다는 점에서, 독자분배설은 단지 법률요건분류설을 유형적으로 바꾸어놓은 결과 그 실질에 있어서 법률요건분류설과 동일하다는 점에서 법률요건분류설을 원칙으로 하되 항고소송의 특성을 고려하는 판례가 타당하다.

(4) 사안의 경우

법인세 등의 부과처분의 위법성이 먼저 주장되어야 그 법인세 등의 부과처분의 적법성을 관할세무서장이 합리적으로 수긍할 수 있을 정도로 일응의 입증을 하는 것이 가능하다. 제2차 납세의무의 전제가 되는 A회사에 대한 주된 납세의무의 성립이나 그 부가처분의 내용과 세액 및 산출근거에 대하여 위법하다는 주장책임은 갑에게 있다.

3. 소결

제2차 납세의무의 전제가 되는 A회사에 대한 주된 납세의무의 성립이나 그 부가처분의 내용과 세액 및 산출근거에 대하여 위법하다는 주장책임의 소재는 갑에게 있다.

---

147) 주장책임은 크게 문제되지 않는다. 소송에서 이기고자 하는 당사자는 자신에게 유리한 사실을 주장하게 마련이기 때문이다. 다만, 그 사실에 대한 입증책임이 문제될 뿐이다.

Ⅲ 사실심법원은 갑이 주장하지 아니한 A회사에 대한 주된 납세의무의 성립이나 그 부가처분의 내용과 세액 및 산출근거에 대해서도 판단할 수 있는지 여부

1. 학설

당사자가 주장하지 아니한 사실은 심판의 대상이 될 수 없고, 당사자가 주장한 사실에 대해 당사자의 입증활동이 불충분하여 법원이 심증을 얻기 어려운 경우 직권으로 증거조사가 가능하다는 변론주의보충설과 직권증거조사 외에 일정한 한도 내에서 사실관계에 관한 직권탐지도 가능하다는 직권탐지주의보충설, 그리고 취소소송은 행정의 적법성 통제의 측면과 확정판결의 대세효, 행정소송법 제26조의 법 문언 때문에 당사자가 주장하지 아니한 사실에 대하여도 제한 없이 직권탐지가 가능하다는 직권탐지주의설이 있다.

2. 판례

행정소송법 제26조는 "법원은 필요하다고 인정할 때에는 직권으로 증거조사를 할 수 있고, 당사자가 주장하지 아니한 사실에 대하여도 판단할 수 있다."고 하여, 행정소송에서는 직권심리주의가 적용되도록 하고 있으므로, 법원으로서는 기록상 현출되어 있는 사항에 관하여 직권으로 증거조사를 하고 이를 기초로 하여 판단할 수 있다.[148]

3. 검토

행정소송법 제26조는 소송자료에 대한 책임을 일차적으로 당사자에게 인정하면서 동시에 공익을 고려하여 직권으로 탐지할 수 있다고 하고 있으나, 심리의 대원칙인 변론주의를 배제하는 것은 아니어서 직권탐지주의보충설과 판례가 타당하다.

4. 사안의 경우

① 법인세 등 과세처분취소소송에 있어서 갑은 사실심법원에서 법인세 등 부과처분의 납세의무 성립일 현재에는 A회사의 과점주주가 아니었으므로 관할세무서장의 갑에 대한 제2차 납세의무자로서의 법인세 등 과세처분이 위법한 처분이라고만 주장하였을 뿐 제2차 납세의무의 전제가 되는 A회사에 대한 주된 납세의무의 성립이나 그 부가처분의 내용과 세액 및 산출 근거에 대하여는 위법하다고 다툰 사실이 없음이 명백하다. ② 갑의 주장이 없으므로 법인세 등 과세처분취소소송에 있어 관할세무서장에게 주된 납세의무의 성립 및 내용과 과세가액산정에 관한 부분이 적법하다는 주장과 입증책임이 있는 것이 아니다. ③ 갑이 과점주주가 아니었으니 제2차 납세의무자로서의 과세처분이 위법하다는 주장만을 한 경우에 그 주장 속에 주된 납세처분의 과세가액산정에 관한 적법 여부의 다툼까지 포함되어 있다고 볼 수도 없다. ④ 다툼의 대상은 납세의무성립일 현재 A회사의 과점주주인지 여부이므로 제2차 납세의무의 전제가 되는 A회사에 대한 주된 납세의무의 성립이나 그 부가처분의 내용과 세액 및 산출근거는 다툼의 대상에 비추어 일건 기록상 현출된 자료가 아니다. 사실심법원은 갑이 주장하지 아니한 A회사에 대한 주된 납세의무의 성립이나 그 부가처분의 내용과 세액 및 산출근거 사실을 직권으로 조사하여 판단할 수 없다.

---

148) 대판 2013.8.22, 2011두26589

Ⅳ 설문의 해결

상고법원은 갑의 상고를 인용하지 아니하고 기각한다.

제 2 절 │ 처분의 위법성 판단의 기준시

type 1 │ 행정기본법 제14조 제1항

완벽정리 답안작성법만 숙지해도 충분합니다.

type 2 │ 행정기본법 제14조 제2항

> **[제1문]** [149] A국 국적의 외국인인 甲은 자국 정부로부터 정치적 박해를 받고 있었다. 甲은 2018. 11.20. 인천국제공항에 도착하여 입국 심사 과정에서 난민신청의사를 밝히고 난민법상 출입국항에서의 난민인정신청을 하였다. 인천국제공항 출입국관리공무원은 2018.11.20. 甲에 대하여 입국목적이 사증에 부합함을 증명하지 못하였다는 이유로 입국불허결정을 하고, 甲이 타고 온 외국항공사에 대하여 甲을 국외로 송환하라는 송환지시서를 발부하였다. 이에 甲은 출입국 당국의 결정에 불만을 표시하며 자신을 난민으로 인정해 달라고 요청하였고, 당국은 甲에게 난민심사를 위하여 일단 인천공항 내 송환대기실에 대기할 것을 명하였다. 인천공항 송환대기실은 입국이 불허된 외국인들이 국외송환에 앞서 임시로 머무는 곳인데, 이 곳은 외부와의 출입이 통제되는 곳으로 甲이 자신의 의사에 따라 대기실 밖으로 나갈 수 없는 구조로 되어 있었다. 출입국 당국은 2018.11.26. 甲에 대하여 난민 인정 거부처분을 하였고, 甲은 이에 불복하여 2018.11.28. 난민 인정 거부처분취소의 소를 제기하였다. 위 난민 인정 거부처분 후 甲의 국적국인 A국의 정치적 상황이 변화하였다. 이와 같이 변화된 A국의 정치적 상황을 이유로 하여, 법원이 난민 인정 거부처분의 적법 여부를 달리 판단할 수 있는지에 대하여 검토하시오. **15점**

📖 해설

Ⅰ 문제의 소재

행정기본법 제14조 제2항에 의하면 당사자의 신청에 따른 처분은 법령 등에 특별한 규정이 있거나 처분 당시의 법령 등을 적용하기 곤란한 특별한 사정이 있는 경우를 제외하고는 처분 당시의 법령 등에 따른다. 변화된 A국의 정치적 상황을 이유로 하여, 법원이 난민 인정 거부처분의 적법 여부를 달리 판단할 수 있는지와 관련하여 난민 인정 거부처분의 근거가 된 처분시의 사실상태가 난민 인정 거부처분 이후에 변경된 경우 난민 인정 거부처분 이후의 사실상태가 처분 당시의 법령 등을 적용하기 곤란한 특별한 사정인지 문제된다.

---

149) 제9회 변호사시험 제1문의2 3.

Ⅱ 난민 인정 거부처분의 근거가 된 처분시의 사실상태가 난민 인정 거부처분 이후에 변경된 경우 난민 인정 거부처분 이후의 사실상태가 거부처분 당시의 법령 등을 적용하기 곤란한 특별한 사정인지 여부

1. 판례

행정소송에서 행정처분의 위법 여부는 행정처분이 있을 때의 법령과 사실상태를 기준으로 하여 판단하여야 하므로 이 사건 처분은 그 처분 당시의 법령과 사실상태를 기준으로 판단할 때 적법하다고 할 것이고, 이 사건 처분 이후의 사실상태의 변동으로 인하여 처분 당시 적법하였던 이 사건 처분이 다시 위법하게 되는 것은 아니라고 할 것이다.[150]

2. 사안의 경우

행정소송에서 행정처분의 위법 여부는 행정처분이 있을 때의 법령과 사실상태를 기준으로 하여 판단하여야 하므로 난민 인정 거부처분의 위법 여부는 난민 인정 거부처분의 근거가 된 처분시의 사실상태인 甲의 국적국인 A국의 정치적 상황이다. 난민 인정 거부처분 이후의 사실상태는 거부처분 당시의 법령 등을 적용하기 곤란한 특별한 사정이 아니다.

Ⅲ 설문의 해결

변화된 A국의 정치적 상황을 이유로 하여, 법원은 난민 인정 거부처분의 적법 여부를 달리 판단할 수 없다.

[제2문] [151] 甲은 A군 관내에 있는 자신의 토지에 가옥을 건축하기 위하여 건축 관계법령상의 건축허가요건을 갖추어 A군의 군수에게 건축허가를 신청하였다. 그러나 A군의 공무원 정기인사로 인하여 업무의 공백이 발생하여 건축허가절차가 지연되면서 그 사이에 건축 관계법령이 개정·시행되었으며, 개정된 법령에 의하면 건축허가요건을 갖추지 못하게 되었다. 이 경우 A군의 군수는 개정된 법령에 따라 건축허가를 거부할 수 있는가? 20점

해설

① 문제의 소재

행정기본법 제14조 제2항에 의하면 당사자의 신청에 따른 처분은 법령 등에 특별한 규정이 있거나 처분 당시의 법령 등을 적용하기 곤란한 특별한 사정이 있는 경우를 제외하고는 처분 당시의 법령 등에 따른다. A군의 군수는 개정된 법령에 따라 건축허가를 거부할 수 있는가와 관련하여

---

150) 대판 2014.10.30, 2012두25125
151) 2009년 재경 기출문제 제3문

첫째, 건축허가지연이 처분 당시의 법령 등을 적용하기 곤란한 특별한 사정인지 문제된다. 둘째, A군의 군수의 개정된 법령에 따른 건축허가거부는 신청시 법령에 대한 甲의 신뢰를 침해하는지 문제된다.

Ⅱ 건축허가지연이 처분 당시의 법령 등을 적용하기 곤란한 특별한 사정인지 여부

1. 판례

허가 등의 행정처분은 원칙적으로 처분시의 법령과 허가기준에 의하여 처리되어야 하고 허가신청 당시의 기준에 따라야 하는 것은 아니며, 비록 허가신청 후 허가기준이 변경되었다 하더라도 그 허가관청이 허가신청을 수리하고도 정당한 이유 없이 그 처리를 늦추어 그 사이에 허가기준이 변경된 것이 아닌 이상 변경된 허가기준에 따라서 처분을 하여야 한다.

2. 사안의 경우

A군의 공무원 정기인사로 인하여 업무의 공백이 발생하여 건축허가절차가 지연되었고 그 사이에 건축 관계법령이 개정·시행되었다는 사정은 부정기인사와 달리 그 발생된 업무공백이 불가피하다고 보인다. A군의 군수가 건축허가신청을 수리하고도 정당한 이유 없이 그 처리를 늦추어 그 사이에 허가기준이 변경된 것이 아니므로 건축허가지연은 처분 당시의 법령 등을 적용하기 곤란한 특별한 사정이 아니다. A군의 군수는 처분시 법령인 개정된 법령에 따라 건축허가를 거부하여야 한다.

Ⅲ A군의 군수의 개정된 법령에 따른 건축허가거부는 신청시 법령에 대한 甲의 신뢰를 침해하는지 여부

1. 판례

개정법령은 부진정소급입법에 해당한다. 부진정소급입법에 있어서 구 법률의 존속에 대한 당사자의 신뢰가 합리적이고도 정당하며, 법률의 개정으로 야기되는 당사자의 손해 내지 이익 침해가 극심하여 새로운 법률로 달성하고자 하는 공익적 목적이 그러한 신뢰의 파괴를 정당화할 수 없다면, 입법자는 경과규정을 두는 등 당사자의 신뢰를 보호할 적절한 조치를 하여야 하며, 이와 같은 적절한 조치 없이 새 법률을 그대로 시행하거나 적용하는 것은 허용될 수 없다.

2. 사안의 경우

거부된 건축허가로 인하여 침해되는 甲의 이익은 자연적 자유로서 개정 건축 관계법령이 실현하고자 하는 공익상 요구보다 더 보호할 가치가 있다고 보이므로 甲이 개정 전 건축 관계법령이 보호하는 이익에 편승하거나 기회를 이용하는 것이라고 볼만한 사정이 엿보이지 않는다. 개정 전 건축 관계법령의 존속에 대하여 갖는 甲의 신뢰는 합리적이고도 정당하다고 보인다. 甲의 신뢰를 보호할 조치가 필요함에도 경과규정을 두거나, A군의 군수가 甲에게 미흡한 요건보완기회를 부여하는 등 甲의 신뢰를 보호할 적절한 조치를 하였다고 볼만한 특별한 사정 역시 엿보이지 않는다. A군의 군수의 개정된 법령에 따른 건축허가거부는 신청시 법령에 대한 甲의 신뢰를 침해한다.

Ⅳ 설문의 해결

A군의 군수는 개정된 법령에 따라 건축허가를 거부할 수는 있지만, 경과규정을 두거나 甲에게 미흡한 요건보완기회를 부여하는 등 甲의 신뢰를 보호할 적절한 조치를 한 다음에 가능하다.

type 3 행정기본법 제14조 제3항

[제1문] [152] 서울특별시 A구에서 '달님 어린이집'을 설치·운영하는 甲은, 인근 '햇님 어린이집' 운영자인 乙이 대학생인 乙의 딸 丙을 보육교사로 근무한 것처럼 허위로 보고하여 보조금을 부정하게 교부받았다고 관할 A구청에 신고하였다. 이상의 신고에 기하여 A구청 소속 공무원 B는 그 권한을 표시하는 증표를 휴대하지 아니하고 해당 어린이집을 방문하여 운영상황을 검사하면서 丙의 근무 여부를 다른 보육교사들에게 질문하였으나 다른 보육교사들은 근무 시간에 丙을 본 적이 거의 없다고 진술하였다. 이후 「행정절차법」상의 사전통지 및 청문절차를 거쳐 A구청장은 「영유아보육법」 제40조 제3호 및 제45조 제1항 제1호에 근거하여 乙에게 보조금 반환 및 6개월의 어린이집 운영정지를 명하는 처분을 하였다. 乙이 보조금을 교부받은 당시의 「영유아보육법」 및 같은 법 시행령에서는 해당 행위에 대하여 6개월 운영정지를 규정하고 있었는데, 조사 이후 개정된 같은 법 시행령에서는 3개월의 운영정지를 규정하고 있고, 별도의 경과규정이 마련되어 있지 않다. 乙은 A구청장이 조사 이후 개정된 법령이 아닌 보조금 지급 당시의 법령의 규정에 따라 6개월의 운영정지를 한 것은 위법하다고 주장하고 있다. 乙의 주장의 당부를 논하시오. **20점**

참조조문

※ 아래의 법령은 문제출제 당시의 적용법령임

「영유아보육법」

제40조(비용 및 보조금의 반환명령)

국가나 지방자치단체는 어린이집의 설치·운영자, 육아종합지원센터의 장, 보수교육 위탁실시자 등이 다음 각 호의 어느 하나에 해당하는 경우에는 이미 교부한 비용과 보조금의 전부 또는 일부의 반환을 명할 수 있다.

3. 거짓이나 그 밖의 부정한 방법으로 보조금을 교부받은 경우

제45조(어린이집의 폐쇄 등)

① 보건복지부장관, 시·도지사 및 시장·군수·구청장은 어린이집을 설치·운영하는 자(이하 이 조에서 "설치·운영자"라 한다)가 다음 각 호의 어느 하나에 해당하면 1년 이내의 어린이집 운영정지를 명하거나 어린이집의 폐쇄를 명할 수 있다. (단서 생략)

1. 거짓이나 그 밖의 부정한 방법으로 보조금을 교부받거나 보조금을 유용(流用)한 경우

해설

I 문제의 소재

행정기본법 제14조 제3항 본문에 의하면 법령 등을 위반한 행위의 성립과 이에 대한 제재처분은 법령 등에 특별한 규정이 있는 경우를 제외하고는 법령 등을 위반한 행위 당시의 법령 등에 따른다. 乙의 주장의 당부와 관련하여 첫째, A구청장은 보조금 지급 당시의 법령의 규정에 따라 원칙적으로 6개월의 운영정지를 하여야 하는지 문제된다. 둘째, A구청장은 변경된 법령의 규정에 따라 예외적으로 3개월의 운영정지를 하여야 하는지 문제된다.

II A구청장은 보조금 지급 당시의 법령의 규정에 따라 원칙적으로 6개월의 운영정지를 하여야 하는지 여부

1. 판례

위반행위를 이유로 한 행정상의 제재처분(행위 당시에는 필요적 취소사유)을 하려면 그 위반행위 이후 법령의 변경에 의하여 처분의 종류를 달리(영업정지사유로) 규정하였다 하더라도 그 법률적용에 관한 특별한 규정이 없다면 위반행위 당시에 시행되던 법령을 근거로 처분을 하여야 마땅하다.[153]

2. 사안의 경우

乙이 보조금을 교부받은 당시의 영유아보육법 및 같은 법 시행령에서는 영유아보육법 제45조 제1항 제1호 위반에 대하여 6개월 운영정지를 규정하고 있었으므로 행정기본법 제14조 제3항 본문에 의하여 A구청장은 보조금 지급 당시의 법령의 규정과 보조금을 부정하게 교부받은 사실상태를 기준으로 판단할 때 원칙적으로 6개월의 운영정지를 하여야 한다.

III A구청장은 변경된 법령의 규정에 따라 예외적으로 3개월의 운영정지를 하여야 하는지 여부

1. 행정기본법 제14조 제3항 단서

법령 등을 위반한 행위 후 법령 등의 변경에 의하여 그 행위가 법령 등을 위반한 행위에 해당하지 아니하거나 제재처분 기준이 가벼워진 경우로서 해당 법령 등에 특별한 규정이 없는 경우에는 변경된 법령 등을 적용한다.

2. 사안의 경우

보조금의 부정수급 후 영유아보육법 및 같은 법 시행령의 변경에 의하여 제재처분 기준이 6개월의 영업정지에서 3개월의 영업정지로 가벼워진 경우이면서 영유아보육법 및 같은 법 시행령에 변경된 법령을 적용하지 않는다는 특별한 규정이 보이지 않는다. A구청장은 변경된 영유아보육법 및 같은 법 시행령을 적용하여 예외적으로 3개월의 운영정지를 하여야 한다.

---

153) 대판 1983.12.13, 83누383

Ⅳ 설문의 해결

乙의 주장은 타당하다.

| 제 **3** 절 | 처분사유의 추가 · 변경제도 |

[제1문] 154) 가구제조업을 운영하는 甲은 사업상 필요에 의해 자신이 소유하는 산림 50,000㎡일대에서 입목을 벌채하고자 「산림자원의 조성 및 보호에 관한 법률」 제36조 및 같은 법 시행규칙 제44조의 규정에 따라 관할행정청 乙시장에게 입목벌채허가를 신청하였다. 이에 대해서 인근 A사찰의 신도들은 해당 산림의 입목벌채로 인하여 사찰의 고적하고 엄숙한 분위기가 저해될 것을 우려하여 乙시장에게 당해 허가를 내주지 말라는 민원을 강력히 제기하였다. 그러나 乙시장은 甲의 입목벌채허가신청이 관계 법령이 정하는 허가요건을 모두 갖추었음을 이유로 입목벌채허가를 하였다. A사찰 신도들의 민원이 계속되자 乙시장은 민원을 이유로 甲에 대한 입목벌채허가를 취소하였고, 이에 대해 甲은 입목벌채허가취소처분 취소소송을 제기하였다. 乙시장은 취소소송 계속 중에 A사찰이 유서가 깊은 사찰로 보존가치가 높고 사찰 인근의 산림이 수려하여 보호의 필요성이 있다는 처분사유를 추가하였다. 이러한 처분사유의 추가가 허용되는가? **15점**

해설

Ⅰ 문제의 소재

처분사유의 추가 · 변경이란 처분시에는 이유로 제시되지 않았던 사실상 또는 법률상의 근거를 행정소송절차에서 행정청이 새로이 제출하거나 법원이 직권으로 회부하여 처분의 위법성 판단에 고려하는 것이다.155) 신도들의 민원에 사찰로서의 높은 보존가치와 산림의 보호필요성을 소송계속 중 추가하는 것이므로 처분사유의 추가이다. 이러한 처분사유의 추가가 허용되는가와 관련하여 첫째, 처분사유의 추가가 인정되는지 문제된다. 둘째, 신도들의 민원과 사찰로서의 높은 보존가치와 산림의 보호필요성이 기본적 사실관계가 동일하다고 인정되는 한도 내에 있는지 문제된다.

Ⅱ 처분사유의 추가가 인정되는지 여부

1. 학설

원고의 소송상 방어권보호차원에서 처분사유의 추가를 부정하는 견해와 분쟁의 일회적 해결차원에서 처분사유의 추가를 긍정하는 견해, 원고의 소송상 방어권보장과 분쟁의 일회적 해결을 조화롭게 해석하는 차원에서 처분사유의 추가를 제한적으로 긍정하는 견해 등이 있다.

---

154) 2018년 행시 기출문제 제1문 2)
155) 〈두문자암기 : 처제사법, 사제직회〉

2. 판례

당초처분의 근거로 삼은 사유와 기본적 사실관계가 동일하다고 인정되는 한도 내에서만 다른 처분사유를 새로 추가할 수 있다.[156)

3. 검토 및 소결

원고의 권익보호와 소송경제의 요청을 조화하는 관점에서 기본적 사실관계의 동일성 여부를 기준으로 처분사유의 추가 여부를 결정하는 제한적 긍정설과 판례의 태도가 타당하다. 당초처분의 근거로 삼은 사유와 기본적 사실관계가 동일하다고 인정되는 한도 내에서 처분사유의 추가가 인정된다.

[III] 신도들의 민원과 사찰로서의 높은 보존가치와 산림의 보호필요성이 기본적 사실관계가 동일하다고 인정되는 한도 내에 있는지 여부

1. 판례

기본적 사실관계의 동일성 유무는 처분사유를 법률적으로 평가하기 이전의 구체적인 사실에 착안하여 그 기초가 되는 사회적 사실관계가 기본적인 점에서 동일한지의 여부에 따라 결정해야 하며, 구체적으로 보면 그 판단은 시간적·장소적 근접성, 행위 태양, 결과 등의 제반사정을 종합적으로 고려해야 한다. 구체적 사실을 변경하지 않는 범위 내에서 단지 그 처분의 근거법령만을 추가·변경하거나 불명확한 당초의 처분사유를 구체화하는 정도 내에서만 기본적 사실관계의 동일성을 인정한다.

2. 사안의 경우

사찰로서의 높은 보존가치와 산림의 보호필요성은 신도들의 민원을 구체화하는 경우라고 보이지 않는다. 사찰로서의 높은 보존가치와 산림의 보호필요성은 입목벌채허가를 취소할 중대한 공익상 필요라는 점에서 신도들의 민원과의 관계에서 단순히 처분의 근거법령만을 추가한다고 보이지 않는다. 양 사유는 그 내용이 공통되지도 아니하고 근거법규의 취지가 유사한 경우라고 볼 수도 없으므로 기본적 사실관계의 동일성이 인정되지 않아서 기본적 사실관계가 동일하다고 인정되는 한도 내에 있지 않다.

[IV] 설문의 해결

사찰로서의 높은 보존가치와 산림의 보호필요성을 소송계속 중 추가하는 것은 허용되지 않는다.

---

156) 대판 2003.12.11, 2001두8827

[제2문] [157] 甲은 정당한 이유 없이 계약을 이행하지 않았음을 이유로 입찰참가자격 제한처분을 받았다. 이에 대해 甲이 취소소송으로 다투던 중 처분청은 당초처분사유 외에 위 계약 당시 관계 공무원에게 뇌물을 준 사실을 처분사유로 추가하였다. 처분청의 행위는 소송상 허용되는가? 25점

 해설

Ⅰ 문제의 소재

처분사유의 추가·변경이란 처분시에는 이유로 제시되지 않았던 사실상 또는 법률상의 근거를 행정소송절차에서 행정청이 새로이 제출하거나 법원이 직권으로 회부하여 처분의 위법성 판단에 고려하는 것이다. [158] 정당한 이유 없이 계약을 이행하지 않았음에 계약 당시 관계 공무원에게 뇌물을 준 사실을 처분사유로 추가하였다. 처분청의 행위는 소송상 허용되는가와 관련하여 첫째, 처분사유의 추가가 인정되는지 문제된다. 둘째, 정당한 이유 없이 계약을 이행하지 않았음과 계약 당시 관계 공무원에게 뇌물을 준 사실이 기본적 사실관계가 동일하다고 인정되는 한도 내에 있는지 문제된다.

Ⅱ 처분사유의 추가가 인정되는지 여부

1. 학설

원고의 소송상 방어권보호차원에서 처분사유의 추가를 부정하는 견해와 분쟁의 일회적 해결차원에서 처분사유의 추가를 긍정하는 견해, 원고의 소송상 방어권보장과 분쟁의 일회적 해결을 조화롭게 해석하는 차원에서 처분사유의 추가를 제한적으로 긍정하는 견해 등이 있다.

2. 판례

당초처분의 근거로 삼은 사유와 기본적 사실관계가 동일하다고 인정되는 한도 내에서만 다른 처분사유를 새로 추가할 수 있다. [159]

3. 검토 및 소결

원고의 권익보호와 소송경제의 요청을 조화하는 관점에서 기본적 사실관계의 동일성 여부를 기준으로 처분사유의 추가 여부를 결정하는 제한적 긍정설과 판례의 태도가 타당하다. 당초처분의 근거로 삼은 사유와 기본적 사실관계가 동일하다고 인정되는 한도 내에서 처분사유의 추가가 인정된다.

---

157) 2011년 노무사 기출 제2문

158) 〈두문자암기 : 처제사법, 사제직회〉

159) 대판 2003.12.11, 2001두8827

Ⅲ 정당한 이유 없이 계약을 이행하지 않았음과 계약 당시 관계 공무원에게 뇌물을 준 사실이 기본적 사실관계가 동일하다고 인정되는 한도 내에 있는지 여부

1. 판례

기본적 사실관계의 동일성 유무는 처분사유를 법률적으로 평가하기 이전의 구체적인 사실에 착안하여 그 기초가 되는 사회적 사실관계가 기본적인 점에서 동일한지의 여부에 따라 결정해야 하며, 구체적으로 보면 그 판단은 시간적·장소적 근접성, 행위 태양, 결과 등의 제반사정을 종합적으로 고려해야 한다. 구체적 사실을 변경하지 않는 범위 내에서 단지 그 처분의 근거법령만을 추가·변경하거나 불명확한 당초의 처분사유를 구체화하는 정도 내에서만 기본적 사실관계의 동일성을 인정한다.

2. 사안의 경우

계약 당시 관계 공무원에게 뇌물을 준 사실은 정당한 이유 없이 계약을 이행하지 않았음을 구체화하는 경우라고 보이지 않는다. 정당한 이유 없이 계약을 이행하지 않았음은 계약의 성립 이후의 계약불이행책임을 묻고자 하는 것이고, 계약 당시 관계 공무원에게 뇌물을 준 사실은 계약의 공정한 체결을 취지로 한다는 점에서 단순히 처분의 근거법령만을 추가한다고 보이지 않는다. 양 사유는 그 내용이 공통되지도 아니하고 근거법규의 취지가 유사한 경우라고 볼 수도 없어 기본적 사실관계의 동일성이 인정되지 않으므로 기본적 사실관계가 동일하다고 인정되는 한도 내에 있지 않다.

Ⅳ 설문의 해결

처분청의 행위는 소송상 허용되지 않는다.

[제3문] [160] 甲은 2015.1.16. 주택신축을 위하여 개발행위허가를 신청하였다. 이에 관할행정청 乙은 「국토의 계획 및 이용에 관한 법률」의 규정에 의거하여 "해당 개발행위에 따른 기반시설의 설치나 그에 필요한 용지의 확보계획이 적절하지 않다."라는 사유로 2015.1.22. 개발행위불허가처분을 하였고, 그 다음날 甲은 그 사실을 알게 되었다. 그런데 乙은 위 불허가처분을 하면서 甲에게 그 처분에 대하여 행정심판을 청구할 수 있는지 여부와 행정심판을 청구하는 경우의 심판청구절차 및 심판청구기간을 알리지 아니하였다. 甲은 개발행위불허가처분에 불복하여 2015.5.7. 행정심판위원회에 취소심판을 청구하였다. 아울러 甲은 적법한 제소요건을 갖추어 취소소송도 제기하였다. 乙은 취소소송의 계속 중 "국토 및 자연의 유지와 환경보전 등 중대한 공익상의 필요가 있고 주변 환경이나 경관과 조화를 이루지 못한다."라는 처분사유를 새로이 추가할 수 있는가? 30점

---

160) 2015년 노무사 기출 제1문 (2)

해설

Ⅰ 문제의 소재

처분사유의 추가·변경이란 처분시에는 이유로 제시되지 않았던 사실상 또는 법률상의 근거를 행정소송절차에서 행정청이 새로이 제출하거나 법원이 직권으로 회부하여 처분의 위법성 판단에 고려하는 것이다.[161] '해당 개발행위에 따른 기반시설의 설치나 그에 필요한 용지의 확보계획이 적절하지 않다.'에 '국토 및 자연의 유지와 환경보전 등 중대한 공익상의 필요가 있고 주변 환경이나 경관과 조화를 이루지 못한다.'를 처분사유로 추가하고자 한다. 乙은 취소소송의 계속 중 "국토 및 자연의 유지와 환경보전 등 중대한 공익상의 필요가 있고 주변 환경이나 경관과 조화를 이루지 못한다."라는 처분사유를 새로이 추가할 수 있는가와 관련하여 첫째, 처분사유의 추가가 인정되는지 문제된다. 둘째, '해당 개발행위에 따른 기반시설의 설치나 그에 필요한 용지의 확보계획이 적절하지 않다.'와 '국토 및 자연의 유지와 환경보전 등 중대한 공익상의 필요가 있고 주변 환경이나 경관과 조화를 이루지 못한다.'가 기본적 사실관계가 동일하다고 인정되는 한도 내에 있는지 문제된다.

Ⅱ 처분사유의 추가가 인정되는지 여부

1. 학설

원고의 소송상 방어권보호차원에서 처분사유의 추가를 부정하는 견해와 분쟁의 일회적 해결차원에서 처분사유의 추가를 긍정하는 견해, 원고의 소송상 방어권보장과 분쟁의 일회적 해결을 조화롭게 해석하는 차원에서 처분사유의 추가를 제한적으로 긍정하는 견해 등이 있다.

2. 판례

당초처분의 근거로 삼은 사유와 기본적 사실관계가 동일하다고 인정되는 한도 내에서만 다른 처분사유를 새로 추가할 수 있다.[162]

3. 검토 및 소결

원고의 권익보호와 소송경제의 요청을 조화하는 관점에서 기본적 사실관계의 동일성 여부를 기준으로 처분사유의 추가 여부를 결정하는 제한적 긍정설과 판례의 태도가 타당하다. 당초처분의 근거로 삼은 사유와 기본적 사실관계가 동일하다고 인정되는 한도 내에서 처분사유의 추가가 인정된다.

Ⅲ '해당 개발행위에 따른 기반시설의 설치나 그에 필요한 용지의 확보계획이 적절하지 않다.'와 '국토 및 자연의 유지와 환경보전 등 중대한 공익상의 필요가 있고 주변 환경이나 경관과 조화를 이루지 못한다.'가 기본적 사실관계가 동일하다고 인정되는 한도 내에 있는지 여부

---

161) 〈두문자암기 : 처제사법, 사제직회〉

162) 대판 2003.12.11, 2001두8827

1. 판례

기본적 사실관계의 동일성 유무는 처분사유를 법률적으로 평가하기 이전의 구체적인 사실에 착안하여 그 기초가 되는 사회적 사실관계가 기본적인 점에서 동일한지의 여부에 따라 결정해야 하며, 구체적으로 보면 그 판단은 시간적·장소적 근접성, 행위 태양, 결과 등의 제반사정을 종합적으로 고려해야 한다. 구체적 사실을 변경하지 않는 범위 내에서 단지 그 처분의 근거법령만을 추가·변경하거나 불명확한 당초의 처분사유를 구체화하는 정도 내에서만 기본적 사실관계의 동일성을 인정한다.

2. 사안의 경우

'국토 및 자연의 유지와 환경보전 등 중대한 공익상의 필요가 있고 주변 환경이나 경관과 조화를 이루지 못한다.'가 '해당 개발행위에 따른 기반시설의 설치나 그에 필요한 용지의 확보계획이 적절하지 않다.'를 구체화하는 경우라고 보이지 않는다. '해당 개발행위에 따른 기반시설의 설치나 그에 필요한 용지의 확보계획이 적절하지 않다.'는 개발행위허가요건을 갖추지 못하였다는 사유임에 반하여 '국토 및 자연의 유지와 환경보전 등 중대한 공익상의 필요가 있고 주변 환경이나 경관과 조화를 이루지 못한다.'는 개발행위허가요건 충족 시 개발행위허가거부사유라는 점에서 단순히 처분의 근거법령만을 추가한다고 보이지 않는다. 양 사유는 그 내용이 공통되지도 아니하고 근거법규의 취지가 유사한 경우라고 볼 수도 없어 기본적 사실관계의 동일성이 인정되지 않으므로 기본적 사실관계가 동일하다고 인정되는 한도 내에 있지 않다.

Ⅳ 설문의 해결

乙은 취소소송의 계속 중 "국토 및 자연의 유지와 환경보전 등 중대한 공익상의 필요가 있고 주변 환경이나 경관과 조화를 이루지 못한다."라는 처분사유를 새로이 추가할 수 있지 않다.

[제4문] 163) 사용자인 乙주식회사는 소속 근로자인 甲에 대해 유인물 배포 등 행위와 성명서 발표 및 기사 게재로 인한 乙주식회사에 대한 명예훼손행위를 근거로 감봉 3월의 징계처분을 하였다. 甲과 A노동조합은 2018.9.7. B지방노동위원회에 위 징계처분이 부당징계 및 부당노동행위에 해당한다고 주장하면서 구제신청을 하였다. 그러나 B지방노동위원회는 2018.11.6. 위 구제신청을 모두 기각하였다. 甲과 A노동조합은 B지방노동위원회의 기각결정에 불복하여 2018.12.20. 중앙노동위원회에 재심을 신청하였다. 중앙노동위원회는 2019.3.5. 유인물 배포 등 행위가 징계사유에 해당할 뿐만 아니라 징계 양정이 적정하고, 「노동조합 및 노동관계조정법」 제81조 제1호의 부당노동행위에 해당하지 않는다는 이유로 재심신청을 모두 기각하였다. 이에 甲은 중앙노동위원회의 재심에 불복하여 취소소송을 제기하려고 한다. 甲은 중앙노동위원회가 재심판정을 하면서 관계 법령상 개의 및 의결 정족수를 충족하지 않았다고 주장한다. 중앙노동위원회는 이 소송의 계속 중에 甲과 A노동조

---

163) 2019년 노무사 기출 제1문 2)

합의 유인물 배포행위가 정당하지 않은 노동조합행위에 해당하여 징계사유에 해당한다고 추가적으로 주장한다. 이러한 중앙노동위원회의 주장이 타당한지를 논하시오. (단, 「행정쟁송법」과 무관한 노동법적인 쟁점에 대해서는 서술하지 말 것) 25점

 해설

Ⅰ 문제의 소재

처분사유의 추가·변경이란 처분시에는 이유로 제시되지 않았던 사실상 또는 법률상의 근거를 행정소송절차에서 행정청이 새로이 제출하거나 법원이 직권으로 회부하여 처분의 위법성 판단에 고려하는 것이다.[164] 乙주식회사에 대한 명예훼손행위에 정당하지 않은 노동조합행위에 해당함을 처분사유로 추가하고자 한다. 중앙노동위원회의 주장이 타당한지와 관련하여 첫째, 처분사유의 추가가 인정되는지 문제된다. 둘째, 乙주식회사에 대한 명예훼손행위와 정당하지 않은 노동조합행위에 해당함이 기본적 사실관계가 동일하다고 인정되는 한도 내에 있는지 문제된다.

Ⅱ 처분사유의 추가가 인정되는지 여부

1. 학설

원고의 소송상 방어권보호차원에서 처분사유의 추가를 부정하는 견해와 분쟁의 일회적 해결차원에서 처분사유의 추가를 긍정하는 견해, 원고의 소송상 방어권보장과 분쟁의 일회적 해결을 조화롭게 해석하는 차원에서 처분사유의 추가를 제한적으로 긍정하는 견해 등이 있다.

2. 판례

당초처분의 근거로 삼은 사유와 기본적 사실관계가 동일하다고 인정되는 한도 내에서만 다른 처분사유를 새로 추가할 수 있다.[165]

3. 검토 및 소결

원고의 권익보호와 소송경제의 요청을 조화하는 관점에서 기본적 사실관계의 동일성 여부를 기준으로 처분사유의 추가 여부를 결정하는 제한적 긍정설과 판례의 태도가 타당하다. 당초처분의 근거로 삼은 사유와 기본적 사실관계가 동일하다고 인정되는 한도 내에서 처분사유의 추가가 인정된다.

Ⅲ 乙주식회사에 대한 명예훼손행위와 정당하지 않은 노동조합행위에 해당함이 기본적 사실관계가 동일하다고 인정되는 한도 내에 있는지 여부

1. 판례

기본적 사실관계의 동일성 유무는 처분사유를 법률적으로 평가하기 이전의 구체적인 사실에 착안하여 그 기초가 되는 사회적 사실관계가 기본적인 점에서 동일한지의 여부에 따라 결정해야

---

164) 〈두문자암기 : 처제사법, 사제직회〉
165) 대판 2003.12.11, 2001두8827

하며, 구체적으로 보면 그 판단은 시간적·장소적 근접성, 행위 태양, 결과 등의 제반사정을 종합적으로 고려해야 한다. 구체적 사실을 변경하지 않는 범위 내에서 단지 그 처분의 근거법령만을 추가·변경하거나 불명확한 당초의 처분사유를 구체화하는 정도 내에서만 기본적 사실관계의 동일성을 인정한다.

2. 사안의 경우

정당하지 않은 노동조합행위에 해당함이 乙주식회사에 대한 명예훼손행위를 구체화하는 경우라고 보이지 않는다. 정당하지 않은 노동조합행위에 해당함은 노조의 쟁의행위를 보호하고 통제하는 것임에 반하여 乙주식회사에 대한 명예훼손행위는 단체의 명예를 보호함에 있다는 점에서 단순히 처분의 근거법령만을 추가한다고 보이지 않는다. 양 사유는 그 내용이 공통되지도 아니하고 근거법규의 취지가 유사한 경우라고 볼 수도 없어 기본적 사실관계의 동일성이 인정되지 않으므로 기본적 사실관계가 동일하다고 인정되는 한도 내에 있지 않다.

Ⅳ 설문의 해결

중앙노동위원회의 주장은 타당하지 않다.

제4절 소송의 당사자가 아닌 제3자 보호제도(제3자의 소송참가와 제3자에 의한 재심청구)

[제1문] [166] X시장은 「개발제한구역의 지정 및 관리에 관한 특별조치법」 제12조 제1항 제1호 마목과 동법 시행령 및 동법 시행규칙의 관련 규정에 의거하여 개발제한구역 내의 간선도로 중 특정 구간에 고시된 선정 기준에 따라 사업자 1인을 선정하여 자동차용 액화석유가스충전소(이하 '가스충전소'라고 한다) 건축을 허가하기로 하는 가스충전소의 배치 계획을 고시하였다. 이에 A와 B는 각자 자신이 고시된 선정 기준에 따른 우선순위자임을 주장하며 가스충전소의 건축을 허가해 줄 것을 신청하였다. 이에 X시장은 각 신청 서류를 검토한 결과 B가 고시된 선정 기준에 따른 우선순위자라고 인정하여 B에 대한 가스충전소 건축을 허가하였다. A가 X시장의 처분에 불복하여 소송을 제기하였을 경우 B는 이에 대응하여 「행정소송법」상 어떤 방법(B가 아무런 조치를 취하지 못하는 사이 A가 제기한 위 소송에서 A가 승소하여 그 판결이 확정된 경우를 포함한다)을 강구할 수 있는가? **15점**

 해설

Ⅰ 문제의 소재

B는 A가 제기한 가스충전소 건축허가취소소송의 제3자이다. B는 행정소송법(이하 동법이라 함) 제29조에 의해 가스충전소 건축허가취소판결의 침익적 효과가 미치는 제3자이다. 취소인용판결의

---

166) 2011년 사시 기출문제 제1문 3.

침익적 효과가 미치는 제3자를 보호할 수 있는 방법은 제3자의 소송참가제도와 제3자에 의한 재심청구제도이다. B는 행정소송법상 어떤 방법을 강구할 수 있는가와 관련하여 첫째, 본안판결 전 B가 강구할 수 있는 행정소송법상 대응방법이 문제된다. 둘째, 취소인용판결 확정 후 B가 강구할 수 있는 행정소송법상 대응방법이 문제된다.

II 본안판결 전 B가 강구할 수 있는 행정소송법상 대응방법

1. 문제의 소재

동법 제16조 제1항에 의하면, 법원은 소송의 결과에 따라 권리 또는 이익의 침해를 받을 제3자가 있는 경우에는 당사자 또는 제3자의 신청 또는 직권에 의하여 결정으로써 그 제3자를 소송에 참가시킬 수 있다. 본안판결 전 B가 강구할 수 있는 행정소송법상 대응방법과 관련하여 B가 가스충전소 건축허가취소소송의 결과에 따라 권리 또는 이익의 침해를 받을 제3자인지 문제된다.

2. B가 가스충전소 건축허가취소소송의 결과에 따라 권리 또는 이익의 침해를 받을 제3자인지 여부

(1) 판례

취소판결의 형성력에 의해 법률상 이익을 박탈당하는 경우뿐만 아니라 취소판결의 기속력에 따른 행정청의 새로운 처분에 의해 법률상 이익의 침해를 받는 제3자가 있는 경우에는 동법 제16조에 의하여 그 제3자를 소송에 참가시킬 수 있다.

(2) 사안의 경우

A가 가스충전소 건축허가처분 취소인용판결을 받는다면 그 판결의 형성력에 의해 B에 대한 가스충전소 건축허가는 소급무효가 되어 법률상 이익을 박탈당하게 되므로 B는 소송의 결과에 따라 권리 또는 이익의 침해를 받을 제3자이다.

3. 소결

본안판결 전 B가 강구할 수 있는 행정소송법상 대응방법으로 B는 동법 제16조에 의하여 제3자의 소송참가를 할 수 있다. 참가인인 B의 소송상 지위는 동법 제16조 제4항, 민사소송법 제67조에 의하여 강학상 공동소송적 보조참가인의 지위를 가진다.

III 취소인용판결 확정 후 B가 강구할 수 있는 행정소송법상 대응방법

1. 문제의 소재

동법 제31조 제1항에 의하면, 처분 등을 취소하는 판결에 의하여 권리 또는 이익의 침해를 받은 제3자는 자기에게 책임 없는 사유로 소송에 참가하지 못함으로써 판결의 결과에 영향을 미칠 공격 또는 방어방법을 제출하지 못한 때에는 이를 이유로 확정된 종국판결에 대하여 재심의 청구를 할 수 있다. B는 동법 제16조에 의하여 제3자의 소송참가를 할 수 있으므로 취소인용판결에 의하여 권리 또는 이익의 침해를 받은 제3자이다. 취소인용판결 확정 후 B가 강구할 수 있는 행정소송법상 대응방법과 관련하여 B가 자기에게 책임 없는 사유로 가스충전소 건축허가취소소송에 참가하지 못하였는지 문제된다.

2. B가 자기에게 책임 없는 사유로 가스충전소 건축허가취소소송에 참가하지 못하였는지 여부

(1) 판례

자기에게 책임 없는 사유로 소송에 참가하지 못함으로써 판결의 결과에 영향을 미칠 공격 또는 방어방법을 제출하지 못한 때에는 동법 제31에 의하여 재심의 청구를 할 수 있는데, '자기에게 책임 없는 사유'의 판단과 관련하여 제3자가 종전 소송의 계속을 알지 못한 경우에는 그것이 통상인으로서 일반적 주의를 다하였어도 알기 어려웠다는 것과 소송의 계속을 알고 있었던 경우에는 당해 소송에 참가를 할 수 없었던 특별한 사정이 있었을 것을 필요로 하며, 이에 대한 관한 입증책임은 그러한 사유를 주장하는 제3자에게 있다고 보고 있다.

(2) 사안의 경우

B가 아무런 조치를 취하지 못하는 사이 A가 제기한 가스충전소 건축허가처분취소소송에서 A가 승소하여 그 판결이 확정된 것은 소송의 계속을 알고 있었으나 당해 소송에 참가를 할 수 없었던 특별한 사정이라고 보이지 않는다. 따라서 B는 자기에게 책임 없는 사유로 가스충전소 건축허가취소소송에 참가하지 못한 것이 아니다.

3. 소결

취소인용판결 확정 후 B가 강구할 수 있는 행정소송법상 대응방법으로 B는 동법 제31조에 의하여 제3자에 의한 재심청구를 할 수 없다.

Ⅳ 설문의 해결

A가 X시장의 처분에 불복하여 소송을 제기하였을 경우 B가 이에 대응하여 강구할 수 있는 행정소송법상 방법은 행정소송법 제16조에 의한 제3자의 소송참가이다.

[제2문] [167] 甲회사는 대형할인점건물을 신축하기 위한 건축허가신청을 하였다가 행정청으로부터 거부처분을 받자 그 거부처분의 취소를 구하는 소송을 제기하여 승소하고 그 판결이 확정되었다. 그 이후 甲회사의 대형할인점 건물부지 인근에서 고등학교를 운영하는 학교법인 乙이 위 판결에 대하여 재심을 청구하였다. 이 청구는 적법한가? 25점

📖 해설

Ⅰ 문제의 소재

행정소송법 제31조 제1항에 의하면 처분 등을 취소하는 판결에 의하여 권리 또는 이익의 침해를 받은 제3자는 자기에게 책임 없는 사유로 소송에 참가하지 못함으로써 판결의 결과에 영향을 미칠

---

167) 2016년 노무사 기출 제2문

공격 또는 방어방법을 제출하지 못한 때에는 이를 이유로 확정된 종국판결에 대하여 재심의 청구를 할 수 있다. 甲회사는 대형할인점 건축허가거부처분취소판결을 받아 확정되었다. 甲회사의 대형할인점 건물부지 인근에서 고등학교를 운영하는 학교법인 乙이 위 판결에 대하여 재심을 청구하였다. 학교법인 乙이 위 판결에 대하여 행한 재심청구는 적법한가와 관련하여 첫째, 학교법인 乙이 처분 등을 취소하는 판결에 의하여 권리 또는 이익의 침해를 받은 제3자인지 문제된다. 둘째, 학교법인 乙이 자기에게 책임 없는 사유로 소송에 참가하지 못함으로써 판결의 결과에 영향을 미칠 공격 또는 방어방법을 제출하지 못한 때에 해당하는지 문제된다.

Ⅱ 학교법인 乙이 처분 등을 취소하는 판결에 의하여 권리 또는 이익의 침해를 받은 제3자인지 여부

1. 판례

처분 등을 취소하는 판결에 의하여 침해되는 권리 또는 이익이라 함은 최소한 법률에 의하여 보호되는 이익을 의미하고, 법률에 의하여 보호되는 이익이라 함은, 공익 보호의 결과로 국민 일반이 공통적으로 가지는 일반적·간접적·추상적 이익을 넘어, 당해 처분의 근거법규 및 관련법규에 의하여 보호되는 개별적·직접적·구체적 이익이 있는 경우를 말한다.

2. 사안의 경우

학교환경위생 정화구역 내에서 건축허가와 관련된 근거법규 또는 관련법규의 취지는 학교환경위생 정화구역 내에서 학습과 학교보건위생에 지장을 주는 행위 및 시설 등을 제한함으로써 건축허가처분 및 그에 따른 건물 신축으로 인하여 학교나 학생들이 교육환경을 침해받지 않을 개별적 이익까지도 보호하고 있다고 할 것이므로, 이 사건 건축으로 인하여 이익의 침해를 받거나 받을 우려가 있는 학교법인 乙은 대형할인점 건축허가거부처분취소판결에 의하여 권리 또는 이익의 침해를 받은 제3자이다.

Ⅲ 학교법인 乙이 자기에게 책임 없는 사유로 소송에 참가하지 못함으로써 판결의 결과에 영향을 미칠 공격 또는 방어방법을 제출하지 못한 때에 해당하는지 여부

1. 판례

'자기에게 책임 없는 사유'의 유무는 사회통념에 비추어 제3자가 당해 소송에 참가를 할 수 없었던 데에 자기에게 귀책시킬 만한 사유가 없었는지의 여부에 의하여 사안에 따라 결정되어야 할 것으로서, 제3자가 종전 소송의 계속을 알지 못한 경우에 그것이 통상인으로서 일반적 주의를 다하였어도 알기 어려웠다는 것과 소송의 계속을 알고 있었던 경우에는 당해 소송에 참가를 할 수 없었던 특별한 사정이 있었을 것을 필요로 한다.[168] 이에 관한 입증책임은 그러한 사유를 주장하는 제3자에게 있고, 더욱이 제3자가 종전 소송이 계속 중임을 알고 있었다고 볼 만한 사정이 있는 경우에는 종전 소송이 계속 중임을 알지 못하였다는 점을 제3자가 적극적으로 입증하여야 한다.

---

168) 대판 1995.4.11, 94누2220

2. 사안의 경우

제3자인 학교법인 乙이 운영하는 고등학교가 대형할인점 건물부지 인근에 있다는 점은 오히려 종전 소송이 계속 중임을 알고 있었다고 볼 만한 사정에 해당한다. 당해 건축허가거부처분취소소 송에 학교법인 乙이 참가를 할 수 없었던 특별한 사정이 엿보이지 않는다. 더 나아가 학교법인 乙은 건축허가거부처분취소소송이 계속 중임을 알지 못하였다는 점을 적극적으로 입증하여야 함 에도 그러한 사정이 엿보이지 아니한다. 학교법인 乙은 자기에게 책임 없는 사유로 소송에 참가 하지 못함으로써 판결의 결과에 영향을 미칠 공격 또는 방어방법을 제출하지 못한 때에 해당하지 않는다.

Ⅳ 설문의 해결

학교법인 乙이 청구한 재심의 소는 부적법하다.

제 5 절 ｜ 소변경제도

> **[제1문]** [169] 갑은 2004.9.30. □□광역시 소청심사위원회에 'ㅇㅇ시장은 갑을 지방부이사관(3급) 으로 승진임용하라.'는 취지의 소청심사청구를 하였는데, 위 소청심사위원회는 2006.2.20. 갑의 소 청심사청구를 기각하였고, 갑은 그 무렵 그 결정문을 송달받았다. 갑은 위 결정문을 송달받은 날부 터 적법한 제소기간 내인 2006.3.8. 부작위위법확인의 소를 제기하였다가 2006.8.17. 제1심 제1회 변론기일에 부작위위법확인의 소를 'ㅇㅇ시장이 2006.3.30.자로 갑에 대하여 한 지방부이사관승진 임용 거부처분은 취소한다.'는 취지의 취소소송으로 교환적으로 변경하였다. 이러한 소변경이 가능 한지 검토하시오. 20점

📖 해설

Ⅰ 문제의 소재

행정소송법(이하 동법이라 함) 제37조에 의하면 제21조의 규정은 무효등확인소송이나 부작위위 법확인소송을 취소소송 또는 당사자소송으로 변경하는 경우에 준용한다. 갑은 부작위위법확인의 소를 제기하였다가 제1심 제1회 변론기일에 부작위위법확인의 소를 거부처분취소소송으로 교환 적으로 변경하였다. 이러한 소변경이 가능한지와 관련하여 첫째, 거부처분취소소송의 제기가 적 법한지 문제된다. 둘째, 당해 소변경이 동법 제37조에 의하여 가능한지 문제된다.

---

169) 판례창작문제, 대판 2009.7.23, 2008두10560

Ⅱ 거부처분취소소송의 제기가 적법한지 여부

1. 문제의 소재

취소소송의 제기가 적법하려면, 취소소송의 대상적격, 취소소송의 원고적격, 취소소송의 피고적격, 취소소송의 협의의 소익, 취소소송의 제소기간, 취소소송의 관할법원, 취소소송의 행정심판 전치 등의 취소소송요건을 충족하여야 한다. 거부처분취소소송의 제기가 적법한지와 관련하여 거부처분취소소송의 제기가 취소소송의 제소기간요건을 충족한지 문제된다.

2. 거부처분취소소송의 제기가 취소소송의 제소기간요건을 충족한지 여부

(1) 판례

당사자가 동일한 신청에 대하여 부작위위법확인의 소를 제기하였으나 그 후 소극적 처분이 있다고 보아 처분취소소송으로 소를 교환적으로 변경한 후 여기에 부작위위법확인의 소를 추가적으로 병합한 경우, 최초의 부작위위법확인의 소가 적법한 제소기간 내에 제기된 이상 그 후 처분취소소송으로의 교환적 변경과 처분취소소송에의 추가적 변경 등의 과정을 거쳤다고 하더라도 여전히 제소기간을 준수한 것으로 봄이 상당하다.[170]

(2) 사안의 경우

2006.2.20. 갑의 소청심사청구를 기각하였고, 갑은 그 무렵 그 결정문을 송달받았다. 갑은 위 결정문을 송달받은 날부터 적법한 제소기간 내인 2006.3.8. 부작위위법확인의 소를 제기하였다가 2006.8.17. 거부처분취소소송으로 변경하였다. 부작위위법확인의 소는 재결서정본을 받은 날로부터 90일 이내이므로 적법한 제소기간 내에 제기되었다. 거부처분취소소송의 제기도 취소소송의 제소기간요건을 충족한다.

3. 소결

거부처분취소소송의 제기는 적법하다.

Ⅲ 당해 소변경이 동법 제37조에 의하여 가능한지 여부

1. 학설

동법 제37조의 취지는 행정소송 간에 소의 종류를 잘못 선택할 위험을 구제하기 위한 것이므로 부작위에서 행정청의 거부처분으로 그 대상이 변한 경우에는 동법 제37조가 적용되지 않는다는 견해와 입법의 불비이므로 동법 제37조를 적용하여 그 위험을 구제해야 한다는 견해가 있다.

2. 판례

부작위위법확인소송의 취소소송에 대한 보충적 성격에 비추어 동일한 신청에 대한 거부처분의 취소를 구하는 취소소송에는 특단의 사정이 없는 한 그 신청에 대한 부작위위법의 확인을 구하는 취지도 포함되어 있다고 볼 수 있고, 부작위위법확인소송에서 취소소송으로 소송의 종류를 변경하는 데 불과하다.

---

170) 대판 2009.7.23, 2008두10560

3. 검토

동법 제37조가 적용되지 않는다면 소송경제상 불합리하다는 점에서 동법 제37조를 적용하는 견해와 판례가 타당하다.

4. 사안의 경우

갑을 지방부이사관(3급)으로 승진임용하는 것에 대한 ○○시장의 부작위와 갑을 지방부이사관(3급)으로 승진임용하는 것에 대한 ○○시장의 거부처분은 동일한 신청에 대한 부작위와 소극적 처분으로 그 성질이 동일하고, 부작위의 위법확인을 구하는 소에서 거부처분의 취소를 구하는 소로 변경한 것이다. 당해 소변경은 동법 제37조에 의하여 가능하다.

Ⅳ 설문의 해결

동법 제37조에 따라 부작위위법확인의 소를 거부처분취소소송으로 교환적으로 변경하는 것이 가능하다. 부작위위법확인소송을 거부처분취소소송으로 변경하여 달라는 소변경은 갑의 소변경신청에 대하여 법원의 소변경허가결정으로 한다. 이에 대해서 동법 제22조를 준용하는 입법이 필요하다는 견해도 있다.

제 6 절　청구병합제도

[제1문] [171] 사업자 甲은 위법을 이유로 행정청으로부터 2개월 영업정지처분을 받았다. 이에 대한 甲의 처분취소소송과 그 처분으로 인한 영업 손해에 대한 국가배상청구소송이 병합될 수 있는지 설명하시오. 25점

📖 해설

Ⅰ 문제의 소재

복수의 소송이 병합되려면, 각 소송마다 당해 소송의 제기가 적법하여야 하고, 병합될 수 있는 관계에 있어야 한다. 甲의 2개월 영업정지처분취소소송과 그 처분으로 인한 영업 손해에 대한 국가배상청구소송이 병합될 수 있는지와 관련하여 첫째, 2개월 영업정지처분취소소송의 소제기가 적법한지 문제된다. 둘째, 2개월 영업정지처분취소소송과 그 처분으로 인한 영업 손해에 대한 국가배상청구소송이 병합될 수 있는 관계에 있는지 문제된다.

---

171) 2018년 노무사 기출 제3문

Ⅱ 2개월 영업정지처분취소소송의 소제기가 적법한지 여부

1. 취소소송의 소제기 적법요건

취소소송의 제기가 적법하려면, 취소소송의 대상이 되는 처분을 대상으로, 취소소송의 원고적격, 취소소송의 피고적격, 취소소송의 협의의 소익, 취소소송의 제소기간, 취소소송의 관할법원, 취소소송의 행정심판전치 등의 취소소송요건을 충족하여야 한다.

2. 사안의 경우

2개월 영업정지처분은 2개월간 영업행위활동을 하여서는 아니 된다는 의무의 부담을 명하는 것이므로 강학상 부작위하명이다. 이는 취소소송의 대상이 되는 처분이다. 2개월 영업정지처분의 직접 상대방인 甲은 수범자 이론에 의하여 취소소송의 원고적격을 충족한다. 2개월 영업정지처분을 발령한 행정청은 취소소송의 피고적격을 충족한다. 제소기간은 2개월 영업정지처분을 통지받은 날로부터 90일 이내에 제기하면 충족된다. 행정청이 서울에 소재한다면 서울행정법원에 제기하여야 하고, 서울 이외의 지역이라면 보통법원에 제기하면 된다. 행정심판은 임의적 전치이므로 甲의 선택에 따라 거칠 수 있다. 甲이 제기하는 2개월 영업정지처분취소소송은 적법하다.

Ⅲ 2개월 영업정지처분취소소송과 그 처분으로 인한 영업 손해에 대한 국가배상청구소송이 병합될 수 있는 관계에 있는지 여부

1. 법률규정

행정소송법 제10조 제1항에 의하면 취소소송과 다음 각 호의 1에 해당하는 소송(1. 당해 처분 등과 관련되는 손해배상·부당이득반환·원상회복 등 청구소송, 2. 당해 처분 등과 관련되는 취소소송, 이하 "관련청구소송"이라 한다)이 각각 다른 법원에 계속되고 있는 경우에 관련청구소송이 계속된 법원이 상당하다고 인정하는 때에는 당사자의 신청 또는 직권에 의하여 이를 취소소송이 계속된 법원으로 이송할 수 있다.

2. 사안의 경우

취소소송의 대상이 되는 2개월 영업정지처분으로 인한 영업 손해에 대한 국가배상청구소송은 행정소송법 제10조 제1항 제1호에 해당하는 관련청구소송이다. 2개월 영업정지처분취소소송과 그 처분으로 인한 영업 손해에 대한 국가배상청구소송은 병합될 수 있는 관계에 있다.

Ⅳ 설문의 해결

2개월 영업정지처분취소소송과 2개월 영업정지처분으로 인한 영업 손해에 대한 국가배상청구소송이 각각 다른 법원에 계속되고 있는 경우에 관련청구소송이 계속된 법원이 상당하다고 인정하는 때에는 당사자의 신청 또는 직권에 의하여 이를 2개월 영업정지처분취소소송이 계속된 법원으로 이송할 수 있다. 이송을 받은 2개월 영업정지처분취소소송의 수소법원은 행정소송법 제10조 제2항에 의하여 2개월 영업정지처분취소소송과 2개월 영업정지처분으로 인한 영업 손해에 대한 국가배상청구소송을 병합하여 심리한다.

03 | 본안판결의 형식과 확정판결의 효력[172)](#)

제1절   일부취소인용판결

[제1문] [173)](#) 甲은 영리를 목적으로 2006.5.10. 22:00경 청소년인 남녀 2인을 혼숙하게 하였는데, 이에 대하여 관할행정청은 「청소년보호법」위반을 이유로 500만원의 과징금부과처분을 하였다. 그러자 甲은 적법한 제소요건을 갖추어 관할법원에 위 부과처분이 위법하다고 주장하면서 과징금부과처분 취소소송을 제기하였다. 그런데 「청소년보호법 시행령」제40조 제2항 [별표 7] 위반행위의 종별에 따른 과징금 부과기준 제9호는 "법 제26조의2 제8호의 규정에 위반하여 청소년에 대하여 이성혼숙을 하게 하는 등 풍기를 문란하게 하는 영업행위를 하거나 그를 목적으로 장소를 제공하는 행위를 한 때"에 대한 과징금액을 "위반 횟수마다 300만원"으로 규정하고 있다. 위 사안에서 관할법원은 과징금부과처분이 위법하다고 인정하는 경우 일부취소판결을 할 수 있는가?   10점

참조조문

> **「청소년보호법」**
>
> **제30조(청소년유해행위의 금지)**
> 누구든지 청소년에게 다음 각 호의 어느 하나에 해당하는 행위를 하여서는 아니 된다.
> 1. ~ 7. (생략)
> 8. 청소년을 남녀 혼숙하게 하는 등 풍기를 문란하게 하는 영업행위를 하거나 이를 목적으로 장소를 제공하는 행위
> 9. (생략)
>
> **제58조(벌칙)**
> 다음 각 호의 어느 하나에 해당하는 자는 3년 이하의 징역 또는 3천만원 이하의 벌금에 처한다.
> 1. ~ 4. (생략)
> 5. 제30조 제7호부터 제9호까지의 위반행위를 한 자
> 6. (생략)

 해설

Ⅰ 문제의 소재

행정소송법(이하 동법이라 함) 제4조 제1호에 의하면 취소소송은 행정청의 위법한 처분 등을 취소

---

172) 학습할 주제들 : 일부취소인용판결, 사정판결, 기판력, 대세효와 제3자의 소송참가제도 및 제3자의 재심청구제도, 기속력과 간접강제

173) 2010년 재경 기출문제 제3문 (3)

또는 변경하는 소송이다. 관할법원은 과징금부과처분이 위법하다고 인정하는 경우 일부취소판결을 하고자 한다. 관할법원은 과징금부과처분이 위법하다고 인정하는 경우 일부취소판결을 할 수 있는가와 관련하여 첫째, 동법 제4조 제1호의 '변경'이 일부취소판결의 근거인지 문제된다. 둘째, 최고한도액인 300만원을 초과한 500만원 과징금부과처분이 위법하다고 인정하는 경우 관할법원이 그 일부에 대해서만 취소판결을 할 수 있는지 문제된다.

Ⅱ 동법 제4조 제1호의 '변경'이 일부취소판결의 근거인지 여부

1. 학설과 판례

동법 제4조 제1호의 '변경'에 대하여 적극적 변경을 의미하므로 판결의 형식은 전부취소판결 후 판결을 통한 새로운 처분의 발령이라고 보는 견해, 소극적 변경을 의미하므로 판결의 형식은 일부취소판결이라고 보는 견해가 있다. 판례는 '변경'을 소극적 변경, 즉 일부취소를 의미하는 것으로 보고 있다.

2. 검토 및 사안의 경우

의무이행소송이 인정되지 않는 점, 권력분립의 원칙상 처분에 관한 한 행정청에게 제1차적 판단권이 있다는 점에서 소극적 변경설과 판례가 타당하다. 동법 제4조 제1호의 '변경'은 일부취소판결의 근거이다.

Ⅲ 최고한도액인 300만원을 초과한 500만원 과징금부과처분이 위법하다고 인정하는 경우 관할법원이 그 일부에 대해서만 취소판결을 할 수 있는지 여부

1. 판례

외형상 하나의 행정처분이라 하더라도 가분성이 있거나 그 처분대상의 일부가 특정될 수 있다면 그 일부만의 취소도 가능하다.

2. 사안의 경우

기속행위는 원칙적으로 가분성이 있으나 재량행위는 가분성이 없다. 판례에 의하면 어떤 행정처분이 기속행위인지 재량행위인지는 당해 처분이 행해진 근거법률의 체제, 형식, 그 문언, 당해 행위가 행해진 행정 분야의 주된 목적과 특성, 당해 행위의 개별적 성질과 유형 등을 종합적으로 고려하여 개별적으로 판단하여야 한다. 과징금부과처분은 행정법상 의무위반에 대한 제재처분이며, 근거법률인 청소년보호법 제58조의 문언상 재량행위이므로 가분성이 없다. 과징금부과처분의 일부가 특정될 수 있다는 특별한 사정도 엿보이지 않는다. 관할법원은 최고한도액인 300만원을 초과한 500만원 과징금부과처분이 위법하더라도 그 일부에 대해서만 취소판결을 할 수 없다.

Ⅳ 설문의 해결

관할법원은 과징금부과처분이 위법하다고 인정하는 경우 일부취소판결을 할 수 없고, 500만원 과징금부과처분 전부취소를 한 다음 처분청이 재량권을 행사하여 다시 적정한 처분을 하도록 하여야 할 것이다.

[제2문] 174) 택배업을 하는 甲은 2021.3.4. 혈중알코올농도 0.140%의 주취 상태로 배기량 125cc 이륜자동차를 운전하다가 도로 주변의 가드레일을 충격하는 사고를 내었다. A도 경찰청장은 음주운전을 이유로 甲의 자동차운전면허[제1종 대형, 제1종 보통, 제1종 특수(대형견인ㆍ구난), 제2종 소형]를 모두 취소(이하 '이 사건 처분'이라 한다)하였다. 甲은 자신은 사고 당시 이륜자동차를 운전하였는데, 자신이 소지한 모든 면허를 취소한 것은 위법하다고 주장한다. 甲의 주장은 타당한가? **15점**

참조조문

※ 아래의 법령은 문제출제 당시의 적용법령임

「**도로교통법**」

제1조(목적)

이 법은 도로에서 일어나는 교통상의 모든 위험과 장해를 방지하고 제거하여 안전하고 원활한 교통을 확보함을 목적으로 한다.

제2조(정의)

이 법에서 사용하는 용어의 뜻은 다음과 같다.

19. "원동기장치자전거"란 다음 각 목의 어느 하나에 해당하는 차를 말한다.

　가. 「자동차관리법」 제3조에 따른 이륜자동차 가운데 배기량 125시시 이하의 이륜자동차

제44조(술에 취한 상태에서의 운전 금지)

① ~ ③ 생략

④ 제1항에 따라 운전이 금지되는 술에 취한 상태의 기준은 운전자의 혈중알코올농도가 0.03퍼센트 이상인 경우로 한다.

제80조(운전면허)

② 시ㆍ도경찰청장은 운전을 할 수 있는 차의 종류를 기준으로 다음 각 호와 같이 운전면허의 범위를 구분하고 관리하여야 한다. 이 경우 운전면허의 범위에 따라 운전할 수 있는 차의 종류는 행정안전부령으로 정한다.

　1. 제1종 운전면허

　　가. 대형면허

　　나. 보통면허

　　라. 특수면허 : 1) 대형견인차면허, 2) 소형견인차면허, 3) 구난차면허

　2. 제2종 운전면허

　　나. 소형면허

제93조(운전면허의 취소ㆍ정지)

① 시ㆍ도경찰청장은 운전면허를 받은 사람이 다음 각 호의 어느 하나에 해당하면 행정안전부령으로 정하는 기준에 따라 운전면허를 취소하거나 1년 이내의 범위에서 운전면허의 효력을 정지시킬 수 있다. (단서 생략)

　1. 제44조 제1항을 위반하여 술에 취한 상태에서 자동차 등을 운전한 경우

---

174) 판례창작문제, 대판 2018.2.28, 2017두67476

「도로교통법 시행규칙」

제53조(운전면허에 따라 운전할 수 있는 자동차 등의 종류)

법 제80조 제2항에 따라 운전면허를 받은 사람이 운전할 수 있는 자동차 등의 종류는 별표 18과 같다.

제91조(운전면허의 취소·정지처분 기준 등)

① 법 제93조에 따라 운전면허를 취소 또는 정지시킬 수 있는 기준과 법 제97조 제1항에 따라 자동차 등의 운전을 금지시킬 수 있는 기준은 별표 28과 같다.

[별표 18] 운전할 수 있는 차의 종류(제53조 관련)

운전면허		운전할 수 있는 차량
종별	구분	
제1종	대형면허	1. 승용자동차 2. 승합자동차 3. 화물자동차 5. 건설기계 　가. 덤프트럭, 아스팔트살포기, 노상안정기 　나. 콘크리트믹서트럭, 콘크리트펌프, 천공기(트럭 적재식) 　다. 콘크리트믹서트레일러, 아스팔트콘크리트재생기 　라. 도로보수트럭, 3톤 미만의 지게차 6. 특수자동차[대형견인차, 소형견인차 및 구난차(이하 "구난차 등"이라 한다)는 제외한다] 7. 원동기장치자전거
	보통면허	1. 승용자동차 2. 승차정원 15명 이하의 승합자동차 4. 적재중량 12톤 미만의 화물자동차 5. 건설기계(도로를 운행하는 3톤 미만의 지게차로 한정한다) 6. 총중량 10톤 미만의 특수자동차(구난차 등은 제외한다) 7. 원동기장치자전거
	특수면허 대형견인차	1. 견인형 특수자동차 2. 제2종 보통면허로 운전할 수 있는 차량
	특수면허 구난차	1. 구난형 특수자동차 2. 제2종보통면허로 운전할 수 있는 차량
제2종	소형면허	1. 이륜자동차(측차부를 포함한다) 2. 원동기장치자전거

[별표 28] 운전면허 취소·정지처분 기준(제91조 제1항 관련)

2. 취소처분 개별기준

	위반사항	적용법조(도로교통법)	내용
2	술에 취한 상태에서 운전한 때	제93조	○ 혈중알코올농도 0.08퍼센트 이상의 상태에서 운전한 때

해설

Ⅰ 문제의 소재

자신은 사고 당시 이륜자동차를 운전하였는데, 자신이 소지한 모든 면허를 취소한 것은 위법하다는 甲의 주장은 타당한가와 관련하여 첫째, 복수면허의 취급방법이 문제된다. 둘째, 이륜자동차 음주운전을 이유로 甲의 자동차운전면허[제1종 대형, 제1종 보통, 제1종 특수(대형견인·구난), 제2종 소형]를 모두 취소한 것은 가능한지 문제된다.

Ⅱ 복수면허의 취급방법

복수면허의 취소·정지의 경우에 부당결부금지의 원칙상 각 면허별로 개별적으로 취급함이 원칙이다.

Ⅲ 이륜자동차음주운전을 이유로 甲의 자동차운전면허[제1종 대형, 제1종 보통, 제1종 특수(대형견인·구난), 제2종 소형]를 모두 취소한 것은 가능한지 여부

1. 판례

자동차면허에 있어서 '취소나 정지의 사유가 특정의 면허에 관한 것이 아니고 다른 면허와 공통된 경우' 및 '취소나 정지의 사유가 운전면허를 받은 사람에 관한 것일 경우'에는 예외적으로 여러 운전면허 전부를 취소할 수 있는 것으로 본다. 즉 도로교통법령의 관계규정상 위반행위 당시 운전한 차량을 기준으로 그 차량을 운전할 수 있는 면허는 모두 취소할 수 있다.

2. 사안의 경우

운전자가 당해 차량을 운전할 때 그 차량을 운전할 수 있는 운전면허를 모두 가지고 운전한 것으로 보아야 하며 만일 이렇게 보지 않으면 같은 차량을 다시 운전할 수 있기 때문에 판례가 타당하다. ① 도로교통법 제80조 제2항의 수권에 따라 정한 도로교통법 시행규칙 제53조 [별표 18]에 의하면 도로교통법 제2조 제19호 가목에 의하여 원동기장치자전거인 배기량 125시시 이하의 이륜자동차의 운전이 가능한 운전면허는 제1종 대형면허, 제1종 보통면허, 제1종 특수면허, 제2종 소형면허이다. ② 이륜자동차를 음주운전한 甲은 이륜자동차를 운전할 수 있는 면허인 제1종 대형면허나 제1종 보통면허, 제1종 특수면허를 모두 가지고 운전한 것으로 보아야 한다. 이륜자동차음주운전을 이유로 甲의 자동차운전면허[제1종 대형, 제1종 보통, 제1종 특수(대형견인·구난), 제2종 소형]를 모두 취소한 것은 가능하다.

Ⅳ 설문의 해결

자신은 사고 당시 이륜자동차를 운전하였는데, 자신이 소지한 모든 면허를 취소한 것은 위법하다는 甲의 주장은 타당하지 않다. 한편 판례는 견인차를 음주운전한 사건에서 [별표 18]에 의하면 견인차는 제1종 특수면허를 받은 자만이 운전할 수 있어 제1종 대형면허 및 제1종 보통면허의 취소에 제1종 특수면허로 운전할 수 있는 자동차의 운전까지 금지하는 취지가 당연히 포함되어

있는 것은 아니다[175]라고 보면서 제1종 대형면허 및 제1종 보통면허의 취소한 것은 위법하다고
한 바 있다.

[제3문] [176] 甲은 乙이 대표이사로 있는 A운수주식회사에서 운전기사로 근무하고 있는데, A운수주
식회사의 노사 간에 체결된 임금협정에는 운전기사의 법령위반행위로 회사에 과징금이 부과되면 추
후 당해 운전기사에 대한 상여금 지급 시 그 과징금 상당액을 공제하기로 하는 내용이 포함되어
있다. 과징금부과처분에 대한 취소소송에서 법원이 A운수주식회사에 대한 과징금의 금액이 지나치
게 과다하다고 판단할 경우, 법원은 적정하다고 판단하는 한도 내에서 과징금부과처분의 일부를 취
소할 수 있는가? 20점

참조조문

「여객자동차 운수사업법」

제88조(과징금 처분)

① 국토교통부장관, 시·도지사 또는 시장·군수·구청장은 여객자동차 운수사업자가 제49조의15 제1
항 또는 제85조 제1항 각 호의 어느 하나에 해당하여 사업정지 처분을 하여야 하는 경우에 그 사업정
지 처분이 그 여객자동차 운수사업을 이용하는 사람들에게 심한 불편을 주거나 공익을 해칠 우려가
있는 때에는 그 사업정지 처분을 갈음하여 5천만원 이하의 과징금을 부과·징수할 수 있다.

② 제1항에 따라 과징금을 부과하는 위반행위의 종류·정도 등에 따른 과징금의 액수. 그 밖에 필요한
사항은 대통령령으로 정한다.

③ ~ ⑥ (생략)

📖 **해설**

Ⅰ **문제의 소재**

행정소송법(이하 동법이라 함) 제4조 제1호에 의하면 취소소송은 행정청의 위법한 처분 등을 취소
또는 변경하는 소송이다. 법원은 적정하다고 판단하는 한도 내에서 과징금부과처분의 일부를 취소
할 수 있는가와 관련하여 첫째, 동법 제4조 제1호의 '변경'이 일부취소판결의 근거인지 문제된다.
둘째, 적정하다고 판단하는 한도 내에서 과징금부과처분의 일부를 취소할 수 있는지 문제된다.

Ⅱ **동법 제4조 제1호의 '변경'이 일부취소판결의 근거인지 여부**

1. 학설과 판례

동법 제4조 제1호의 '변경'에 대하여 적극적 변경을 의미하므로 판결의 형식은 전부취소판결 후

---

175) 대판 1998.3.24, 98두1031; 대판 1996.6.28, 96누4992 원동기장치자전거와 견인차를 음주운전한 경우를 잘 파악하
여 풀이하여야 한다.

176) 2013년 노무사 기출 제1문 (2)

판결을 통한 새로운 처분의 발령이라고 보는 견해, 소극적 변경을 의미하므로 판결의 형식은 일부취소판결이라고 보는 견해가 있다. 판례는 '변경'을 소극적 변경, 즉 일부취소를 의미하는 것으로 보고 있다.

2. 검토 및 사안의 경우

의무이행소송이 인정되지 않는 점, 권력분립의 원칙상 처분에 관한 한 행정청에게 제1차적 판단권이 있다는 점에서 소극적 변경설과 판례가 타당하다. 동법 제4조 제1호의 '변경'은 일부취소판결의 근거이다.

[III] 적정하다고 판단하는 한도 내에서 과징금부과처분의 일부를 취소할 수 있는지 여부

1. 판례

외형상 하나의 행정처분이라 하더라도 가분성이 있거나 그 처분대상의 일부가 특정될 수 있다면 그 일부만의 취소도 가능하다.

2. 사안의 경우

기속행위는 원칙적으로 가분성이 있으나 재량행위는 가분성이 없다. 판례에 의하면 처분이 기속행위인지 재량행위인지 구분은 당해 처분의 근거가 된 법규의 체제·형식·그 문언, 당해 행위가 행해진 행정 분야의 주된 목적과 특성, 당해 행위의 개별적 성질과 유형 등을 모두 고려하여 판단한다. 과징금부과처분은 근거규정인 여객자동차 운수사업법 제88조 제1항의 문언상 재량행위이므로 가분성이 없다. 과징금부과처분의 일부가 특정될 수 있다는 특별한 사정도 엿보이지 않는다. 관할법원은 적정하다고 판단하는 한도 내에서 과징금부과처분의 일부를 취소할 수 없다.

[IV] 설문의 해결

과징금부과처분에 대한 취소소송에서 법원이 A운수주식회사에 대한 과징금의 금액이 지나치게 과다하다고 판단하였다 할지라도 법원은 적정하다고 판단하는 한도 내에서 과징금부과처분의 일부를 취소할 수 있지 않다.

제2절   사정판결

[제1문] [177] A시와 B시 구간의 시외버스 운송사업을 하고 있는 甲은 최근 자가용 이용의 급증 등으로 시외버스 운송사업을 하는 데 상당한 어려움에 처해 있다. 그런데 관할행정청 X는 甲이 운영하는 노선에 대해 인근에서 대규모 운송사업을 하고 있던 乙에게 새로이 시외버스 운송사업면허를 하였다.

---

177) 2009년 재경 기출문제 제1문 2.

법원은 X의 乙에 대한 시외버스 운송사업면허처분에 위법사유가 발견되어 甲의 행정소송을 인용하고 乙에 대한 시외버스 운송사업면허처분을 취소하고자 한다. 그러나 이미 많은 시민들이 乙이 운영하는 버스를 이용하고 있다는 이유로 면허취소판결을 하지 아니할 수 있는가? 10점

📖 해설

① 문제의 소재

행정소송법 제28조 제1항 전단에 의하면, 원고의 청구가 이유 있다고 인정하는 경우에도 처분 등을 취소하는 것이 현저히 공공복리에 적합하지 아니하다고 인정하는 때에는 법원은 원고의 청구를 기각할 수 있다. 사정판결이 필요한가의 판단의 기준시는 판결시점이다. 시외버스 운송사업면허처분에 위법사유가 발견되었으므로 취소소송의 대상이 되는 시외버스 운송사업면허처분은 위법하여 甲의 청구는 이유 있다. 이미 많은 시민들이 乙이 운영하는 버스를 이용하고 있다는 이유로 면허취소판결을 하지 아니할 수 있는가와 관련하여 첫째, 관할행정청 X의 사정판결을 구하는 신청이 없음에도 법원이 직권으로 사정판결을 할 수 있는지 문제된다. 둘째, 乙에 대한 시외버스 운송사업면허처분을 취소하는 것이 현저히 공공복리에 적합하지 아니하다고 인정할 수 있는지 문제된다.

② 관할행정청 X의 사정판결을 구하는 신청이 없음에도 법원이 직권으로 사정판결을 할 수 있는지 여부

1. 학설

행정소송법 제26조를 적용하여 직권으로 사정판결을 할 수 있다는 긍정설과 행정소송법 제26조를 적용하지 못하며 행정소송법 제8조 제2항에 의하여 변론주의가 적용되므로 직권으로 할 수 없다는 부정설, 그리고 기록에 나타난 여러 사정을 기초로 직권으로 사정판결을 할 수 있다는 제한적 긍정설이 있다.

2. 판례

행정소송법 제26조를 근거로 당사자의 명백한 주장이 없는 경우에도 기록에 나타난 여러 사정을 기초로 직권으로 사정판결할 수 있다.

3. 검토 및 사안의 경우

행정소송법 제28조 제1항의 법문언과 본안에 관한 적용법조인 같은 법 제26조에 의하여 긍정설과 판례가 타당하다. 관할행정청 X의 사정판결을 구하는 신청이 없음에도 법원은 직권으로 사정판결을 할 수 있다.

Ⅲ 乙에 대한 시외버스 운송사업면허처분을 취소하는 것이 현저히 공공복리에 적합하지 아니하
다고 인정할 수 있는지 여부

1. 판례

현저히 공공복리에 적합하지 아니한가의 여부를 판단함에 있어서는 위법·부당한 행정처분을 취
소·변경하여야 할 필요와 그 취소·변경으로 인하여 발생할 수 있는 공공복리에 반하는 사태
등을 비교·교량하여 그 적용 여부를 판단하여야 한다. 현저히 공공복리에 반하는 사태란 처분의
취소로 인하여 처분이 관계된 재정운용상의 현저한 악화나 처분이 관계된 제도운영상의 현저한
지장이 발생하는 것을 말한다.[178]

2. 사안의 경우

乙에 대한 시외버스 운송사업면허를 취소한다고 하더라도 乙이 운영하는 버스를 이용하던 시민
들은 甲이 운영하는 버스를 어려움 없이 이용할 수 있다는 점에서 乙에 대한 시외버스 운송사업
면허의 취소로 인하여 교통재정운용상의 현저한 악화 또는 교통제도운영상의 현저한 지장이 발
생한다고 보기 어렵다. 乙에 대한 시외버스 운송사업면허처분을 취소하는 것이 현저히 공공복리
에 적합하지 아니한 것은 아니다.

Ⅳ 설문의 해결

법원은 乙에 대한 시외버스 운송사업면허처분이 위법하므로 면허취소판결을 아니할 수 없다.

[제2문] [179] 甲은 「공유수면관리 및 매립에 관한 법률」(이하 '공유수면매립법'이라고 한다) 제28조
제1항 제3호에 근거하여 A도지사로부터 매립장소 및 면적을 지정받고 매립목적을 택지조성으로 하
는 공유수면 매립면허를 부여받았다. 이후 甲은 당초의 매립목적과 달리 조선(造船)시설용지지역으
로 이 사건 매립지를 이용하고자 A도지사에게 공유수면매립목적변경신청을 하였고, A도지사는 공
유수면매립법 제49조 제1항 제3호에 따라 甲의 변경신청을 승인하는 처분(이하 '이 사건 처분'이라
한다)을 하였다. 매립예정지 근처의 주민 乙 등이 이 사건 처분의 취소소송을 제기하였다. 그런데
해당 매립지가 이미 상당 부분 매립이 이루어졌고, 그 일부에는 이미 조선시설의 기초 시설도 일부
완성된 상태라고 가정한다. 이때 법원은 어떤 판결을 하여야 할 것인지 검토하시오. (취소소송의 요
건은 적법하게 갖추었으며, 이 사건 처분은 위법하다고 본다) ☐25점☐

---

178) 대판 1995.6.13, 94누4660
179) 2015년 제1차 모의시험 2문 설문3

참조조문

※ 아래의 법령은 문제출제 당시의 적용법령임

「공유수면관리 및 매립에 관한 법률」

제28조(매립면허)

① 공유수면을 매립하려는 자는 대통령령으로 정하는 바에 따라 매립목적을 구체적으로 밝혀 다음 각 호의 구분에 따라 해양수산부장관, 시·도지사 또는 특별자치도지사(이하 "매립면허관청"이라 한다)로부터 공유수면 매립면허(이하 "매립면허"라 한다)를 받아야 한다.

　1. 「항만법」제3조 제1항 각 호에 따른 항만구역의 공유수면 매립 : 해양수산부장관

　2. 면적이 10만제곱미터 이상인 공유수면 매립 : 해양수산부장관

　3. 제1호 및 제2호에 따른 공유수면을 제외한 공유수면 매립 : 시·도지사 또는 특별자치도지사

제48조(매립목적 변경의 제한)

① 매립면허취득자, 매립지의 소유권을 취득한 자와 그 승계인은 면허를 받은 매립예정지와 매립지 또는 준공검사를 받은 매립지에 대하여 준공검사 전이나 준공검사일부터 10년 이내에는 매립목적을 변경하여 사용할 수 없다. 다만, 대통령령으로 정하는 매립목적의 경미한 변경인 경우에는 그러하지 아니하다.

제49조(매립목적 변경제한의 예외)

① 매립면허취득자, 매립지의 소유권을 취득한 자와 그 승계인은 제48조 제1항 본문에도 불구하고 면허를 받은 매립예정지와 매립지 또는 준공검사를 받은 매립지가 다음 각 호의 어느 하나에 해당하는 경우에는 대통령령으로 정하는 바에 따라 매립면허관청의 승인을 받아 매립목적을 변경할 수 있다.

　1. 매립지의 일부를 공용 또는 공공용으로 변경함으로써 나머지 매립지를 매립목적에 맞게 사용할 수 없게 된 경우

　2. 관련 법령에 따른 국가계획이 변경되어 매립지를 매립목적에 맞게 사용할 수 없게 된 경우

　3. 산업의 발전, 그 밖에 주변여건의 변화 등으로 매립목적을 변경할 수밖에 없는 경우

 해설

Ⅰ **문제의 소재**

행정소송법 제28조 제1항 전단에 의하면, 원고의 청구가 이유 있다고 인정하는 경우에도 처분 등을 취소하는 것이 현저히 공공복리에 적합하지 아니하다고 인정하는 때에는 법원은 원고의 청구를 기각할 수 있다. 사정판결이 필요한가의 판단의 기준시는 판결시점이다. 취소소송요건은 적법하게 갖춘 위법한 공유수면매립목적 변경승인처분에 대해 법원은 어떤 판결을 하여야 할 것인지와 관련하여 첫째, 행정소송법 제28조에 의하여 행정청의 사정판결의 신청이 없음에도 법원이 사정판결을 할 수 있는지 문제된다. 둘째, 甲에 대하여 행한 공유수면매립목적변경승인처분을 취소하는 것이 현저히 공공복리에 적합하지 아니한지 문제된다.

Ⅱ 행정청의 사정판결의 신청이 없음에도 법원이 사정판결을 할 수 있는지 여부

1. 학설

행정소송법 제26조를 적용하여 직권으로 사정판결을 할 수 있다는 긍정설과 행정소송법 제26조를 적용하지 못하며 행정소송법 제8조 제2항에 의하여 변론주의가 적용되므로 직권으로 할 수 없다는 부정설, 그리고 기록에 나타난 여러 사정을 기초로 직권으로 사정판결을 할 수 있다는 제한적 긍정설이 있다.

2. 판례

행정소송법 제26조를 근거로 당사자의 명백한 주장이 없는 경우에도 기록에 나타난 여러 사정을 기초로 직권으로 사정판결할 수 있다.

3. 검토 및 사안의 경우

행정소송법 제28조 제1항의 법문언과 본안에 관한 적용법조인 같은 법 제26조에 의하여 긍정설과 판례가 타당하다. 관할행정청 X의 사정판결을 구하는 신청이 없음에도 법원은 직권으로 사정판결을 할 수 있다.

Ⅲ 甲에 대하여 행한 공유수면매립목적 변경승인처분을 취소하는 것이 현저히 공공복리에 적합하지 아니한지 여부

1. 판례

현저히 공공복리에 적합하지 아니한가의 여부를 판단함에 있어서는 위법·부당한 행정처분을 취소·변경하여야 할 필요와 그 취소·변경으로 인하여 발생할 수 있는 공공복리에 반하는 사태 등을 비교·교량하여 그 적용 여부를 판단하여야 한다. 현저히 공공복리에 반하는 사태란 처분의 취소로 인하여 처분이 관계된 재정운용상의 현저한 악화나 처분이 관계된 제도운영상의 현저한 지장이 발생하는 것을 말한다.

2. 사안의 경우

해당 매립지가 이미 상당 부분 매립이 이루어졌고, 그 일부에는 이미 조선시설의 기초 시설도 일부 완성된 상태이다. 甲에 대하여 행한 공유수면매립목적 변경승인처분의 취소로 인하여 매립 부분의 원상복구 비용과 일부 완성된 조선시설의 기초 시설의 철거 비용 등 현저한 사회적 비용이 발생한다는 점에서 취소되는 공유수면매립목적 변경승인처분과 관계된 재정운용상의 현저한 악화가 발생하게 된다. 甲에 대하여 행한 공유수면매립목적 변경승인처분을 취소하는 것은 현저히 공공복리에 적합하지 아니하다.

Ⅳ 설문의 해결

취소소송요건은 적법하게 갖춘 위법한 공유수면매립목적 변경승인처분에 대해 법원은 甲에 대하여 행한 공유수면매립목적 변경승인처분은 위법하나 원고청구를 기각하는 사정판결을 하여야 한다. 이 경우 행정소송법 제28조에 의하여 법원은 판결주문에 공유수면매립목적 변경승인처분이 위법하다는 점을 명시하여야 하고, 원고인 乙은 피고행정청인 A도지사가 속하는 공공단체를 상대로 손해배상 등을 병합하여 제기할 수 있다. 소송비용은 행정소송법 제32조에 의하여 승소한 피고가 부담한다.

제 3 절　기판력

[제1문] [180] A시는 택지개발사업을 위해 관련 법령에 따른 절차를 거쳐 甲 소유의 토지 등을 취득하고자 甲과 보상에 관하여 협의하였으나 협의가 성립되지 않았다. 이에 A시는 관할 토지수용위원회에 재결을 신청하여 "A시는 甲의 토지를 수용하고, 甲은 그 지상 공작물을 이전한다. A시는 甲에게 보상금으로 1억원을 지급한다."라는 취지의 재결을 받았다. 그러나 甲은 보상금이 너무 적다는 이유로 보상금 수령을 거절하였다. 그러자 A시는 보상금을 공탁하였고, A시장은 甲에게 보상 절차가 완료되었음을 이유로 위 토지상의 공작물을 이전하고 토지를 인도하라고 명하였다. 甲이 위 명령에 대해 관할행정법원에 취소소송을 제기하여 청구기각판결을 받아 그 판결이 확정되었더라도 甲은 후소인 국가배상청구소송에서 위 명령의 위법을 주장할 수 있는가? 10점

해설

Ⅰ 문제의 소재

행정소송법 제8조 제2항에 의하여 준용되는 민사소송법상의 기판력이라 함은 기판력 있는 전소 판결의 소송물과 동일한 후소를 허용하지 않는 것임은 물론, 후소의 소송물이 전소의 소송물과 동일하지 않다고 하더라도 전소의 소송물에 관한 판단이 후소의 선결문제가 되거나 모순관계에 있을 때에는 후소에서 전소 판결의 판단과 다른 주장을 하는 것을 허용하지 않는 작용을 하는 것이다. 甲이 공작물 이전 및 토지인도명령에 대해 관할행정법원에 취소소송을 제기하여 청구기각판결을 받아 그 판결이 확정되었더라도 甲은 후소인 국가배상청구소송에서 위 명령의 위법을 주장할 수 있는가와 관련하여 전소인 취소소송의 청구기각판결에서 확정된 공작물 이전 및 토지인도명령의 적법판단이 후소인 국가배상청구소송에 행정소송법 제8조 제2항에 의하여 준용되는 민사소송법상 기판력이 미치는 선결문제인지 문제된다.

Ⅱ 전소인 취소소송의 청구기각판결에서 확정된 공작물 이전 및 토지인도명령의 적법판단이 후소인 국가배상청구소송에 기판력이 미치는 선결문제인지 여부

1. 학설

처분의 위법성과 직무집행의 법령위반의 의미가 동일하지 않으므로 선결문제가 아니라는 기판력 완전부정설과 처분의 위법성과 직무집행의 법령위반의 의미가 동일하므로 선결문제라는 기판력

---

180) 2010년 사시 기출문제 제1문 4.

완전긍정설, 처분의 위법성과 직무집행의 법령위반의 의미는 동일하지만 그 법률의 범위가 동일하지 않아 취소인용판결은 선결문제이지만, 취소기각판결은 선결문제가 아니라는 제한적 기판력긍정설이 있다.

2. 판례

취소소송의 청구인용판결의 기판력이 국가배상청구소송에 미친다 하더라도 고의·과실을 추정케 하는 것은 아니다.

3. 검토

기판력완전부정설은 소송의 유형에 따라 위법성의 의미를 달리 보는 것은 법 개념상의 혼동을 가져온다는 점에서, 기판력완전긍정설은 처분과 직무집행을 완전하게 동일하게 본다는 점에서, 위법성의 의미를 동일하게 보되, 그 법률의 범위를 달리 보는 제한적 기판력긍정설이 타당하다.

4. 사안의 경우

甲이 공작물 이전 및 토지인도명령에 대해 관할행정법원에 취소소송을 제기하여 청구기각판결을 받아 확정된 처분의 적법판단은 후소인 국가배상청구소송의 선결문제가 아니다.

Ⅲ 설문의 해결

甲은 취소소송의 청구기각확정판결에도 불구하고 국가배상청구소송에서 공작물 이전 및 토지인도명령의 위법을 주장할 수 있다. 선결문제가 아니어서 기판력이 미치지 않기 때문이다.

제4절　대세효

무임승차의 문제의식이 있기는 하나 별도의 문제로 출제할 만한 논점은 아니므로, 대세효는 제3자의 소송참가와 제3자에 의한 재심청구와 관련한 중요한 효력이라는 점만 숙지하면 됩니다.

제5절　기속력과 간접강제

제1항　침익적 처분의 반복의 경우

[제1문] [181] 행정청 乙의 관할구역 내에 있는 A도시공원을 찾는 등산객이 증가하고 있다. 등산객들이 공원입구를 주차장처럼 이용하여 공원의 경관과 이미지를 훼손하고 있다. 이에 관할행정청 乙은 이곳에 휴게 광장을 조성하여 주민들에게 만남의 장소를 제공하고, 도시 경관을 향상시키기 위해 甲의 토지를 포함한 일단의 지역에 대해서 광장의 설치를 목적으로 하는 도시관리계획을 입안·결정

---

181) 2009년 사시 기출문제 제1문 2.

하였다. 그런데 행정청 乙은 지역 발전에 대한 의욕이 앞선 나머지 인구, 교통, 환경, 토지이용 등에 대한 기초조사를 하지 않고 도시관리계획을 입안·결정하였다. 甲은 자신의 토지전부를 광장에 포함시키는 乙의 도시관리계획 입안·결정이 법적으로 문제가 있다고 보고, 위 도시관리계획결정의 취소를 구하는 소송을 제기하였다. 甲의 청구가 인용된 경우에 행정청 乙은 동일한 내용의 도시관리계획결정을 할 수 있는가? 20점

PART 02

 해설

Ⅰ 문제의 소재

행정소송법(이하 동법이라 함) 제30조 제1항에 의하면 처분 등을 취소하는 확정판결은 그 사건에 관하여 당사자인 행정청과 그 밖의 관계 행정청을 기속한다. 고시된 도시관리계획결정은 신청에 따른 처분이 아니므로 동법 제30조 제2항과 제3항이 문제되지 않는다. 甲의 청구가 인용된 경우에 행정청 乙은 동일한 내용의 도시관리계획결정을 할 수 있는가와 관련하여 첫째, 동법 제30조의 법적 성질이 문제된다. 둘째, 동일한 내용의 도시관리계획결정이 그 사건에 해당하는지 문제된다.

Ⅱ 동법 제30조의 법적 성질

1. 학설

기속력은 기판력의 당연한 결과로서 행정소송법상 기속력에 관한 규정은 취소판결의 기판력이 행정청에게도 미친다는 것을 명시한 것이라고 보는 견해인 기판력설과 기속력은 판결의 실효성을 확보하기 위하여 판결의 취지에 따라 행동하도록 관계 행정청을 구속하는 효력이라고 보는 특수효력설이 있다.

2. 판례

행정소송법 제30조 제1항의 취소 확정판결의 '기속력'은 취소 청구가 인용된 판결에서 인정되는 것으로서 당사자인 행정청과 그 밖의 관계 행정청에게 확정판결의 취지에 따라 행동하여야 할 의무를 지우는 작용을 한다. 이에 비하여 '기판력'이란 기판력 있는 전소 판결의 소송물과 동일한 후소를 허용하지 않음과 동시에, 후소의 소송물이 전소의 소송물과 동일하지는 않더라도 전소의 소송물에 관한 판단이 후소의 선결문제가 되거나 모순관계에 있을 때에는 후소에서 전소 판결의 판단과 다른 주장을 하는 것을 허용하지 않는 작용을 한다[182]고 보아 기속력과 기판력을 구별한다.

3. 검토 및 사안의 경우

기속력이란 실체법상의 효력으로서 법적 안정성을 위하여 후소의 재판을 구속하여 모순된 재판을 금하는 소송법상 효력인 기판력과는 그 본질을 달리하므로 특수효력설이 타당하다. 그 사건에 해당하여 기속력에 반하는 처분은 중대·명백한 하자이므로 무효이다.

---

182) 대판 2016.3.24, 2015두48235

Ⅲ 동일한 내용의 도시관리계획결정이 그 사건에 해당하는지 여부

1. 판례

'그 사건'이란 후속처분의 사유가 처분 당시까지 존재하던 사유이면서, 처분이 위법이라는 것을 인정하는 판결주문과 판결이유 중에 설시된 개개의 위법사유와 기본적 사실관계가 동일한 사유이다. 기본적 사실관계의 동일성 유무는 처분사유를 법률적으로 평가하기 이전의 구체적인 사실에 착안하여 그 기초가 되는 사회적 사실관계가 기본적인 점에서 동일한지의 여부에 따라 결정하여야 한다. 처분청이 취소인용확정판결의 위법사유인 처분사유를 변경하지 아니하는 범위 내에서 단지 그 처분의 근거법령만을 추가·변경하거나 취소인용확정판결의 위법사유인 처분사유를 구체적으로 표시하는 것에 불과한 경우에는 그 사건에 해당한다. 그러나 특별히 처분 당시까지 존재하지 않았던 사유라든가 취소인용확정판결의 위법사유인 처분사유와 기본적 사실관계의 동일성이 전혀 없는 별개의 사실을 후속처분의 처분사유로 하면 기본적 사실관계가 동일하지 않아 그 사건에 해당하지 아니한다.

2. 사안의 경우

① 청구인용의 이유인 기초조사를 다시 하지 않고 동일 내용의 도시관리계획결정을 하는 것은 취소인용판결에서 판단된 위법사유인 절차상 하자가 동일하고, 내용상 하자와 기본적 사실관계가 동일한 사유로서 그 사건에 해당한다. ② 기초조사를 실시하여 절차상 하자를 제거하고, 실시된 기초조사를 바탕으로 올바른 형량과정을 거친 후에 다시 동일한 도시관리계획결정을 하는 것은 그 사건에 해당하지 않는다. ③ 특별히 기초조사를 행하고 동일한 내용의 도시관리계획결정을 행한 것이라는 사정이 엿보이지 아니하므로 절차상 하자가 보완되지 아니한 동일한 내용의 도시관리계획결정으로서 그 사건에 해당한다.

Ⅳ 설문의 해결

동일한 내용의 도시관리계획결정은 그 사건에 해당하므로 도시관리계획결정을 취소하는 취소인용판결은 행정청 乙을 기속한다. 이는 기속력의 내용 중 반복금지효 위반으로 당연무효인 처분이다. 행정청 乙은 동일한 내용의 도시관리계획결정을 할 수 없다.

[제2문] [183] 사용자인 乙주식회사는 소속 근로자인 甲에 대해 유인물 배포 등 행위와 성명서 발표 및 기사 게재로 인한 乙주식회사에 대한 명예훼손행위를 근거로 감봉 3월의 징계처분을 하였다. 甲과 A노동조합은 2018.9.7. B지방노동위원회에 위 징계처분이 부당징계 및 부당노동행위에 해당한다고 주장하면서 구제신청을 하였다. 그러나 B지방노동위원회는 2018.11.6. 위 구제신청을 모두 기각하였다. 甲과 A노동조합은 B지방노동위원회의 기각결정에 불복하여 2018.12.20. 중앙노동위원회에 재심을 신청하였다. 중앙노동위원회는 2019.3.5. 유인물 배포 등 행위가 징계사유에 해당할

---

183) 2019년 노무사 기출 제1문의 1)

뿐만 아니라 징계 양정이 적정하고, 「노동조합 및 노동관계조정법」 제81조 제1호의 부당노동행위에 해당하지 않는다는 이유로 재심신청을 모두 기각하였다. 이에 甲은 중앙노동위원회의 재심에 불복하여 취소소송을 제기하려고 한다. 甲은 중앙노동위원회가 재심판정을 하면서 관계 법령상 개의 및 의결 정족수를 충족하지 않았다고 주장한다. 중앙노동위원회의 재심판정에 절차상 하자가 있음을 이유로 이를 취소하는 판결이 확정되었다. 중앙노동위원회가 이러한 확정판결에 기속되는 경우에 어떠한 의무를 부담하는지를 논하시오. (단, 「행정쟁송법」과 무관한 노동법적인 쟁점에 대해서는 서술하지 말 것) 25점

해설

Ⅰ 문제의 소재

행정소송법 제30조의 취소인용판결의 기속력이 미치는 행정청이 부담하는 의무에는 반복금지효에 따른 반복금지의무, 거부처분청의 재처분의무, 결과제거의무 등이 있다. 중앙노동위원회의 재심판정에 절차상 하자가 있음을 이유로 이를 취소하는 판결이 확정되었다. 중앙노동위원회가 이러한 확정판결에 기속되는 경우에 어떠한 의무를 부담하는지와 관련하여 첫째, 행정소송법 제30조의 법적 성질이 문제된다. 둘째, 재심판정취소인용확정판결은 어떤 경우에 기속력을 발생하는지 문제된다. 셋째, 중앙노동위원회는 어떤 의무를 부담하는지 문제된다.

Ⅱ 행정소송법 제30조의 법적 성질

1. 학설

기속력은 기판력의 당연한 결과로서 행정소송법상 기속력에 관한 규정은 취소판결의 기판력이 행정청에게도 미친다는 것을 명시한 것이라고 보는 견해인 기판력설과 기속력은 판결의 실효성을 확보하기 위하여 판결의 취지에 따라 행동하도록 관계 행정청을 구속하는 효력이라고 보는 특수효력설이 있다.

2. 판례

행정소송법 제30조 제1항의 취소 확정판결의 '기속력'은 취소 청구가 인용된 판결에서 인정되는 것으로서 당사자인 행정청과 그 밖의 관계 행정청에게 확정판결의 취지에 따라 행동하여야 할 의무를 지우는 작용을 한다. 이에 비하여 '기판력'이란 기판력 있는 전소 판결의 소송물과 동일한 후소를 허용하지 않음과 동시에, 후소의 소송물이 전소의 소송물과 동일하지는 않더라도 전소의 소송물에 관한 판단이 후소의 선결문제가 되거나 모순관계에 있을 때에는 후소에서 전소 판결의 판단과 다른 주장을 하는 것을 허용하지 않는 작용을 한다[184]고 보아 기속력과 기판력을 구별한다.

---

[184] 대판 2016.3.24, 2015두48235

3. 검토 및 사안의 경우

기속력이란 실체법상의 효력으로서 법적 안정성을 위하여 후소의 재판을 구속하여 모순된 재판을 금하는 소송법상 효력인 기판력과는 그 본질을 달리하므로 특수효력설이 타당하다. 행정소송법 제30조는 처분청에게 확정판결의 취지에 따라 행동하여야 할 의무로서 소극적 의무와 적극적 의무를 부담시킨다. 그 사건에 해당하여 기속력에 반하는 처분은 중대·명백하므로 무효이다.

Ⅲ 재심판정취소인용확정판결은 어떤 경우에 기속력을 발생하는지 여부

1. 문제의 소재

행정소송법 제30조 제1항에 의하면 처분 등을 취소하는 확정판결은 그 사건에 관하여 당사자인 행정청과 그 밖의 관계 행정청을 기속한다. 그리고 제2항에 의하면 판결에 의하여 취소되는 처분이 당사자의 신청을 거부하는 것을 내용으로 하는 경우에는 그 처분을 행한 행정청은 판결의 취지에 따라 다시 이전의 신청에 대한 처분을 하여야 한다. 재심판정취소인용확정판결은 어떤 경우에 기속력을 발생하는지와 관련하여 '그 사건'과 '판결의 취지'의 의미가 문제된다.

2. '그 사건'과 '판결의 취지'의 의미

'그 사건'이란 법원이 처분시까지의 법 관계·사실관계에서 위법이라고 판단한 것과 동일한 이유나 동일한 자료를 바탕으로 동일인에 대하여 동일 행위를 하는 것이다. '판결의 취지'에 따른 재처분이란 위법사유를 보완한 재처분이거나 다른 사유에 기초한 재처분이어야 한다. 법원이 위법이라고 판단한 절차상 사유나 형식상 사유를 그대로 유지하는 후속처분은 그 사건이면서 판결의 취지에 따르지 아니한 것이다. 후속처분의 내용상 사유는 법원이 위법이라고 판단한 내용상 사유와 기본적 사실관계의 동일성이 인정되는 범위 내에서 그 사건이면서 판결의 취지에 따르지 아니한 것이다. 기본적 사실관계의 동일성 여부는 처분사유를 법률적으로 평가하기 이전의 구체적인 사실에 착안하여 그 기초가 되는 사회적 사실관계가 기본적인 점에서 동일한지의 여부에 따라 결정해야 한다.

3. 사안의 경우

중앙노동위원회가 재심판정취소인용확정판결에 기속되는 경우이므로 그 사건이거나 판결의 취지에 따르지 아니한 경우에 해당한다.

Ⅳ 중앙노동위원회는 어떤 의무를 부담하는지 여부

1. 기속력의 내용

행정소송법 제30조 제1항에 해당하면 처분청은 기속력의 의무 중 반복금지효의 효과로서 소극적 의무인 반복금지의무를 부담한다. 행정소송법 제30조 제2항에 해당하면 처분청은 기속력의 의무 중 적극적 의무인 재처분의무를 부담한다.

2. 사안의 경우

재심청구는 구제명령에 대한 다툼에 있어서 재결주의를 취하는 경우이므로 실질적인 필수적 재결

전치주의를 규정한 것에 불과하다. 중앙노동위원회는 구제명령과 관련하여 구체적 처분권한이 있는 것이 아니므로 적극적 의무인 재처분의무를 부담하는 것은 아니다. 중앙노동위원회는 재심판정의 취소로 인하여 지방노동위원회가 구체적인 구제명령을 하여야 함에도 불이행할 때 다시 재심청구가 있는 경우 적극적 의무가 아니라 소극적으로 그 절차위반을 반복하여서는 아니 된다는 소극적 의무를 부담한다.

Ⅴ 설문의 해결

중앙노동위원회의 재심판정에 절차상 하자가 있음을 이유로 이를 취소하는 판결이 확정되어 중앙노동위원회가 이러한 확정판결에 기속되는 경우에 반복금지효에 대응하는 소극적 의무인 반복금지의무를 부담한다.

제2항 재차 거부처분의 반복의 경우

[제1문] [185] 甲은 숙박시설을 경영하기 위하여 「건축법」 등 관계 법령이 정하는 요건을 구비하여 관할 A시 시장 乙에게 건축허가를 신청하였다. 그러나 시장 乙은 「건축법」 제11조 제4항에 따라 해당 숙박시설의 규모나 형태 등이 주거환경이나 교육환경 등 주변 환경을 고려할 때 부적합하다는 이유로 건축허가를 거부하였고, 甲은 이에 대해 건축허가거부처분취소소송을 제기하였다. 한편, 甲의 취소소송은 인용되었으나, 동 소송의 계속 중 A시 건축조례가 개정되어 건축허가요건으로 「건축법」 제49조 등 건축법령의 규정보다 강화된 피난시설의 구비를 요구하게 되었으며, 甲이 허가 신청한 건축물은 현재에도 여전히 이를 구비하지 못한 상태이다. 이 경우 시장 乙은 위 취소소송의 인용판결에도 불구하고 강화된 피난시설요건의 미비를 이유로 甲에게 재차 건축허가거부처분을 할 수 있는가? (단, A시 개정건축조례가 적법함을 전제로 함) **20점**

 해설

Ⅰ 문제의 소재

행정소송법 제30조 제2항에 의하면, 판결에 의하여 취소되는 처분이 당사자의 신청을 거부하는 것을 내용으로 하는 경우에는 그 처분을 행한 행정청은 판결의 취지에 따라 다시 이전의 신청에 대한 처분을 하여야 한다. 시장 乙은 위 취소소송의 인용판결에도 불구하고 강화된 피난시설요건의 미비를 이유로 甲에게 재차 건축허가거부처분을 할 수 있는가와 관련하여 첫째, 행정소송법 제30조의 법적 성질이 문제된다. 둘째, 건축허가의 처분청인 시장 乙이 재차 행하고자 하는 건축허가거부처분이 판결의 취지에 따라 다시 행한 이전의 신청에 대한 처분인지 문제된다.

---

185) 2010년 일행 기출문제 제1문 3)

Ⅱ 행정소송법 제30조의 법적 성질

1. 학설

행정소송법상 기속력에 관한 규정은 판결 자체의 효력으로서 당연한 것이므로 기속력이 기판력과 동일하다는 기판력설과 취소판결로 행정행위의 취소는 가능하여도 동일한 행정행위의 발령은 막을 수 없기 때문에 취소판결의 효과의 실질적인 보장을 위해 행정소송법이 특별히 인정한 효력이라는 견해로서 특별한 효력설이 있다.

2. 판례

행정소송법 제30조 제1항의 취소 확정판결의 '기속력'은 취소 청구가 인용된 판결에서 인정되는 것으로서 당사자인 행정청과 그 밖의 관계 행정청에게 확정판결의 취지에 따라 행동하여야 할 의무를 지우는 작용을 한다. 이에 비하여 '기판력'이란 기판력 있는 전소 판결의 소송물과 동일한 후소를 허용하지 않음과 동시에, 후소의 소송물이 전소의 소송물과 동일하지는 않더라도 전소의 소송물에 관한 판단이 후소의 선결문제가 되거나 모순관계에 있을 때에는 후소에서 전소 판결의 판단과 다른 주장을 하는 것을 허용하지 않는 작용을 한다[186]고 보아 기속력과 기판력을 구별한다.

3. 검토 및 소결

기속력은 취소판결에서의 효력이지만 기판력은 모든 본안판결에서 효력이라는 점, 기속력은 당사자인 행정청과 그 밖의 관계 행정청에 미치지만 기판력은 당사자와 후소법원에 미친다는 점, 기속력은 일종의 실체법적 효력이지만 기판력은 소송법상 효력이라는 점에서 양자는 상이하므로 특수효력설이 타당하다. 처분취소인용판결은 행정소송법 제30조 제1항에 의해 반복금지효에 의한 반복금지의무를 행정청에게 부과하지만, 수익적 처분에 대한 거부처분인용판결은 행정소송법 제30조 제2항에 의하여 판결의 취지에 따른 재처분의무를 행정청에게 부과한다. 행정소송법 제30조의 법적 성질은 기판력과 다른 특수한 효력이다.

Ⅲ 건축허가의 처분청인 시장 乙이 재차 행하고자 하는 건축허가거부처분이 판결의 취지에 따라 다시 행한 이전의 신청에 대한 처분인지 여부

1. 판례

판결의 취지에 따른 재처분이란 취소인용판결에서 적시한 위법한 거부처분사유가 아닌 처분사유에 따른 재처분으로 신청을 인용하는 재처분과 재차 거부하는 거부처분이 있다. 즉 판결의 취지에 따른 재처분이란 위법사유를 보완한 재처분이거나 다른 사유에 기초한 재처분이어야 한다. 구체적으로 절차상 하자를 이유로 취소된 경우에는 적법한 절차를 거쳐서 재차 거부처분이나 다른 처분을 할 수 있다. 내용상 하자를 이유로 취소된 경우에는 원칙적으로 신청을 인용하는 처분을 하여야 하나, 사실심변론종결 후의 새로운 사유나 거부처분 후에 개정·시행된 법령에 따라서 재차 거부처분을 할 수 있다.[187] 추가 또는 변경된 사유가 처분 당시에 그 사유를 명기하지 않았을

---

186) 대판 2016.3.24, 2015두48235

187) 대결 1998.1.7, 97두22

뿐 이미 존재하고 있었고 당사자도 그 사실을 알고 있었다고 하여 당초처분사유와 동일성이 있는 것이라고 할 수는 없다.

2. 사안의 경우

개정된 건축조례에 따른 후속처분은 거부처분 후에 개정·시행된 법령에 따라서 행한 재차 거부처분이므로 다른 사유에 기초한 재처분이다. 건축허가의 처분청인 시장 乙이 재차 행하고자 하는 건축허가거부처분은 판결의 취지에 따라 다시 행한 이전의 신청에 대한 처분이다.

Ⅳ 설문의 해결

시장 乙은 취소소송의 인용판결에도 불구하고 강화된 피난시설요건의 미비를 이유로 甲에게 재차 건축허가거부처분을 할 수 있다. 판례도 "거부처분 후에 법령이 개정되어 시행된 경우에는 개정된 법령의 허가기준을 새로운 사유로 들어 다시 이전의 신청에 대한 거부처분을 할 수 있다." 고 판시한 바 있다.[188]

[제2문][189] 甲은 주택을 소유하고 있었는데 그 지역이 한국토지주택공사가 사업자가 되어 시행하는 주택건설사업의 사업시행지구로 편입되면서 甲의 주택도 수용되었다. 사업시행자인 한국토지주택공사는 「공익사업을 위한 토지 등의 취득 및 보상에 관한 법률」 제78조에 따라 이주대책의 일환으로 주택특별공급을 실시하기로 하였다. 그 후 甲은 「주택공급에 관한 규칙」 제19조 제1항 제3호 규정에 따라 A아파트 입주권을 특별분양하여 줄 것을 신청하였다. 그런데 한국토지주택공사는 甲이 A아파트의 입주자모집 공고일을 기준으로 무주택세대주가 아니어서 특별분양대상자에 해당되지 않는다는 이유로 특별분양신청을 거부하였다. 취소소송의 계속 중에 입주자모집공고일 당시 무주택세대주였다는 甲의 주장이 사실로 인정될 상황에 처하자 한국토지주택공사는 甲의 주택이 무허가주택이었기 때문에 甲은 특별분양대상자에 해당되지 않는다고 처분사유를 변경하였고, 심리결과 甲의 주택이 무허가주택이었음이 인정되었다. 이 경우 법원의 판결확정 후 한국토지주택공사가 甲의 주택이 무허가주택임을 이유로 특별분양신청을 재차 거부할 수 있는지 검토하시오. 10점

 해설

Ⅰ 문제의 소재

행정소송법 제30조 제2항에 의하면 판결에 의하여 취소되는 처분이 당사자의 신청을 거부하는 것을 내용으로 하는 경우에는 그 처분을 행한 행정청은 판결의 취지에 따라 다시 이전의 신청에

---

188) 대결 1998.1.7, 97두22 자신의 견해를 강화하는 supporting sentence로 판례를 사용하는 것은 매우 훌륭한 답안작성법 중의 하나이다.

189) 2012년 사시 기출문제 제1문 3.

대한 처분을 하여야 한다. 사업시행자인 한국토지주택공사는 공무수탁사인으로서 처분청이자 행정주체이다. 법원의 판결확정 후 한국토지주택공사가 甲의 주택이 무허가주택임을 이유로 특별분양신청을 재차 거부할 수 있는지와 관련하여 첫째, 행정소송법 제30조의 법적 성질이 문제된다. 둘째, 한국토지주택공사가 甲의 주택이 무허가주택임을 이유로 특별분양신청을 재차 거부하는 것이 처분청이 판결의 취지에 따라 다시 행한 이전의 신청에 대한 처분인지 문제된다.

Ⅱ 행정소송법 제30조의 법적 성질

1. 학설

행정소송법상 기속력에 관한 규정은 판결 자체의 효력으로서 당연한 것이므로 기속력이 기판력과 동일하다는 기판력설과 취소판결로 행정행위의 취소는 가능하여도 동일한 행정행위의 발령은 막을 수 없기 때문에 취소판결의 효과의 실질적인 보장을 위해 행정소송법이 특별히 인정한 효력이라는 견해로서 특별한 효력설이 있다.

2. 판례

행정소송법 제30조 제1항의 취소 확정판결의 '기속력'은 취소 청구가 인용된 판결에서 인정되는 것으로서 당사자인 행정청과 그 밖의 관계 행정청에게 확정판결의 취지에 따라 행동하여야 할 의무를 지우는 작용을 한다. 이에 비하여 '기판력'이란 기판력 있는 전소 판결의 소송물과 동일한 후소를 허용하지 않음과 동시에, 후소의 소송물이 전소의 소송물과 동일하지는 않더라도 전소의 소송물에 관한 판단이 후소의 선결문제가 되거나 모순관계에 있을 때에는 후소에서 전소 판결의 판단과 다른 주장을 하는 것을 허용하지 않는 작용을 한다[190]고 보아 기속력과 기판력을 구별한다.

3. 검토 및 소결

기속력은 취소판결에서의 효력이지만 기판력은 모든 본안판결에서 효력이라는 점, 기속력은 당사자인 행정청과 그 밖의 관계 행정청에 미치지만 기판력은 당사자와 후소법원에 미친다는 점, 기속력은 일종의 실체법적 효력이지만 기판력은 소송법상 효력이라는 점에서 양자는 상이하므로 특수효력설이 타당하다. 처분취소인용판결은 행정소송법 제30조 제1항에 의해 반복금지효에 의한 반복금지의무를 행정청에게 부과하지만, 수익적 처분에 대한 거부처분인용판결은 행정소송법 제30조 제2항에 의하여 판결의 취지에 따른 재처분의무를 행정청에게 부과한다. 행정소송법 제30조의 법적 성질은 기판력과 다른 특수한 효력이다.

Ⅲ 한국토지주택공사가 甲의 주택이 무허가주택임을 이유로 특별분양신청을 재차 거부하는 것이 처분청이 판결의 취지에 따라 다시 행한 이전의 신청에 대한 처분인지 여부

1. 판례

판결의 취지에 따른 재처분이란 취소인용판결에서 적시한 위법한 거부처분사유가 아닌 처분사유에 따른 재처분으로 신청을 인용하는 재처분과 재차 거부하는 거부처분이 있다. 즉 판결의 취지에

---

190) 대판 2016.3.24, 2015두48235

따른 재처분이란 위법사유를 보완한 재처분이거나 다른 사유에 기초한 재처분이어야 한다. 구체적으로 절차상 하자를 이유로 취소된 경우에는 적법한 절차를 거쳐서 재차 거부처분이나 다른 처분을 할 수 있다. 내용상 하자를 이유로 취소된 경우에는 원칙적으로 신청을 인용하는 처분을 하여야 하나, 사실심변론종결 후의 새로운 사유나 거부처분 후에 개정·시행된 법령에 따라서 재차 거부처분을 할 수 있다. 추가 또는 변경된 사유가 처분 당시에 그 사유를 명기하지 않았을 뿐 이미 존재하고 있었고 당사자도 그 사실을 알고 있었다고 하여 당초처분사유와 동일성이 있는 것이라고 할 수는 없다.

2. 사안의 경우

무허가주택이라는 사유는 무주택소유주라는 위법사유를 구체화하는 사유가 아니므로 기본적 사실관계의 동일성이 없다. 무허가주택이라는 사유는 다른 사유에 해당하므로 한국토지주택공사가 甲의 주택이 무허가주택임을 이유로 특별분양신청을 재차 거부하는 것은 다른 사유에 기초한 재처분이어서 처분청이 판결의 취지에 따라 다시 행한 이전의 신청에 대한 처분이다.

Ⅳ 설문의 해결

법원의 판결확정 후 한국토지주택공사는 甲의 주택이 무허가주택임을 이유로 특별분양신청을 재차 거부할 수 있다.

[제3문] [191] 甲은 「위치정보의 보호 및 이용 등에 관한 법률」에 의한 위치정보사업을 하기 위하여 위치정보사업 허가신청서에 관련 서류를 첨부하여 방송통신위원회에 허가신청을 하였다. 방송통신위원회는 甲의 위치정보사업 관련계획의 타당성 및 설비규모의 적정성 등을 종합 심사한 후에 허가기준에 미달되었음을 이유로 이를 거부하였다. 허가신청거부에 대한 甲의 취소청구를 인용하는 수소법원의 판결이 확정되었고, 그 후에 방송통신위원회가 다시 허가신청을 거부하였다면, 이는 취소판결의 효력과 관련하여 어떠한 문제점이 있는지 설명하시오. 15점

 해설

Ⅰ 문제의 소재

취소판결의 효력에는 기판력, 대세효, 기속력 등이 있다. 취소인용판결 후 행정청의 재처분과 관련된 효력은 기속력이다. 행정소송법 제30조 제2항에 의하면 판결에 의하여 취소되는 처분이 당사자의 신청을 거부하는 것을 내용으로 하는 경우에는 그 처분을 행한 행정청은 판결의 취지에 따라 다시 이전의 신청에 대한 처분을 하여야 한다. 방송통신위원회는 위치정보사업 허가처분을 행하는 행정청임이 분명하다. 위치정보사업 허가신청거부에 대한 甲의 취소청구를 인용하는 수소

---

191) 2012년 재경 기출문제 제2문 2)

법원의 판결이 확정되었고, 그 후에 방송통신위원회가 다시 허가신청을 거부하였다면 이는 취소판결의 효력과 관련하여 어떠한 문제점이 있는지와 관련하여 첫째, 행정소송법 제30조의 법적 성질이 문제된다. 둘째, 방송통신위원회의 위치정보사업허가 재차 거부처분이 처분청이 판결의 취지에 따라 다시 행한 이전의 신청에 대한 처분인지 문제된다.

Ⅱ 행정소송법 제30조의 법적 성질

1. 학설

행정소송법상 기속력에 관한 규정은 판결 자체의 효력으로서 당연한 것이므로 기속력이 기판력과 동일하다는 기판력설과 취소판결로 행정행위의 취소는 가능하여도 동일한 행정행위의 발령은 막을 수 없기 때문에 취소판결의 효과의 실질적인 보장을 위해 행정소송법이 특별히 인정한 효력이라는 견해로서 특별한 효력설이 있다.

2. 판례

행정소송법 제30조 제1항의 취소 확정판결의 '기속력'은 취소 청구가 인용된 판결에서 인정되는 것으로서 당사자인 행정청과 그 밖의 관계 행정청에게 확정판결의 취지에 따라 행동하여야 할 의무를 지우는 작용을 한다. 이에 비하여 '기판력'이란 기판력 있는 전소 판결의 소송물과 동일한 후소를 허용하지 않음과 동시에, 후소의 소송물이 전소의 소송물과 동일하지는 않더라도 전소의 소송물에 관한 판단이 후소의 선결문제가 되거나 모순관계에 있을 때에는 후소에서 전소 판결의 판단과 다른 주장을 하는 것을 허용하지 않는 작용을 한다[192]고 보아 기속력과 기판력을 구별한다.

3. 검토 및 소결

기속력은 취소판결에서의 효력이지만 기판력은 모든 본안판결에서 효력이라는 점, 기속력은 당사자인 행정청과 그 밖의 관계 행정청에 미치지만 기판력은 당사자와 후소법원에 미친다는 점, 기속력은 일종의 실체법적 효력이지만 기판력은 소송법상 효력이라는 점에서 양자는 상이하므로 특수효력설이 타당하다. 처분취소인용판결은 행정소송법 제30조 제1항에 의해 반복금지효에 의한 반복금지의무를 행정청에게 부과하지만, 수익적 처분에 대한 거부처분인용판결은 행정소송법 제30조 제2항에 의하여 판결의 취지에 따른 재처분의무를 행정청에게 부과한다. 행정소송법 제30조의 법적 성질은 기판력과 다른 특수한 효력이다.

Ⅲ 방송통신위원회의 위치정보사업허가 재차 거부처분이 처분청이 판결의 취지에 따라 다시 행한 이전의 신청에 대한 처분인지 여부

1. 판례

판결의 취지에 따른 재처분이란 취소인용판결에서 적시한 위법한 거부처분사유가 아닌 처분사유에 따른 재처분으로 신청을 인용하는 재처분과 재차 거부하는 거부처분이 있다. 즉 판결의 취지에 따른 재처분이란 위법사유를 보완한 재처분이거나 다른 사유에 기초한 재처분이어야 한다.

---

192) 대판 2016.3.24, 2015두48235

구체적으로 절차상 하자를 이유로 취소된 경우에는 적법한 절차를 거쳐서 재차 거부처분이나 다른 처분을 할 수 있다. 내용상 하자를 이유로 취소된 경우에는 원칙적으로 신청을 인용하는 처분을 하여야 하나, 사실심변론종결 후의 새로운 사유나 거부처분 후에 개정·시행된 법령에 따라서 재차 거부처분을 할 수 있다. 다른 사유란 기본적 사실관계의 동일성이 없는 사유를 말한다. 추가 또는 변경된 사유가 처분 당시에 그 사유를 명기하지 않았을 뿐 이미 존재하고 있었고 당사자도 그 사실을 알고 있었다고 하여 당초처분사유와 동일성이 있는 것이라고 할 수는 없다.

2. 사안의 경우

위치정보사업허가 거부처분에 대한 甲의 취소청구를 인용하는 수소법원의 판결이 확정되었고, 그 후에 방송통신위원회가 인용판결에서 적시한 위법사유와 다른 처분사유의 제시 없이 또 다시 재차 위치정보사업허가 거부처분을 한 것은 위법사유를 보완한 재처분이거나 다른 사유에 기초한 재처분은 아니다. 방송통신위원회의 위치정보사업허가 재차 거부처분은 처분청이 판결의 취지에 따라 다시 행한 이전의 신청에 대한 처분이 아니다.

Ⅳ 설문의 해결

위치정보사업허가 신청거부에 대한 甲의 취소청구를 인용하는 수소법원의 판결이 확정되었고, 그 후에 방송통신위원회가 다시 허가신청을 거부하였다면 이는 취소판결의 효력과 관련하여 취소인용확정판결의 기속력인 행정소송법 제30조 제2항의 판결의 취지에 따른 재처분의무위반이 된다. 방송통신위원회가 다시 허가신청을 거부하였다면 이는 중대·명백한 법규위반으로 무효인 처분이라는 문제가 있다.

[제4문] [193] 근로자 A는 甲노동조합을 조직해서 그 설립신고를 하였으나 乙시장은 "설립신고서에서 근로자가 아닌 구직 중에 있는 자의 가입을 허용하고 있다."(「노동조합 및 노동관계조정법」제2조 제4호 라목)는 사유로 설립신고서를 반려하였다. 이에 甲노동조합은 취소소송을 제기하였고, 위 취소소송의 관할법원은 "구직 중에 있는 자도 「노동조합 및 노동관계조정법」상 근로자의 지위를 가지고 노동조합에 가입할 수 있다."는 이유로 乙시장의 설립신고서반려를 취소하였고 그 판결은 확정되었다. 그러나 乙시장은 또다시 설립신고서를 반려하면서, 甲노동조합이 "주로 정치운동을 목적으로 하는 경우"(「노동조합 및 노동관계조정법」제2조 제4호 마목)에 해당함을 그 사유로 제시하였다. 이에 甲노동조합은 다시 취소소송을 제기하고자 하는바, 그 청구는 본안에서 인용될 수 있는가?

25점

---

193) 2012년 노무사 기출 제1문 (2)

📖 해설

① 문제의 소재

취소소송에서 청구가 본안에서 인용되려면, 취소소송의 제기가 적법하여야 하고, 처분이 위법하여야 한다. 취소소송에서 처분의 위법은 그 정도를 불문하고 위법 그 자체로 족하다. 乙시장의 설립신고서반려에 대한 취소소송의 제기는 적법하다고 본다. 乙시장의 재차 거부가 위법하여야 한다. 행정소송법 제30조 제2항에 의하면, 판결에 의하여 취소되는 처분이 당사자의 신청을 거부하는 것을 내용으로 하는 경우에는 그 처분을 행한 행정청은 판결의 취지에 따라 다시 이전의 신청에 대한 처분을 하여야 한다. 甲노동조합은 다시 취소소송을 제기하고자 하는바, 그 청구는 본안에서 인용될 수 있는가와 관련하여 첫째, 행정소송법 제30조의 법적 성질이 문제된다. 둘째, 시장 乙이 재차 행한 조합설립신고서수리거부처분이 판결의 취지에 따라 다시 행한 이전의 신청에 대한 처분인지 문제된다.

② 행정소송법 제30조의 법적 성질

1. 학설

행정소송법상 기속력에 관한 규정은 판결 자체의 효력으로서 당연한 것이므로 기속력이 기판력과 동일하다는 기판력설과 취소판결로 행정행위의 취소는 가능하여도 동일한 행정행위의 발령은 막을 수 없기 때문에 취소판결의 효과의 실질적인 보장을 위해 행정소송법이 특별히 인정한 효력이라는 견해로서 특별한 효력설이 있다.

2. 판례

행정소송법 제30조 제1항의 취소 확정판결의 '기속력'은 취소 청구가 인용된 판결에서 인정되는 것으로서 당사자인 행정청과 그 밖의 관계 행정청에게 확정판결의 취지에 따라 행동하여야 할 의무를 지우는 작용을 한다. 이에 비하여 '기판력'이란 기판력 있는 전소 판결의 소송물과 동일한 후소를 허용하지 않음과 동시에, 후소의 소송물이 전소의 소송물과 동일하지는 않더라도 전소의 소송물에 관한 판단이 후소의 선결문제가 되거나 모순관계에 있을 때에는 후소에서 전소 판결의 판단과 다른 주장을 하는 것을 허용하지 않는 작용을 한다[194]고 보아 기속력과 기판력을 구별한다.

3. 검토 및 소결

기속력은 취소판결에서의 효력이지만 기판력은 모든 본안판결에서 효력이라는 점, 기속력은 당사자인 행정청과 그 밖의 관계 행정청에 미치지만 기판력은 당사자와 후소법원에 미친다는 점, 기속력은 일종의 실체법적 효력이지만 기판력은 소송법상 효력이라는 점에서 양자는 상이하므로 특수효력설이 타당하다. 처분취소인용판결은 행정소송법 제30조 제1항에 의해 반복금지효에 의한 반복금지의무를 행정청에게 부과하지만, 수익적 처분에 대한 거부처분인용판결은 행정소송법

---

194) 대판 2016.3.24, 2015두48235

제30조 제2항에 의하여 판결의 취지에 따른 재처분의무를 행정청에게 부과한다. 행정소송법 제30조의 법적 성질은 기판력과 다른 특수한 효력이다.

Ⅲ 시장 乙이 재차 행한 조합설립신고서수리거부처분이 판결의 취지에 따라 다시 행한 이전의 신청에 대한 처분인지 여부

1. 판례

판결의 취지에 따른 재처분이란 취소인용판결에서 적시한 위법한 거부처분사유가 아닌 처분사유에 따른 재처분으로 신청을 인용하는 재처분과 재차 거부하는 거부처분이 있다. 즉 판결의 취지에 따른 재처분이란 위법사유를 보완한 재처분이거나 다른 사유에 기초한 재처분이어야 한다. 구체적으로 절차상 하자를 이유로 취소된 경우에는 적법한 절차를 거쳐서 재차 거부처분이나 다른 처분을 할 수 있다. 내용상 하자를 이유로 취소된 경우에는 원칙적으로 신청을 인용하는 처분을 하여야 하나, 사실심변론종결 후의 새로운 사유나 거부처분 후에 개정·시행된 법령에 따라서 재차 거부처분을 할 수 있다. 다른 사유란 기본적 사실관계의 동일성이 없는 사유를 말한다. 추가 또는 변경된 사유가 처분 당시에 그 사유를 명기하지 않았을 뿐 이미 존재하고 있었고 당사자도 그 사실을 알고 있었다고 하여 당초처분사유와 동일성이 있는 것이라고 할 수는 없다.195)

2. 사안의 경우

'주로 정치운동을 목적으로 하는 경우'는 '설립신고서에서 근로자가 아닌 구직 중에 있는 자의 가입허용'을 구체화한 경우가 아니다. 설립신고서에서 근로자가 아닌 구직 중에 있는 자의 가입을 불허용하는 취지는 노조의 자율성을 보호하는 취지이고, 노조의 정치운동을 목적으로 하는 경우를 금지하는 취지는 노동조건의 개선을 목적으로 하는 노조의 목적을 보호하는 취지이다. 이는 그 내용이 공통된 경우도 아니고, 그 취지가 유사한 경우가 아니므로 새로운 사유이다. 시장 乙이 재차 행한 조합설립신고서수리거부처분은 판결의 취지에 따라 다시 행한 이전의 신청에 대한 처분이다.

Ⅳ 설문의 해결

甲노동조합이 다시 취소소송을 제기하면, 그 청구는 본안에서 인용될 수 없다.

---

195) 행정처분의 적법 여부는 행정처분이 행하여진 때의 법령과 사실을 기준으로 판단하는 것이므로 확정판결의 당사자인 처분 행정청은 종전처분 후에 발생한 새로운 사유를 내세워 다시 거부처분을 할 수 있고, 그러한 처분도 위 조항에 규정된 재처분에 해당한다. 여기에서 '새로운 사유'인지는 종전처분에 관하여 위법한 것으로 판결에서 판단된 사유와 기본적 사실관계의 동일성이 인정되는 사유인지에 따라 판단되어야 하고, 기본적 사실관계의 동일성 유무는 처분사유를 법률적으로 평가하기 이전의 구체적인 사실에 착안하여 그 기초인 사회적 사실관계가 기본적인 점에서 동일한지에 따라 결정되며, 추가 또는 변경된 사유가 처분 당시에 그 사유를 명기하지 않았을 뿐 이미 존재하고 있었고 당사자도 그 사실을 알고 있었다고 하여 당초처분사유와 동일성이 있는 것이라고 할 수는 없다(대판 2011.10.27, 2011두14401).

[제5문] [196] 甲은 A국 국적으로 대한민국에서 취업하고자 관련 법령에 따라 2009년 4월경 취업비자를 받아 대한민국에 입국하였고, 2010년 4월 체류기간이 만료되었다. 乙은 같은 A국 출신으로, 대한민국 국적 남성과 혼인하고 2015년 12월 귀화하였으나, 2016년 10월 협의이혼하였다. 이후 甲은 2017년 7월 乙과 혼인신고를 하고, 2017년 8월 관할행정청인 X에게 대한민국 국민의 배우자(F−6−1)자격으로 체류자격 변경허가신청을 하였다. 그러나 甲은 당시 7년여의 '불법체류'를 하고 있음이 적발되었고, 이는 관련 법령 및 사무처리지침(이하 '지침 등'이라 함)상 허가요건 중 하나인 '국내합법체류자' 요건을 결여하게 되어 X는 2017년 8월 甲의 신청을 반려하는 처분을 하였다. 한편 甲과 乙은 최근 자녀를 출산하였다. 甲은 위 허가를 받지 못하면 당장 A국으로 출국하여야 하고, 자녀양육에 어려움을 겪는 등 가정이 파탄될 위험이 생기므로 위 반려처분은 위법하다고 주장한다. 위 반려처분에 대하여 甲이 취소소송을 제기하여 승소판결이 확정되었다. 그러나 X는 위 '지침 등'에 따른 체류자격 변경허가를 위한 또 다른 요건 중의 하나인 '배우자가 국적을 취득한 후 3년 이상일 것'을 충족하지 못한다는 것을 이유로 다시 체류자격 변경허가를 거부하고자 한다. 이 거부처분이 적법한지에 관하여 논하시오. 30점

 해설

① 문제의 소재

거부처분취소인용판결 후 재차 행한 거부처분이 적법하려면, 그 거부처분이 행정소송법 제30조 제2항에 의하여 판결의 취지에 따라 다시 이전의 신청에 대한 처분이어야 한다. X는 '지침 등'에 따른 체류자격 변경허가를 위한 또 다른 요건 중의 하나인 '배우자가 국적을 취득한 후 3년 이상일 것'을 충족하지 못한다는 것을 이유로 다시 체류자격 변경허가를 거부하고자 한다. 이 거부처분이 적법한지와 관련하여 첫째, 행정소송법 제30조의 법적 성질이 문제된다. 둘째, X가 재차 행한 체류자격 변경허가거부처분이 판결의 취지에 따라 다시 행한 이전의 신청에 대한 처분인지 문제된다.

② Ⅱ 행정소송법 제30조의 법적 성질

1. 학설

행정소송법상 기속력에 관한 규정은 판결 자체의 효력으로서 당연한 것이므로 기속력이 기판력과 동일하다는 기판력설과 취소판결로 행정행위의 취소는 가능하여도 동일한 행정행위의 발령은 막을 수 없기 때문에 취소판결의 효과의 실질적인 보장을 위해 행정소송법이 특별히 인정한 효력이라는 견해로서 특별한 효력설이 있다.

2. 판례

행정소송법 제30조 제1항의 취소 확정판결의 '기속력'은 취소 청구가 인용된 판결에서 인정되는

196) 2018년 노무사 기출 제1문 2)

PART
02

것으로서 당사자인 행정청과 그 밖의 관계 행정청에게 확정판결의 취지에 따라 행동하여야 할 의무를 지우는 작용을 한다. 이에 비하여 '기판력'이란 기판력 있는 전소 판결의 소송물과 동일한 후소를 허용하지 않음과 동시에, 후소의 소송물이 전소의 소송물과 동일하지는 않더라도 전소의 소송물에 관한 판단이 후소의 선결문제가 되거나 모순관계에 있을 때에는 후소에서 전소 판결의 판단과 다른 주장을 하는 것을 허용하지 않는 작용을 한다[197]고 보아 기속력과 기판력을 구별한다.

3. 검토 및 소결

기속력은 취소판결에서의 효력이지만 기판력은 모든 본안판결에서 효력이라는 점, 기속력은 당사자인 행정청과 그 밖의 관계 행정청에 미치지만 기판력은 당사자와 후소법원에 미친다는 점, 기속력은 일종의 실체법적 효력이지만 기판력은 소송법상 효력이라는 점에서 양자는 상이하므로 특수효력설이 타당하다. 처분취소인용판결은 행정소송법 제30조 제1항에 의해 반복금지효에 의한 반복금지의무를 행정청에게 부과하지만, 수익적 처분에 대한 거부처분인용판결은 행정소송법 제30조 제2항에 의하여 판결의 취지에 따른 재처분의무를 행정청에게 부과한다. 행정소송법 제30조의 법적 성질은 기판력과 다른 특수한 효력이다.

Ⅲ X가 재차 행한 체류자격 변경허가거부처분이 판결의 취지에 따라 다시 행한 이전의 신청에 대한 처분인지 여부

1. 판례

판결의 취지에 따른 재처분이란 취소인용판결에서 적시한 위법한 거부처분사유가 아닌 처분사유에 따른 재처분으로 신청을 인용하는 재처분과 재차 거부하는 거부처분이 있다. 즉 판결의 취지에 따른 재처분이란 위법사유를 보완한 재처분이거나 다른 사유에 기초한 재처분이어야 한다. 구체적으로 절차상 하자를 이유로 취소된 경우에는 적법한 절차를 거쳐서 재차 거부처분이나 다른 처분을 할 수 있다. 내용상 하자를 이유로 취소된 경우에는 원칙적으로 신청을 인용하는 처분을 하여야 하나, 사실심변론종결 후의 새로운 사유나 거부처분 후에 개정·시행된 법령에 따라서 재차 거부처분을 할 수 있다. 다른 사유란 기본적 사실관계의 동일성이 없는 사유를 말한다. 추가 또는 변경된 사유가 처분 당시에 그 사유를 명기하지 않았을 뿐 이미 존재하고 있었고 당사자도 그 사실을 알고 있었다고 하여 당초처분사유와 동일성이 있는 것이라고 할 수는 없다.

2. 사안의 경우

'배우자가 국적을 취득한 후 3년 이상일 것'을 충족하지 못한다는 것은 '국내합법체류자' 요건을 결여한다는 사유를 구체화한 경우가 아니다. '배우자가 국적을 취득한 후 3년 이상일 것'을 요구하는 취지는 무분별한 가장혼인을 통한 입국을 통제함에 있고, '국내합법체류자' 요건을 요구하는 취지는 일정 조건 이상을 가진 자들로서 대한민국의 사회발전에 기여하는 자들의 국내체류를 허용하는 취지이므로 법령만을 변경하는 것에 해당하지 않는다. 이는 그 내용이 공통된 경우도 아니고, 그 취지가 유사한 경우가 아니므로 새로운 사유이다. X가 재차 행한 체류자격 변경허가

---

197) 대판 2016.3.24, 2015두48235

거부처분은 판결의 취지에 따라 다시 행한 이전의 신청에 대한 처분이다.

Ⅳ 설문의 해결

X가 재차 행한 체류자격 변경허가거부처분은 적법하다.

제3항 재처분의무 불이행 시 간접강제

[제1문] 198) 서울특별시 X구에 위치한 대학입학전문상담사로 근무하는 甲은 과학적이고 체계적인 학생입학지도를 위해 「공공기관의 정보공개에 관한 법률」에 따라 교육과학기술부장관 乙에게 학교별 성적분포도를 포함하여 서울지역 2010년 대학수학능력시험평가 원데이터에 대한 정보(수능시험정보)의 공개를 청구하였다. 이에 대해 乙은 甲의 청구대로 응할 경우 학교의 서열화를 야기할 뿐만 아니라 업무의 공정한 수행에 현저한 지장을 초래한다는 이유로 비공개결정을 하였다. 甲의 권리구제와 관련하여 다음의 질문에 답하시오. (단, 무효확인심판과 무효확인소송은 제외한다) 만약 甲이 취소소송을 제기하여 인용판결이 확정되었음에도 불구하고 乙이 계속 정보를 공개하지 않을 경우 甲의 권리구제를 위한 행정소송법상 실효성 확보 수단과 그 요건 및 성질에 대해 기술하시오. 10점

해설

Ⅰ 문제의 소재

행정소송법(이하 동법이라 함) 제34조 제1항에 의하면 행정청이 동법 제30조 제2항의 규정에 의한 처분을 하지 아니하는 때에는 제1심수소법원은 당사자의 신청에 의하여 결정으로써 상당한 기간을 정하고 행정청이 그 기간 내에 이행하지 아니하는 때에는 그 지연기간에 따라 일정한 배상을 할 것을 명하거나 즉시 손해배상을 할 것을 명할 수 있다. 동법 제30조 제2항에 의하면 판결에 의하여 취소되는 처분이 당사자의 신청을 거부하는 것을 내용으로 하는 경우에는 그 처분을 행한 행정청은 판결의 취지에 따라 다시 이전의 신청에 대한 처분을 하여야 한다. 기속력의 내용 중 재처분의무불이행에 대한 행정소송법상 실효성 확보 수단은 간접강제이다. 만약 甲이 취소소송을 제기하여 인용판결이 확정되었음에도 불구하고 乙이 계속 정보를 공개하지 않을 경우 甲의 권리구제를 위한 행정소송법상 실효성 확보 수단과 그 요건 및 성질과 관련하여 첫째, 간접강제의 요건을 충족하는지 문제된다. 둘째, 간접강제의 법적 성질이 문제된다.

Ⅱ 간접강제의 요건을 충족하는지 여부

1. 간접강제의 인용요건

간접강제가 가능하려면, 거부처분을 취소하는 인용판결이 있어야 하고, 처분청이 거부처분취소

---

198) 2011년 일행 기출문제 제1문 4)

판결의 취지에 따른 재처분을 하지 않았어야 한다. 재처분을 하지 않았다는 것은 아무런 재처분을 하지 않은 것뿐만 아니라 재처분이 기속력에 반하여 당연무효가 된 것을 포함한다.

2. 사안의 경우

甲이 취소소송을 제기하여 인용판결이 확정되었음에도 불구하고 乙이 계속 정보를 공개하지 않을 경우 이는 아무런 재처분을 하지 않은 경우에 해당한다. 간접강제의 요건을 충족한다.

Ⅲ 간접강제의 법적 성질

판례에 의하면 간접강제결정에 기한 배상금은 확정판결의 취지에 따른 재처분의 지연에 대한 제재나 손해배상이 아니고 재처분의 이행에 관한 심리적 강제수단에 불과한 것으로 보아야 하므로 특별한 사정이 없는 한 간접강제결정에서 정한 의무이행기한이 경과한 후에라도 확정판결의 취지에 따른 재처분의 이행이 있으면 배상금을 추심함으로써 심리적 강제를 꾀할 목적이 상실되어 처분상대방이 더 이상 배상금을 추심하는 것은 허용되지 않는다. 간접강제의 법적 성질은 심리적 강제수단이다.

Ⅳ 설문의 해결

甲의 취소소송에 대해 취소인용판결이 확정되었음에도 불구하고 乙이 계속 정보를 공개하지 않을 경우 동법 제34조 제1항에 의하여 제1심수소법원은 당사자인 甲의 신청에 의해 간접강제결정을 할 수 있다. 다만 그에 기한 배상금의 법적 성질은 심리적 강제수단이므로 지연기간이 지난 후일지라도 乙이 정보를 공개하면 그 지연배상금을 추심할 수 없다.

04 | 행정심판

제1절 거부처분에 대한 행정쟁송의 종류와 가구제 제도

[제1문] [199] 서울특별시 X구에 위치한 대학입학전문상담사로 근무하는 甲은 과학적이고 체계적인 학생입학지도를 위해 「공공기관의 정보공개에 관한 법률」에 따라 교육과학기술부장관 乙에게 학교별 성적분포도를 포함하여 서울지역 2010년 대학수학능력시험평가 원데이터에 대한 정보(수능시험 정보)의 공개를 청구하였다. 이에 대해 乙은 甲의 청구대로 응할 경우 학교의 서열화를 야기할 뿐만 아니라 업무의 공정한 수행에 현저한 지장을 초래한다는 이유로 비공개결정을 하였다. 甲의 권리구제와 관련하여 다음의 질문에 답하시오. (단, 무효확인심판과 무효확인소송은 제외한다)

1) 甲이 현행 행정쟁송법상 권리구제수단으로 선택할 수 있는 방식에 대하여 기술하시오. 10점

2) 만약 甲이 행정심판을 제기한 경우에 행정심판위원회는 어떠한 재결을 할 수 있는지 행정심판유형에 따라 기술하고 이때 「행정심판법」상 甲의 권리구제수단의 한계에 대해서도 검토하시오. (乙의 비공개결정은 위법하다) 20점

 해설

[설문 1)에 대하여]

Ⅰ 문제의 소재

현행 행정쟁송법상 권리구제수단으로서 항고쟁송이 있다. 甲의 정보공개청구에 대한 乙의 비공개결정은 거부처분이다. 甲이 현행 행정쟁송법상 권리구제수단으로 선택할 수 있는 방식과 관련하여 첫째, 정보비공개결정에 대하여 甲이 행정심판법상 권리구제수단으로 선택할 수 있는 방식이 문제된다. 둘째, 정보비공개결정에 대하여 甲이 행정소송법상 권리구제수단으로 선택할 수 있는 방식이 문제된다.

Ⅱ 정보비공개결정에 대하여 甲이 행정심판법상 권리구제수단으로 선택할 수 있는 방식

1. 심판의 종류

乙의 정보비공개결정은 처분이므로 행정심판법 제5조 제1호에 의하면 취소심판의 청구가 가능하고, 乙의 정보비공개결정은 정보공개의 거부처분이므로 행정심판법 제5조 제3호에 의하면 의무이행심판의 청구도 가능하다.

---

199) 2011년 일행 기출문제 제1문 1)과 3)

2. 가구제로서 임시처분

중앙행정심판위원회는 교육과학기술부장관 乙의 정보비공개결정이 위법·부당하다고 상당히 의심되는 경우로서 乙의 비공개결정 때문에 대학입학전문상담사로서 근무하는 甲이 받을 우려가 있는 중대한 불이익이 있는 경우에는 행정심판법 제31조에 의하여 직권으로 또는 甲의 신청에 의하여 임시처분을 할 수 있다.

Ⅲ 정보비공개결정에 대하여 甲이 행정소송법상 권리구제수단으로 선택할 수 있는 방식

1. 의무이행소송이 가능한지 여부

의무이행소송이 현행법상 인정되는지에 대하여 판례는 "행정청에 대하여 행정상 처분의 이행을 구하는 청구는 특별한 규정이 없는 한 행정소송의 대상이 될 수 없다."고 판시하여 이를 부정한다.

2. 취소소송

乙의 비공개결정은 거부처분이므로 행정소송법 제4조 제1호에 의하여 소송요건을 모두 갖추어 취소소송을 제기할 수 있다.

3. 집행정지와 민사집행법상 가처분 허용 여부

(1) 집행정지 허용 여부

거부처분은 예방하기 위한 회복하기 어려운 손해가 없으므로 집행정지의 이익이 없다고 보아야 할 것이어서 행정소송법 제23조 제2항에 의한 집행정지가 가능하지 않다.

(2) 행정소송법 제8조 제2항에 의한 민사집행법 제300조의 준용 여부

판례는 "항고소송에 대하여는 민사집행법상 가처분에 관한 규정이 적용되지 않는다."라고 하여 부정한다.

Ⅳ 설문의 해결

甲이 현행 행정쟁송법상 권리구제수단으로 선택할 수 있는 방식은 행정심판법 제5조 제1호에 의한 취소심판의 청구, 행정심판법 제5조 제3호에 의한 의무이행심판의 청구, 행정심판법 제31조에 의한 임시처분과 행정소송법 제4조 제1호에 의한 취소소송의 제기 등이 있다.

[설문 2)에 대하여]

Ⅰ 문제의 소재

거부처분은 처분이라는 측면에서 행정심판법 제5조 제1호의 취소심판과 제2호의 무효확인심판의 대상이면서, 거부처분이므로 행정심판법 제5조 제3호의 의무이행심판의 대상도 된다. 乙의 비공개결정은 위법하다. 甲이 행정심판을 제기한 경우에 행정심판위원회는 어떠한 재결을 할 수 있는지 행정심판유형에 따라 기술하고 이때 행정심판법상 甲의 권리구제수단의 한계와 관련하여 첫째, 취소심판에서 가능한 재결과 甲의 권리구제수단의 한계가 문제된다. 둘째, 의무이행심판에서 가능한 재결과 甲의 권리구제수단의 한계가 문제된다.

Ⅱ 취소심판에서 가능한 재결과 甲의 권리구제수단의 한계

1. 취소심판에서 가능한 재결

정보공개거부취소심판에서 가능한 인용재결은 정보공개거부처분취소재결과 행정심판위원회가 해당 정보를 보유하지 않기 때문에 정보공개처분변경명령재결이다.

2. 甲의 권리구제수단의 한계

행정심판법 제49조 제2항을 신설하여 거부처분취소인용재결의 기속력인 재처분의무를 입법적으로 해결하였다. 정보공개는 정보보유기관만이 가능하므로 행정심판위원회는 그 처분의 성질상 직접처분이 불가능하다. 직접처분이 불가능한 처분청의 정보공개처분의무 불이행 시에 대비하여 행정심판법은 제50조의2를 신설하여 간접강제를 두었다. 다만 간접강제는 심리적 강제수단이라는 점에서 한계가 있다.

Ⅲ 의무이행심판에서 가능한 재결과 甲의 권리구제수단의 한계

1. 의무이행심판에서 가능한 재결

정보공개거부취소심판에서 가능한 인용재결은 행정심판위원회가 해당 정보를 보유하지 않기 때문에 정보공개처분명령재결만이 가능하다.

2. 甲의 권리구제수단의 한계

행정심판법 제50조 제1항 본문에 의하면 처분명령재결에 따른 재처분의무를 행정청이 이행하지 않는 경우 행정심판위원회의 직접처분을 규정하고 있으나 행정심판위원회가 해당 정보를 보유하지 않고 있기 때문에 직접처분은 행정심판법 제50조 제1항 단서에 의하여 현실적으로 불가능하다는 점에서 한계가 있다. 직접처분이 불가능한 처분청의 정보공개처분의무 불이행 시에 대비하여 행정심판법은 제50조의2를 신설하여 간접강제를 두었다. 다만 간접강제는 심리적 강제수단이라는 점에서 한계가 있다.

Ⅳ 설문의 해결

정보비공개사건의 경우 행정심판위원회가 해당 정보를 보유하는 기관이 아니므로 행정심판위원회의 직접처분이 불가능한 처분청의 정보공개처분의무 불이행 시에 대비하여 행정심판법은 제50조의2를 신설하여 간접강제를 두었다. 따라서 이제는 의무이행심판과 취소심판 사이에 어떤 심판이 더 효과적이라고 보이지 않게 되었다.

[제2문] 200) 甲은 주택을 소유하고 있었는데 그 지역이 한국토지주택공사가 사업자가 되어 시행하는 주택건설사업의 사업시행지구로 편입되면서 甲의 주택도 수용되었다. 사업시행자인 한국토지주택공사는 「공익사업을 위한 토지 등의 취득 및 보상에 관한 법률」 제78조에 따라 이주대책의 일환으로 주택특별공급을 실시하기로 하였다. 그 후 甲은 「주택공급에 관한 규칙」 제19조 제1항 제3호 규정에 따라 A아파트 입주권을 특별분양하여 줄 것을 신청하였다. 그런데 한국토지주택공사는 甲이 A아파트의 입주자모집 공고일을 기준으로 무주택세대주가 아니어서 특별분양대상자에 해당되지 않는다는 이유로 특별분양신청을 거부하였다. 취소소송을 제기하기 전에 특별분양신청거부에 대하여 행정심판을 제기하려는 경우 甲이 제기할 수 있는 「행정심판법」상의 권리구제수단에 대하여 검토하시오. **15점**

참조조문

※ 아래의 법령은 문제출제 당시의 적용법령임

「주택공급에 관한 규칙」(국토교통부령)

제19조(주택의 특별공급)

① 사업주체가 국민주택 등의 주택을 건설하여 공급하는 경우에는 제4조에도 불구하고 입주자모집공고일 현재 무주택세대주로서 다음 각 호의 어느 하나에 해당하는 자에게 관련기관의 장이 정하는 우선순위 기준에 따라 1회(제3호·제4호·제4호의2에 해당하는 경우는 제외한다)에 한정하여 그 건설량의 10퍼센트의 범위에서 특별공급할 수 있다. 다만, 시·도지사의 승인을 받은 경우에는 10퍼센트를 초과하여 특별공급할 수 있다.

　3. 다음 각 목의 어느 하나에 해당하는 주택(관계법령에 의하여 허가를 받거나 신고를 하고 건축하여야 하는 경우에 허가를 받거나 신고를 하지 아니하고 건축한 주택을 제외한다)을 소유하고 있는 자로서 당해 특별시장·광역시장·시장 또는 군수가 인정하는 자

　　가. 국가·지방자치단체·한국토지주택공사 및 지방공사인 사업주체가 당해 주택건설사업을 위하여 철거하는 주택

「한국토지주택공사법」

제1조(목적)

이 법은 한국토지주택공사를 설립하여 토지의 취득·개발·비축·공급, 도시의 개발·정비, 주택의 건설·공급·관리 업무를 수행하게 함으로써 국민주거생활의 향상 및 국토의 효율적인 이용을 도모하여 국민경제의 발전에 이바지함을 목적으로 한다.

제8조(사업)

① 공사는 제1조의 목적을 달성하기 위하여 다음 각 호의 사업을 행한다.

　3. 주택(복리시설을 포함한다)의 건설·개량·매입·비축·공급·임대 및 관리

---

200) 2012년 사시 기출문제 제1문 2.

📖 해설

Ⅰ 문제의 소재

특별분양신청거부는 거부처분이다. 甲은 취소소송을 제기하기 전에 특별분양신청거부에 대하여 행정심판을 제기하고자 한다. 이와 관련하여 첫째, 甲이 제기 가능한 행정심판이 문제된다. 둘째, 관할 행정심판위원회가 임시처분이 가능한지 문제된다.

Ⅱ 甲이 제기 가능한 행정심판

특별분양신청거부는 거부처분이므로 행정심판법(이하 동법이라 함) 제5조 제1호의 취소심판과 제2호의 무효확인심판의 대상이면서, 특별분양의 부작위라는 성질 면에서 제3호의 의무이행심판의 제기가 가능하다. 처분의 성질상 직접처분이 가능한 경우에는 취소심판보다는 의무이행심판이 더 실효적이나, 그 성질상 직접처분이 불가능한 경우에는 동법 제50조의2 제1항 때문에 의무이행심판이나 취소심판 그 어느 구제수단이든 차이가 없다. 특별분양결정은 그 성질상 직접처분이 불가능한 경우는 아니므로 의무이행심판으로 권리구제를 받는 것이 더 실효적이다.

Ⅲ 관할 행정심판위원회가 임시처분이 가능한지 여부

1. 문제의 소재

동법 제31조에 의하면 관할 행정심판위원회는 임시처분을 할 수 있다. 이와 관련하여 특별분양신청에 대한 거부가 임시처분의 요건을 충족하는지 문제된다.

2. 특별분양신청에 대한 거부가 임시처분의 요건을 충족하는지 여부

(1) 임시처분의 요건

처분 또는 부작위가 위법·부당하다고 상당히 의심될 것, 행정심판청구의 계속, 처분 또는 부작위 때문에 당사자가 받을 우려가 있는 중대한 불이익이나 당사자에게 생길 급박한 위험이 존재할 것, 중대한 불이익이나 급박한 위험을 막기 위하여 임시지위를 정하여야 할 필요가 있을 것, 공공복리에 중대한 영향을 미칠 우려가 없을 것, 집행정지로 목적을 달성할 수 없을 것 등이다.

(2) 사안의 경우

한국토지주택공사가 甲이 무주택세대주가 아니어서 특별분양대상자에 해당하지 않는다는 이유로 특별분양신청을 거부하였는데, 이에 대해 위법·부당하다고 상당히 의심될 만한 사정이 보이지 않으며, 특별분양신청거부처분으로 인해 甲의 A아파트 입주자 지위에 중대한 불이익이나 급박한 위험이 존재하여 이를 막기 위한 임시의 지위를 정하여야 할 필요가 있다고 보이지도 않는다. 특별분양신청에 대한 거부는 임시처분의 요건을 충족하지 못한다.

3. 소결

관할 행정심판위원회는 임시처분이 가능하지 않다.

Ⅳ 설문의 해결

甲이 제기할 수 있는 행정심판법상의 권리구제수단은 의무이행심판이나, 임시처분은 인정되지 아니한다.

제2절　거부처분에 대한 재결의 종류와 재결의 실효성 확보

제5절에서 정리하여 학습합니다.

제3절　거부처분에 대한 심판의 종류와 가구제 제도

[제1문] 201) 甲은 A국 국적으로 대한민국에서 취업하고자 관련 법령에 따라 2009년 4월경 취업비자를 받아 대한민국에 입국하였고, 2010년 4월 체류기간이 만료되었다. 乙은 같은 A국 출신으로, 대한민국 국적 남성과 혼인하고 2015년 12월 귀화하였으나, 2016년 10월 협의이혼하였다. 이후 甲은 2017년 7월 乙과 혼인신고를 하고, 2017년 8월 관할행정청인 X에게 대한민국 국민의 배우자 (F－6－1)자격으로 체류자격 변경허가신청을 하였다. 그러나 甲은 당시 7년여의 '불법체류'를 하고 있음이 적발되었고, 이는 관련 법령 및 사무처리지침(이하 '지침 등'이라 함)상 허가요건 중 하나인 '국내합법체류자' 요건을 결여하게 되어 X는 2017년 8월 甲의 신청을 반려하는 처분을 하였다. 한편 甲과 乙은 최근 자녀를 출산하였다. 甲은 위 허가를 받지 못하면 당장 A국으로 출국하여야 하고, 자녀양육에 어려움을 겪는 등 가정이 파탄될 위험이 생기므로 위 반려처분은 위법하다고 주장한다. 만일, 甲이 X의 반려처분에 불복하여 행정심판을 제기함과 동시에 임시처분을 신청하는 경우, 임시처분의 인용가능성에 관하여 논하시오. 20점

 해설

Ⅰ 문제의 소재

甲에 대한 처분은 체류자격 변경허가거부처분이다. 甲은 체류자격 변경허가거부처분취소심판과 체류자격 변경허가이행심판을 청구할 수 있다. 甲은 행정심판의 제기와 동시에 임시처분을 신청하였다. 이와 관련하여 첫째, 甲의 행정심판의 제기가 적법한지 문제된다. 둘째, 체류자격 변경허가거부처분 집행정지가 가능한지 문제된다. 셋째, 체류자격 변경허가거부처분에 대하여 임시처분이 가능한지 문제된다.

---

201) 2018년 노무사 기출 제1문 1)

Ⅱ 甲의 행정심판의 제기가 적법한지 여부

1. 심판청구요건

취소심판의 제기가 적법하려면 취소심판의 대상이 되는 처분을 대상으로 취소심판의 청구인적격, 취소심판의 피청구인적격, 취소심판의 협의의 심판청구이익, 취소심판의 심판청구기간, 취소심판의 관할심판위원회 등의 취소심판청구요건을 충족하여야 한다. 의무이행심판의 청구가 적법하려면, 의무이행심판의 대상이 되는 부작위를 대상으로, 의무이행심판의 청구인적격, 의무이행심판의 피청구인적격, 의무이행심판의 협의의 심판청구이익, 의무이행심판의 관할심판위원회 등의 의무이행심판청구요건을 충족하여야 한다.

2. 사안의 경우

甲은 2017년 8월 관할행정청인 X에게 대한민국 국민의 배우자(F − 6 − 1)자격으로 체류자격 변경허가신청을 하였다. X는 2017년 8월 甲의 신청을 반려하는 처분을 하였다. 甲이 X의 반려처분에 불복하여 행정심판을 제기함과 동시에 임시처분을 신청하고자 한다. 취소심판청구요건을 갖추지 못하였다는 특별히 문제될만한 사정이 보이지 않을 뿐만 아니라 의무이행심판청구요건을 갖추지 못하였다는 특별히 문제될만한 사정 역시 보이지 않는다. 甲의 행정심판의 제기는 적법하다.

Ⅲ 체류자격 변경허가거부처분 집행정지가 가능한지 여부

1. 문제의 소재

행정심판법 제30조 제1항에 의하면 심판청구는 처분의 효력이나 그 집행 또는 절차의 속행(續行)에 영향을 주지 아니한다. 제2항 본문에 의하면 위원회는 처분, 처분의 집행 또는 절차의 속행 때문에 중대한 손해가 생기는 것을 예방할 필요성이 긴급하다고 인정할 때에는 직권으로 또는 당사자의 신청에 의하여 처분의 효력, 처분의 집행 또는 절차의 속행의 전부 또는 일부의 정지(이하 "집행정지"라 한다)를 결정할 수 있다. 이와 관련하여 체류자격 변경허가거부처분으로 인하여 중대한 손해가 생기는 것을 예방할 필요성이 있는지 문제된다.

2. 체류자격 변경허가거부처분으로 인하여 중대한 손해가 생기는 것을 예방할 필요성이 있는지 여부

(1) 학설과 판례

수익적 처분의 거부에도 행정소송법 제23조의 집행정지가 가능하다는 견해와 불가능하다는 견해가 있다. 판례에 의하면 수익적 처분의 거부만으로는 권익이 발생하지 않아 집행정지의 이익이 없어 집행정지의 대상이 없다.

(2) 검토 및 사안의 경우

수익적 처분의 거부만으로는 회복하기 어려운 손해 자체가 없다고 보아야 할 것이어서 집행정지가 불가능하다는 견해와 판례가 타당하다. 관할행정청인 X의 체류자격 변경허가거부처분에 대한 집행정지신청이 있다면 불가능하므로 법원은 기각결정을 하게 될 것이다.

3. 소결

체류자격 변경허가거부처분 집행정지는 가능하지 않다.

Ⓘ 체류자격 변경허가거부처분에 대하여 임시처분이 가능한지 여부

1. 문제의 소재

행정심판법 제31조 제1항에 의하면 위원회는 처분 또는 부작위가 위법·부당하다고 상당히 의심되는 경우로서 처분 또는 부작위 때문에 당사자가 받을 우려가 있는 중대한 불이익이나 당사자에게 생길 급박한 위험을 막기 위하여 임시지위를 정하여야 할 필요가 있는 경우에는 직권으로 또는 당사자의 신청에 의하여 임시처분을 결정할 수 있다. 이와 관련하여 체류자격 변경허가거부처분 때문에 甲이 받을 우려가 있는 중대한 불이익이나 甲에게 생길 급박한 위험을 막기 위하여 임시지위를 정하여야 할 필요가 있는 경우인지 문제된다.

2. 체류자격 변경허가거부처분 때문에 甲이 받을 우려가 있는 중대한 불이익이나 甲에게 생길 급박한 위험을 막기 위하여 임시지위를 정하여야 할 필요가 있는 경우인지 여부

(1) 당사자가 받을 우려가 있는 중대한 불이익이나 당사자에게 생길 급박한 위험

집행정지가 불가능한 처분으로 인하여 당사자가 받을 우려가 있는 중대한 불이익이나 당사자에게 생길 급박한 위험을 말한다. 임시처분은 거부처분에 대한 취소인용심판의 실효성을 확보하기 위한 것이므로 취소인용심판이 있더라도 기성의 사실관계가 고정될 수 있는 위험이나 취소인용심판이 더 이상 유효·적절한 권리구제수단이 되지 못하는 경우를 의미한다.

(2) 사안의 경우

甲은 체류자격 변경허가를 받지 못하면 당장 A국으로 출국하여야 하고, 자녀양육에 어려움을 겪는 등 가정이 파탄될 위험이 생기므로 체류자격 변경허가반려처분은 위법하다고 주장한다. 당장 A국으로 출국하여야 한다는 점은 甲에게 생길 급박한 위험에 해당한다. 자녀양육에 어려움을 겪는 등 가정이 파탄될 위험은 甲이 받을 우려가 있는 중대한 불이익에 해당한다. 체류자격 변경허가거부처분 때문에 甲이 받을 우려가 있는 중대한 불이익이나 甲에게 생길 급박한 위험을 막기 위하여 임시지위를 정하여야 할 필요가 있는 경우이다.

3. 소결

체류자격 변경허가거부처분에 대하여 임시처분이 가능하다.

Ⓥ 설문의 해결

甲이 X의 반려처분에 불복하여 행정심판을 제기함과 동시에 임시처분을 신청하는 경우, 임시처분의 인용가능성이 있다.

제 4 절   취소인용재결의 기속력

[제1문] 202) 甲은 A시에서 개인변호사 사무실을 운영하는 변호사로서 관할 세무서장 乙에게 2010년부터 2012년까지 3년간의 부가가치세 및 종합소득세를 자진신고 납부한 바 있다. 丙은 甲의 변호사 사무실에서 직원으로 근무하다가 2013년 3월경 사무장직을 그만두면서 사무실의 형사약정서 복사본과 민사사건 접수부를 가지고 나와 이를 근거로 乙에게 甲의 세금탈루사실을 제보하였다. 이에 따라 乙은 2013년 6월 甲에 대하여 세무조사를 하기로 결정하고, 甲에게 조사를 시작하기 10일 전에 조사대상 세목, 조사기간 및 조사 사유, 그 밖에 대통령령으로 정하는 사항을 통지하였다. 그런데 통지를 받은 甲은 장기출장으로 인하여 세무조사를 받기 어렵다는 이유로 乙에게 연기해 줄 것을 신청하였으나 乙은 이를 거부하였다. 위 사례에서 乙이 행한 세무조사 연기신청 거부처분에 대하여 甲은 취소심판을 청구하였다. 관할 행정심판위원회에서 이를 인용하는 재결을 하는 경우 乙은 재결의 취지에 따라 처분을 하여야 하는가?   15점

📖 해설

① 문제의 소재

행정심판법 제49조 제1항에 의하면 심판청구를 인용하는 재결은 피청구인과 그 밖의 관계 행정청을 기속한다. 그리고 같은 법 제49조 제2항에 의하면 당사자의 신청을 거부하거나 부작위로 방치한 처분의 이행을 명하는 재결이 있으면 행정청은 지체 없이 이전의 신청에 대하여 재결의 취지에 따라 처분을 하여야 한다.203) 乙이 행한 세무조사 연기신청 거부처분에 대하여 甲은 취소심판을 청구하였고, 관할 행정심판위원회에서 이를 인용하는 재결을 하였다. 이와 관련하여 의무이행재결에는 명문의 규정으로 재처분의무가 규정되어 있는데, 취소인용재결에는 재처분의무에 대하여 명문의 규정이 없으므로 행정심판법 제49조 제1항에 의해 인정할 수 있는지 문제된다.

② 취소인용재결의 재처분의무를 행정심판법 제49조 제1항에 의해 인정할 수 있는지 여부

1. 학설

행정심판법 제49조 제1항은 기속력의 일반적 규정으로서 기속력의 내용 가운데 재처분의무가 당연히 포함되어 있으므로, 행정심판법 제49조 제1항의 규정을 통해서 재처분의무를 도출할 수 있다는 긍정설과 행정청에게 적극적인 의무가 부여되기 위해서는 명문의 근거가 필요하므로 명문의 규정이 없는 거부처분취소재결에 대해서는 재처분의무를 인정할 수 없다는 부정설이 있다.

---

202) 2014년 사시 기출문제 제1문 (2), 현행 법률의 태도를 묻는 문제가 아니므로 출제가능성은 없다고 보아야 한다.
203) 현행 행정심판법 제49조 제3항으로 옮겨졌다.

2. 판례

당사자의 신청을 거부하는 처분을 취소하는 재결이 있는 경우에는 행정청은 그 재결의 취지에 따라 다시 이전의 신청에 대한 처분을 하여야 하는 것이다.

3. 검토 및 사안의 경우

행정심판법이 행정소송법과 달리 취소재결이 있은 경우 명시적인 재처분의무를 규정하지 않은 것은 의무이행심판을 통한 구제를 예상한 것이므로 부정설이 타당하다. 甲은 취소심판청구 시 재처분의무가 부과된 재결을 받으려면, 행정심판법 제32조에 의하여 의무이행심판으로 심판청구 취지를 변경하여야 하고, 행정심판법 제43조 제5항에 의하여 관할 행정심판위원회가 의무이행재결을 한 경우 乙에게는 재결의 취지에 따른 처분을 할 의무가 행정심판법 제49조 제2항에 의하여 인정된다.

(Ⅲ) 설문의 해결

현행 행정심판법은 제49조 제2항을 신설하여 입법적으로 해결하였다. 따라서 이제는 문제출제의 방향성이 달라질 것이다.

제5절   거부처분에 대한 재결의 실효성 확보

[제1문] 204) 대통령 甲은 현행 지방자치제도에 문제가 있다고 생각하여 「지방자치법」의 개정을 추진하고자 하였다. 그 개정의 골자는 지방자치단체장의 선임방법을 현행법상의 직선제에서 대통령임명제로 변경하는 것이었다. 이 법률개정안은 2017.3.10. 제○○대 국회에 제출되었다. 그러나 국회에서의 심의과정에서 여당은 정부제출안에 대하여 찬성한 반면, 야당은 지방자치단체장을 지방의회가 선출하는 것을 내용으로 하는 수정안을 본회의에 제출하였다. 표결 실시 결과 원안은 부결, 수정안은 가결되었음을 선포하였다. 이후 국회는 의결된 이 법률개정안을 2017.5.19. 정부로 이송하였다. 위 「지방자치법」 개정으로 자치권 침해를 우려하는 시민단체 A는 이 개정안 심의와 관련된 국무회의 회의록에 대하여 행정자치부장관에게 정보공개를 청구하였으나, 비공개결정을 받았다. 시민단체 A의 청구가 행정심판에서 인용되었으나 행정자치부장관이 계속 공개를 하지 않는 경우에 「행정심판법」상 A가 취할 수 있는 권리구제수단은 무엇인가? 12점

 해설

(Ⅰ) 문제의 소재

정보비공개결정에 대한 행정심판에서 가능한 인용재결은 취소인용재결과 의무이행명령재결이다.

---

204) 2017년 제1차 모의시험 1문 설문4 (2)

행정심판법 제49조의 재결의 기속력에 따라 정보공개에 대한 재처분을 하여야 한다. 재처분 불이행 시 행정심판법상 A가 취할 수 있는 권리구제수단은 직접처분과 간접강제이다. 정보공개결정은 정보공개법 제2조 제2호에 의하여 정보를 직무상 작성 또는 취득하여 관리하고 있는 공공기관인 행정자치부장관만이 가능하므로 위원회는 그 처분의 성질상 행정심판법 제50조 제1항의 직접처분을 할 수 없다. 시민단체 A의 청구가 행정심판에서 인용되었으나 행정자치부장관이 계속 공개를 하지 않고 있는 경우에 행정심판법상 A가 취할 수 있는 권리구제수단과 관련하여 행정자치부장관의 정보공개처분 불이행에 대하여 행정심판법 제50조의2의 간접강제가 가능한지 문제된다.

[II] 행정자치부장관의 정보공개처분 불이행에 대하여 행정심판법 제50조의2의 간접강제가 가능한지 여부

1. 법률규정

위원회는 피청구인이 제49조 제2항(제49조 제4항에서 준용하는 경우를 포함한다) 또는 제3항에 따른 처분을 하지 아니하면 청구인의 신청에 의하여 결정으로 상당한 기간을 정하고 피청구인이 그 기간 내에 이행하지 아니하는 경우에는 그 지연기간에 따라 일정한 배상을 하도록 명하거나 즉시 배상을 할 것을 명할 수 있다.

2. 사안의 경우

인용재결의 기속력에 의하여 재처분을 하여야 함에도 재처분을 아니하는 경우란 부작위와 작위가 기속력에 반하여 무효인 경우를 의미한다. 행정자치부장관이 계속 공개를 하지 않는 것은 부작위에 해당한다. 행정자치부장관의 정보공개처분 불이행에 대하여 행정심판법 제50조의2의 간접강제가 가능하다. 이 경우 관할 위원회는 행정자치부장관에게 상당한 기간을 정하고 행정자치부장관이 그 기간 내에 이행하지 아니하는 경우에는 그 지연기간에 따라 일정한 배상을 하도록 명하거나 즉시 배상을 할 것을 명할 수 있다. 이는 심리적 강제수단이다.

[III] 설문의 해결

행정자치부장관이 계속 공개를 하지 않는 경우에 행정심판법상 A가 취할 수 있는 권리구제수단은 행정심판법 제50조의2 제1항의 간접강제이다.

[제2문] [205] A국립대학교 법학전문대학원에 지원한 甲은 A국립대학교총장(이하 'A대학총장'이라함)에게 자신의 최종입학점수를 공개해 줄 것을 청구하였으나, A대학총장은 영업비밀임을 이유로 공개거부결정을 하였다. 甲이 위 결정에 대하여 행정심판을 청구하였고 B행정심판위원회는 이를 취소하는 재결을 내렸다. 그럼에도 불구하고 A대학총장은 위 행정심판위원회의 재결을 따르지 아니하고 甲의 최종입학점수를 공개하지 아니하고 있다. 이에 甲이 「행정심판법」상 취할 수 있는 실효성 확보 수단을 설명하시오. 25점

---

205) 2019년 노무사 기출 제2문

해설

Ⅰ 문제의 소재

거부처분취소인용재결이 있음에도 재결을 따르지 아니하고 부작위하는 경우 행정심판법상 취할 수 있는 실효성 확보 수단에는 직접처분과 간접강제가 있다. A대학총장은 甲에게 공개거부결정을 하였고, 甲은 공개거부결정에 대하여 행정심판을 청구하였고 B행정심판위원회는 이를 취소하는 재결을 내렸다. 그럼에도 불구하고 A대학총장은 위 행정심판위원회의 재결을 따르지 아니하고 甲의 최종입학점수를 공개하지 아니하고 있다. 甲이 행정심판법상 취할 수 있는 실효성 확보 수단과 관련하여 첫째, 취소인용재결을 따르지 않은 A대학총장을 대신하여 위원회가 직접 甲이 신청한 정보에 대하여 공개결정을 할 수 있는지 문제된다. 둘째, 취소인용재결을 따르지 않은 A대학총장에게 간접강제결정을 할 수 있는지 문제된다.

Ⅱ 취소인용재결을 따르지 않은 A대학총장을 대신하여 위원회가 직접 甲이 신청한 정보에 대하여 공개결정을 할 수 있는지 여부

1. 직접처분의 인용요건

행정심판법 제50조 제1항에 의하면 위원회는 피청구인이 제49조 제3항에도 불구하고 처분을 하지 아니하는 경우에는 당사자가 신청하면 기간을 정하여 서면으로 시정을 명하고 그 기간에 이행하지 아니하면 직접처분을 할 수 있다. 다만, 그 처분의 성질이나 그 밖의 불가피한 사유로 위원회가 직접처분을 할 수 없는 경우에는 그러하지 아니하다.

2. 사안의 경우

B행정심판위원회는 정보비공개결정을 취소하는 재결을 내렸다. 그럼에도 불구하고 A대학총장은 행정심판위원회의 재결을 따르지 아니하고 甲의 최종입학점수를 공개하지 아니하고 있다. 이는 행정심판법 제49조 제3항을 위반한 것이다. 정보공개법 제2조 제2호와 제3호에 의하면 문서를 직무상 작성 또는 취득하여 관리하고 있는 공공기관만이 당해 정보를 공개할 권한이 있으므로 정보공개결정의 성질상 B행정심판위원회는 직접처분으로서 정보공개를 할 수 없다.

Ⅲ 취소인용재결을 따르지 않은 A대학총장에게 간접강제결정을 할 수 있는지 여부

1. 간접강제의 인용요건

행정심판법 제50조의2 제1항에 의하면 위원회는 피청구인이 제49조 제2항(제49조 제4항에서 준용하는 경우를 포함한다) 또는 제3항에 따른 처분을 하지 아니하면 청구인의 신청에 의하여 결정으로 상당한 기간을 정하고 피청구인이 그 기간 내에 이행하지 아니하는 경우에는 그 지연기간에 따라 일정한 배상을 하도록 명하거나 즉시 배상을 할 것을 명할 수 있다.

2. 사안의 경우

B행정심판위원회는 정보비공개결정을 취소하는 재결을 내렸다. 그럼에도 불구하고 A대학총장은

행정심판위원회의 재결을 따르지 아니하고 甲의 최종입학점수를 공개하지 아니하고 있다. 이는 행정심판법 제49조 제3항을 위반한 것이다. B행정심판위원회는 취소인용재결을 따르지 않은 A 대학총장에게 간접강제결정을 할 수 있다.

Ⅳ 설문의 해결

甲이 행정심판법상 취할 수 있는 실효성 확보 수단은 간접강제이다. 행정심판법 제50조의2 제3 항에 의하면 위원회는 제1항 또는 제2항에 따른 결정을 하기 전에 신청 상대방의 의견을 들어야 한다. 행정심판법 제50조의2 제4항에 의하면 청구인은 제1항 또는 제2항에 따른 결정에 불복하 는 경우 그 결정에 대하여 행정소송을 제기할 수 있다. 행정심판법 제50조의2 제5항에 의하면 간접강제결정의 효력은 피청구인인 행정청이 소속된 국가·지방자치단체 또는 공공단체에 미치 며, 결정서 정본은 제4항에 따른 소송제기와 관계없이 민사집행법에 따른 강제집행에 관하여는 집행권원과 같은 효력을 가진다. 이 경우 집행문은 위원장의 명에 따라 위원회가 소속된 행정청 소속 공무원이 부여한다. 행정심판법 제50조의2 제6항에 의하면 간접강제 결정에 기초한 강제집 행에 관하여 이 법에 특별한 규정이 없는 사항에 대하여는 민사집행법의 규정을 준용한다. 판례 에 의하면 간접강제의 법적 성질은 심리적 강제수단이므로 간접강제결정에서 정한 이행기간이 지나서 처분이 발령되더라도 그때까지 발생한 손해배상금을 추심할 수 없다.

제6절 불고지·오고지 제도

[제1문] [206] 甲은 2015.1.16. 주택신축을 위하여 개발행위허가를 신청하였다. 이에 관할행정청 乙 은 「국토의 계획 및 이용에 관한 법률」의 규정에 의거하여 "해당 개발행위에 따른 기반시설의 설치 나 그에 필요한 용지의 확보계획이 적절하지 않다."라는 사유로 2015.1.22. 개발행위불허가처분을 하였고, 그 다음날 甲은 그 사실을 알게 되었다. 그런데 乙은 위 불허가처분을 하면서 甲에게 그 처분에 대하여 행정심판을 청구할 수 있는지 여부와 행정심판을 청구하는 경우의 심판청구절차 및 심판청구기간을 알리지 아니하였다. 甲은 개발행위불허가처분에 불복하여 2015.5.7. 행정심판위원 회에 취소심판을 청구하였다. 아울러 甲은 적법한 제소요건을 갖추어 취소소송도 제기하였다. 甲의 취소심판은 청구기간이 경과되었는가? [20점]

📖 해설

① 문제의 소재

행정심판법 제27조 제1항과 제3항에 의하면 행정심판은 처분이 있음을 알게 된 날부터 90일

---

206) 2015년 노무사 기출 제1문 (1)

이내에 청구하여야 하고, 처분이 있었던 날부터 180일이 지나면 청구하지 못한다. 다만, 정당한 사유가 있는 경우에는 그러하지 아니하다. 제5항에 의하면 행정청이 심판청구 기간을 제1항에 규정된 기간보다 긴 기간으로 잘못 알린 경우 그 잘못 알린 기간에 심판청구가 있으면 그 행정심판은 제1항에 규정된 기간에 청구된 것으로 본다. 제6항에 의하면 행정청이 심판청구 기간을 알리지 아니한 경우에는 제3항에 규정된 기간에 심판청구를 할 수 있다. 2015.1.22. 개발행위불허가처분을 하였고, 그 다음날 甲은 그 사실을 알게 되었다. 乙은 위 불허가처분을 하면서 甲에게 그 처분에 대하여 행정심판을 청구할 수 있는지 여부와 행정심판을 청구하는 경우의 심판청구절차 및 심판청구기간을 알리지 아니하였다. 甲은 개발행위불허가처분에 불복하여 2015.5.7. 행정심판위원회에 취소심판을 청구하였다. 甲의 취소심판은 청구기간이 경과되었는가와 관련하여 첫째, 甲의 개발행위불허가처분 취소심판의 제기가 취소심판청구기간을 원칙적으로 경과하였는지 문제된다. 둘째, 甲의 개발행위불허가처분 취소심판의 제기가 예외적으로 취소심판청구기간을 준수하였는지 문제된다.

Ⅱ 甲의 개발행위불허가처분 취소심판의 제기가 취소심판청구기간을 원칙적으로 경과하였는지 여부

甲이 개발행위불허가처분에 불복하여 행정심판위원회에 취소심판을 청구한 날은 2015.5.7.이다. 乙이 甲에게 개발행위불허가처분을 한 날은 2015.1.22.이다. 2015.5.7.은 2015.1.22.로부터 105일째가 되므로 처분이 있은 날로부터 180일 이내이다. 甲이 乙의 자신에 대한 개발행위불허가처분이 있음을 안 날은 2015.1.23.이다. 2015.5.7.은 2015.1.23.로부터 90일을 경과하였다. 甲의 개발행위불허가처분 취소심판의 제기는 취소심판청구기간을 원칙적으로 경과하였다.

Ⅲ 甲의 개발행위불허가처분 취소심판의 제기가 예외적으로 취소심판청구기간을 준수하였는지 여부

乙은 개발행위불허가처분을 하면서 甲에게 그 처분에 대하여 행정심판을 청구할 수 있는지 여부와 행정심판을 청구하는 경우의 심판청구절차 및 심판청구기간을 알리지 아니하였다. 甲은 처분이 있음을 알았는지 여부를 불문하고 처분이 있은 날로부터 180일 이내에 심판을 청구하면 된다. Ⅱ에서 본 바와 같이 2015.5.7.은 2015.1.22.로부터 105일째가 되므로 처분이 있은 날로부터 180일 이내이다. 甲의 개발행위불허가처분 취소심판의 제기는 예외적으로 취소심판청구기간을 준수하였다.

Ⅳ 설문의 해결

甲의 취소심판은 청구기간이 경과하지 아니하였다.

05 | 개별행정행위들의 특유한 쟁송법상 문제들

지금까지 행정소송법에 의거하여 시험에 출제될 수 있는 각종 문제 상황들에 대한 일종의 범용목차들과 그 주제와 연관 있는 행정심판제도들을 살펴보았다. 이제까지 익혀온 범용목차들이 머릿속에 들어 있어야 이제부터 익히게 될 구체적 상황에 맞는 특수목차들과 특수내용들이 논리적으로 확장되어 내 것이 될 수 있다.

제1절 강학상 인가 [207]

[제1문] [208] 「인천광역시 교육감 소관 행정권한의 위임에 관한 규칙」(이하 '권한위임규칙'이라 함)에 의하면 교육감의 권한 중 「사립학교법」 제20조 제2항에 의한 이사취임승인과 동법 제20조의2에 의한 이사취임승인취소에 관한 권한이 교육장에게 위임되어 있다. 인천광역시에 있는 학교법인 A는 이사 1인이 사임함에 따라 이사회를 개최하여 甲을 신규 이사로 선임하였고, 인천광역시 동부 교육장 B는 이를 승인하였다. 신규 이사의 취임에 반대하는 기존 이사인 乙은 이사회 의결에 필요한 정족수가 미달되었다는 이유로 교육장 B를 상대로 이사취임승인의 취소를 구하는 행정소송을 제기하였다. 이사취임승인의 법적 성질을 밝히고 乙이 제기한 행정소송의 적법성을 검토하시오. 20점

참조조문

※ 아래의 법령은 사례해결에 적합하도록 수정되었음

「**사립학교법**」

제20조(임원의 선임과 임기)

② 임원은 관할청의 승인을 얻어 취임한다. 이 경우 교육부장관이 정하는 바에 따라 인적사항을 공개하여야 한다.

제20조의2(임원취임의 승인취소)

① 임원이 다음 각 호의 1에 해당하는 행위를 하였을 때에는 관할청은 그 취임승인을 취소할 수 있다.

1. 이 법, 「초·중등교육법」 또는 「고등교육법」의 규정을 위반하거나 이에 의한 명령을 이행하지 아니한 때

---

207) 강학상 인가는 타자의 법률행위를 완성시켜 주는 행위이므로 먼저 타자의 법률행위가 존재하여야 한다. 타자의 법률행위를 인가를 통하여 다투는 것은 논리상 허용되지 않는다는 것은 자명하다. 결국 타자의 법률행위가 존재한다고 결론이 나온 후에 그 결론을 바탕으로 인가의 위법성이 존재하는지 문제되는 것이다. 그렇다면 인가를 다투는 소송상의 독특함을 아는지를 묻는 문제가 출제될 것이다.

208) 2014년 제1차 모의시험 2문 설문1

> ### 제71조(권한의 위임)
> 이 법에 의한 교육부장관의 권한은 그 일부를 대통령령이 정하는 바에 의하여 시·도교육감에게 위임할 수 있다.
>
> ### 「행정권한의 위임 및 위탁에 관한 규정」
> ### 제4조(재위임)
> 서울특별시장·광역시장 또는 도지사(서울특별시·광역시·특별자치시·도교육위원회의 교육감을 포함한다)는 행정의 능률향상과 주민의 편의를 위하여 필요하다고 인정할 때에는 수임사무의 일부를 그 위임기관의 장의 승인을 얻어 규칙이 정하는 바에 따라 구청장·시장·군수(교육장을 포함한다) 기타 소속기관의 장에게 다시 위임할 수 있다.

해설

Ⅰ 문제의 소재

이사취임승인의 법적 성질과 乙이 제기한 행정소송의 적법성 여부와 관련하여 첫째, 이사취임승인의 법적 성질이 강학상 인가인지 문제된다. 둘째, 乙이 제기한 행정소송이 적법한지 문제된다.

Ⅱ 이사취임승인의 법적 성질이 강학상 인가인지 여부

1. 강학상 인가의 의의

강학상 인가란 행정청이 당사자의 법률행위를 동의로서 보충하여 그 법률효과를 완성하여 주는 행위이다.

2. 사안의 경우

사립학교법 제20조 제2항에 의하면 임원은 관할청의 승인을 얻어 취임한다. 이 경우 이사취임승인은 기본행위인 학교법인의 이사선임의결을 보충하는 행위로서 강학상 인가이다. 이때의 이사취임승인은 이사선임의결의 효력발생요건이다.

Ⅲ 乙이 제기한 행정소송이 적법한지 여부

1. 문제의 소재

취소소송의 제기가 적법하려면, 취소소송의 대상이 되는 처분을 대상으로 하여 취소소송의 원고적격, 취소소송의 피고적격, 취소소송의 협의의 소익, 취소소송의 제소기간, 취소소송의 관할법원, 취소소송의 행정심판의 전치 등의 취소소송요건을 모두 충족하여야 한다. 기타 취소소송요건은 특별히 문제될만한 사정이 엿보이지 않는다. 乙이 제기한 행정소송은 이사회 의결에 필요한 정족수가 미달되었다는 이유로 교육장 B를 상대로 제기한 이사취임승인취소소송이다. 乙이 제기한 행정소송이 적법한지와 관련하여 기본행위인 이사선임결의의 하자를 이유로 이사취임인가처분을 다툴 수 있는지 문제된다.

2. 기본행위인 이사선임결의의 하자를 이유로 이사취임인가처분을 다툴 수 있는지 여부

(1) 학설

인가처분 취소소송의 협의의 소익을 부정한다면 분쟁해결의 일회성의 원칙에 반하며, 수리와 인가처분 사이의 실질적 차이가 없고, 불성립·무효인 기본행위에 대하여 인가가 이루어진 경우 인가처분에 요구되는 필요한 검토가 행정청에 의해 이루어지지 않았음을 의미하기에 인가처분의 위법을 다툴 협의의 소익을 인정해야 한다는 긍정설과 기본행위에 하자가 있으면 원칙적으로 기본행위의 하자가 민사판결에 의하여 확정되어야만 비로소 보충행위인 인가처분의 취소 또는 무효확인을 구할 수 있으며 바로 기본행위의 하자를 이유로 인가처분의 취소 또는 무효확인을 소구할 협의의 소익은 없다는 부정설이 있다.

(2) 판례

인가처분에 하자가 없다면 기본행위에 하자가 있다 하더라도 따로 그 기본행위의 하자를 다투는 것은 별론으로 하고 기본행위의 무효를 내세워 바로 그에 대한 행정청의 인가처분의 취소 또는 무효확인을 소구할 법률상의 이익이 있다고 할 수 없다.

(3) 검토

행정법원이 인가처분취소소송에서 기본행위인 민사소송사항을 심리하기는 어렵다고 보아야 하고, 심리할 수 있다고 하더라도 행정법원의 판결과 민사법원의 판결 간에 저촉이 생길 수 있으며, 영업양도·양수에 따른 영업자지위승계신고의 수리와 인가는 그 본질을 달리한다는 점에서 강학상 인가를 다투는 것보다 위법한 타자의 법률행위를 직접 다투는 것이 보다 간이한 권리구제수단이라고 보아야 한다는 점에서 부정설과 판례가 타당하다.

(4) 사안의 경우

기본행위인 이사선임결의의 하자를 이유로 한 이사취임인가처분취소소송은 그 처분의 취소를 구할 법률상 이익이 없다. 기본행위인 이사선임결의의 하자를 이유로 이사취임인가처분을 다툴 수 없다.

3. 소결

乙이 제기한 취소소송은 부적법하다.

Ⅳ 설문의 해결

이사취임승인의 법적 성질은 강학상 인가이다. 乙이 제기한 행정소송은 부적법하다.

[제2문] 209) 甲회사는 A광역시에서 5년 전부터 시내 남쪽을 시점으로 하고 북쪽을 종점으로 하는 일반 시내버스 운송사업을 경영하고 있다. 그런데 乙회사가 위 甲회사의 노선 구간과 상당부분 겹치는 신규 일반 시내버스 운송사업을 목적으로 「여객자동차 운수사업법」에 따라 국토해양부장관에게 동 사업의 면허를 신청하여 면허를 받았다. 그러던 중 유가와 인건비의 지속적인 상승 등을 이유로 한 경제적 적자와 업계의 누적된 불만을 해소한다는 차원에서 甲, 乙 등 시내버스 운송사업자는 「여객자동차 운수사업법」 제8조 제1항에 따라 요금을 정하여 국토해양부장관에게 버스요금변경(인상)에 관한 신청서를 접수하였다. 국토해양부장관은 그 내용을 검토하여 「여객자동차 운수사업법」, 같은 법 시행령 및 시행규칙에 의거한 "기준과 요율에 따른 운임 및 요금"에 비추어 적합하다는 판단에서 甲, 乙 회사에 대해 요금인상을 인가하여 주었다. 이 경우 요금인상에 대하여 소송상 다툴 수 있는 방법은? 10점

참조조문

※ 아래의 법령은 문제출제 당시의 적용법령임

「여객자동차 운수사업법」

제1조(목적)

이 법은 여객자동차 운수사업에 관한 질서를 확립하고 여객의 원활한 운송과 여객자동차 운수사업의 종합적인 발달을 도모하여 공공복리를 증진하는 것을 목적으로 한다.

제4조(면허 등)

① 여객자동차운송사업을 경영하려는 자는 사업계획을 작성하여 국토해양부령으로 정하는 바에 따라 국토해양부장관의 면허를 받아야 한다. 다만, 대통령령으로 정하는 여객자동차운송사업을 경영하려는 자는 사업계획을 작성하여 국토해양부령으로 정하는 바에 따라 특별시장·광역시장·도지사·특별자치도지사(이하 "시·도지사"라 한다)의 면허를 받거나 시·도지사에게 등록하여야 한다.

② 제1항에 따른 면허나 등록을 하는 경우에는 제3조에 따른 여객자동차운송사업의 종류별로 노선이나 사업구역을 정하여야 한다.

제5조(면허 등의 기준)

① 여객자동차운송사업의 면허기준은 다음 각 호와 같다.

1. 사업계획이 해당 노선이나 사업구역의 수송 수요와 수송력 공급에 적합할 것
2. 최저 면허기준 대수(臺數), 보유 차고 면적, 부대시설, 그 밖에 국토해양부령으로 정하는 기준에 적합할 것
3. 대통령령으로 정하는 여객자동차운송사업인 경우에는 운전 경력, 교통사고 유무, 거주지 등 국토해양부령으로 정하는 기준에 적합할 것

제8조(운임·요금의 인가 등)

① 제4조 제1항에 따라 여객자동차운송사업의 면허를 받은 자는 국토해양부장관 또는 시·도지사가 정하는 기준과 요율의 범위에서 운임이나 요금을 정하여 국토해양부장관 또는 시·도지사의 인가를 받아야 한다.

해설

[Ⅰ] 문제의 소재

요금인상에 대하여 소송상 다툴 수 있는 방법과 관련하여 첫째, 기본행위인 요금인상의 하자를 이유로 요금인상인가처분을 다툴 수 있는지 문제된다. 둘째, 기본행위인 요금인상의 하자를 소송상 다툴 수 있는 방법이 문제된다.

[Ⅱ] 기본행위인 요금인상의 하자를 이유로 요금인상인가처분을 다툴 수 있는지 여부

1. 학설

인가처분 취소소송의 협의의 소익을 부정한다면 분쟁해결의 일회성의 원칙에 반하며, 수리와 인가처분 사이의 실질적 차이가 없고, 불성립·무효인 기본행위에 대하여 인가가 이루어진 경우 인가처분에 요구되는 필요한 검토가 행정청에 의해 이루어지지 않았음을 의미하기에 인가처분의 위법을 다툴 협의의 소익을 인정해야 한다는 긍정설과 기본행위에 하자가 있으면 원칙적으로 기본행위의 하자가 민사판결에 의하여 확정되어야만 비로소 보충행위인 인가처분의 취소 또는 무효확인을 구할 수 있으며 바로 기본행위의 하자를 이유로 인가처분의 취소 또는 무효확인을 소구할 협의의 소익은 없다는 부정설이 있다.

2. 판례

인가처분에 하자가 없다면 기본행위에 하자가 있다 하더라도 따로 그 기본행위의 하자를 다투는 것은 별론으로 하고 기본행위의 무효를 내세워 바로 그에 대한 행정청의 인가처분의 취소 또는 무효확인을 소구할 법률상의 이익이 있다고 할 수 없다.

3. 검토

행정법원이 인가처분취소소송에서 기본행위인 민사소송사항을 심리하기는 어렵다고 보아야 하고, 심리할 수 있다고 하더라도 행정법원의 판결과 민사법원의 판결 간에 저촉이 생길 수 있으며, 영업양도·양수에 따른 영업자지위승계신고의 수리와 인가는 그 본질을 달리한다는 점에서 강학상 인가를 다투는 것보다 위법한 타자의 법률행위를 직접 다투는 것이 보다 간이한 권리구제수단이라고 보아야 한다는 점에서 부정설과 판례가 타당하다.

4. 사안의 경우

기본행위인 요금인상의 하자를 이유로 한 요금인상인가처분취소소송은 그 처분의 취소를 구할 법률상 이익이 없다. 기본행위인 요금인상의 하자를 이유로 요금인상인가처분을 다툴 수 없다.

[Ⅲ] 기본행위인 요금인상의 하자를 소송상 다툴 수 있는 방법

요금인상은 사법상의 행위이므로 요금인상의 하자에 대해서는 민사소송으로 다투어야 할 것이다. 요금인상무효확인소송을 제기하여야 한다.

Ⅳ 설문의 해결

요금인상에 대하여 소송상 다툴 수 있는 방법은 민사소송으로서 요금인상무효확인소송이다.

[재건축조합설립인가의 소송형식[210]]

[제3문][211] A시의 X구(자치구 아닌 구) 주민들은 노후 주택재개발을 위하여 추진위원회를 구성하여 조합설립준비를 하였다. 추진위원회는 토지소유자 4분의 3 이상의 동의를 받아 조합설립결의를 거쳐 설립인가를 신청하였다. 한편, A시 시장 乙은 법령상 위임규정이 없으나, X구 구청장 丙에게 조합설립인가에 관한 권한을 내부위임하고 이에 따라 丙이 자신의 이름으로 조합설립인가를 하였다. X구의 주민 甲 등은 추진위원회가 주민들의 동의를 받는 과정에 하자가 있음을 이유로 조합설립결의에 대해 다투고자 한다. 이 경우 조합설립인가 전에 제기할 소의 종류는 무엇이고, 조합설립인가 후에 제기할 소의 종류는 무엇인가? 10점

해설

Ⅰ 조합설립인가 전에 제기할 소의 종류

조합설립인가 전의 조합은 도정법 등 관련 법령에 근거하여 조합설립결의에 의해 만들어지는 것이다. 조합설립결의의 법적 성질은 조합을 설립하기 위한 도정법상 조합계약이므로 공법상 계약이다. 조합설립결의에 대해 다투고자 하는 경우 제기할 소의 종류는 행정소송법 제3조 제2호의 당사자소송으로 조합설립결의무효확인소송이다.

Ⅱ 조합설립인가 후에 제기할 소의 종류

1. 판례

행정청이 도정법 등 관련 법령에 근거하여 행하는 조합설립인가처분은 단순히 사인들의 조합설립행위에 대한 보충행위로서의 성질을 갖는 것에 그치는 것이 아니라 법령상 요건을 갖출 경우 도정법상 주택재건축사업을 시행할 수 있는 권한을 갖는 행정주체(공법인)로서의 지위를 부여하는 일종의 설권적 처분의 성격을 갖는다고 보아야 한다. 조합설립인가 후 조합설립결의는 인가의 대상인 기본행위가 아니라 조합설립인가처분의 불가분적 구성요소가 된다.

2. 소결

조합설립결의는 조합설립인가의 불가분적 구성요소이므로 조합설립인가 후에 제기할 소의 종류는 조합설립인가처분항고소송이다. 이 소송에서 조합설립결의의 하자를 다투어야 한다. 당사자소송으로 공법상 계약인 조합설립결의무효확인소송을 제기하여 다투던 중 조합설립인가가 나온다면 행정

---

210) 관리처분계획결의 무효확인청구소송의 경우도 동일한 구조로 진행된다.
211) 2014년 사시 기출문제 제3문

소송법 제42조에 의하면 같은 법 제21조를 준용하여 당사자소송인 조합설립결의무효확인소송을 항고소송인 조합설립인가처분의 취소 또는 무효확인소송으로 소의 변경을 하여야 할 것이다.

(Ⅲ) 설문의 해결

조합설립결의에 대해 다투고자 하는 경우 조합설립인가 전에 제기할 소의 종류는 행정소송법 제3조 제2호의 당사자소송으로 조합설립결의무효확인소송이다. 조합설립인가 후에 조합설립결의는 조합설립인가의 불가분적 구성요소이므로 조합설립인가 후에 제기할 소의 종류는 조합설립인가처분항고소송이다.

제2절　　강학상 부관

제1항　부관만의 취소소송의 제기가 가능한지 여부(독립쟁송가능성)212)

[제1문] 213) A시장은 B에 대하여 도로점용허가를 함에 있어서 점용기간을 1년으로 하고 월 10만원의 점용료를 납부할 것을 부관으로 붙였다. B는 도로점용허가에 붙여진 부관 부분에 대해 다투고자 하는 경우에 부관만을 독립하여 행정소송의 대상으로 할 수 있는가? 10점

📖 해설

(Ⅰ) 문제의 소재

행정소송법 제38조 제1항, 같은 법 제19조에 의하면 항고소송은 처분을 대상으로 한다. A시장은 B에 대하여 도로점용허가를 함에 있어서 점용기간을 1년으로 하고 월 10만원의 점용료를 납부할 것을 부관으로 붙였다. 이와 관련하여 B는 도로점용허가와 독립하여 점용기간취소소송을 제기하거나, 도로점용허가와 독립하여 점용료납부취소소송을 제기할 수 있는지 문제된다.

(Ⅱ) B는 도로점용허가와 독립하여 점용기간취소소송을 제기하거나, 도로점용허가와 독립하여 점용료납부취소소송을 제기할 수 있는지 여부

1. 학설

부관 중 부담은 독립하여 쟁송의 대상이 되지만, 그 이외의 부관은 부관부 행정행위 전체를 소의 대상으로 하여야 한다는 부담과 기타 부관을 구분하는 견해, 소의 이익이 있는 한 부담이든 조건이든 가리지 않고 모든 부관에 대하여 독립하여 행정쟁송을 제기하는 것이 가능하다는 모든 부관이

---

212) 취소소송의 소장의 청구취지 1.의 목적어로 쓸 수 있는가의 문제이다.
213) 2013년 일행 기출문제 제2문 1)

독립쟁송가능하다는 견해, 부관만의 독립취소가 법원에 의하여 인정될 정도의 독자성을 갖는 부관이라면 그 처분성 인정 여부와 무관하게 행정쟁송을 통하여 독자적으로 다툴 수 있다는 분리가능성을 기준으로 하는 견해214) 등이 있다.

2. 판례

부담의 경우에는 '다른 부관과는 달리 행정행위의 불가분적인 요소가 아니고 그 존속이 본체인 행정행위의 존재를 전제로 하는 것일 뿐'이므로 부담만은 독립하여 다툴 수 있다.

3. 검토

모든 부관이 독립쟁송가능하다는 견해는 원고적격의 관점과 독립쟁송가능성의 문제를 혼동하여 부관과 주된 행정행위 간의 객관적인 고찰을 소홀히 한다는 점에서, 부관의 독립쟁송가능성을 처분성의 문제가 아니라 법원에 의한 부관의 독자적인 취소가능성의 전제조건의 문제로 파악하고, 처분성은 부관에 대한 쟁송형태의 문제로 파악하는 분리가능성을 기준으로 하는 견해는 행정소송법 제19조의 명문규정에 맞지 않는 해석이라는 점에서 행정소송법 제19조에 의하여 처분성을 기준으로 하여 부관의 독립쟁송가능성을 판단하는 부담과 기타 부관을 구분하여 부담만이 가능하다는 견해와 판례가 타당하다.

4. 사안의 경우

점용기간 1년은 도로점용허가의 효력소멸을 장래에 발생 여부가 확실한 사실, 즉 특정 날짜에 종속시키는 부관으로서 기한이다. 월 10만원의 점용료납부는 도로점용허가에 급부의무를 부과하는 부관으로서 부담이다. B는 월 10만원 점용료납부의무는 독립하여 행정소송의 대상으로 할 수 있으나, 점용기간 1년은 독립하여 행정소송의 대상으로 할 수 없다.

Ⅲ 설문의 해결

B는 월 10만원 점용료납부의무는 독립하여 행정소송의 대상으로 할 수 있으나, 점용기간 1년은 독립하여 행정소송의 대상으로 할 수 없다.

제2항 부관만의 취소소송의 제기가 가능한지, 부관만의 일부취소가 가능한지 여부 (주된 행위가 재량행위)

[제1문] 215) A시장은 B에 대하여 도로점용허가를 함에 있어서 점용기간을 1년으로 하고 월 10만원의 점용료를 납부할 것을 부관으로 붙였다. 부관을 다투는 소송에서 본안심리의 결과 부관이 위법하다고 인정되는 경우에 법원은 독립하여 부관만을 취소하는 판결을 내릴 수 있는가? 10점

---

214) 분리가능성의 판단기준으로 부관이 없어도 주된 행정행위가 적법하게 존속할 수 있을 것과 부관이 없어도 주된 행정행위가 달성하려는 일정한 정도의 공익에 장애가 발생하지 않을 것을 들고 있다.

215) 2013년 일행 기출문제 제2문 2)

🔖 해설

Ⅰ 문제의 소재

부관을 다투는 소송에서 본안심리의 결과 부관이 위법하다고 인정되었다. 이와 관련하여 법원은 도로점용허가는 그대로 유지하되 점용기간만을 취소하거나, 점용료부과만을 취소할 수 있는지 문제된다.

Ⅱ 법원은 도로점용허가는 그대로 유지하되 점용기간만을 취소하거나, 점용료부과만을 취소할 수 있는지 여부

1. 학설

독립취소가능성의 문제는 기본적으로 당해 부관과 본체인 행정행위와의 관련성에 따라 결정되는 것으로 본체인 행정행위가 기속행위인지 재량행위인지에 따라 그 내용을 달리한다고 보아 재량행위와 기속행위를 구분하는 견해216), 법원은 위법한 부관이 주된 행정행위의 중요한 요소가 되지 않은 경우에는 부관만을 일부취소할 수 있지만, 부관이 주된 행정행위의 중요한 요소가 되는 경우에는 부관부 행정행위 전체를 취소해야 한다는 중요성을 기준으로 하는 견해217), 부관에 하자가 있다면 법원은 부관부분만을 취소할 수 있다는 부관의 위법성을 기준으로 하는 견해218) 등이 있다.

2. 판례

독립쟁송이 가능한 부담만 독립하여 취소될 수 있고, 그 이외의 부관은 독립하여 취소의 대상이 되지 않는다.

3. 검토

재량행위와 기속행위를 구분하는 견해는 위법하게 침해된 사인의 권리는 회복되어야 하고, 또한 부관의 취소 후에 남는 부분이 행정청의 의사에 반하는 것이라면 행정청은 행정행위의 철회·직권취소 또는 부관의 새로운 발령을 통해 대응할 수 있으므로 부관의 독립취소가 재량행위라고 해서 문제되지는 않는다는 점에서, 부관의 위법성을 기준으로 하는 견해는 일응 합목적적이라 하나 여전히 부관부 행정행위 전체의 취소를 구하는 처분권주의에 의한 제한을 받을 수밖에 없다는 점에서 중요성을 기준으로 하는 견해와 판례가 타당하다.

---

216) 부관의 종류를 불문하고 부관을 부가하지 않고는 행정청이 당해 행정행위를 하지 않았을 것이라 판단되는 경우에는 부관만의 취소는 인정되지 아니한다. 그리고 기속행위의 경우, 행정청이 임의로 부관을 붙일 수 없으므로 부관만의 취소는 가능하지만, 요건충족적 부관의 경우에는 부관만의 취소가 인정될 수 없다. 그리고 재량행위의 경우, 부관이 행정행위의 본질적 요소이어서 그 부관 없이는 당해 행위를 하지 않았을 것으로 판단되는 경우에는 부관의 취소는 인정되지 아니한다.

217) 독일행정절차법 제44조 제4항의 법리를 활용하고 있다.

218) 소송물이론에 따른 견해로 "부관에 위법성이 존재하면 부관만을 취소할 수 있다. 취소소송의 소송물은 부관 자체의 위법성이기 때문이다."라고 한다.

4. 사안의 경우

월 10만원의 점용료납부의무 취소소송을 제기받은 법원은 점용료납부의무의 위법성이 인정되는 경우 점용료납부의무는 부담이므로 점용료납부의무만을 취소하는 판결을 할 수 있다. 기한부도로점용허가취소소송을 제기받은 법원은 점용기간 1년의 위법성이 인정되는 경우 점용기간은 도로점용허가의 본질적 부분을 구성하므로 기한부도로점용허가 전체를 취소하는 판결을 하여야 할 것이다. 점용기간 1년만을 취소하는 판결을 내릴 수 없다.

Ⅲ 설문의 해결

법원은 월 10만원의 점용료납부의무만을 취소하는 판결을 할 수 있으나, 점용기간 1년만을 취소하는 판결을 내릴 수 없다.

제 3 절   처분적 법규

[제1문] [219] 2017.12.20. 보건복지부령 제377호로 개정된 「국민건강보험 요양급여의 기준에 관한 규칙」(이하 '요양급여규칙'이라 함)은 비용 대비 효과가 우수한 것으로 인정된 약제에 대해서만 보험급여를 인정해서 보험재정의 안정을 꾀하고 의약품의 적정한 사용을 유도하고자 기존의 보험적용 약제 중 청구실적이 없는 미청구약제에 대한 삭제제도를 도입하였다. 개정 전의 요양급여규칙은 품목허가를 받은 모든 약제에 대하여 보험급여를 인정하였으나, 개정된 요양급여규칙에 따르면 최근 2년간 보험급여 청구실적이 없는 약제에 대하여 요양급여대상 여부에 대한 조정을 할 수 있다. 보건복지부장관은 위와 같이 개정된 요양급여규칙의 위임에 따라 사단법인 대한제약회사협회 등 의약관련단체의 의견을 받아 보건복지부 고시인 '약제급여목록 및 급여상한금액표'를 개정하여 2018.9.23. 고시하면서, 기존에 요양급여대상으로 등재되어 있던 제약회사 甲(이하 '甲'이라 함)의 A약품(1998.2.1. 등재)이 2016.1.1.부터 2017.12.31.까지의 2년간 보험급여 청구실적이 없는 약제에 해당한다는 이유로 위 고시 별지4 '약제급여목록 및 급여상한금액표 중 삭제품목'란(이하 '이 사건 고시'라 함)에 아래와 같이 A약품을 등재하였다. 요양급여대상에서 삭제되면 국민건강보험의 요양급여를 받을 수 없어 해당 약제를 구입할 경우 전액 자기부담으로 구입하여야 하고 해당 약제에 대해 요양급여를 청구하여도 요양급여청구가 거부되므로 해당 약제의 판매 저하가 우려된다. 제약회사들을 회원으로 하여 설립된 사단법인 대한제약회사협회와 甲은 이 사건 고시가 있은 지 1개월 후에야 고시가 있었음을 알았다고 주장하며 이 사건 고시가 있은 날로부터 94일째인 2018.12.26. 이 사건 고시에 대한 취소소송을 제기하였다.

보건복지부 고시 제2018-○○호(2018.9.23.)
약제급여목록 및 급여상한금액표
제1조(목적)
이 표는 국민건강보험법 …… 및 국민건강보험요양급여의 기준에 관한 규칙 ……의 규정에 의하여 약제의 요양급여대상기준 및 상한금액을 정함을 목적으로 한다.

---

219) 제8회 변호사시험 제2문

제2조(약제급여목록 및 상한금액 등)
약제급여목록 및 상한금액은 [별표 1]과 같다.
[별표 1]
별지4 삭제품목
연번 17. 제조사 甲, 품목 A약품, 상한액 120원/1정

1. 보건복지부 고시인 '약제급여목록 및 급여상한금액표'의 법적 성질과 이 사건 고시의 취소소송의 대상 여부를 논하시오. 30점
2. 사단법인 대한제약회사협회와 甲에게 원고적격이 있는지 여부를 논하시오. 20점
3. 사단법인 대한제약회사협회와 甲이 제기한 이 사건 소가 제소기간을 준수하였는지를 검토하시오. 20점

참조조문

※ 아래의 법령은 문제출제 당시의 적용법령임

「국민건강보험법」

제41조(요양급여)
① 가입자와 피부양자의 질병, 부상, 출산 등에 대하여 다음 각 호의 요양급여를 실시한다.
　　1. 진찰・검사
　　2. 약제・치료재료의 지급
　　3. (이하 생략)
② 제1항에 따른 요양급여의 방법・절차・범위・상한 등의 기준은 보건복지부령으로 정한다.

「국민건강보험 요양급여의 기준에 관한 규칙」(보건복지부령 제377호, 2017.12.20. 공포)

제8조(요양급여의 범위 등)
① 법 제41조 제2항에 따른 요양급여의 범위는 다음 각 호와 같다.
　　1. 법 제41조 제1항의 각 호의 요양급여(약제를 제외한다) : 제9조에 따른 비급여대상을 제외한 것
　　2. 법 제41조 제1항의 2호의 요양급여(약제에 한한다) : 제11조의2, 제12조 및 제13조에 따라 요양
　　　급여대상으로 결정 또는 조정되어 고시된 것
② 보건복지부장관은 제1항의 규정에 의한 요양급여대상을 급여목록표로 정하여 고시하되, 법 제41조
　　제1항의 각 호에 규정된 요양급여행위, 약제 및 치료재료(법 제41조 제1항의 제2호의 규정에 의하여
　　지급되는 약제 및 치료재료를 말한다)로 구분하여 고시한다.

제13조(직권결정 및 조정)
④ 보건복지부장관은 다음 각 호에 해당하면 이미 고시된 약제의 요양급여대상여부 및 상한금액을 조정
　　하여 고시할 수 있다.
　　1. ~ 5. (생략)
　　6. 최근 2년간 보험급여 청구실적이 없는 약제 또는 약사법령에 따른 생산실적 또는 수입실적이 2년
　　　간 보고되지 아니한 약제

「부칙」
이 규칙은 공포한 날로부터 시행한다.

해설

[설문 1.에 대하여]

Ⅰ 문제의 소재

보건복지부 고시인 '약제급여목록 및 급여상한금액표'의 법적 성질과 이 사건 고시의 취소소송의 대상 여부와 관련하여 첫째, 보건복지부 고시인 '약제급여목록 및 급여상한금액표'의 법적 성질이 법규인지 문제된다. 둘째, 보건복지부 고시인 '약제급여목록 및 급여상한금액표'가 취소소송의 대상이 되는지 문제된다.

Ⅱ 보건복지부 고시인 '약제급여목록 및 급여상한금액표'의 법적 성질이 법규인지 여부

1. 학설

법규명령으로 보자는 견해, 행정규칙으로 보자는 견해, 위헌·무효라는 견해, 규범구체화행정규칙으로 보아야 한다는 견해가 있다.

2. 판례

상위법령의 위임이 있고, 상위법령의 내용을 보충·구체화하는 기능을 가지며, 상위법령의 위임의 한계를 벗어나지 않는다면 법령의 위임에 의하여 제정된 고시는 상위법령과 결합하여 대외적 효력이 인정된다. 이를 법령보충적 행정규칙이라 한다.

3. 검토 및 소결

행정규제기본법 제4조 제2항 단서의 취지, 위임의 형식은 예시적이므로 입법자의 자율에 맡겨야 한다는 점에서 판례가 타당하다. 식품의약품안전처 고시인 「식품 등의 표시기준」은 식품위생법 제10조의 위임이 있고, 식품위생법 제10조의 판매를 목적으로 하는 식품 또는 식품첨가물의 표시가 무엇인지를 보충·구체화하는 기능을 하고 있으며, 상위법령의 위임의 한계를 벗어난다는 특별한 사정이 보이지 않으므로 식품위생법과 결합하여 대외적 효력이 인정되는 처분의 근거법규이다.

Ⅲ 보건복지부 고시인 '약제급여목록 및 급여상한금액표'가 취소소송의 대상이 되는지 여부

1. 문제의 소재

행정소송법 제19조와 같은 법 제2조 제1항 제1호에 의하면 취소소송의 대상이 되는 처분이란 행정청이 행하는 구체적 사실에 관한 법집행으로서의 공권력의 행사 또는 그 거부와 그밖에 이에 준하는 행정작용이다. 보건복지부 고시인 '약제급여목록 및 급여상한금액표'는 법규이므로 강학상 행정행위밖에 행정작용이다. 보건복지부 고시인 '약제급여목록 및 급여상한금액표'가 취소소송의 대상이 되는지와 관련하여 보건복지부 고시인 '약제급여목록 및 급여상한금액표'가 취소소송의 대상이 되는 처분인지 문제된다.

2. 보건복지부 고시인 '약제급여목록 및 급여상한금액표'가 취소소송의 대상이 되는 처분인지 여부

(1) 판례

취소소송의 대상이 되는 처분은 원칙적으로 행정청의 공법상 행위로서 특정 사항에 대하여 법규에 의한 권리의 설정 또는 의무의 부담을 명하거나 기타 법률상의 효과를 직접 발생하게 하는 등 국민의 권리·의무에 직접 관계가 있는 행위를 말한다. 어떠한 고시가 다른 집행행위의 매개 없이 그 자체로서 직접 국민의 구체적인 권리의무나 법률관계를 규율하는 성격을 가질 때에는 행정처분에 해당한다.[220]

(2) 사안의 경우

보건복지부 고시인 '약제급여목록 및 급여상한금액표'는 특정 품명과 측정규격 및 특정 제약회사의 치료재료에 관하여 개별적·구체적으로 그 상한금액을 명시하여 집행행위의 매개 없이 고시 그 자체에서 직접 제약회사, 요양급여기관, 피요양국민들의 약제에 관한 비용을 규율하고 있으므로 국민의 권리·의무에 직접 관계가 있는 행위이어서 취소소송의 대상이 되는 처분이다.

3. 소결

보건복지부 고시인 '약제급여목록 및 급여상한금액표'는 취소소송의 대상이 된다.

Ⅳ 설문의 해결

보건복지부 고시인 '약제급여목록 및 급여상한금액표'의 법적 성질은 법규의 성질을 가지는 법령보충적 행정규칙이고, 취소소송의 대상이 된다.

[설문 2.에 대하여]

Ⅰ 문제의 소재

행정소송법 제12조 제1문에 의하면 취소소송은 처분 등의 취소를 구할 법률상 이익이 있는 자가 제기할 수 있다. 사단법인 대한제약회사협회와 甲은 처분적 고시인 '약제급여목록 및 급여상한금액표'의 제3자이다. 사단법인 대한제약회사협회와 甲에게 원고적격이 있는지 여부와 관련하여 첫째, 행정소송법 제12조 제1문의 법률상 이익의 의미가 문제된다. 둘째, 사단법인 대한제약회사협회와 甲이 고시의 취소를 구할 법률상 이익이 있는 자인지 문제된다.

Ⅱ 행정소송법 제12조 제1문의 법률상 이익의 의미

1. 학설

취소소송의 기능과 관련하여 권리구제설, 법률상 이익구제설, 보호가치 있는 이익구제설, 적법성보장설 등이 있다. 법률상 이익구제설 내에서도 처분의 근거법규에 한정하는 견해, 처분의 근거

---

220) 대판 2006.12.21, 2005두16161

법규 외에 관계법규까지 고려하는 견해, 처분의 실체법령뿐만 아니라 절차법령까지 고려하는 견해, 헌법의 자유권적 기본권규정까지 고려하는 견해가 있다.

2. 판례

법률상 이익이란 처분의 근거법규와 관계법규에 의하여 보호되는 개별적·직접적·구체적 이익을 말한다.

3. 검토 및 소결

권리구제설은 원고적격의 인정범위가 협소하다는 점에서, 보호가치 있는 이익구제설은 보호가치 있는 이익인지의 판단을 판사에게 일임한다는 점에서, 적법성보장설은 민중소송화의 우려가 있다는 점에서 법률상 이익구제설과 판례가 타당하다. 처분의 근거법규에 한정하는 견해는 법률상 이익의 인정범위가 협소하다는 점에서, 처분의 실체법령뿐만 아니라 절차법령까지 고려하는 견해와 헌법의 자유권적 기본권규정까지 고려하는 견해는 반사적 이익까지 법률상 이익으로 본다는 점에서 처분의 근거법규 외에 관계법규까지 고려하는 견해와 판례가 타당하다. 사안의 근거법규는 보건복지부 고시인 '약제급여목록 및 급여상한금액표'이다.

Ⅲ 사단법인 대한제약회사협회와 甲이 고시의 취소를 구할 법률상 이익이 있는 자인지 여부

1. 판례

행정처분의 직접 상대방이 아닌 제3자라도 당해 처분의 근거법규와 관련법규에 의하여 보호되는 직접적이고 구체적인 이익이 있는 경우에는 원고적격이 인정된다. 당해 처분의 근거법규 및 관련법규에 의하여 보호되는 법률상 이익은 당해 처분의 근거법규의 명문 규정에 의하여 보호받는 법률상 이익, 당해 처분의 근거법규에 의하여 보호되지는 아니하나 당해 처분의 행정목적을 달성하기 위한 일련의 단계적인 관련 처분들의 근거법규에 의하여 명시적으로 보호받는 법률상 이익, 당해 처분의 근거법규 또는 관련법규에서 명시적으로 당해 이익을 보호하는 명문의 규정이 없더라도 근거법규 및 관련법규의 합리적 해석상 그 법규에서 행정청을 제약하는 이유가 순수한 공익의 보호만이 아닌 개별적·직접적·구체적 이익을 보호하는 취지가 포함되어 있다고 해석되는 경우까지를 말한다.

2. 사안의 경우

사단법인 대한제약회사협회와 甲은 보건복지부 고시인 '약제급여목록 및 급여상한금액표'의 제3자이다. 처분적 고시는 그 법규에서 약제급여목록 및 급여상한금액을 제정한 목적이 순수한 공익의 보호만이 아닌 개별적·직접적·구체적 이익을 보호하는 취지가 포함되어 있다고 해석되므로 당해 처분의 근거법령인 국민건강보험법령 등 약제상한금액고시의 근거법령에 의하여 보호되는 직접적이고 구체적인 이익이 있는 회원사인 甲은 그 보호되는 법률상 이익을 침해하는 고시의 취소를 구할 법률상 이익이 있는 자이다. 사단법인 대한제약회사협회는 자신을 설립한 근거법이 보호하는 이익의 침해가 아니라 회원사의 법률상 보호되는 이익의 침해를 이유로 하는 자이므로 고시의 취소를 구할 법률상 이익이 있는 자가 아니다.

Ⅳ 설문의 해결

사단법인 대한제약회사협회는 취소소송의 원고적격이 인정되지 않으나 甲은 취소소송의 원고적격이 인정된다.

[설문 3.에 대하여]

Ⅰ 문제의 소재

행정소송법 제20조에 의하면 취소소송은 처분이 있음을 안 날로부터 90일 이내에 제기하여야 하고, 처분이 있은 날부터 정당한 사유가 없는 한 1년이 경과하면 제기할 수 없다. 사단법인 대한제약회사협회와 甲이 제기한 이 사건 소가 제소기간을 준수하였는지와 관련하여 고시가 있은 날로부터 94일째인 2018.12.26. 이 사건 고시에 대한 취소소송을 제기한 것이 고시가 있음을 안 날로부터 90일 이내에 제기한 소송인지 문제된다.

Ⅱ 고시가 있은 날로부터 94일째인 2018.12.26. 이 사건 고시에 대한 취소소송을 제기한 것이 고시가 있음을 안 날로부터 90일 이내에 제기한 소송인지 여부

1. 판례

행정소송법 제20조 제1항 소정의 제소기간 기산점인 '처분이 있음을 안 날'이라 함은 당사자가 통지, 공고 기타의 방법에 의하여 당해 처분이 있었다는 사실을 현실적으로 안 날을 의미하는바, 특정인에 대한 행정처분을 주소불명 등의 이유로 송달할 수 없어 관보·공보·게시판·일간신문 등에 공고한 경우에는, 공고가 효력을 발생하는 날에 상대방이 그 행정처분이 있음을 알았다고 볼 수는 없고, 상대방이 당해 처분이 있었다는 사실을 현실적으로 안 날에 그 처분이 있음을 알았다고 보아야 한다.[221] 반면에 통상 고시 또는 공고에 의하여 행정처분을 하는 경우에는 그 처분의 상대방이 불특정 다수인이고, 그 처분의 효력이 불특정 다수인에게 일률적으로 똑같이 적용됨으로 인하여 고시일 또는 공고일에 그 행정처분이 있음을 알았던 것으로 의제하여 행정심판 청구기간을 기산하는 것이므로, 관리처분계획에 이해관계를 갖는 자는 고시가 있었다는 사실을 현실적으로 알았는지 여부에 관계없이 고시가 효력을 발생하는 날인 고시가 있은 후 5일이 경과한 날에 관리처분계획인가 처분이 있음을 알았다고 보아야 한다.[222]

2. 사안의 경우

보건복지부 고시인 '약제급여목록 및 급여상한금액표'는 법령보충적 행정규칙으로서 불특정 다수인에게 적용되는 법규라는 성질상 불특정 다수인에게 일률적으로 똑같이 적용되어야 한다. 이 사건 고시에 대한 취소소송을 제기한 것은 고시가 있은 날로부터 94일째인 2018.12.26.이지만, 그 날은 고시가 효력을 발생한 날인 고시가 있은 후 5일이 경과한 날로부터 90일 이내이므로 90일 이내에 제기한 소송이다.

---

221) 대판 2006.4.28, 2005두14851
222) 대판 1995.8.22, 94누5694 전합판결

Ⅲ 설문의 해결

사단법인 대한제약회사협회와 甲이 제기한 이 사건 소는 제소기간을 준수하였다.

제 **4** 절	구속적 계획

[제1문] [223] A주식회사는 「국토의 계획 및 이용에 관한 법률」(이하 "국토계획법"이라 한다)에 따라 자신의 토지 및 甲 소유의 토지가 포함된 乙광역시 B구 소재 토지에 체육시설(대중골프장)을 조성하는 내용의 사업을 계획하여 乙광역시장에게 도시관리계획결정의 입안을 제안하였다. 乙광역시장은 관계 행정기관의 장과의 협의 및 도시계획위원회 심의를 거쳐 2017.10.5. 위 토지가 포함된 乙광역시 B구 일원 717,000㎡에 대중골프장을 설치하는 도시관리계획(이하 "도시계획시설결정"이라고도 한다) 및 그 지형도면을 고시하였다. 이어 乙광역시장은 위 도시계획시설결정에 따른 도시계획시설사업시행자로 A주식회사를 지정하였으며 위 사업에 관한 실시계획인가를 하고 이를 고시하였다. 이에 대중골프장 설치에 반대하는 甲은 위 도시계획시설결정을 폐지해 달라고 신청하였으나 乙광역시장은 2017.12.5. 이를 거부하였다. 더 나아가 甲은 A주식회사가 도시계획시설사업시행자로 지정받으려면 「국토계획법 시행령」 제96조 제5항에 따라 다른 법령에 의한 면허·허가·인가 등의 사실을 증명하는 서류의 사본을 지정신청서에 첨부하여야 하는데, 그러한 서류사본들 가운데 일부를 누락하여 신청서를 제출한 A주식회사가 사업시행자로 지정된 것은 위법하다고 주장하고 있다. 그런데 이후 위 도시계획시설사업의 추진에 대한 찬반이 지역 사회에서 중요한 환경적 쟁점으로 부각되었고, 도시관리계획의 고시 때와 비교하여 여론이 위 도시계획시설사업의 추진에 반대하는 쪽으로 의미 있는 변화가 있게 되었다. 특히 乙광역시의회는 위 도시계획시설부지 인근에 소재하는 B산(山)의 자연자원과 자연생태계를 보호하기 위한 목적으로 「乙광역시 B산 보호조례」(안)의 제정을 준비하고 있으며, 국토교통부는 2019.11.1. 「도시계획시설의 결정·구조 및 설치기준에 관한 규칙」(국토교통부령)을 개정하여 국토계획법상 체육시설의 범위를 국가 또는 지방자치단체 등 공공부문에서 설치하는 체육시설 등으로 한정함으로써 민간 사업시행자가 설치하는 대중골프장은 도시계획시설결정의 대상으로부터 배제하였다. 이처럼 위 도시계획시설사업의 추진에 부정적인 여론이 강해지자 乙광역시장은 위 도시관리계획(체육시설)을 폐지할 것을 내부적으로 검토하고 있다.

1. 甲의 도시계획시설결정 폐지신청에 대한 乙광역시장의 2017.12.5.자 거부행위는 취소소송의 대상이 되는지 여부를 검토하시오. **15점**

2. 甲은 실시계획인가에 대하여 항고소송을 제기하면서 사업시행자 지정처분이 위법하므로 실시계획인가가 취소되어야 한다고 주장한다. 甲의 주장의 타당성을 검토하시오. (단, 사업시행자 지정처분의 제소기간은 도과하였다) **20점**

---

223) 2021년 제1차 변호사시험 모의시험 제2문(종합문제)

📖 **해설**

[설문 1.에 대하여]

Ⅰ 문제의 소재

행정소송법(이하 동법이라 함) 제19조와 같은 법 제2조 제1항 제1호에 의하면 취소소송의 대상이 되는 처분이란 행정청이 행하는 구체적 사실에 관한 법집행으로서의 공권력의 행사 또는 그 거부와 그밖에 이에 준하는 행정작용을 말한다. 甲의 도시계획시설결정 폐지신청에 대한 乙광역시장의 2017.12.5.자 거부행위가 취소소송의 대상이 되는지와 관련하여 乙광역시장의 2017.12.5.자 거부행위가 행정청이 행하는 구체적 사실에 관한 법집행으로서의 그 거부인지 문제된다.

Ⅱ 乙광역시장의 2017.12.5.자 거부행위가 행정청이 행하는 구체적 사실에 관한 법집행으로서의 그 거부인지 여부

1. 문제의 소재

판례에 의하면 행정청의 거부가 취소소송의 대상이 되는 거부처분이 되려면, 그 신청한 행위가 취소소송의 대상이 되는 처분이고, 그 거부행위가 신청인의 법적 상태에 변동을 초래하며, 그 국민에게 그 행위발동을 요구할 법규상·조리상 신청권이 있으면 된다. 신청권이 있는 처분에 대한 거부행위는 신청인의 법적 상태에 변동을 초래한다. 乙광역시장의 2017.12.5.자 거부행위가 행정청이 행하는 구체적 사실에 관한 법집행으로서의 그 거부인지와 관련하여 첫째, 그 신청한 행위인 도시계획시설결정 폐지가 취소소송의 대상이 되는 처분인지 문제된다. 둘째, 그 국민에게 법규상·조리상 신청권이 있는지 문제된다.

2. 그 신청한 행위인 도시계획시설결정 폐지가 취소소송의 대상이 되는 처분인지 여부

(1) 판례

동법 제19조와 동법 제2조 제1항 제1호에 의하여 취소소송의 대상이 되는 처분이란 행정청의 공법상 행위로서 특정 사항에 대하여 법규에 의한 권리의 설정 또는 의무의 부담을 명하거나 기타 법률상 효과를 직접 발생하게 하는 등으로 국민의 권리·의무에 직접 영향을 미치는 행위를 말한다.

(2) 사안의 경우

도시계획시설결정은 행정계획으로서 강학상 행정행위밖에 행정작용이다. 대중골프장의 설치를 목적으로 하는 도시계획시설결정은 그 구역 안의 토지나 건물소유자에게 토지형질변경금지, 건축물의 신축·개축·증축금지 등 권리행사의 일정한 제한이라는 의무의 부담을 명하므로 국민의 권리·의무에 직접 영향을 미쳐서 취소소송의 대상이 되는 처분이다. 이러한 도시계획시설결정을 폐지하는 도시계획시설결정 폐지는 권리행사에 일정한 제한을 가하는 의무의 해제를 명하므로 국민의 권리·의무에 직접 영향을 미쳐서 취소소송의 대상이 되는 처분이다.

3. 그 국민에게 법규상·조리상 신청권이 있는지 여부

(1) 판례

신청권의 존부는 구체적 사건에서 신청인이 누구인지 고려하지 않고 관계법규의 해석에 의하여 일반 국민에게 그러한 신청권이 인정되는가를 살펴 추상적으로 결정한다.

(2) 사안의 경우

도시계획법상 주민이 도시계획 및 그 변경에 대하여 어떤 신청을 할 수 있음에 관한 규정이 없을 뿐만 아니라 도시계획과 같이 장기성·종합성이 요구되는 행정계획에 있어서는 그 계획이 일단 확정된 후에 어떤 사정의 변동이 있다고 하여 지역주민에게 일일이 그 계획의 변경을 청구할 권리를 인정해줄 수도 없는 이치이나, 도시계획지구 내 토지소유자에게는 입안제안규정, 입안처리결과통보의무규정, 헌법 제23조 제3항의 재산권보장의 취지상 그 국민에게 법규상 또는 조리상 신청권을 인정한다. 甲은 도시계획지구 내 토지소유자이므로 그 국민에게 법규상·조리상 신청권이 있다.

4. 소결

乙광역시장의 2017.12.5.자 거부행위는 행정청이 행하는 구체적 사실에 관한 법집행으로서의 그 거부이다.

Ⅲ 설문의 해결

甲의 도시계획시설결정 폐지신청에 대한 乙광역시장의 2017.12.5.자 거부행위는 취소소송의 대상이 된다.

[설문 2.에 대하여]

Ⅰ 문제의 소재

실시계획인가에 대하여 항고소송을 제기하면서 사업시행자 지정처분이 위법하므로 실시계획인가가 취소되어야 한다는 甲의 주장의 타당성과 관련하여 첫째, 사업시행자 지정처분과 실시계획인가가 하자승계논의의 전제조건을 충족하는지 문제된다. 둘째, 사업시행자 지정처분의 하자가 실시계획인가에 승계되는지 문제된다.

Ⅱ 사업시행자 지정처분과 실시계획인가가 하자승계논의의 전제조건을 충족하는지 여부

1. 하자승계논의의 전제조건

선행행위와 후행행위는 모두 취소소송의 대상이 되는 처분이어야 하고, 선행처분은 취소사유가 존재하면서 불가쟁력이 발생하여야 하며, 후행처분은 적법해야 한다.

2. 사안의 경우

선행행위인 국토계획법상 도시계획시설사업에서 사업시행자 지정은 특정인에게 도시계획시설사업을 시행할 수 있는 권한을 부여하는 처분이고, 후행행위인 도시계획시설사업의 시행자가 작성한 실시계획을 인가하는 처분은 도시계획시설사업 시행자에게 도시계획시설사업의 공사를 허가하고 수용권을 부여하는 처분이다. 선행행위에 불가쟁력은 명백하게 발생하였다. 도시계획시설사업시행자로 지정받으려면 국토계획법 시행령 제96조 제5항에 따라 다른 법령에 의한 면허·허가·인가 등의 사실을 증명하는 서류의 사본을 지정신청서에 첨부하여야 하는데, 그러한 서류사본들 가운데 일부를 누락했다는 점은 절차상 하자로서 취소사유이다. 실시계획인가에 대한 취소소송의 제기는 적법하다. 사업시행자 지정처분과 실시계획인가는 하자승계논의의 전제조건을 충족한다.

Ⅲ 사업시행자 지정처분의 하자가 실시계획인가에 승계되는지 여부

1. 학설
선행행위와 후행행위가 결합하여 하나의 법률효과를 완성하는 경우에는 선행행위의 하자가 후행행위에 승계되는 반면, 양 행위가 서로 독립하여 별개의 효과를 발생시키는 경우에는 선행행위가 당연무효가 아닌 한 선행행위의 하자가 후행행위에 승계되지 않는다고 하는 하자승계론과 제소기간이 도과하여 불가쟁력이 발생된 행정행위의 하자의 승계가능성은 원칙적으로 부인되어야 하며, 다만 이렇게 선행행위의 위법을 주장할 수 없는 것이 당사자에게 수인한도를 넘는 가혹함을 가져오거나 그 결과가 당사자에게 예측가능한 것이 아닌 경우에는 국민의 권리구제 차원에서 예외적으로 후행행위를 다투면서 선행행위의 위법을 주장할 수 있다는 구속력이론이 있다.

2. 판례
선행행위와 후행행위가 결합하여 하나의 법률효과를 완성하는 경우에는 선행행위의 하자가 후행행위에 승계되는 반면, 양 행위가 서로 독립하여 별개의 효과를 발생시키는 경우에는 선행행위가 당연무효가 아닌 한 선행행위의 하자가 후행행위에 승계되지 않으나, 그 경우에도 선행행위에 따른 후행행위가 예측불가능하거나 수인불가능한 경우에는 예외적으로 후행행위를 다투면서 선행행위의 위법을 주장할 수 있다.

3. 검토
구속력이론은 행정행위와 판결이 구조적인 차이가 있음에도 불구하고 행정행위에 기판력과 유사한 효력을 인정한다는 점에서 문제가 있고, 하자승계론은 법률효과의 동일성이라는 형식적 기준에만 의존하여 구체적인 경우 불합리한 결과가 나타날 수 있다는 문제가 있다. 국민의 권리구제 차원에서 원칙적으로 하자승계론을 기준으로 하여 하자승계 여부를 결정하되 예외적인 경우 후행행위를 다투면서 선행행위의 위법을 주장할 수 있다는 판례가 타당하다.

4. 사안의 경우
사업시행자 지정은 특정인에게 도시계획시설사업을 시행할 수 있는 권한을 부여하는 것을 목적으로 하고, 실시계획인가처분은 도시계획시설사업 시행자에게 도시계획시설사업의 공사를 허가하고 수용권을 부여하는 것을 목적으로 하므로 서로 독립하여 별개의 효과를 발생시키는 경우이다.

사업시행자 지정에 따른 실시계획인가처분은 예측가능하다. 사업시행자 지정처분을 제소기간 내에 다투지 못할 특별한 사정이 보이지 않으므로 실시계획인가처분은 수인불가능한 경우가 아니다. 사업시행자 지정처분의 하자는 실시계획인가에 승계되지 않는다.

Ⅳ 설문의 해결

실시계획인가에 대하여 항고소송을 제기하면서 사업시행자 지정처분이 위법하므로 실시계획인가가 취소되어야 한다는 甲의 주장은 타당하지 않다.

행정소송 중
항고소송으로서
무효등확인소송

무효확인소송 – 소제기 적법성과 처분의 위법성, 위법성의 정도

[제1문] 224) 甲은 A시에서 공동주택을 건축하기 위하여 주택건설사업계획승인신청을 하였는데, A시장은 해당 지역이 용도변경을 추진 중에 있고 일반 여론에서도 보존의 목소리가 높은 지역이라는 이유로 거부처분을 하였다. A시장의 거부처분에 이유제시가 미흡하다는 하자가 있음이 밝혀졌다. 甲은 그 거부처분의 무효를 주장한다. 이러한 甲의 주장의 타당 여부를 검토하시오. 20점

 해설

Ⅰ 문제의 소재

처분이 무효라는 주장이 타당하려면, 처분이 위법하여야 하고, 그 위법성의 정도가 무효이어야 한다. 거부처분의 무효를 주장하는 甲의 주장의 타당 여부와 관련하여 첫째, 주택건설사업계획승인신청의 거부가 취소소송의 대상이 되는 거부처분인지 문제된다. 둘째, 거부처분의 이유제시의 위법이 독자적 위법사유인지 문제된다. 셋째, 거부처분의 이유제시의 위법의 정도가 무효인지 문제된다.

Ⅱ 주택건설사업계획승인신청의 거부가 취소소송의 대상이 되는 거부처분인지 여부

1. 판례

판례에 의하면 거부가 취소소송의 대상이 되는 거부처분이 되려면 그 신청한 행위가 처분이어야 하고, 그 거부행위가 신청인의 법적 상태에 변동을 초래하여야 하며, 그 국민에게 그 행위발동을 요구할 법규상 또는 조리상 신청권이 있어야 한다. 또한 신청권이 있는 처분에 대한 거부행위는 신청인의 법적 상태에 변동을 초래한다. 신청권이 있는지 여부는 구체적 사건에서 신청인이 누구인지 고려하지 않고 법규의 해석에 의하여 국민에게 그러한 신청권이 있는지를 살펴 추상적으로 결정하여야 한다.

2. 사안의 경우

그 신청한 행위인 주택건설사업계획승인은 사업시행자에게 건설사업에 관한 독점적 권리를 설정하여 주는 강학상 특허이므로 처분이다. 주택건설사업계획승인은 법규의 해석상 출원을 전제로 한 처분이므로 그 국민에게 주택건설사업계획승인을 요구할 법규상 신청권이 있다. 신청권이 있는 처분에 대한 거부행위이므로 신청인인 甲의 법적 상태에 변동을 초래한다. 주택건설사업계획승인신청의 거부는 거부처분이다.

---

224) 2013년 재경 기출문제 제1문 수정

Ⅲ 거부처분의 이유제시의 위법이 독자적 위법사유인지 여부

1. 학설

절차상의 하자가 실체법적인 결정에 어떠한 영향을 미치지 않는다는 것이 명백한 경우에는 법원은 절차상의 하자를 이유로 처분을 취소 또는 무효확인할 수 없다는 부정설, 행정행위를 기속행위와 재량행위로 구별하여 기속행위의 경우에는 그 실체적인 요건이 충족된 경우에는 절차상의 하자를 이유로 취소 또는 무효확인할 수 없다는 절충설, 행정행위의 종류에 불문하고 절차하자가 있는 행정행위를 내용상 하자가 있는 행정행위와 마찬가지로 보아 이를 이유로 취소 또는 무효확인할 수 있다는 긍정설이 있다.

2. 판례

재량행위인 식품위생법상 영업정지처분이 청문절차를 제대로 거치지 않은 경우뿐만 아니라 기속행위인 과세처분이 이유제시를 결한 경우에도 절차상의 하자를 이유로 행정행위를 취소하고 있다.

3. 검토

사전적 권리구제제도로서의 행정절차의 중요성과 그 기능, 그리고 행정소송법 제30조 제3항의 취지를 고려할 때 절차의 흠결만으로도 독자적 위법사유가 된다는 견해와 판례가 타당하다.

4. 사안의 경우

거부처분의 이유제시의 위법은 독자적 위법사유이다.

Ⅳ 거부처분의 이유제시의 위법의 정도가 무효인지 여부

1. 판례

행정처분이 당연무효라고 하기 위하여는 처분에 위법사유가 있다는 것만으로는 부족하고 그 하자가 법규의 중요한 부분을 위반한 중대한 것으로서 객관적으로 명백한 것이어야 하며, 하자가 중대하고 명백한 것인지 여부를 판별할 때에는 그 법규의 목적, 의미, 기능 등을 목적론적으로 고찰함과 동시에 구체적 사안 자체의 특수성에 관하여도 합리적으로 고찰하여야 한다.

2. 사안의 경우

A시장의 거부처분은 행정절차법 제23조를 위반하였음이 일반인 관점에서도 명백하다. 다만 절차상의 위법은 적법요건의 위반은 아니어서 중대한 법규위반은 아니다. 이유제시의 위법의 정도는 명백한 법규위반이나 중대한 법규위반은 아니어서 취소사유라 할 것이다.

Ⅴ 설문의 해결

A시장의 거부처분에 이유제시가 미흡하다는 이유는 취소사유에 그치는 것이므로 그 거부처분의 무효를 주장하는 甲의 주장은 타당하지 않다.

[제2문] [225] 건축사업자 甲은 X시장으로부터 건축허가를 받아 건물의 신축공사를 진행하던 중 건축법령상의 의무위반을 이유로 X시장으로부터 공사중지명령을 받았다. 甲은 해당 법령의무위반을 하지 않았다고 판단하고, 공사중지명령처분은 위법하다고 주장하며 공사중지명령처분의 무효확인소송을 제기하였다. 법원은 사건의 심리결과 해당 처분에 '중대한' 위법이 있음이 인정되지만 '명백한' 위법은 아닌 것으로 판단하였다. 법원은 어떠한 판결을 내려야 하는지 설명하시오. 25점

해설

① 문제의 소재

무효확인소송의 본안에서 심리결과 처분이 위법하고, 그 위법성의 정도가 무효라면 무효확인인용판결을 하고, 취소사유라면 원칙적으로 기각판결을 하여야 한다. 법원은 사건의 심리결과 공사중지명령에 '중대한' 위법이 있음이 인정되지만 '명백한' 위법은 아닌 것으로 판단하였다. 법원은 어떠한 판결을 내려야 하는지와 관련하여 첫째, 공사중지명령취소소송과 공사중지명령무효확인소송의 관계가 문제된다. 둘째, 공사중지명령의 위법성의 정도가 문제된다.

② 공사중지명령취소소송과 공사중지명령무효확인소송의 관계

1. 학설

무효확인소송도 확인소송인 한 민사소송의 확인소송과 마찬가지로 확인의 이익이 필요하다는 견해에 의하면 취소소송의 제기가 가능하면 무효확인소송의 제기는 가능하지 않다고 본다. 이에 대해서 항고소송인 무효확인소송은 민사소송의 확인소송과 다르므로 확인의 이익이 필요하지 않다는 견해에 의하면 취소소송의 제기가 가능하더라도 무효확인소송의 제기가 가능하다고 본다.

2. 판례

행정소송은 민사소송과는 목적, 취지 및 기능 등을 달리하므로 행정처분의 근거 법률에 의하여 보호되는 직접적이고 구체적인 이익이 있는 경우에는 행정소송법(이하 동법이라 함) 제35조에 규정된 무효확인을 구할 법률상 이익이 있다고 보아야 하고, 이와 별도로 무효확인소송의 보충성이 요구되는 것은 아니다.

3. 검토 및 소결

동법 제38조 제1항은 동법 제30조의 취소판결의 기속력을 무효확인소송에도 준용하고 있기 때문에 무효확인판결 자체만으로도 원상회복 등 실효성이 있으므로 법률상 이익만으로 족하며 별도로 즉시확정의 이익은 필요하지 않다는 견해와 판례가 타당하다. 취소소송의 제소기간이 도과하더라도 무효확인소송의 제기가 가능할 뿐만 아니라 취소소송의 제소기간 내라 하더라도 무효확인소송의 제기가 가능하다.

---

225) 2018년 노무사 기출 제2문

Ⅲ 공사중지명령의 위법성의 정도

1. 판례

행정처분이 당연무효라고 하기 위하여는 처분에 위법사유가 있다는 것만으로는 부족하고 그 하자가 법규의 중요한 부분을 위반한 중대한 것으로서 객관적으로 명백한 것이어야 한다.

2. 사안의 경우

법원은 사건의 심리결과 공사중지명령에 '중대한' 위법이 있음이 인정되지만 '명백한' 위법은 아닌 것으로 판단하였다는 점에서 공사중지명령의 위법성의 정도는 취소사유이다.

Ⅳ 설문의 해결

무효확인소송은 취소소송에 보충적 소송이 아니므로 취소소송의 제소기간 내에도 제기할 수 있고, 제소기간을 도과하여도 제기할 수 있다. 무효확인소송이 취소소송의 제소기간을 도과하여 제기된다면 그 위법성의 정도가 취소사유이므로 원칙적으로 기각판결을 받게 된다. 판례에 의하면 취소소송의 제소기간 내 제기한 무효확인소송에서 그 위법성의 정도가 취소사유라면 취소인용판결을 한다. 이에 대해서 학설은 무효확인소송을 취소소송으로 소변경을 한 다음에 취소인용판결을 하여야 한다고 한다.

PART
03

02 ｜ 무효확인소송의 협의의 소익

[제1문] 226) 甲은 「식품위생법」상의 식품접객업영업허가를 받아 유흥주점을 영위하여 오다가 17세의 가출 여학생을 고용하던 중, 「식품위생법」 제44조 제2항 제1호의 "청소년을 유흥접객원으로 고용하여 유흥행위를 하게 하는 행위"를 한 것으로 적발되었다. 관할행정청이 제재처분을 하기에 앞서 甲은 乙에게 영업관리권만을 위임하였는데 乙은 甲의 인장과 관계서류를 위조하여 관할행정청에 영업자지위승계신고를 하였고, 그 신고가 수리되었다. 甲은 관할행정청의 영업자지위승계신고의 수리에 대하여 무효확인소송을 제기할 수 있는지 검토하시오. 15점

 해설

Ⅰ 문제의 소재

무효확인소송을 제기하려면, 무효확인소송의 대상적격, 무효확인소송의 원고적격, 무효확인소송의 피고적격, 무효확인소송의 협의의 소익, 무효확인소송의 관할법원 등의 무효확인소송요건을 충족하여야 한다. 甲은 관할행정청의 영업자지위승계신고의 수리에 대하여 무효확인소송을 제기할 수 있는지와 관련하여 첫째, 영업자지위승계신고수리처분 무효확인소송도 확인소송이어서 민사소송의 확인소송에서 요구하는 확인의 이익이 필요한지 문제된다. 둘째, 항고소송으로서 영업자지위승계신고수리처분 무효확인소송보다 민사소송인 영업양도행위 무효확인소송이 보다 간이한 권리구제수단인지 문제된다.

Ⅱ 영업자지위승계신고수리처분 무효확인소송도 확인소송이어서 민사소송의 확인소송에서 요구하는 확인의 이익이 필요한지 여부

1. 학설

무효확인소송은 확인의 소이므로 확인을 구할 법률상 이익도 민사소송에서의 확인의 소가 요구하는 확인의 이익과 동일하므로 다른 구제수단이 있는 경우에는 무효확인소송의 소의 이익을 부정하는 즉시확정이익설과 행정소송법(이하 동법이라 함) 제38조 제1항은 동법 제30조의 취소판결의 기속력을 무효확인소송에도 준용하고 있으므로 무효확인판결 자체만으로도 원상회복 등 실효성이 있는 경우에는 직접적인 구제수단이 있는지 여부를 따질 필요 없이 근거 법률에 의해 보호되는 직접적이고 구체적인 이익이 있다면 무효확인소송을 제기할 수 있다는 법적보호이익설이 있다.

2. 판례

행정소송은 민사소송과는 목적, 취지 및 기능 등을 달리하므로 행정처분의 근거 법률에 의하여

---

226) 2009년 일행 기출문제 제1문 2)

보호되는 직접적이고 구체적인 이익이 있는 경우에는 동법 제35조에 규정된 무효확인을 구할 법률상 이익이 있다고 보아야 하고, 이와 별도로 무효확인소송의 보충성이 요구되는 것은 아니므로 행정처분의 무효를 전제로 한 이행소송 등과 같은 직접적인 구제수단이 있는지 여부를 따질 필요가 없다.[227]

3. 검토

항고소송인 무효확인소송의 무효확인판결에는 동법 제38조 제1항에 의하여 준용되는 동법 제30조에 의한 기속력의 한 내용으로 원상회복의무가 인정되므로 민사소송의 확인의 소에서와 같은 확인의 이익은 추가로 요구되지 않는다고 보는 부정설과 판례가 타당하다.

4. 사안의 경우

영업자지위승계신고수리처분 무효확인소송은 확인의 이익을 필요로 하지 않는다.

Ⅲ 항고소송으로서 영업자지위승계신고수리처분 무효확인소송보다 민사소송인 영업양도행위 무효확인소송이 보다 간이한 권리구제수단인지 여부

1. 판례

사업양도·양수에 따른 허가관청의 지위승계신고의 수리는 적법한 사업의 양도·양수가 있었음을 전제로 하는 것이므로 그 수리대상인 사업양도·양수가 존재하지 아니하거나 무효인 때에는 수리를 하였다 하더라도 그 수리는 유효한 대상이 없는 것으로서 당연히 무효라 할 것이고, 사업의 양도행위가 무효라고 주장하는 양도자는 민사쟁송으로 양도·양수행위의 무효를 구함이 없이 막바로 허가관청을 상대로 하여 행정소송으로 위 신고수리처분의 무효확인을 구할 법률상 이익이 있다.[228]

2. 사안의 경우

乙이 행한 영업자지위승계신고에 대한 관할행정청의 영업자지위승계신고수리는 甲이 乙에게 영업관리권만을 위임한 것과 乙은 甲의 인장과 관계서류를 위조하여 관할행정청에 영업자지위승계신고를 하였다는 점에서 유효한 수리의 대상인 적법한 영업양도행위가 없는 것으로서 당연히 무효라 할 것이다. 甲은 먼저 민사쟁송으로 영업양도행위의 무효를 구함이 없이 막바로 관할행정청을 피고로 하여 영업자지위승계신고수리처분의 무효확인을 구할 법률상 이익이 있으므로 민사소송인 영업양도행위 무효확인소송이 영업자지위승계신고수리처분 무효확인소송보다 간이한 권리구제수단은 아니다.

Ⅳ 설문의 해결

甲은 乙에 대한 관할행정청의 영업자지위승계신고수리에 대하여 무효확인소송을 제기할 수 있다.

---

227) 대판 2008.3.20, 2007두6342
228) 대판 2005.12.23, 2005두3554

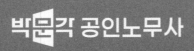

행정소송 중
항고소송으로서
부작위위법확인소송

[제1문] 229) 甲은 B광역시장의 허가를 받지 아니하고 B광역시에 공장 건물을 증축하여 사용하고 있다. 이에 B광역시장은 甲에 대하여 증축한 부분을 철거하라는 시정명령을 내렸으나 甲은 이를 이행하지 아니하고 있다. B광역시장은 상당한 기간이 경과하였음에도 甲에 대하여 이행강제금을 부과·징수하지 않고 있다. 이에 대하여 B광역시 주민 乙은 부작위위법확인소송을 통하여 다투려고 한다. B광역시장이 甲에 대하여 이행강제금을 부과·징수하지 않고 있는 행위는 부작위위법확인소송의 대상이 되는가? **10점**

참조조문

※ 아래의 법령은 문제출제 당시의 적용법령임

「건축법」

제80조(이행강제금)
① 허가권자는 제79조 제1항에 따라 시정명령을 받은 후 시정기간 내에 시정명령을 이행하지 아니한 건축주 등에 대하여는 그 시정명령의 이행에 필요한 상당한 이행기한을 정하여 그 기한까지 시정명령을 이행하지 아니하면 다음 각 호의 이행강제금을 부과한다.
 1. ~ 2. (생략)
⑦ 허가권자는 제4항에 따라 이행강제금 부과처분을 받은 자가 이행강제금을 납부기한까지 내지 아니하면 지방세외수입금의 징수 등에 관한 법률에 따라 징수한다.

 해설

I 문제의 소재

행정소송법(이하 동법이라 함) 제38조 제2항, 동법 제19조, 동법 제2조 제1항 제2호에 의하면 부작위위법확인소송의 대상인 "부작위"라 함은 행정청이 당사자의 신청에 대하여 상당한 기간 내에 일정한 처분을 하여야 할 법률상 의무가 있음에도 불구하고 이를 하지 아니하는 것을 말한다. B광역시장은 건축법 제80조 제1항에 의하여 甲에 대하여 이행강제금을 부과해야 할 법률상 의무가 있음에도 아무런 처분을 하지 않았다. B광역시장이 甲에 대하여 이행강제금을 부과·징수하지 않고 있는 행위는 부작위위법확인소송의 대상이 되는가와 관련하여 당사자의 신청에 신청권이 있는지 문제된다.

II 당사자의 신청에 신청권이 있는지 여부

1. 학설

신청권을 어느 단계에서 검토해야 하느냐와 관련하여 대상적격설, 원고적격설, 본안문제설이 있다.

---

229) 2016년 행시 기출문제 제2문 1)

2. 판례

신청권의 존부는 구체적 사건에서 신청인이 누구인지 고려하지 않고 관계법규의 해석에 의하여 일반 국민에게 그러한 신청권이 인정되는가를 살펴 추상적으로 결정한다.

3. 검토

의무이행소송을 행정소송법이 규정하지 않는다는 점, 본질적으로 동일한 부작위인 거부처분에서도 신청권을 대상적격의 문제로 본다는 점에서 대상적격설과 판례가 타당하다. 명문의 규정으로 신청할 수 있다거나 법규의 해석상 출원을 전제로 한 처분이라면 법규상 신청권이 인정되고, 법규상 신청권이 없더라도 처분청의 처분예고, 출원공고, 사무처리기준의 설정·공표가 있다면 조리상 신청권이 인정된다. 더 나아가 폐기물처리업의 적정통보를 받은 자가 신청한 도시계획변경과 산업단지지정지구 내 토지소유자가 신청한 도시계획변경에 대해서 법규상 또는 조리상 신청권이 인정된다.

4. 사안의 경우

이행강제금부과행위의 근거 법률에는 법규상 신청권이 엿보이지 않고, B광역시장이 이행강제금 부과처분을 예고하고 그 처분에 대한 출원을 공고하였다는 사정도 엿보이지 않으므로 조리상 신청권도 없다. 더 나아가 법규상 또는 조리상 신청권도 없다. 당사자의 신청에 신청권이 있지 않다.

Ⅲ 설문의 해결

B광역시장이 甲에 대하여 이행강제금을 부과·징수하지 않고 있는 행위는 부작위위법확인소송의 대상이 아니다.

[제2문] [230] A주식회사는 B시장에게 「산업입지 및 개발에 관한 법률」 및 같은 법 시행령에 의거하여 B시 일원의 토지 3천여 제곱미터에 대하여 '산업입지 지정 승인요청서'를 제출하였고 B시장은 위 요청서에 대한 의견서 등을 첨부하여 위 요청서를 C도 도지사에게 전달하였다. 이에 C도 도지사는 A주식회사를 사업시행자로 하여 위 토지 일대를 '○○ 제2일반지방산업단지'로 지정승인한 후 이를 고시하였다. 그런데 위 지정·고시는 산업단지 조성에 필요한 범위를 넘어 과도하게 이루어졌다. 위 산업단지 내에 토지를 소유하고 있는 甲은 자신의 토지가 위 고시에 따라 수용대상토지로 지정되자, A주식회사와 위 토지의 취득 등에 대하여 협의를 하였으나 협의가 성립되지 아니하였다. 이에 A주식회사는 C도 지방토지수용위원회에 재결을 신청하였고 C도 지방토지수용위원회는 甲의 토지 및 그 지상물에 대하여 수용재결을 하였다. 乙은 위 수용재결에 따라 생활의 근거를 상실하게 되어 관련 법령에 의해 이주대책대상자에 포함되었다. 乙은 A주식회사가 「공익사업을 위한 토지 등의 취득 및 보상에 관한 법률 시행령」 제40조 제2항 단서에 의하여 수립한 이주대책에 따라 주택특별공급을 신청하였으나 상당기간이 경과하였음에도 불구하고 A주식회사가 주택특별공급결정을 아니하고 있다. 이 경우 乙이 취할 수 있는 행정쟁송상의 구제수단을 논하시오. **30점**

---

230) 2012년 제3차 모의시험 2문 설문4

참조조문

※ 아래의 법령은 문제출제 당시의 적용법령임

「산업입지 및 개발에 관한 법률」

제11조(민간기업 등의 산업단지 지정 요청)

① 국가 또는 지방자치단체 외의 자로서 대통령령으로 정하는 요건에 해당하는 자는 산업단지개발계획을 작성하여 산업단지지정권자에게 국가산업단지 또는 일반 산업단지 및 도시첨단산업단지의 지정을 요청할 수 있다.

② 제1항에 따른 요청에 의하여 산업단지가 지정된 경우 그 지정을 요청한 자는 제16조에 따라 사업시행자로 지정받을 수 있다.

제22조(토지수용)

① 사업시행자는 산업단지개발사업에 필요한 토지·건물 또는 토지에 정착한 물건과 이에 관한 소유권 외의 권리, 광업권, 어업권, 물의 사용에 관한 권리(이하 "토지 등"이라 한다)를 수용하거나 사용할 수 있다.

② 제1항을 적용할 때 제7조의4 제1항에 따른 산업단지의 지정·고시가 있는 때에는 이를 「공익사업을 위한 토지 등의 취득 및 보상에 관한 법률」 제20조 제1항 및 같은 법 제22조에 따른 사업인정 및 사업 인정의 고시가 있는 것으로 본다.

제36조(이주대책 등)

① 사업시행자는 「공익사업을 위한 토지 등의 취득 및 보상에 관한 법률」에서 정하는 바에 따라 산업단지의 개발로 인하여 생활의 근거를 상실하게 되는 자(이하 "이주자"라 한다)에 대한 이주대책 등을 수립·시행하여야 한다.

「공익사업을 위한 토지 등의 취득 및 보상에 관한 법률 시행령」

제40조(이주대책의 수립·실시)

② 이주대책은 국토해양부령이 정하는 부득이한 사유가 있는 경우를 제외하고는 이주대책대상자 중 이주정착지에 이주를 희망하는 자가 10호 이상인 경우에 수립·실시한다. 다만, 사업시행자가 「택지개발촉진법」, 「주택법」 또는 「산업입지 및 개발에 관한 법률」 등 관계법령에 의하여 이주대책대상자에게 택지 또는 주택을 공급한 경우에는 이주대책을 수립·실시한 것으로 본다.

해설

[I] 문제의 소재

乙이 A주식회사가 수립한 이주대책에 따라 주택특별공급을 신청하였으나 상당기간이 경과하였음에도 불구하고 A주식회사가 주택특별공급결정을 아니하고 있는 것은 부작위이다. 乙이 취할 수 있는 행정쟁송상의 구제수단과 관련하여 첫째, A주식회사의 주택특별공급결정부작위의 법적 성질이 항고쟁송의 대상이 되는 부작위인지 문제된다. 둘째, 행정심판법상의 권리구제수단이 문제된다. 셋째, 행정소송법상의 권리구제수단이 문제된다.

Ⅱ A주식회사의 주택특별공급결정부작위의 법적 성질이 항고쟁송의 대상이 되는 부작위인지 여부

1. 문제의 소재

A주식회사의 주택특별공급결정부작위의 법적 성질이 항고쟁송의 대상이 되는 부작위가 되려면, 항고쟁송의 대상이 되는 처분에 대한 부작위이면서, 당사자의 신청에 신청권이 있어야 한다. 乙의 주택특별공급결정부작위의 법적 성질과 관련하여 첫째, A주식회사가 행정청인지 문제된다. 둘째, 주택특별공급결정이 항고쟁송의 대상이 되는 처분인지 문제된다. 셋째, 당사자의 신청에 신청권이 있는지 문제된다.

2. A주식회사가 행정청인지 여부

(1) 법률규정

행정심판법 제2조 제4호에 의하면 "행정청"이란 행정에 관한 의사를 결정하여 표시하는 국가 또는 지방자치단체의 기관, 그 밖에 법령 또는 자치법규에 따라 행정권한을 가지고 있거나 위탁을 받은 공공단체나 그 기관 또는 사인(私人)을 말한다. 행정소송법 제2조 제2항에 의하면 이 법을 적용함에 있어서 행정청에는 법령에 의하여 행정권한의 위임 또는 위탁을 받은 행정기관, 공공단체 및 그 기관 또는 사인이 포함된다. 이 경우 행정청은 기능적으로 이해되는 행정청이다.

(2) 사안의 경우

산업입지 및 개발에 관한 법률 제11조와 제16조에 따라 사업시행자로 지정받은 A주식회사는 같은 법 제22조 제1항에 의하여 토지수용권한을 위임받았으므로 행정청이다. 이를 공무수탁사인이라 한다.

3. 주택특별공급결정이 처분인지 여부

(1) 판례

항고쟁송의 대상이 되는 처분이란 행정청의 공법상 행위로서 특정 사항에 대하여 법규에 의한 권리의 설정 또는 의무의 부담을 명하거나 기타 법률상 효과를 직접 발생하게 하는 등 국민의 권리·의무에 직접 영향을 미치는 행위를 말한다.

(2) 사안의 경우

A주식회사의 주택특별공급결정이 주택특별공급신청자에 대하여 특별분양을 받을 수 있는 구체적인 권리의 설정을 명하므로 국민의 권리·의무에 직접 영향을 미치는 행위이어서 항고쟁송의 대상이 되는 처분이다. 이에 대해서 산업입지법 제36조 제1항에 의하여 직접적으로 수분양권이 발생하고 A주식회사의 주택특별공급결정은 그 발생된 권리의 확인행위라는 견해가 있다.

4. 당사자의 주택특별공급발령의 신청에 신청권이 있는지 여부

(1) 판례

신청권의 존부는 구체적 사건에서 신청인이 누구인지 고려하지 않고 법규의 해석에 의하여 국민에게 그러한 신청권이 있는지를 살펴 추상적으로 결정하는 것이다.

(2) 사안의 경우

당사자의 주택특별공급발령의 신청에 법규상 신청권은 보이지 않는다. A주식회사의 주택특별공급결정에는 주택특별공급예고, 주택특별공급출원공고, 주택특별공급사무처리규정인 규약의 존재로 조리상 신청권이 있다. 당사자의 신청에 신청권이 있다.

5. 소결

A주식회사의 주택특별공급결정부작위의 법적 성질은 항고쟁송의 대상이 되는 부작위이다.

Ⅲ 행정심판법상의 권리구제수단

1. 행정심판법 규정

행정심판법 제5조 제3호에 의하면 의무이행심판은 당사자의 신청에 대한 행정청의 위법 또는 부당한 거부처분이나 부작위에 대하여 일정한 처분을 하도록 하는 행정심판이다. 행정심판법 제31조에 의하면 위원회는 처분 또는 부작위가 위법·부당하다고 상당히 의심되는 경우로서 처분 또는 부작위 때문에 당사자가 받을 우려가 있는 중대한 불이익이나 당사자에게 생길 급박한 위험을 막기 위하여 임시지위를 정하여야 할 필요가 있는 경우에는 직권으로 또는 당사자의 신청에 의하여 임시처분을 결정할 수 있다. 임시처분은 공공복리에 중대한 영향을 미칠 우려가 있을 때에는 허용되지 아니하고, 집행정지로 목적을 달성할 수 있는 경우에는 허용되지 아니한다.

2. 사안의 경우

乙의 주택특별공급결정부작위에 대하여 의무이행심판의 제기가 가능하다. A주식회사의 부작위는 위법·부당하다고 상당히 의심이 되고, 주택특별공급결정의 부작위 때문에 乙에게 발생하는 생활의 근거를 상실하게 되는 중대한 불이익을 막기 위하여 임시의 지위를 정하여야 할 필요가 인정된다. 임시처분으로 주택특별공급결정을 한다고 하여 공공복리에 중대한 영향을 미칠 우려가 있다고 보기 어렵다. 부작위는 집행정지의 대상이 되지 않는다. 乙은 임시처분을 신청할 수 있다.

Ⅳ 행정소송법상의 권리구제수단

1. 의무이행소송이 인정되는지 여부

의무이행소송이 현행법상 인정될 수 있는지에 대하여 견해의 대립이 있으나, 판례는 "행정청에 대하여 처분의 이행을 구하는 청구는 특별한 규정이 없는 한 행정소송의 대상이 될 수 없다."고 판시하여 이를 부정하고 있으므로 의무이행소송은 인정되지 않는다.

2. 부작위위법확인소송

행정소송법 제4조 제3호에 의하면 부작위위법확인소송은 행정청의 부작위가 위법하다는 것을 확인하는 소송이다. 乙의 주택특별공급결정부작위의 법적 성질은 항고쟁송의 대상이 되는 부작위이므로 부작위위법확인소송의 제기가 가능하다.

3. 가처분이 인정되는지 여부

부작위는 그 성질상 집행정지가 불가능하다. 행정소송법 제8조 제2항에 의하여 민사집행법 제300조 제2항이 준용될 수 있는지에 대하여 판례는 "민사집행법상의 가처분규정은 민사판결의 실효성을 확보하기 위한 제도이므로 그 성질상 항고소송에 대하여는 적용되지 않는다."고 판시하고 있으므로 가처분은 인정되지 않는다.

Ⅴ 설문의 해결

乙은 행정심판법상의 구제수단으로 의무이행심판과 임시처분을 신청할 수 있고, 행정소송법상의 구제수단으로 부작위위법확인소송을 제기할 수 있다. 의무이행심판을 거친다면 부작위위법확인소송도 제소기간의 적용이 있다.

네이버에서 "박문각 출판"을 검색하여 사이트에 접속(www.pmgedu.co.kr)하면 "학습자료실"에서 해당자료를 다운로드할 수 있습니다.

행정소송 중
당사자소송

01 | 형식적 당사자소송

'형식적 당사자소송 – 명문의 규정이 없어도 인정되는가?'에 대한 출제가능성은 거의 없으나 리걸 마인드 훈련차원에서 완벽정리에서 다루었습니다.

[제1문] [231] 토지소유자인 갑은 지방토지수용위원회 을에게 도시계획사업의 사업시행자인 ○○구청장 병이 사업인정고시가 된 후 3년 이상 자신의 토지를 사용하였다고 주장하면서 토지보상법 제72조 제1호를 근거로 토지의 수용을 청구하였다. 지방토지수용위원회 을은 토지보상법 제72조 제1호의 요건에 해당하지 않음을 이유로 갑의 수용청구를 각하하는 재결을 하였다. 갑은 지방토지수용위원회 을을 상대로 위 각하재결의 취소를 구하는 소를 제기하였다. 갑이 제기한 소는 적법한가?

10점

참조조문

「공익사업을 위한 토지 등의 취득 및 보상에 관한 법률」

제72조(사용하는 토지의 매수청구 등)

사업인정고시가 된 후 다음 각 호의 어느 하나에 해당할 때에는 해당 토지소유자는 사업시행자에게 해당 토지의 매수를 청구하거나 관할 토지수용위원회에 그 토지의 수용을 청구할 수 있다. 이 경우 관계인은 사업시행자나 관할 토지수용위원회에 그 권리의 존속(存續)을 청구할 수 있다.

1. 토지를 사용하는 기간이 3년 이상인 경우
2. 토지의 사용으로 인하여 토지의 형질이 변경되는 경우
3. 사용하려는 토지에 그 토지소유자의 건축물이 있는 경우

제85조(행정소송의 제기)

① 사업시행자, 토지소유자 또는 관계인은 제34조에 따른 재결에 불복할 때에는 재결서를 받은 날부터 90일 이내에, 이의신청을 거쳤을 때에는 이의신청에 대한 재결서를 받은 날부터 60일 이내에 각각 행정소송을 제기할 수 있다. 이 경우 사업시행자는 행정소송을 제기하기 전에 제84조에 따라 늘어난 보상금을 공탁하여야 하며, 보상금을 받을 자는 공탁된 보상금을 소송이 종결될 때까지 수령할 수 없다.

② 제1항에 따라 제기하려는 행정소송이 보상금의 증감(增減)에 관한 소송인 경우 그 소송을 제기하는 자가 토지소유자 또는 관계인일 때에는 사업시행자를, 사업시행자일 때에는 토지소유자 또는 관계인을 각각 피고로 한다.

 해설

⌧ 문제의 소재

공익사업을 위한 토지 등의 취득 및 보상에 관한 법률(이하 토지보상법이라 함) 제85조 제1항에 의하면 사업시행자, 토지소유자 또는 관계인은 제34조에 따른 재결에 불복할 때에는 … 각각 행정

---

231) 판례창작문제, 대판 2015.4.9, 2014두46669

소송을 제기할 수 있고, 제2항에 의하면 제1항에 따라 제기하려는 행정소송이 보상금의 증감(增減)에 관한 소송인 경우 그 소송을 제기하는 자가 토지소유자 또는 관계인일 때에는 사업시행자를, 사업시행자일 때에는 토지소유자 또는 관계인을 각각 피고로 한다. 갑은 지방토지수용위원회 을을 상대로 각하재결의 취소를 구하는 소를 제기하였다. 갑이 제기한 취소소송이 적법한지와 관련하여 갑이 제기하여야 할 소송이 토지보상법 제85조 제1항 소송인지 토지보상법 제85조 제2항 소송인지 문제된다.

Ⅱ 갑이 제기하여야 할 소송이 토지보상법 제85조 제1항 소송인지 토지보상법 제85조 제2항 소송인지 여부

1. 판례

토지보상법 제72조에 규정되어 있는 사용하는 토지의 매수청구권은 토지보상법 제74조 제1항이 정한 잔여지 수용청구권과 같이 손실보상의 일환으로 토지소유자에게 부여되는 권리로서 그 청구에 의하여 수용효과가 생기는 형성권의 성질을 지니므로, 토지소유자의 토지수용청구를 받아들이지 아니한 토지수용위원회의 재결에 대하여 토지소유자가 불복하여 제기하는 소송은 토지보상법 제85조 제2항에 규정되어 있는 '보상금의 증감에 관한 소송'에 해당하고, 그 피고는 토지수용위원회가 아니라 사업시행자로 하여야 한다.

2. 사안의 경우

토지소유자인 갑이 지방토지수용위원회 을에게 사용한 토지의 수용을 청구한 것은 그 청구에 의하여 수용효과가 생기는 형성권의 성질을 지닌다. 토지소유자의 토지수용청구를 받아들이지 아니한 토지수용위원회의 재결에 대하여 토지소유자가 불복하여 제기하는 소송은 토지보상법 제85조 제2항의 소송이다. 갑이 제기하여야 할 소송은 토지보상법 제85조 제2항 소송이다.

Ⅲ 설문의 해결

갑이 제기한 취소소송은 부적법하다. 갑은 사업시행자인 ○○구청장 병을 피고로 하여 보상금증액청구소송을 제기하여야 한다.

[제2문] [232] ○○시는 공익사업인 도로 확장공사를 위하여 갑이 운영하는 제조공장 단지 중 일부 공장용지를 분할하여 수용하고자, 관할 중앙토지수용위원회에 편입토지와 그 지상의 담장, 수목, 휴게실, 화단, 우수관설, 경비실, 출입문 등 지장물에 대한 수용재결을 신청하였다. 갑은 그 수용재결 절차에서, '○○시가 자신이 운영하는 공장 중 일부 토지를 분할하여 수용하면, 공장 전면부의 잔여 통로만으로는 제품을 적재하여 출고하는 대형트럭의 진출입이 곤란해지고, 대형트럭의 원활한 진출입을 위한 통로를 확보하기 위해서는 공장 건축물의 전면부 일부를 철거하여야 하므로, 그 공사비용

---

232) 판례창작문제, 대판 2018.7.20, 2015두4044

등을 추가로 보상해야 한다.'는 취지로 주장하였다. 중앙토지수용위원회는 분할수용되는 일부 공장용지와 지장물에 관한 수용개시일과 각 손실보상금액을 정하면서, '○○시의 분할수용으로 제조공장에서 출고제품 상·하차 작업과 이동에 다소 불편이 있을지라도 이러한 사실만으로 공장의 운영이 사실상 불가능하게 될 정도는 아니다.'라는 이유를 들어 갑의 주장을 배척하는 내용의 수용재결을 하였다. 이에 갑은 관할중앙토지수용위원회의 수용재결에 불복하고자 한다. 갑이 제기할 소송형식을 검토하시오. 10점

참조조문

「공익사업을 위한 토지 등의 취득 및 보상에 관한 법률」

제73조(잔여지의 손실과 공사비 보상)

① 사업시행자는 동일한 소유자에게 속하는 일단의 토지의 일부가 취득되거나 사용됨으로 인하여 잔여지의 가격이 감소하거나 그 밖의 손실이 있을 때 또는 잔여지에 통로·도랑·담장 등의 신설이나 그 밖의 공사가 필요할 때에는 국토교통부령으로 정하는 바에 따라 그 손실이나 공사의 비용을 보상하여야 한다. 다만, 잔여지의 가격 감소분과 잔여지에 대한 공사의 비용을 합한 금액이 잔여지의 가격보다 큰 경우에는 사업시행자는 그 잔여지를 매수할 수 있다.

② ~ ⑤ (생략)

제75조의2(잔여 건축물의 손실에 대한 보상 등)

① 사업시행자는 동일한 소유자에게 속하는 일단의 건축물의 일부가 취득되거나 사용됨으로 인하여 잔여 건축물의 가격이 감소하거나 그 밖의 손실이 있을 때에는 국토교통부령으로 정하는 바에 따라 그 손실을 보상하여야 한다. 다만, 잔여 건축물의 가격 감소분과 보수비(건축물의 나머지 부분을 종래의 목적대로 사용할 수 있도록 그 유용성을 동일하게 유지하는 데에 일반적으로 필요하다고 볼 수 있는 공사에 사용되는 비용을 말한다. 다만, 「건축법」 등 관계 법령에 따라 요구되는 시설 개선에 필요한 비용은 포함하지 아니한다)를 합한 금액이 잔여 건축물의 가격보다 큰 경우에는 사업시행자는 그 잔여 건축물을 매수할 수 있다.

② 동일한 소유자에게 속하는 일단의 건축물의 일부가 협의에 의하여 매수되거나 수용됨으로 인하여 잔여 건축물을 종래의 목적에 사용하는 것이 현저히 곤란할 때에는 그 건축물소유자는 사업시행자에게 잔여 건축물을 매수하여 줄 것을 청구할 수 있으며, 사업인정 이후에는 관할 토지수용위원회에 수용을 청구할 수 있다. 이 경우 수용 청구는 매수에 관한 협의가 성립되지 아니한 경우에만 하되, 사업완료일까지 하여야 한다.

③ ~ ⑤ (생략)

제85조(행정소송의 제기)

① 사업시행자, 토지소유자 또는 관계인은 제34조에 따른 재결에 불복할 때에는 재결서를 받은 날부터 90일 이내에, 이의신청을 거쳤을 때에는 이의신청에 대한 재결서를 받은 날부터 60일 이내에 각각 행정소송을 제기할 수 있다. 이 경우 사업시행자는 행정소송을 제기하기 전에 제84조에 따라 늘어난 보상금을 공탁하여야 하며, 보상금을 받을 자는 공탁된 보상금을 소송이 종결될 때까지 수령할 수 없다.

② 제1항에 따라 제기하려는 행정소송이 보상금의 증감(增減)에 관한 소송인 경우 그 소송을 제기하는 자가 토지소유자 또는 관계인일 때에는 사업시행자를, 사업시행자일 때에는 토지소유자 또는 관계인을 각각 피고로 한다.

해설

Ⅰ 문제의 소재

공익사업을 위한 토지 등의 취득 및 보상에 관한 법률(이하 토지보상법이라 함) 제85조 제1항에 의하면 사업시행자, 토지소유자 또는 관계인은 제34조에 따른 재결에 불복할 때에는 … 각각 행정소송을 제기할 수 있고, 제2항에 의하면 제1항에 따라 제기하려는 행정소송이 보상금의 증감 (增減)에 관한 소송인 경우 그 소송을 제기하는 자가 토지소유자 또는 관계인일 때에는 사업시행자를, 사업시행자일 때에는 토지소유자 또는 관계인을 각각 피고로 한다. 갑은 관할중앙토지수용위원회의 수용재결에 불복하고자 한다. 이와 관련하여 갑이 제기하여야 할 소송이 토지보상법 제85조 제1항 소송인지 토지보상법 제85조 제2항 소송인지 문제된다.

Ⅱ 갑이 제기하여야 할 소송이 토지보상법 제85조 제1항 소송인지 토지보상법 제85조 제2항 소송인지 여부

1. 판례

어떤 보상항목이 토지보상법령상 손실보상대상에 해당함에도 관할 토지수용위원회가 사실을 오인하거나 법리를 오해함으로써 손실보상대상에 해당하지 않는다고 잘못된 내용의 재결을 한 경우에는, 피보상자는 관할 토지수용위원회를 상대로 그 재결에 대한 취소소송을 제기할 것이 아니라, 사업시행자를 상대로 토지보상법 제85조 제2항에 따른 보상금증감소송을 제기하여야 한다.

2. 사안의 경우

갑은 관할 중앙토지수용위원회가 잔여영업시설의 손실에 해당하지 않는다고 잘못된 내용의 재결을 하였다고 불복하고자 하는 것이다. 이는 보상금산정에 문제가 있다는 것이므로 사업시행자인 ○○시를 상대로 토지보상법 제85조 제2항에 따른 보상금증감소송을 제기하여야 한다.

Ⅲ 설문의 해결

갑이 제기할 소송형식은 토지보상법 제85조 제2항에 따른 보상금증감소송이다.

03 | 실질적 당사자소송

 해설

[제1문] 233) 甲은 부동산의 취득으로 인한 취득세 및 농어촌특별세의 납세의무부존재 확인소송을 제기하려고 한다. 이러한 납세의무부존재 확인소송의 법적 성질에 관하여 설명하시오. 25점

Ⅰ 문제의 소재

부동산의 취득으로 인한 취득세 및 농어촌특별세의 납세의무부존재 확인소송의 법적 성질과 관련하여 첫째, 부동산의 취득으로 인한 취득세 및 농어촌특별세의 납세의무부존재 확인소송이 행정소송의 종류 중 어떤 종류의 소송인지 문제된다. 둘째, 부동산의 취득으로 인한 취득세 및 농어촌특별세의 납세의무부존재 확인소송의 소송요건이 문제된다. 셋째, 부동산의 취득으로 인한 취득세 및 농어촌특별세의 납세의무부존재 확인소송의 본안심리방법이 문제된다. 넷째, 부동산의 취득으로 인한 취득세 및 농어촌특별세의 납세의무부존재 확인소송의 판결과 판결의 효력을 확보하기 위한 수단이 문제된다.

Ⅱ 부동산의 취득으로 인한 취득세 및 농어촌특별세의 납세의무부존재 확인소송이 행정소송의 종류 중 어떤 종류의 소송인지 여부

1. 행정소송의 종류

행정소송법 제3조에 의하면 행정소송에는 항고소송, 당사자소송, 민중소송, 기관소송이 있다.

2. 사안의 경우

부동산의 취득으로 인한 취득세 및 농어촌특별세의 납세의무는 과세관청에 부동산의 취득을 신고하면 과세관청이 법정의 요율에 의하여 특정의 납세액을 계산하여 통지하면 납세의무자는 그 통지된 세액을 납부할 의무이다. 따라서 부동산의 취득으로 인한 취득세 및 농어촌특별세의 납세의무는 과세관청의 과세처분이 아니라 법정의 특정요율에 의하여 기계적으로 발생하는 공법관계이다. 그러므로 부동산의 취득으로 인한 취득세 및 농어촌특별세의 납세의무부존재 확인소송은 공법상의 법률관계 그 자체를 다투는 소송으로서 행정소송법 제3조 제2호의 실질적 당사자소송이다.

---

233) 2019년 노무사 기출 제3문

Ⅲ **부동산의 취득으로 인한 취득세 및 농어촌특별세의 납세의무부존재 확인소송의 소송요건**

1. 당사자소송의 소송요건

당사자소송의 제기가 적법하려면, 공법상의 법률관계를 소의 대상으로 원고적격, 피고적격, 협의의 소익, 제소기간, 관할법원 등의 요건을 충족하여야 한다.

2. 사안의 경우

부동산의 취득으로 인한 취득세 및 농어촌특별세의 납세의무부존재 확인소송은 공법상의 법률관계 그 자체를 다투는 소송이므로 소의 대상임은 분명하다. 또한 甲은 납세의무부존재 확인에 의한 확인의 이익이 있는 자이므로 행정소송법 제8조 제2항에 의하여 준용되는 민사소송법 규정에 의하여 원고적격과 협의의 소익을 충족한다. 당사자소송이므로 피고는 행정소송법 제39조에 의하여 당사자이어야 한다. 따라서 부동산의 취득으로 인한 취득세의 납세의무부존재 확인소송의 피고는 부동산의 취득으로 인한 취득세는 지방세이므로 자신이 거주하는 지방자치단체를 상대방으로, 부동산의 취득으로 인한 농어촌특별세의 납세의무부존재 확인소송의 피고는 부동산의 취득으로 인한 농어촌특별세는 국세이므로 국가를 상대방으로 하여야 한다. 설문상 기타 소송요건은 특별히 문제될만한 사정이 엿보이지 않는다.

Ⅳ **부동산의 취득으로 인한 취득세 및 농어촌특별세의 납세의무부존재 확인소송의 본안심리방법**

1. 당사자소송의 본안심리방법

당사자소송은 항고소송과 달리 민사소송의 본안심리와 동일하게 당사자주의와 변론주의가 작용된다. 다만 당사자소송이 행정소송임을 감안하여 행정소송법 제25조의 행정심판기록제출명령과 행정소송법 제26조의 직권심리가 행정소송법 제44조 제1항에 의하여 준용된다. 기타 이송과 병합, 소송참가, 소변경 등이 준용된다.

2. 사안의 경우

부동산의 취득으로 인한 취득세 및 농어촌특별세의 납세의무부존재 확인소송의 본안심리에는 행정심판을 거칠 이유가 없으므로 행정소송법 제25조의 행정심판기록제출명령은 준용되지 않는다. 기타 이송과 병합, 소송참가, 소변경 등도 준용될만한 특별한 사정이 엿보이지 않는다. 행정소송법 제26조의 직권심리는 준용된다.

Ⅴ **부동산의 취득으로 인한 취득세 및 농어촌특별세의 납세의무부존재 확인소송의 판결과 판결의 실효성 확보 수단**

1. 판결의 종류와 판결의 효력

판결의 종류에는 승소판결과 패소판결이 있다. 판결이 확정되면 기판력이 발생하며, 승소판결에는 행정소송법 제30조 제1항의 기속력을 준용한다. 다만 대세효는 준용되지 않는다.

2. 판결의 실효성 확보 수단

판결의 실효성 확보 수단으로 가집행선고가 가능한가와 관련하여 행정소송법 제43조가 제한하고 있으나 소촉법상의 가집행선고의 제한규정이 이미 위헌결정을 받았으므로 가집행선고도 허용된다.

Ⅵ 설문의 해결

부동산의 취득으로 인한 취득세 및 농어촌특별세의 납세의무부존재 확인소송은 법적 성질이 실질적 당사자소송이다. 甲은 부동산의 취득으로 인한 취득세의 납세의무부존재 확인소송은 자신이 거주하는 지방자치단체를 상대방으로 하여, 부동산의 취득으로 인한 농어촌특별세의 납세의무부존재 확인소송은 대한민국을 상대방으로 하여 제기하여야 한다. 심리는 원칙적으로 당사자주의와 변론주의에 의하되 직권심리가 준용된다. 승소판결에는 행정소송법 제30조 제1항의 기속력이 준용되고, 가집행선고가 가능하다.

PART
05

부록

▶ 행정소송법
▶ 행정심판법

[행정소송법]

[시행 2017.7.26.] [법률 제14839호, 2017.7.26., 타법개정]

제1장 총칙

제1조(목적)

이 법은 행정소송절차를 통하여 행정청의 위법한 처분 그 밖에 공권력의 행사·불행사 등으로 인한 국민의 권리 또는 이익의 침해를 구제하고, 공법상의 권리관계 또는 법적용에 관한 다툼을 적정하게 해결함을 목적으로 한다.

제2조(정의)

① 이 법에서 사용하는 용어의 정의는 다음과 같다.
  1. "처분 등"이라 함은 행정청이 행하는 구체적 사실에 관한 법집행으로서의 공권력의 행사 또는 그 거부와 그 밖에 이에 준하는 행정작용(이하 "처분"이라 한다) 및 행정심판에 대한 재결을 말한다.
  2. "부작위"라 함은 행정청이 당사자의 신청에 대하여 상당한 기간 내에 일정한 처분을 하여야 할 법률상 의무가 있음에도 불구하고 이를 하지 아니하는 것을 말한다.
② 이 법을 적용함에 있어서 행정청에는 법령에 의하여 행정권한의 위임 또는 위탁을 받은 행정기관, 공공단체 및 그 기관 또는 사인이 포함된다.

제3조(행정소송의 종류)

행정소송은 다음의 네 가지로 구분한다.
1. 항고소송 : 행정청의 처분 등이나 부작위에 대하여 제기하는 소송
2. 당사자소송 : 행정청의 처분 등을 원인으로 하는 법률관계에 관한 소송 그 밖에 공법상의 법률관계에 관한 소송으로서 그 법률관계의 한쪽 당사자를 피고로 하는 소송
3. 민중소송 : 국가 또는 공공단체의 기관이 법률에 위반되는 행위를 한 때에 직접 자기의 법률상 이익과 관계없이 그 시정을 구하기 위하여 제기하는 소송
4. 기관소송 : 국가 또는 공공단체의 기관상호 간에 있어서의 권한의 존부 또는 그 행사에 관한 다툼이 있을 때에 이에 대하여 제기하는 소송. 다만, 헌법재판소법 제2조의 규정에 의하여 헌법재판소의 관장사항으로 되는 소송은 제외한다.

제4조(항고소송)

항고소송은 다음과 같이 구분한다.
1. 취소소송 : 행정청의 위법한 처분 등을 취소 또는 변경하는 소송
2. 무효등 확인소송 : 행정청의 처분 등의 효력 유무 또는 존재 여부를 확인하는 소송
3. 부작위위법확인소송 : 행정청의 부작위가 위법하다는 것을 확인하는 소송

제5조(국외에서의 기간)

이 법에 의한 기간의 계산에 있어서 국외에서의 소송행위추완에 있어서는 그 기간을 14일에서 30일로, 제3자에 의한 재심청구에 있어서는 그 기간을 30일에서 60일로, 소의 제기에 있어서는 그 기간을 60일에서 90일로 한다.

제6조(명령·규칙의 위헌판결 등 공고)

① 행정소송에 대한 대법원판결에 의하여 명령·규칙이 헌법 또는 법률에 위반된다는 것이 확정된 경우에
 는 대법원은 지체 없이 그 사유를 행정안전부장관에게 통보하여야 한다.

② 제1항의 규정에 의한 통보를 받은 행정안전부장관은 지체 없이 이를 관보에 게재하여야 한다.

제7조(사건의 이송)

민사소송법 제34조 제1항의 규정은 원고의 고의 또는 중대한 과실 없이 행정소송이 심급을 달리하는 법원
에 잘못 제기된 경우에도 적용한다.

제8조(법적용례)

① 행정소송에 대하여는 다른 법률에 특별한 규정이 있는 경우를 제외하고는 이 법이 정하는 바에 의한다.

② 행정소송에 관하여 이 법에 특별한 규정이 없는 사항에 대하여는 법원조직법과 민사소송법 및 민사집행
 법의 규정을 준용한다.

제2장 취소소송

제1절 재판관할

제9조(재판관할)

① 취소소송의 제1심관할법원은 피고의 소재지를 관할하는 행정법원으로 한다.

② 제1항에도 불구하고 다음 각 호의 어느 하나에 해당하는 피고에 대하여 취소소송을 제기하는 경우에는
 대법원소재지를 관할하는 행정법원에 제기할 수 있다.
  1. 중앙행정기관, 중앙행정기관의 부속기관과 합의제행정기관 또는 그 장
  2. 국가의 사무를 위임 또는 위탁받은 공공단체 또는 그 장

③ 토지의 수용 기타 부동산 또는 특정의 장소에 관계되는 처분 등에 대한 취소소송은 그 부동산 또는 장소
 의 소재지를 관할하는 행정법원에 이를 제기할 수 있다.

제10조(관련청구소송의 이송 및 병합)

① 취소소송과 다음 각 호의 1에 해당하는 소송(이하 "관련청구소송"이라 한다)이 각각 다른 법원에 계속되
 고 있는 경우에 관련청구소송이 계속된 법원이 상당하다고 인정하는 때에는 당사자의 신청 또는 직권에
 의하여 이를 취소소송이 계속된 법원으로 이송할 수 있다.
  1. 당해 처분 등과 관련되는 손해배상·부당이득반환·원상회복 등 청구소송
  2. 당해 처분 등과 관련되는 취소소송

② 취소소송에는 사실심의 변론종결시까지 관련청구소송을 병합하거나 피고 외의 자를 상대로 한 관련청구
 소송을 취소소송이 계속된 법원에 병합하여 제기할 수 있다.

제11조(선결문제)

① 처분 등의 효력 유무 또는 존재 여부가 민사소송의 선결문제로 되어 당해 민사소송의 수소법원이 이를
 심리·판단하는 경우에는 제17조, 제25조, 제26조 및 제33조의 규정을 준용한다.

② 제1항의 경우 당해 수소법원은 그 처분 등을 행한 행정청에게 그 선결문제로 된 사실을 통지하여야 한다.

제2절 당사자

제12조(원고적격)

취소소송은 처분 등의 취소를 구할 법률상 이익이 있는 자가 제기할 수 있다. 처분 등의 효과가 기간의 경과, 처분 등의 집행 그 밖의 사유로 인하여 소멸된 뒤에도 그 처분 등의 취소로 인하여 회복되는 법률상 이익이 있는 자의 경우에는 또한 같다.

제13조(피고적격)

① 취소소송은 다른 법률에 특별한 규정이 없는 한 그 처분 등을 행한 행정청을 피고로 한다. 다만, 처분 등이 있은 뒤에 그 처분 등에 관계되는 권한이 다른 행정청에 승계된 때에는 이를 승계한 행정청을 피고로 한다.

② 제1항의 규정에 의한 행정청이 없게 된 때에는 그 처분 등에 관한 사무가 귀속되는 국가 또는 공공단체를 피고로 한다.

제14조(피고경정)

① 원고가 피고를 잘못 지정한 때에는 법원은 원고의 신청에 의하여 결정으로써 피고의 경정을 허가할 수 있다.

② 법원은 제1항의 규정에 의한 결정의 정본을 새로운 피고에게 송달하여야 한다.

③ 제1항의 규정에 의한 신청을 각하하는 결정에 대하여는 즉시항고할 수 있다.

④ 제1항의 규정에 의한 결정이 있은 때에는 새로운 피고에 대한 소송은 처음에 소를 제기한 때에 제기된 것으로 본다.

⑤ 제1항의 규정에 의한 결정이 있은 때에는 종전의 피고에 대한 소송은 취하된 것으로 본다.

⑥ 취소소송이 제기된 후에 제13조 제1항 단서 또는 제13조 제2항에 해당하는 사유가 생긴 때에는 법원은 당사자의 신청 또는 직권에 의하여 피고를 경정한다. 이 경우에는 제4항 및 제5항의 규정을 준용한다.

제15조(공동소송)

수인의 청구 또는 수인에 대한 청구가 처분 등의 취소청구와 관련되는 청구인 경우에 한하여 그 수인은 공동소송인이 될 수 있다.

제16조(제3자의 소송참가)

① 법원은 소송의 결과에 따라 권리 또는 이익의 침해를 받을 제3자가 있는 경우에는 당사자 또는 제3자의 신청 또는 직권에 의하여 결정으로써 그 제3자를 소송에 참가시킬 수 있다.

② 법원이 제1항의 규정에 의한 결정을 하고자 할 때에는 미리 당사자 및 제3자의 의견을 들어야 한다.

③ 제1항의 규정에 의한 신청을 한 제3자는 그 신청을 각하한 결정에 대하여 즉시항고할 수 있다.

④ 제1항의 규정에 의하여 소송에 참가한 제3자에 대하여는 민사소송법 제67조의 규정을 준용한다.

제17조(행정청의 소송참가)

① 법원은 다른 행정청을 소송에 참가시킬 필요가 있다고 인정할 때에는 당사자 또는 당해 행정청의 신청 또는 직권에 의하여 결정으로써 그 행정청을 소송에 참가시킬 수 있다.

② 법원은 제1항의 규정에 의한 결정을 하고자 할 때에는 당사자 및 당해 행정청의 의견을 들어야 한다.

③ 제1항의 규정에 의하여 소송에 참가한 행정청에 대하여는 민사소송법 제76조의 규정을 준용한다.

제3절 소의 제기

제18조(행정심판과의 관계)

① 취소소송은 법령의 규정에 의하여 당해 처분에 대한 행정심판을 제기할 수 있는 경우에도 이를 거치지 아니하고 제기할 수 있다. 다만, 다른 법률에 당해 처분에 대한 행정심판의 재결을 거치지 아니하면 취소 소송을 제기할 수 없다는 규정이 있는 때에는 그러하지 아니하다.

② 제1항 단서의 경우에도 다음 각 호의 1에 해당하는 사유가 있는 때에는 행정심판의 재결을 거치지 아니하고 취소소송을 제기할 수 있다.

  1. 행정심판청구가 있은 날로부터 60일이 지나도 재결이 없는 때
  2. 처분의 집행 또는 절차의 속행으로 생길 중대한 손해를 예방하여야 할 긴급한 필요가 있는 때
  3. 법령의 규정에 의한 행정심판기관이 의결 또는 재결을 하지 못할 사유가 있는 때
  4. 그 밖의 정당한 사유가 있는 때

③ 제1항 단서의 경우에 다음 각 호의 1에 해당하는 사유가 있는 때에는 행정심판을 제기함이 없이 취소소송을 제기할 수 있다.

  1. 동종사건에 관하여 이미 행정심판의 기각재결이 있은 때
  2. 서로 내용상 관련되는 처분 또는 같은 목적을 위하여 단계적으로 진행되는 처분 중 어느 하나가 이미 행정심판의 재결을 거친 때
  3. 행정청이 사실심의 변론종결 후 소송의 대상인 처분을 변경하여 당해 변경된 처분에 관하여 소를 제기하는 때
  4. 처분을 행한 행정청이 행정심판을 거칠 필요가 없다고 잘못 알린 때

④ 제2항 및 제3항의 규정에 의한 사유는 이를 소명하여야 한다.

제19조(취소소송의 대상)

취소소송은 처분 등을 대상으로 한다. 다만, 재결취소소송의 경우에는 재결 자체에 고유한 위법이 있음을 이유로 하는 경우에 한한다.

제20조(제소기간)

① 취소소송은 처분 등이 있음을 안 날부터 90일 이내에 제기하여야 한다. 다만, 제18조 제1항 단서에 규정한 경우와 그 밖에 행정심판청구를 할 수 있는 경우 또는 행정청이 행정심판청구를 할 수 있다고 잘못 알린 경우에 행정심판청구가 있은 때의 기간은 재결서의 정본을 송달받은 날부터 기산한다.

② 취소소송은 처분 등이 있은 날부터 1년(제1항 단서의 경우는 재결이 있은 날부터 1년)을 경과하면 이를 제기하지 못한다. 다만, 정당한 사유가 있는 때에는 그러하지 아니하다.

③ 제1항의 규정에 의한 기간은 불변기간으로 한다.

제21조(소의 변경)

① 법원은 취소소송을 당해 처분 등에 관계되는 사무가 귀속하는 국가 또는 공공단체에 대한 당사자소송

또는 취소소송 외의 항고소송으로 변경하는 것이 상당하다고 인정할 때에는 청구의 기초에 변경이 없는 한 사실심의 변론종결시까지 원고의 신청에 의하여 결정으로써 소의 변경을 허가할 수 있다.

② 제1항의 규정에 의한 허가를 하는 경우 피고를 달리하게 될 때에는 법원은 새로이 피고로 될 자의 의견을 들어야 한다.

③ 제1항의 규정에 의한 허가결정에 대하여는 즉시항고할 수 있다.

④ 제1항의 규정에 의한 허가결정에 대하여는 제14조 제2항·제4항 및 제5항의 규정을 준용한다.

제22조(처분변경으로 인한 소의 변경)

① 법원은 행정청이 소송의 대상인 처분을 소가 제기된 후 변경한 때에는 원고의 신청에 의하여 결정으로써 청구의 취지 또는 원인의 변경을 허가할 수 있다.

② 제1항의 규정에 의한 신청은 처분의 변경이 있음을 안 날로부터 60일 이내에 하여야 한다.

③ 제1항의 규정에 의하여 변경되는 청구는 제18조 제1항 단서의 규정에 의한 요건을 갖춘 것으로 본다.

제23조(집행정지)

① 취소소송의 제기는 처분 등의 효력이나 그 집행 또는 절차의 속행에 영향을 주지 아니한다.

② 취소소송이 제기된 경우에 처분 등이나 그 집행 또는 절차의 속행으로 인하여 생길 회복하기 어려운 손해를 예방하기 위하여 긴급한 필요가 있다고 인정할 때에는 본안이 계속되고 있는 법원은 당사자의 신청 또는 직권에 의하여 처분 등의 효력이나 그 집행 또는 절차의 속행의 전부 또는 일부의 정지(이하 "집행정지"라 한다)를 결정할 수 있다. 다만, 처분의 효력정지는 처분 등의 집행 또는 절차의 속행을 정지함으로써 목적을 달성할 수 있는 경우에는 허용되지 아니한다.

③ 집행정지는 공공복리에 중대한 영향을 미칠 우려가 있을 때에는 허용되지 아니한다.

④ 제2항의 규정에 의한 집행정지의 결정을 신청함에 있어서는 그 이유에 대한 소명이 있어야 한다.

⑤ 제2항의 규정에 의한 집행정지의 결정 또는 기각의 결정에 대하여는 즉시항고할 수 있다. 이 경우 집행정지의 결정에 대한 즉시항고에는 결정의 집행을 정지하는 효력이 없다.

⑥ 제30조 제1항의 규정은 제2항의 규정에 의한 집행정지의 결정에 이를 준용한다.

제24조(집행정지의 취소)

① 집행정지의 결정이 확정된 후 집행정지가 공공복리에 중대한 영향을 미치거나 그 정지사유가 없어진 때에는 당사자의 신청 또는 직권에 의하여 결정으로써 집행정지의 결정을 취소할 수 있다.

② 제1항의 규정에 의한 집행정지결정의 취소결정과 이에 대한 불복의 경우에는 제23조 제4항 및 제5항의 규정을 준용한다.

제4절 심리

제25조(행정심판기록의 제출명령)

① 법원은 당사자의 신청이 있는 때에는 결정으로써 재결을 행한 행정청에 대하여 행정심판에 관한 기록의 제출을 명할 수 있다.

② 제1항의 규정에 의한 제출명령을 받은 행정청은 지체 없이 당해 행정심판에 관한 기록을 법원에 제출하여야 한다.

제26조(직권심리)

법원은 필요하다고 인정할 때에는 직권으로 증거조사를 할 수 있고, 당사자가 주장하지 아니한 사실에 대하여도 판단할 수 있다.

제5절 재판

제27조(재량처분의 취소)

행정청의 재량에 속하는 처분이라도 재량권의 한계를 넘거나 그 남용이 있는 때에는 법원은 이를 취소할 수 있다.

제28조(사정판결)

① 원고의 청구가 이유 있다고 인정하는 경우에도 처분 등을 취소하는 것이 현저히 공공복리에 적합하지 아니하다고 인정하는 때에는 법원은 원고의 청구를 기각할 수 있다. 이 경우 법원은 그 판결의 주문에서 그 처분 등이 위법함을 명시하여야 한다.

② 법원이 제1항의 규정에 의한 판결을 함에 있어서는 미리 원고가 그로 인하여 입게 될 손해의 정도와 배상방법 그 밖의 사정을 조사하여야 한다.

③ 원고는 피고인 행정청이 속하는 국가 또는 공공단체를 상대로 손해배상, 제해시설의 설치 그 밖에 적당한 구제방법의 청구를 당해 취소소송 등이 계속된 법원에 병합하여 제기할 수 있다.

제29조(취소판결 등의 효력)

① 처분 등을 취소하는 확정판결은 제3자에 대하여도 효력이 있다.

② 제1항의 규정은 제23조의 규정에 의한 집행정지의 결정 또는 제24조의 규정에 의한 그 집행정지결정의 취소결정에 준용한다.

제30조(취소판결 등의 기속력)

① 처분 등을 취소하는 확정판결은 그 사건에 관하여 당사자인 행정청과 그 밖의 관계행정청을 기속한다.

② 판결에 의하여 취소되는 처분이 당사자의 신청을 거부하는 것을 내용으로 하는 경우에는 그 처분을 행한 행정청은 판결의 취지에 따라 다시 이전의 신청에 대한 처분을 하여야 한다.

③ 제2항의 규정은 신청에 따른 처분이 절차의 위법을 이유로 취소되는 경우에 준용한다.

제6절 보칙

제31조(제3자에 의한 재심청구)

① 처분 등을 취소하는 판결에 의하여 권리 또는 이익의 침해를 받은 제3자는 자기에게 책임없는 사유로 소송에 참가하지 못함으로써 판결의 결과에 영향을 미칠 공격 또는 방어방법을 제출하지 못한 때에는 이를 이유로 확정된 종국판결에 대하여 재심의 청구를 할 수 있다.

② 제1항의 규정에 의한 청구는 확정판결이 있음을 안 날로부터 30일 이내, 판결이 확정된 날로부터 1년 이내에 제기하여야 한다.

③ 제2항의 규정에 의한 기간은 불변기간으로 한다.

제32조(소송비용의 부담)

취소청구가 제28조의 규정에 의하여 기각되거나 행정청이 처분 등을 취소 또는 변경함으로 인하여 청구가 각하 또는 기각된 경우에는 소송비용은 피고의 부담으로 한다.

제33조(소송비용에 관한 재판의 효력)

소송비용에 관한 재판이 확정된 때에는 피고 또는 참가인이었던 행정청이 소속하는 국가 또는 공공단체에 그 효력을 미친다.

제34조(거부처분취소판결의 간접강제)

① 행정청이 제30조 제2항의 규정에 의한 처분을 하지 아니하는 때에는 제1심수소법원은 당사자의 신청에 의하여 결정으로써 상당한 기간을 정하고 행정청이 그 기간 내에 이행하지 아니하는 때에는 그 지연기간에 따라 일정한 배상을 할 것을 명하거나 즉시 손해배상을 할 것을 명할 수 있다.

② 제33조와 민사집행법 제262조의 규정은 제1항의 경우에 준용한다.

제3장 취소소송 외의 항고소송

제35조(무효등확인소송의 원고적격)

무효등확인소송은 처분 등의 효력 유무 또는 존재 여부의 확인을 구할 법률상 이익이 있는 자가 제기할 수 있다.

제36조(부작위위법확인소송의 원고적격)

부작위위법확인소송은 처분의 신청을 한 자로서 부작위의 위법의 확인을 구할 법률상 이익이 있는 자만이 제기할 수 있다.

제37조(소의 변경)

제21조의 규정은 무효등확인소송이나 부작위위법확인소송을 취소소송 또는 당사자소송으로 변경하는 경우에 준용한다.

제38조(준용규정)

① 제9조, 제10조, 제13조 내지 제17조, 제19조, 제22조 내지 제26조, 제29조 내지 제31조 및 제33조의 규정은 무효등확인소송의 경우에 준용한다.

② 제9조, 제10조, 제13조 내지 제19조, 제20조, 제25조 내지 제27조, 제29조 내지 제31조, 제33조 및 제34조의 규정은 부작위위법확인소송의 경우에 준용한다.

제4장 당사자소송

제39조(피고적격)

당사자소송은 국가·공공단체 그 밖의 권리주체를 피고로 한다.

제40조(재판관할)

제9조의 규정은 당사자소송의 경우에 준용한다. 다만, 국가 또는 공공단체가 피고인 경우에는 관계행정청의 소재지를 피고의 소재지로 본다.

제41조(제소기간)

당사자소송에 관하여 법령에 제소기간이 정하여져 있는 때에는 그 기간은 불변기간으로 한다.

제42조(소의 변경)

제21조의 규정은 당사자소송을 항고소송으로 변경하는 경우에 준용한다.

제43조(가집행선고의 제한)

국가를 상대로 하는 당사자소송의 경우에는 가집행선고를 할 수 없다.

제44조(준용규정)

① 제14조 내지 제17조, 제22조, 제25조, 제26조, 제30조 제1항, 제32조 및 제33조의 규정은 당사자소송의 경우에 준용한다.
② 제10조의 규정은 당사자소송과 관련청구소송이 각각 다른 법원에 계속되고 있는 경우의 이송과 이들 소송의 병합의 경우에 준용한다.

제5장 민중소송 및 기관소송

제45조(소의 제기)

민중소송 및 기관소송은 법률이 정한 경우에 법률에 정한 자에 한하여 제기할 수 있다.

제46조(준용규정)

① 민중소송 또는 기관소송으로서 처분 등의 취소를 구하는 소송에는 그 성질에 반하지 아니하는 한 취소소송에 관한 규정을 준용한다.
② 민중소송 또는 기관소송으로서 처분 등의 효력 유무 또는 존재 여부나 부작위의 위법의 확인을 구하는 소송에는 그 성질에 반하지 아니하는 한 각각 무효등확인소송 또는 부작위위법확인소송에 관한 규정을 준용한다.
③ 민중소송 또는 기관소송으로서 제1항 및 제2항에 규정된 소송 외의 소송에는 그 성질에 반하지 아니하는 한 당사자소송에 관한 규정을 준용한다.

[행정심판법]

[시행 2023.3.21.] [법률 제19269호, 2023.3.21., 일부개정]

제1장 총칙

제1조(목적)

이 법은 행정심판 절차를 통하여 행정청의 위법 또는 부당한 처분(處分)이나 부작위(不作爲)로 침해된 국민의 권리 또는 이익을 구제하고, 아울러 행정의 적정한 운영을 꾀함을 목적으로 한다.

제2조(정의)

이 법에서 사용하는 용어의 뜻은 다음과 같다.

1. "처분"이란 행정청이 행하는 구체적 사실에 관한 법집행으로서의 공권력의 행사 또는 그 거부, 그 밖에 이에 준하는 행정작용을 말한다.
2. "부작위"란 행정청이 당사자의 신청에 대하여 상당한 기간 내에 일정한 처분을 하여야 할 법률상 의무가 있는데도 처분을 하지 아니하는 것을 말한다.
3. "재결(裁決)"이란 행정심판의 청구에 대하여 제6조에 따른 행정심판위원회가 행하는 판단을 말한다.
4. "행정청"이란 행정에 관한 의사를 결정하여 표시하는 국가 또는 지방자치단체의 기관, 그 밖에 법령 또는 자치법규에 따라 행정권한을 가지고 있거나 위탁을 받은 공공단체나 그 기관 또는 사인(私人)을 말한다.

제3조(행정심판의 대상)

① 행정청의 처분 또는 부작위에 대하여는 다른 법률에 특별한 규정이 있는 경우 외에는 이 법에 따라 행정심판을 청구할 수 있다.
② 대통령의 처분 또는 부작위에 대하여는 다른 법률에서 행정심판을 청구할 수 있도록 정한 경우 외에는 행정심판을 청구할 수 없다.

제4조(특별행정심판 등)

① 사안(事案)의 전문성과 특수성을 살리기 위하여 특히 필요한 경우 외에는 이 법에 따른 행정심판을 갈음하는 특별한 행정불복절차(이하 "특별행정심판"이라 한다)나 이 법에 따른 행정심판 절차에 대한 특례를 다른 법률로 정할 수 없다.
② 다른 법률에서 특별행정심판이나 이 법에 따른 행정심판 절차에 대한 특례를 정한 경우에도 그 법률에서 규정하지 아니한 사항에 관하여는 이 법에서 정하는 바에 따른다.
③ 관계 행정기관의 장이 특별행정심판 또는 이 법에 따른 행정심판 절차에 대한 특례를 신설하거나 변경하는 법령을 제정·개정할 때에는 미리 중앙행정심판위원회와 협의하여야 한다.

제5조(행정심판의 종류)

행정심판의 종류는 다음 각 호와 같다.

1. 취소심판 : 행정청의 위법 또는 부당한 처분을 취소하거나 변경하는 행정심판
2. 무효등확인심판 : 행정청의 처분의 효력 유무 또는 존재 여부를 확인하는 행정심판
3. 의무이행심판 : 당사자의 신청에 대한 행정청의 위법 또는 부당한 거부처분이나 부작위에 대하여 일정한 처분을 하도록 하는 행정심판

제2장 심판기관

제6조(행정심판위원회의 설치)

① 다음 각 호의 행정청 또는 그 소속 행정청(행정기관의 계층구조와 관계없이 그 감독을 받거나 위탁을 받은 모든 행정청을 말하되, 위탁을 받은 행정청은 그 위탁받은 사무에 관하여는 위탁한 행정청의 소속 행정청으로 본다. 이하 같다)의 처분 또는 부작위에 대한 행정심판의 청구(이하 "심판청구"라 한다)에 대하여는 다음 각 호의 행정청에 두는 행정심판위원회에서 심리·재결한다.

　　1. 감사원, 국가정보원장, 그 밖에 대통령령으로 정하는 대통령 소속기관의 장

　　2. 국회사무총장·법원행정처장·헌법재판소사무처장 및 중앙선거관리위원회사무총장

　　3. 국가인권위원회, 그 밖에 지위·성격의 독립성과 특수성 등이 인정되어 대통령령으로 정하는 행정청

② 다음 각 호의 행정청의 처분 또는 부작위에 대한 심판청구에 대하여는 「부패방지 및 국민권익위원회의 설치와 운영에 관한 법률」에 따른 국민권익위원회(이하 "국민권익위원회"라 한다)에 두는 중앙행정심판위원회에서 심리·재결한다.

　　1. 제1항에 따른 행정청 외의 국가행정기관의 장 또는 그 소속 행정청

　　2. 특별시장·광역시장·특별자치시장·도지사·특별자치도지사(특별시·광역시·특별자치시·도 또는 특별자치도의 교육감을 포함한다. 이하 "시·도지사"라 한다) 또는 특별시·광역시·특별자치시·도·특별자치도(이하 "시·도"라 한다)의 의회(의장, 위원회의 위원장, 사무처장 등 의회 소속 모든 행정청을 포함한다)

　　3. 「지방자치법」에 따른 지방자치단체조합 등 관계 법률에 따라 국가·지방자치단체·공공법인 등이 공동으로 설립한 행정청. 다만, 제3항 제3호에 해당하는 행정청은 제외한다.

③ 다음 각 호의 행정청의 처분 또는 부작위에 대한 심판청구에 대하여는 시·도지사 소속으로 두는 행정심판위원회에서 심리·재결한다.

　　1. 시·도 소속 행정청

　　2. 시·도의 관할구역에 있는 시·군·자치구의 장, 소속 행정청 또는 시·군·자치구의 의회(의장, 위원회의 위원장, 사무국장, 사무과장 등 의회 소속 모든 행정청을 포함한다)

　　3. 시·도의 관할구역에 있는 둘 이상의 지방자치단체(시·군·자치구를 말한다)·공공법인 등이 공동으로 설립한 행정청

④ 제2항 제1호에도 불구하고 대통령령으로 정하는 국가행정기관 소속 특별지방행정기관의 장의 처분 또는 부작위에 대한 심판청구에 대하여는 해당 행정청의 직근 상급행정기관에 두는 행정심판위원회에서 심리·재결한다.

제7조(행정심판위원회의 구성)

① 행정심판위원회(중앙행정심판위원회는 제외한다. 이하 이 조에서 같다)는 위원장 1명을 포함하여 50명 이내의 위원으로 구성한다.

② 행정심판위원회의 위원장은 그 행정심판위원회가 소속된 행정청이 되며, 위원장이 없거나 부득이한 사유로 직무를 수행할 수 없거나 위원장이 필요하다고 인정하는 경우에는 다음 각 호의 순서에 따라 위원이 위원장의 직무를 대행한다.

　　1. 위원장이 사전에 지명한 위원

부록

2. 제4항에 따라 지명된 공무원인 위원(2명 이상인 경우에는 직급 또는 고위공무원단에 속하는 공무원의 직무등급이 높은 위원 순서로, 직급 또는 직무등급도 같은 경우에는 위원 재직기간이 긴 위원 순서로, 재직기간도 같은 경우에는 연장자 순서로 한다)

③ 제2항에도 불구하고 제6조 제3항에 따라 시·도지사 소속으로 두는 행정심판위원회의 경우에는 해당 지방자치단체의 조례로 정하는 바에 따라 공무원이 아닌 위원을 위원장으로 정할 수 있다. 이 경우 위원장은 비상임으로 한다.

④ 행정심판위원회의 위원은 해당 행정심판위원회가 소속된 행정청이 다음 각 호의 어느 하나에 해당하는 사람 중에서 성별을 고려하여 위촉하거나 그 소속 공무원 중에서 지명한다.

1. 변호사 자격을 취득한 후 5년 이상의 실무 경험이 있는 사람
2. 「고등교육법」 제2조 제1호부터 제6호까지의 규정에 따른 학교에서 조교수 이상으로 재직하거나 재직하였던 사람
3. 행정기관의 4급 이상 공무원이었거나 고위공무원단에 속하는 공무원이었던 사람
4. 박사학위를 취득한 후 해당 분야에서 5년 이상 근무한 경험이 있는 사람
5. 그 밖에 행정심판과 관련된 분야의 지식과 경험이 풍부한 사람

⑤ 행정심판위원회의 회의는 위원장과 위원장이 회의마다 지정하는 8명의 위원(그중 제4항에 따른 위촉위원은 6명 이상으로 하되, 제3항에 따라 위원장이 공무원이 아닌 경우에는 5명 이상으로 한다)으로 구성한다. 다만, 국회규칙, 대법원규칙, 헌법재판소규칙, 중앙선거관리위원회규칙 또는 대통령령(제6조 제3항에 따라 시·도지사 소속으로 두는 행정심판위원회의 경우에는 해당 지방자치단체의 조례)으로 정하는 바에 따라 위원장과 위원장이 회의마다 지정하는 6명의 위원(그중 제4항에 따른 위촉위원은 5명 이상으로 하되, 제3항에 따라 공무원이 아닌 위원이 위원장인 경우에는 4명 이상으로 한다)으로 구성할 수 있다.

⑥ 행정심판위원회는 제5항에 따른 구성원 과반수의 출석과 출석위원 과반수의 찬성으로 의결한다.

⑦ 행정심판위원회의 조직과 운영, 그 밖에 필요한 사항은 국회규칙, 대법원규칙, 헌법재판소규칙, 중앙선거관리위원회규칙 또는 대통령령으로 정한다.

제8조(중앙행정심판위원회의 구성)

① 중앙행정심판위원회는 위원장 1명을 포함하여 70명 이내의 위원으로 구성하되, 위원 중 상임위원은 4명 이내로 한다.

② 중앙행정심판위원회의 위원장은 국민권익위원회의 부위원장 중 1명이 되며, 위원장이 없거나 부득이한 사유로 직무를 수행할 수 없거나 위원장이 필요하다고 인정하는 경우에는 상임위원(상임으로 재직한 기간이 긴 위원 순서로, 재직기간이 같은 경우에는 연장자 순서로 한다)이 위원장의 직무를 대행한다.

③ 중앙행정심판위원회의 상임위원은 일반직공무원으로서 「국가공무원법」 제26조의5에 따른 임기제공무원으로 임명하되, 3급 이상 공무원 또는 고위공무원단에 속하는 일반직공무원으로 3년 이상 근무한 사람이나 그 밖에 행정심판에 관한 지식과 경험이 풍부한 사람 중에서 중앙행정심판위원회 위원장의 제청으로 국무총리를 거쳐 대통령이 임명한다.

④ 중앙행정심판위원회의 비상임위원은 제7조 제4항 각 호의 어느 하나에 해당하는 사람 중에서 중앙행정심판위원회 위원장의 제청으로 국무총리가 성별을 고려하여 위촉한다.

⑤ 중앙행정심판위원회의 회의(제6항에 따른 소위원회 회의는 제외한다)는 위원장, 상임위원 및 위원장이 회의마다 지정하는 비상임위원을 포함하여 총 9명으로 구성한다.

⑥ 중앙행정심판위원회는 심판청구사건(이하 "사건"이라 한다) 중 「도로교통법」에 따른 자동차운전면허 행정처분에 관한 사건(소위원회가 중앙행정심판위원회에서 심리·의결하도록 결정한 사건은 제외한다)을 심리·의결하게 하기 위하여 4명의 위원으로 구성하는 소위원회를 둘 수 있다.

⑦ 중앙행정심판위원회 및 소위원회는 각각 제5항 및 제6항에 따른 구성원 과반수의 출석과 출석위원 과반수의 찬성으로 의결한다.

⑧ 중앙행정심판위원회는 위원장이 지정하는 사건을 미리 검토하도록 필요한 경우에는 전문위원회를 둘 수 있다.

⑨ 중앙행정심판위원회, 소위원회 및 전문위원회의 조직과 운영 등에 필요한 사항은 대통령령으로 정한다.

제9조(위원의 임기 및 신분보장 등)

① 제7조 제4항에 따라 지명된 위원은 그 직에 재직하는 동안 재임한다.

② 제8조 제3항에 따라 임명된 중앙행정심판위원회 상임위원의 임기는 3년으로 하며, 1차에 한하여 연임할 수 있다.

③ 제7조 제4항 및 제8조 제4항에 따라 위촉된 위원의 임기는 2년으로 하되, 2차에 한하여 연임할 수 있다. 다만, 제6조 제1항 제2호에 규정된 기관에 두는 행정심판위원회의 위촉위원의 경우에는 각각 국회규칙, 대법원규칙, 헌법재판소규칙 또는 중앙선거관리위원회규칙으로 정하는 바에 따른다.

④ 다음 각 호의 어느 하나에 해당하는 사람은 제6조에 따른 행정심판위원회(이하 "위원회"라 한다)의 위원이 될 수 없으며, 위원이 이에 해당하게 된 때에는 당연히 퇴직한다.
  1. 대한민국 국민이 아닌 사람
  2. 「국가공무원법」 제33조 각 호의 어느 하나에 해당하는 사람

⑤ 제7조 제4항 및 제8조 제4항에 따라 위촉된 위원은 금고(禁錮) 이상의 형을 선고받거나 부득이한 사유로 장기간 직무를 수행할 수 없게 되는 경우 외에는 임기 중 그의 의사와 다르게 해촉(解囑)되지 아니한다.

제10조(위원의 제척·기피·회피)

① 위원회의 위원은 다음 각 호의 어느 하나에 해당하는 경우에는 그 사건의 심리·의결에서 제척(除斥)된다. 이 경우 제척결정은 위원회의 위원장(이하 "위원장"이라 한다)이 직권으로 또는 당사자의 신청에 의하여 한다.
  1. 위원 또는 그 배우자나 배우자이었던 사람이 사건의 당사자이거나 사건에 관하여 공동 권리자 또는 의무자인 경우
  2. 위원이 사건의 당사자와 친족이거나 친족이었던 경우
  3. 위원이 사건에 관하여 증언이나 감정(鑑定)을 한 경우
  4. 위원이 당사자의 대리인으로서 사건에 관여하거나 관여하였던 경우
  5. 위원이 사건의 대상이 된 처분 또는 부작위에 관여한 경우

② 당사자는 위원에게 공정한 심리·의결을 기대하기 어려운 사정이 있으면 위원장에게 기피신청을 할 수 있다.

③ 위원에 대한 제척신청이나 기피신청은 그 사유를 소명(疏明)한 문서로 하여야 한다. 다만, 불가피한 경우에는 신청한 날부터 3일 이내에 신청 사유를 소명할 수 있는 자료를 제출하여야 한다.

④ 제척신청이나 기피신청이 제3항을 위반하였을 때에는 위원장은 결정으로 이를 각하한다.

⑤ 위원장은 제척신청이나 기피신청의 대상이 된 위원에게서 그에 대한 의견을 받을 수 있다.

⑥ 위원장은 제척신청이나 기피신청을 받으면 제척 또는 기피 여부에 대한 결정을 하고, 지체 없이 신청인에게 결정서 정본(正本)을 송달하여야 한다.

⑦ 위원회의 회의에 참석하는 위원이 제척사유 또는 기피사유에 해당되는 것을 알게 되었을 때에는 스스로 그 사건의 심리·의결에서 회피할 수 있다. 이 경우 회피하고자 하는 위원은 위원장에게 그 사유를 소명하여야 한다.

⑧ 사건의 심리·의결에 관한 사무에 관여하는 위원 아닌 직원에게도 제1항부터 제7항까지의 규정을 준용한다.

제11조(벌칙 적용 시의 공무원 의제)

위원 중 공무원이 아닌 위원은 「형법」과 그 밖의 법률에 따른 벌칙을 적용할 때에는 공무원으로 본다.

제12조(위원회의 권한 승계)

① 당사자의 심판청구 후 위원회가 법령의 개정·폐지 또는 제17조 제5항에 따른 피청구인의 경정 결정에 따라 그 심판청구에 대하여 재결할 권한을 잃게 된 경우에는 해당 위원회는 심판청구서와 관계 서류, 그 밖의 자료를 새로 재결할 권한을 갖게 된 위원회에 보내야 한다.

② 제1항의 경우 송부를 받은 위원회는 지체 없이 그 사실을 다음 각 호의 자에게 알려야 한다.
  1. 행정심판 청구인(이하 "청구인"이라 한다)
  2. 행정심판 피청구인(이하 "피청구인"이라 한다)
  3. 제20조 또는 제21조에 따라 심판참가를 하는 자(이하 "참가인"이라 한다)

제3장 당사자와 관계인

제13조(청구인 적격)

① 취소심판은 처분의 취소 또는 변경을 구할 법률상 이익이 있는 자가 청구할 수 있다. 처분의 효과가 기간의 경과, 처분의 집행, 그 밖의 사유로 소멸된 뒤에도 그 처분의 취소로 회복되는 법률상 이익이 있는 자의 경우에도 또한 같다.

② 무효등확인심판은 처분의 효력 유무 또는 존재 여부의 확인을 구할 법률상 이익이 있는 자가 청구할 수 있다.

③ 의무이행심판은 처분을 신청한 자로서 행정청의 거부처분 또는 부작위에 대하여 일정한 처분을 구할 법률상 이익이 있는 자가 청구할 수 있다.

제14조(법인이 아닌 사단 또는 재단의 청구인 능력)

법인이 아닌 사단 또는 재단으로서 대표자나 관리인이 정하여져 있는 경우에는 그 사단이나 재단의 이름으로 심판청구를 할 수 있다.

제15조(선정대표자)

① 여러 명의 청구인이 공동으로 심판청구를 할 때에는 청구인들 중에서 3명 이하의 선정대표자를 선정할 수 있다.

② 청구인들이 제1항에 따라 선정대표자를 선정하지 아니한 경우에 위원회는 필요하다고 인정하면 청구인들에게 선정대표자를 선정할 것을 권고할 수 있다.

③ 선정대표자는 다른 청구인들을 위하여 그 사건에 관한 모든 행위를 할 수 있다. 다만, 심판청구를 취하하려면 다른 청구인들의 동의를 받아야 하며, 이 경우 동의받은 사실을 서면으로 소명하여야 한다.

④ 선정대표자가 선정되면 다른 청구인들은 그 선정대표자를 통해서만 그 사건에 관한 행위를 할 수 있다.

⑤ 선정대표자를 선정한 청구인들은 필요하다고 인정하면 선정대표자를 해임하거나 변경할 수 있다. 이 경우 청구인들은 그 사실을 지체 없이 위원회에 서면으로 알려야 한다.

제16조(청구인의 지위 승계)

① 청구인이 사망한 경우에는 상속인이나 그 밖에 법령에 따라 심판청구의 대상에 관계되는 권리나 이익을 승계한 자가 청구인의 지위를 승계한다.

② 법인인 청구인이 합병(合倂)에 따라 소멸하였을 때에는 합병 후 존속하는 법인이나 합병에 따라 설립된 법인이 청구인의 지위를 승계한다.

③ 제1항과 제2항에 따라 청구인의 지위를 승계한 자는 위원회에 서면으로 그 사유를 신고하여야 한다. 이 경우 신고서에는 사망 등에 의한 권리·이익의 승계 또는 합병 사실을 증명하는 서면을 함께 제출하여야 한다.

④ 제1항 또는 제2항의 경우에 제3항에 따른 신고가 있을 때까지 사망자나 합병 전의 법인에 대하여 한 통지 또는 그 밖의 행위가 청구인의 지위를 승계한 자에게 도달하면 지위를 승계한 자에 대한 통지 또는 그 밖의 행위로서의 효력이 있다.

⑤ 심판청구의 대상과 관계되는 권리나 이익을 양수한 자는 위원회의 허가를 받아 청구인의 지위를 승계할 수 있다.

⑥ 위원회는 제5항의 지위 승계 신청을 받으면 기간을 정하여 당사자와 참가인에게 의견을 제출하도록 할 수 있으며, 당사자와 참가인이 그 기간에 의견을 제출하지 아니하면 의견이 없는 것으로 본다.

⑦ 위원회는 제5항의 지위 승계 신청에 대하여 허가 여부를 결정하고, 지체 없이 신청인에게는 결정서 정본을, 당사자와 참가인에게는 결정서 등본을 송달하여야 한다.

⑧ 신청인은 위원회가 제5항의 지위 승계를 허가하지 아니하면 결정서 정본을 받은 날부터 7일 이내에 위원회에 이의신청을 할 수 있다.

제17조(피청구인의 적격 및 경정)

① 행정심판은 처분을 한 행정청(의무이행심판의 경우에는 청구인의 신청을 받은 행정청)을 피청구인으로 하여 청구하여야 한다. 다만, 심판청구의 대상과 관계되는 권한이 다른 행정청에 승계된 경우에는 권한을 승계한 행정청을 피청구인으로 하여야 한다.

② 청구인이 피청구인을 잘못 지정한 경우에는 위원회는 직권으로 또는 당사자의 신청에 의하여 결정으로써 피청구인을 경정(更正)할 수 있다.

③ 위원회는 제2항에 따라 피청구인을 경정하는 결정을 하면 결정서 정본을 당사자(종전의 피청구인과 새로운 피청구인을 포함한다. 이하 제6항에서 같다)에게 송달하여야 한다.

부록

④ 제2항에 따른 결정이 있으면 종전의 피청구인에 대한 심판청구는 취하되고 종전의 피청구인에 대한 행정심판이 청구된 때에 새로운 피청구인에 대한 행정심판이 청구된 것으로 본다.

⑤ 위원회는 행정심판이 청구된 후에 제1항 단서의 사유가 발생하면 직권으로 또는 당사자의 신청에 의하여 결정으로써 피청구인을 경정한다. 이 경우에는 제3항과 제4항을 준용한다.

⑥ 당사자는 제2항 또는 제5항에 따른 위원회의 결정에 대하여 결정서 정본을 받은 날부터 7일 이내에 위원회에 이의신청을 할 수 있다.

제18조(대리인의 선임)

① 청구인은 법정대리인 외에 다음 각 호의 어느 하나에 해당하는 자를 대리인으로 선임할 수 있다.
  1. 청구인의 배우자, 청구인 또는 배우자의 사촌 이내의 혈족
  2. 청구인이 법인이거나 제14조에 따른 청구인 능력이 있는 법인이 아닌 사단 또는 재단인 경우 그 소속 임직원
  3. 변호사
  4. 다른 법률에 따라 심판청구를 대리할 수 있는 자
  5. 그 밖에 위원회의 허가를 받은 자

② 피청구인은 그 소속 직원 또는 제1항 제3호부터 제5호까지의 어느 하나에 해당하는 자를 대리인으로 선임할 수 있다.

③ 제1항과 제2항에 따른 대리인에 관하여는 제15조 제3항 및 제5항을 준용한다.

제18조의2(국선대리인)

① 청구인이 경제적 능력으로 인해 대리인을 선임할 수 없는 경우에는 위원회에 국선대리인을 선임하여 줄 것을 신청할 수 있다.

② 위원회는 제1항의 신청에 따른 국선대리인 선정 여부에 대한 결정을 하고, 지체 없이 청구인에게 그 결과를 통지하여야 한다. 이 경우 위원회는 심판청구가 명백히 부적법하거나 이유 없는 경우 또는 권리의 남용이라고 인정되는 경우에는 국선대리인을 선정하지 아니할 수 있다.

③ 국선대리인 신청절차, 국선대리인 지원 요건, 국선대리인의 자격·보수 등 국선대리인 운영에 필요한 사항은 국회규칙, 대법원규칙, 헌법재판소규칙, 중앙선거관리위원회규칙 또는 대통령령으로 정한다.

제19조(대표자 등의 자격)

① 대표자·관리인·선정대표자 또는 대리인의 자격은 서면으로 소명하여야 한다.

② 청구인이나 피청구인은 대표자·관리인·선정대표자 또는 대리인이 그 자격을 잃으면 그 사실을 서면으로 위원회에 신고하여야 한다. 이 경우 소명 자료를 함께 제출하여야 한다.

제20조(심판참가)

① 행정심판의 결과에 이해관계가 있는 제3자나 행정청은 해당 심판청구에 대한 제7조 제6항 또는 제8조 제7항에 따른 위원회나 소위원회의 의결이 있기 전까지 그 사건에 대하여 심판참가를 할 수 있다.

② 제1항에 따른 심판참가를 하려는 자는 참가의 취지와 이유를 적은 참가신청서를 위원회에 제출하여야 한다. 이 경우 당사자의 수만큼 참가신청서 부본을 함께 제출하여야 한다.

③ 위원회는 제2항에 따라 참가신청서를 받으면 참가신청서 부본을 당사자에게 송달하여야 한다.

④ 제3항의 경우 위원회는 기간을 정하여 당사자와 다른 참가인에게 제3자의 참가신청에 대한 의견을 제출하도록 할 수 있으며, 당사자와 다른 참가인이 그 기간에 의견을 제출하지 아니하면 의견이 없는 것으로 본다.

⑤ 위원회는 제2항에 따라 참가신청을 받으면 허가 여부를 결정하고, 지체 없이 신청인에게는 결정서 정본을, 당사자와 다른 참가인에게는 결정서 등본을 송달하여야 한다.

⑥ 신청인은 제5항에 따라 송달을 받은 날부터 7일 이내에 위원회에 이의신청을 할 수 있다.

제21조(심판참가의 요구)

① 위원회는 필요하다고 인정하면 그 행정심판 결과에 이해관계가 있는 제3자나 행정청에 그 사건 심판에 참가할 것을 요구할 수 있다.

② 제1항의 요구를 받은 제3자나 행정청은 지체 없이 그 사건 심판에 참가할 것인지 여부를 위원회에 통지하여야 한다.

제22조(참가인의 지위)

① 참가인은 행정심판 절차에서 당사자가 할 수 있는 심판절차상의 행위를 할 수 있다.

② 이 법에 따라 당사자가 위원회에 서류를 제출할 때에는 참가인의 수만큼 부본을 제출하여야 하고, 위원회가 당사자에게 통지를 하거나 서류를 송달할 때에는 참가인에게도 통지하거나 송달하여야 한다.

③ 참가인의 대리인 선임과 대표자 자격 및 서류 제출에 관하여는 제18조, 제19조 및 이 조 제2항을 준용한다.

제4장 행정심판 청구

제23조(심판청구서의 제출)

① 행정심판을 청구하려는 자는 제28조에 따라 심판청구서를 작성하여 피청구인이나 위원회에 제출하여야 한다. 이 경우 피청구인의 수만큼 심판청구서 부본을 함께 제출하여야 한다.

② 행정청이 제58조에 따른 고지를 하지 아니하거나 잘못 고지하여 청구인이 심판청구서를 다른 행정기관에 제출한 경우에는 그 행정기관은 그 심판청구서를 지체 없이 정당한 권한이 있는 피청구인에게 보내야 한다.

③ 제2항에 따라 심판청구서를 보낸 행정기관은 지체 없이 그 사실을 청구인에게 알려야 한다.

④ 제27조에 따른 심판청구 기간을 계산할 때에는 제1항에 따른 피청구인이나 위원회 또는 제2항에 따른 행정기관에 심판청구서가 제출되었을 때에 행정심판이 청구된 것으로 본다.

제24조(피청구인의 심판청구서 등의 접수·처리)

① 피청구인이 제23조 제1항·제2항 또는 제26조 제1항에 따라 심판청구서를 접수하거나 송부받으면 10일 이내에 심판청구서(제23조 제1항·제2항의 경우만 해당된다)와 답변서를 위원회에 보내야 한다. 다만, 청구인이 심판청구를 취하한 경우에는 그러하지 아니하다.

② 제1항에도 불구하고 심판청구가 그 내용이 특정되지 아니하는 등 명백히 부적법하다고 판단되는 경우에 피청구인은 답변서를 위원회에 보내지 아니할 수 있다. 이 경우 심판청구서를 접수하거나 송부받은 날부터 10일 이내에 그 사유를 위원회에 문서로 통보하여야 한다.

③ 제2항에도 불구하고 위원장이 심판청구에 대하여 답변서 제출을 요구하면 피청구인은 위원장으로부터 답변서 제출을 요구받은 날부터 10일 이내에 위원회에 답변서를 제출하여야 한다.

④ 피청구인은 처분의 상대방이 아닌 제3자가 심판청구를 한 경우에는 지체 없이 처분의 상대방에게 그 사실을 알려야 한다. 이 경우 심판청구서 사본을 함께 송달하여야 한다.

⑤ 피청구인이 제1항 본문에 따라 심판청구서를 보낼 때에는 심판청구서에 위원회가 표시되지 아니하였거나 잘못 표시된 경우에도 정당한 권한이 있는 위원회에 보내야 한다.

⑥ 피청구인은 제1항 본문 또는 제3항에 따라 답변서를 보낼 때에는 청구인의 수만큼 답변서 부본을 함께 보내되, 답변서에는 다음 각 호의 사항을 명확하게 적어야 한다.

　　1. 처분이나 부작위의 근거와 이유

　　2. 심판청구의 취지와 이유에 대응하는 답변

　　3. 제4항에 해당하는 경우에는 처분의 상대방의 이름·주소·연락처와 제4항의 의무 이행 여부

⑦ 제4항과 제5항의 경우에 피청구인은 송부 사실을 지체 없이 청구인에게 알려야 한다.

⑧ 중앙행정심판위원회에서 심리·재결하는 사건인 경우 피청구인은 제1항 또는 제3항에 따라 위원회에 심판청구서 또는 답변서를 보낼 때에는 소관 중앙행정기관의 장에게도 그 심판청구·답변의 내용을 알려야 한다.

제25조(피청구인의 직권취소 등)

① 제23조 제1항·제2항 또는 제26조 제1항에 따라 심판청구서를 받은 피청구인은 그 심판청구가 이유 있다고 인정하면 심판청구의 취지에 따라 직권으로 처분을 취소·변경하거나 확인을 하거나 신청에 따른 처분(이하 이 조에서 "직권취소 등"이라 한다)을 할 수 있다. 이 경우 서면으로 청구인에게 알려야 한다.

② 피청구인은 제1항에 따라 직권취소 등을 하였을 때에는 청구인이 심판청구를 취하한 경우가 아니면 제24조 제1항 본문에 따라 심판청구서·답변서를 보내거나 같은 조 제3항에 따라 답변서를 보낼 때 직권취소 등의 사실을 증명하는 서류를 위원회에 함께 제출하여야 한다.

제26조(위원회의 심판청구서 등의 접수·처리)

① 위원회는 제23조 제1항에 따라 심판청구서를 받으면 지체 없이 피청구인에게 심판청구서 부본을 보내야 한다.

② 위원회는 제24조 제1항 본문 또는 제3항에 따라 피청구인으로부터 답변서가 제출된 경우 답변서 부본을 청구인에게 송달하여야 한다.

제27조(심판청구의 기간)

① 행정심판은 처분이 있음을 알게 된 날부터 90일 이내에 청구하여야 한다.

② 청구인이 천재지변, 전쟁, 사변(事變), 그 밖의 불가항력으로 인하여 제1항에서 정한 기간에 심판청구를 할 수 없었을 때에는 그 사유가 소멸한 날부터 14일 이내에 행정심판을 청구할 수 있다. 다만, 국외에서 행정심판을 청구하는 경우에는 그 기간을 30일로 한다.

③ 행정심판은 처분이 있었던 날부터 180일이 지나면 청구하지 못한다. 다만, 정당한 사유가 있는 경우에는 그러하지 아니하다.

④ 제1항과 제2항의 기간은 불변기간(不變期間)으로 한다.

⑤ 행정청이 심판청구 기간을 제1항에 규정된 기간보다 긴 기간으로 잘못 알린 경우 그 잘못 알린 기간에 심판청구가 있으면 그 행정심판은 제1항에 규정된 기간에 청구된 것으로 본다.

⑥ 행정청이 심판청구 기간을 알리지 아니한 경우에는 제3항에 규정된 기간에 심판청구를 할 수 있다.

⑦ 제1항부터 제6항까지의 규정은 무효등확인심판청구와 부작위에 대한 의무이행심판청구에는 적용하지 아니한다.

제28조(심판청구의 방식)

① 심판청구는 서면으로 하여야 한다.

② 처분에 대한 심판청구의 경우에는 심판청구서에 다음 각 호의 사항이 포함되어야 한다.

   1. 청구인의 이름과 주소 또는 사무소(주소 또는 사무소 외의 장소에서 송달받기를 원하면 송달장소를 추가로 적어야 한다)

   2. 피청구인과 위원회

   3. 심판청구의 대상이 되는 처분의 내용

   4. 처분이 있음을 알게 된 날

   5. 심판청구의 취지와 이유

   6. 피청구인의 행정심판 고지 유무와 그 내용

③ 부작위에 대한 심판청구의 경우에는 제2항 제1호·제2호·제5호의 사항과 그 부작위의 전제가 되는 신청의 내용과 날짜를 적어야 한다.

④ 청구인이 법인이거나 제14조에 따른 청구인 능력이 있는 법인이 아닌 사단 또는 재단이거나 행정심판이 선정대표자나 대리인에 의하여 청구되는 것일 때에는 제2항 또는 제3항의 사항과 함께 그 대표자·관리인·선정대표자 또는 대리인의 이름과 주소를 적어야 한다.

⑤ 심판청구서에는 청구인·대표자·관리인·선정대표자 또는 대리인이 서명하거나 날인하여야 한다.

제29조(청구의 변경)

① 청구인은 청구의 기초에 변경이 없는 범위에서 청구의 취지나 이유를 변경할 수 있다.

② 행정심판이 청구된 후에 피청구인이 새로운 처분을 하거나 심판청구의 대상인 처분을 변경한 경우에는 청구인은 새로운 처분이나 변경된 처분에 맞추어 청구의 취지나 이유를 변경할 수 있다.

③ 제1항 또는 제2항에 따른 청구의 변경은 서면으로 신청하여야 한다. 이 경우 피청구인과 참가인의 수만큼 청구변경신청서 부본을 함께 제출하여야 한다.

④ 위원회는 제3항에 따른 청구변경신청서 부본을 피청구인과 참가인에게 송달하여야 한다.

⑤ 제4항의 경우 위원회는 기간을 정하여 피청구인과 참가인에게 청구변경 신청에 대한 의견을 제출하도록 할 수 있으며, 피청구인과 참가인이 그 기간에 의견을 제출하지 아니하면 의견이 없는 것으로 본다.

⑥ 위원회는 제1항 또는 제2항의 청구변경 신청에 대하여 허가할 것인지 여부를 결정하고, 지체 없이 신청인에게는 결정서 정본을, 당사자 및 참가인에게는 결정서 등본을 송달하여야 한다.

⑦ 신청인은 제6항에 따라 송달을 받은 날부터 7일 이내에 위원회에 이의신청을 할 수 있다.

⑧ 청구의 변경결정이 있으면 처음 행정심판이 청구되었을 때부터 변경된 청구의 취지나 이유로 행정심판이 청구된 것으로 본다.

부록

제30조(집행정지)

① 심판청구는 처분의 효력이나 그 집행 또는 절차의 속행(續行)에 영향을 주지 아니한다.

② 위원회는 처분, 처분의 집행 또는 절차의 속행 때문에 중대한 손해가 생기는 것을 예방할 필요성이 긴급하다고 인정할 때에는 직권으로 또는 당사자의 신청에 의하여 처분의 효력, 처분의 집행 또는 절차의 속행의 전부 또는 일부의 정지(이하 "집행정지"라 한다)를 결정할 수 있다. 다만, 처분의 효력정지는 처분의 집행 또는 절차의 속행을 정지함으로써 그 목적을 달성할 수 있을 때에는 허용되지 아니한다.

③ 집행정지는 공공복리에 중대한 영향을 미칠 우려가 있을 때에는 허용되지 아니한다.

④ 위원회는 집행정지를 결정한 후에 집행정지가 공공복리에 중대한 영향을 미치거나 그 정지사유가 없어진 경우에는 직권으로 또는 당사자의 신청에 의하여 집행정지 결정을 취소할 수 있다.

⑤ 집행정지 신청은 심판청구와 동시에 또는 심판청구에 대한 제7조 제6항 또는 제8조 제7항에 따른 위원회나 소위원회의 의결이 있기 전까지, 집행정지 결정의 취소신청은 심판청구에 대한 제7조 제6항 또는 제8조 제7항에 따른 위원회나 소위원회의 의결이 있기 전까지 신청의 취지와 원인을 적은 서면을 위원회에 제출하여야 한다. 다만, 심판청구서를 피청구인에게 제출한 경우로서 심판청구와 동시에 집행정지 신청을 할 때에는 심판청구서 사본과 접수증명서를 함께 제출하여야 한다.

⑥ 제2항과 제4항에도 불구하고 위원회의 심리·결정을 기다릴 경우 중대한 손해가 생길 우려가 있다고 인정되면 위원장은 직권으로 위원회의 심리·결정을 갈음하는 결정을 할 수 있다. 이 경우 위원장은 지체 없이 위원회에 그 사실을 보고하고 추인(追認)을 받아야 하며, 위원회의 추인을 받지 못하면 위원장은 집행정지 또는 집행정지 취소에 관한 결정을 취소하여야 한다.

⑦ 위원회는 집행정지 또는 집행정지의 취소에 관하여 심리·결정하면 지체 없이 당사자에게 결정서 정본을 송달하여야 한다.

제31조(임시처분)

① 위원회는 처분 또는 부작위가 위법·부당하다고 상당히 의심되는 경우로서 처분 또는 부작위 때문에 당사자가 받을 우려가 있는 중대한 불이익이나 당사자에게 생길 급박한 위험을 막기 위하여 임시지위를 정하여야 할 필요가 있는 경우에는 직권으로 또는 당사자의 신청에 의하여 임시처분을 결정할 수 있다.

② 제1항에 따른 임시처분에 관하여는 제30조 제3항부터 제7항까지를 준용한다. 이 경우 같은 조 제6항 전단 중 "중대한 손해가 생길 우려"는 "중대한 불이익이나 급박한 위험이 생길 우려"로 본다.

③ 제1항에 따른 임시처분은 제30조 제2항에 따른 집행정지로 목적을 달성할 수 있는 경우에는 허용되지 아니한다.

제5장 심리

제32조(보정)

① 위원회는 심판청구가 적법하지 아니하나 보정(補正)할 수 있다고 인정하면 기간을 정하여 청구인에게 보정할 것을 요구할 수 있다. 다만, 경미한 사항은 직권으로 보정할 수 있다.

② 청구인은 제1항의 요구를 받으면 서면으로 보정하여야 한다. 이 경우 다른 당사자의 수만큼 보정서 부본을 함께 제출하여야 한다.

③ 위원회는 제2항에 따라 제출된 보정서 부본을 지체 없이 다른 당사자에게 송달하여야 한다.

④ 제1항에 따른 보정을 한 경우에는 처음부터 적법하게 행정심판이 청구된 것으로 본다.

⑤ 제1항에 따른 보정기간은 제45조에 따른 재결 기간에 산입하지 아니한다.

⑥ 위원회는 청구인이 제1항에 따른 보정기간 내에 그 흠을 보정하지 아니한 경우에는 그 심판청구를 각하할 수 있다.

제32조의2(보정할 수 없는 심판청구의 각하)

위원회는 심판청구서에 타인을 비방하거나 모욕하는 내용 등이 기재되어 청구 내용을 특정할 수 없고 그 흠을 보정할 수 없다고 인정되는 경우에는 제32조 제1항에 따른 보정요구 없이 그 심판청구를 각하할 수 있다.

제33조(주장의 보충)

① 당사자는 심판청구서·보정서·답변서·참가신청서 등에서 주장한 사실을 보충하고 다른 당사자의 주장을 다시 반박하기 위하여 필요하면 위원회에 보충서면을 제출할 수 있다. 이 경우 다른 당사자의 수만큼 보충서면 부본을 함께 제출하여야 한다.

② 위원회는 필요하다고 인정하면 보충서면의 제출기한을 정할 수 있다.

③ 위원회는 제1항에 따라 보충서면을 받으면 지체 없이 다른 당사자에게 그 부본을 송달하여야 한다.

제34조(증거서류 등의 제출)

① 당사자는 심판청구서·보정서·답변서·참가신청서·보충서면 등에 덧붙여 그 주장을 뒷받침하는 증거서류나 증거물을 제출할 수 있다.

② 제1항의 증거서류에는 다른 당사자의 수만큼 증거서류 부본을 함께 제출하여야 한다.

③ 위원회는 당사자가 제출한 증거서류의 부본을 지체 없이 다른 당사자에게 송달하여야 한다.

제35조(자료의 제출 요구 등)

① 위원회는 사건 심리에 필요하면 관계 행정기관이 보관 중인 관련 문서, 장부, 그 밖에 필요한 자료를 제출할 것을 요구할 수 있다.

② 위원회는 필요하다고 인정하면 사건과 관련된 법령을 주관하는 행정기관이나 그 밖의 관계 행정기관의 장 또는 그 소속 공무원에게 위원회 회의에 참석하여 의견을 진술할 것을 요구하거나 의견서를 제출할 것을 요구할 수 있다.

③ 관계 행정기관의 장은 특별한 사정이 없으면 제1항과 제2항에 따른 위원회의 요구에 따라야 한다.

④ 중앙행정심판위원회에서 심리·재결하는 심판청구의 경우 소관 중앙행정기관의 장은 의견서를 제출하거나 위원회에 출석하여 의견을 진술할 수 있다.

제36조(증거조사)

① 위원회는 사건을 심리하기 위하여 필요하면 직권으로 또는 당사자의 신청에 의하여 다음 각 호의 방법에 따라 증거조사를 할 수 있다.

1. 당사자나 관계인(관계 행정기관 소속 공무원을 포함한다. 이하 같다)을 위원회의 회의에 출석하게 하여 신문(訊問)하는 방법

2. 당사자나 관계인이 가지고 있는 문서·장부·물건 또는 그 밖의 증거자료의 제출을 요구하고 영치(領置)하는 방법

부록

3. 특별한 학식과 경험을 가진 제3자에게 감정을 요구하는 방법

4. 당사자 또는 관계인의 주소·거소·사업장이나 그 밖의 필요한 장소에 출입하여 당사자 또는 관계인에게 질문하거나 서류·물건 등을 조사·검증하는 방법

② 위원회는 필요하면 위원회가 소속된 행정청의 직원이나 다른 행정기관에 촉탁하여 제1항의 증거조사를 하게 할 수 있다.

③ 제1항에 따른 증거조사를 수행하는 사람은 그 신분을 나타내는 증표를 지니고 이를 당사자나 관계인에게 내보여야 한다.

④ 제1항에 따른 당사자 등은 위원회의 조사나 요구 등에 성실하게 협조하여야 한다.

제37조(절차의 병합 또는 분리)

위원회는 필요하면 관련되는 심판청구를 병합하여 심리하거나 병합된 관련 청구를 분리하여 심리할 수 있다.

제38조(심리기일의 지정과 변경)

① 심리기일은 위원회가 직권으로 지정한다.

② 심리기일의 변경은 직권으로 또는 당사자의 신청에 의하여 한다.

③ 위원회는 심리기일이 변경되면 지체 없이 그 사실과 사유를 당사자에게 알려야 한다.

④ 심리기일의 통지나 심리기일 변경의 통지는 서면으로 하거나 심판청구서에 적힌 전화, 휴대전화를 이용한 문자전송, 팩시밀리 또는 전자우편 등 간편한 통지 방법(이하 "간이통지방법"이라 한다)으로 할 수 있다.

제39조(직권심리)

위원회는 필요하면 당사자가 주장하지 아니한 사실에 대하여도 심리할 수 있다.

제40조(심리의 방식)

① 행정심판의 심리는 구술심리나 서면심리로 한다. 다만, 당사자가 구술심리를 신청한 경우에는 서면심리만으로 결정할 수 있다고 인정되는 경우 외에는 구술심리를 하여야 한다.

② 위원회는 제1항 단서에 따라 구술심리 신청을 받으면 그 허가 여부를 결정하여 신청인에게 알려야 한다.

③ 제2항의 통지는 간이통지방법으로 할 수 있다.

제41조(발언 내용 등의 비공개)

위원회에서 위원이 발언한 내용이나 그 밖에 공개되면 위원회의 심리·재결의 공정성을 해칠 우려가 있는 사항으로서 대통령령으로 정하는 사항은 공개하지 아니한다.

제42조(심판청구 등의 취하)

① 청구인은 심판청구에 대하여 제7조 제6항 또는 제8조 제7항에 따른 의결이 있을 때까지 서면으로 심판청구를 취하할 수 있다.

② 참가인은 심판청구에 대하여 제7조 제6항 또는 제8조 제7항에 따른 의결이 있을 때까지 서면으로 참가신청을 취하할 수 있다.

③ 제1항 또는 제2항에 따른 취하서에는 청구인이나 참가인이 서명하거나 날인하여야 한다.

④ 청구인 또는 참가인은 취하서를 피청구인 또는 위원회에 제출하여야 한다. 이 경우 제23조 제2항부터 제4항까지의 규정을 준용한다.

⑤ 피청구인 또는 위원회는 계속 중인 사건에 대하여 제1항 또는 제2항에 따른 취하서를 받으면 지체 없이 다른 관계 기관, 청구인, 참가인에게 취하 사실을 알려야 한다.

제6장 재결

제43조(재결의 구분)

① 위원회는 심판청구가 적법하지 아니하면 그 심판청구를 각하(却下)한다.

② 위원회는 심판청구가 이유가 없다고 인정하면 그 심판청구를 기각(棄却)한다.

③ 위원회는 취소심판의 청구가 이유가 있다고 인정하면 처분을 취소 또는 다른 처분으로 변경하거나 처분을 다른 처분으로 변경할 것을 피청구인에게 명한다.

④ 위원회는 무효등확인심판의 청구가 이유가 있다고 인정하면 처분의 효력 유무 또는 처분의 존재 여부를 확인한다.

⑤ 위원회는 의무이행심판의 청구가 이유가 있다고 인정하면 지체 없이 신청에 따른 처분을 하거나 처분을 할 것을 피청구인에게 명한다.

제43조의2(조정)

① 위원회는 당사자의 권리 및 권한의 범위에서 당사자의 동의를 받아 심판청구의 신속하고 공정한 해결을 위하여 조정을 할 수 있다. 다만, 그 조정이 공공복리에 적합하지 아니하거나 해당 처분의 성질에 반하는 경우에는 그러하지 아니하다.

② 위원회는 제1항의 조정을 함에 있어서 심판청구된 사건의 법적·사실적 상태와 당사자 및 이해관계자의 이익 등 모든 사정을 참작하고, 조정의 이유와 취지를 설명하여야 한다.

③ 조정은 당사자가 합의한 사항을 조정서에 기재한 후 당사자가 서명 또는 날인하고 위원회가 이를 확인함으로써 성립한다.

④ 제3항에 따른 조정에 대하여는 제48조부터 제50조까지, 제50조의2, 제51조의 규정을 준용한다.

제44조(사정재결)

① 위원회는 심판청구가 이유가 있다고 인정하는 경우에도 이를 인용(認容)하는 것이 공공복리에 크게 위배된다고 인정하면 그 심판청구를 기각하는 재결을 할 수 있다. 이 경우 위원회는 재결의 주문(主文)에서 그 처분 또는 부작위가 위법하거나 부당하다는 것을 구체적으로 밝혀야 한다.

② 위원회는 제1항에 따른 재결을 할 때에는 청구인에 대하여 상당한 구제방법을 취하거나 상당한 구제방법을 취할 것을 피청구인에게 명할 수 있다.

③ 제1항과 제2항은 무효등확인심판에는 적용하지 아니한다.

제45조(재결 기간)

① 재결은 제23조에 따라 피청구인 또는 위원회가 심판청구서를 받은 날부터 60일 이내에 하여야 한다. 다만, 부득이한 사정이 있는 경우에는 위원장이 직권으로 30일을 연장할 수 있다.

② 위원장은 제1항 단서에 따라 재결 기간을 연장할 경우에는 재결 기간이 끝나기 7일 전까지 당사자에게 알려야 한다.

제46조(재결의 방식)

① 재결은 서면으로 한다.
② 제1항에 따른 재결서에는 다음 각 호의 사항이 포함되어야 한다.
  1. 사건번호와 사건명
  2. 당사자ㆍ대표자 또는 대리인의 이름과 주소
  3. 주문
  4. 청구의 취지
  5. 이유
  6. 재결한 날짜
③ 재결서에 적는 이유에는 주문 내용이 정당하다는 것을 인정할 수 있는 정도의 판단을 표시하여야 한다.

제47조(재결의 범위)

① 위원회는 심판청구의 대상이 되는 처분 또는 부작위 외의 사항에 대하여는 재결하지 못한다.
② 위원회는 심판청구의 대상이 되는 처분보다 청구인에게 불리한 재결을 하지 못한다.

제48조(재결의 송달과 효력 발생)

① 위원회는 지체 없이 당사자에게 재결서의 정본을 송달하여야 한다. 이 경우 중앙행정심판위원회는 재결 결과를 소관 중앙행정기관의 장에게도 알려야 한다.
② 재결은 청구인에게 제1항 전단에 따라 송달되었을 때에 그 효력이 생긴다.
③ 위원회는 재결서의 등본을 지체 없이 참가인에게 송달하여야 한다.
④ 처분의 상대방이 아닌 제3자가 심판청구를 한 경우 위원회는 재결서의 등본을 지체 없이 피청구인을 거쳐 처분의 상대방에게 송달하여야 한다.

제49조(재결의 기속력 등)

① 심판청구를 인용하는 재결은 피청구인과 그 밖의 관계 행정청을 기속(羈束)한다.
② 재결에 의하여 취소되거나 무효 또는 부존재로 확인되는 처분이 당사자의 신청을 거부하는 것을 내용으로 하는 경우에는 그 처분을 한 행정청은 재결의 취지에 따라 다시 이전의 신청에 대한 처분을 하여야 한다.
③ 당사자의 신청을 거부하거나 부작위로 방치한 처분의 이행을 명하는 재결이 있으면 행정청은 지체 없이 이전의 신청에 대하여 재결의 취지에 따라 처분을 하여야 한다.
④ 신청에 따른 처분이 절차의 위법 또는 부당을 이유로 재결로써 취소된 경우에는 제2항을 준용한다.
⑤ 법령의 규정에 따라 공고하거나 고시한 처분이 재결로써 취소되거나 변경되면 처분을 한 행정청은 지체 없이 그 처분이 취소 또는 변경되었다는 것을 공고하거나 고시하여야 한다.
⑥ 법령의 규정에 따라 처분의 상대방 외의 이해관계인에게 통지된 처분이 재결로써 취소되거나 변경되면 처분을 한 행정청은 지체 없이 그 이해관계인에게 그 처분이 취소 또는 변경되었다는 것을 알려야 한다.

제50조(위원회의 직접처분)

① 위원회는 피청구인이 제49조 제3항에도 불구하고 처분을 하지 아니하는 경우에는 당사자가 신청하면 기간을 정하여 서면으로 시정을 명하고 그 기간에 이행하지 아니하면 직접처분을 할 수 있다. 다만, 그 처분의 성질이나 그 밖의 불가피한 사유로 위원회가 직접처분을 할 수 없는 경우에는 그러하지 아니하다.

② 위원회는 제1항 본문에 따라 직접처분을 하였을 때에는 그 사실을 해당 행정청에 통보하여야 하며, 그 통보를 받은 행정청은 위원회가 한 처분을 자기가 한 처분으로 보아 관계 법령에 따라 관리·감독 등 필요한 조치를 하여야 한다.

제50조의2(위원회의 간접강제)

① 위원회는 피청구인이 제49조 제2항(제49조 제4항에서 준용하는 경우를 포함한다) 또는 제3항에 따른 처분을 하지 아니하면 청구인의 신청에 의하여 결정으로 상당한 기간을 정하고 피청구인이 그 기간 내에 이행하지 아니하는 경우에는 그 지연기간에 따라 일정한 배상을 하도록 명하거나 즉시 배상을 할 것을 명할 수 있다.

② 위원회는 사정의 변경이 있는 경우에는 당사자의 신청에 의하여 제1항에 따른 결정의 내용을 변경할 수 있다.

③ 위원회는 제1항 또는 제2항에 따른 결정을 하기 전에 신청 상대방의 의견을 들어야 한다.

④ 청구인은 제1항 또는 제2항에 따른 결정에 불복하는 경우 그 결정에 대하여 행정소송을 제기할 수 있다.

⑤ 제1항 또는 제2항에 따른 결정의 효력은 피청구인인 행정청이 소속된 국가·지방자치단체 또는 공공단체에 미치며, 결정서 정본은 제4항에 따른 소송제기와 관계없이 「민사집행법」에 따른 강제집행에 관하여는 집행권원과 같은 효력을 가진다. 이 경우 집행문은 위원장의 명에 따라 위원회가 소속된 행정청 소속 공무원이 부여한다.

⑥ 간접강제 결정에 기초한 강제집행에 관하여 이 법에 특별한 규정이 없는 사항에 대하여는 「민사집행법」의 규정을 준용한다. 다만, 「민사집행법」 제33조(집행문부여의 소), 제34조(집행문부여 등에 관한 이의신청), 제44조(청구에 관한 이의의 소) 및 제45조(집행문부여에 대한 이의의 소)에서 관할법원은 피청구인의 소재지를 관할하는 행정법원으로 한다.

제51조(행정심판 재청구의 금지)

심판청구에 대한 재결이 있으면 그 재결 및 같은 처분 또는 부작위에 대하여 다시 행정심판을 청구할 수 없다.

제7장 전자정보처리조직을 통한 행정심판 절차의 수행

제52조(전자정보처리조직을 통한 심판청구 등)

① 이 법에 따른 행정심판 절차를 밟는 자는 심판청구서와 그 밖의 서류를 전자문서화하고 이를 정보통신망을 이용하여 위원회에서 지정·운영하는 전자정보처리조직(행정심판 절차에 필요한 전자문서를 작성·제출·송달할 수 있도록 하는 하드웨어, 소프트웨어, 데이터베이스, 네트워크, 보안요소 등을 결합하여 구축한 정보처리능력을 갖춘 전자적 장치를 말한다. 이하 같다)을 통하여 제출할 수 있다.

② 제1항에 따라 제출된 전자문서는 이 법에 따라 제출된 것으로 보며, 부본을 제출할 의무는 면제된다.

③ 제1항에 따라 제출된 전자문서는 그 문서를 제출한 사람이 정보통신망을 통하여 전자정보처리조직에서 제공하는 접수번호를 확인하였을 때에 전자정보처리조직에 기록된 내용으로 접수된 것으로 본다.

부록

④ 전자정보처리조직을 통하여 접수된 심판청구의 경우 제27조에 따른 심판청구 기간을 계산할 때에는 제3항에 따른 접수가 되었을 때 행정심판이 청구된 것으로 본다.

⑤ 전자정보처리조직의 지정내용, 전자정보처리조직을 이용한 심판청구서 등의 접수와 처리 등에 관하여 필요한 사항은 국회규칙, 대법원규칙, 헌법재판소규칙, 중앙선거관리위원회규칙 또는 대통령령으로 정한다.

제53조(전자서명 등)

① 위원회는 전자정보처리조직을 통하여 행정심판 절차를 밟으려는 자에게 본인(本人)임을 확인할 수 있는 「전자서명법」 제2조 제2호에 따른 전자서명(서명자의 실지명의를 확인할 수 있는 것을 말한다)이나 그 밖의 인증(이하 이 조에서 "전자서명 등"이라 한다)을 요구할 수 있다.

② 제1항에 따라 전자서명 등을 한 자는 이 법에 따른 서명 또는 날인을 한 것으로 본다.

③ 전자서명 등에 필요한 사항은 국회규칙, 대법원규칙, 헌법재판소규칙, 중앙선거관리위원회규칙 또는 대통령령으로 정한다.

제54조(전자정보처리조직을 이용한 송달 등)

① 피청구인 또는 위원회는 제52조 제1항에 따라 행정심판을 청구하거나 심판참가를 한 자에게 전자정보처리조직과 그와 연계된 정보통신망을 이용하여 재결서나 이 법에 따른 각종 서류를 송달할 수 있다. 다만, 청구인이나 참가인이 동의하지 아니하는 경우에는 그러하지 아니하다.

② 제1항 본문의 경우 위원회는 송달하여야 하는 재결서 등 서류를 전자정보처리조직에 입력하여 등재한 다음 그 등재 사실을 국회규칙, 대법원규칙, 헌법재판소규칙, 중앙선거관리위원회규칙 또는 대통령령으로 정하는 방법에 따라 전자우편 등으로 알려야 한다.

③ 제1항에 따른 전자정보처리조직을 이용한 서류 송달은 서면으로 한 것과 같은 효력을 가진다.

④ 제1항에 따른 서류의 송달은 청구인이 제2항에 따라 등재된 전자문서를 확인한 때에 전자정보처리조직에 기록된 내용으로 도달한 것으로 본다. 다만, 제2항에 따라 그 등재사실을 통지한 날부터 2주 이내(재결서 외의 서류는 7일 이내)에 확인하지 아니하였을 때에는 등재사실을 통지한 날부터 2주가 지난 날(재결서 외의 서류는 7일이 지난 날)에 도달한 것으로 본다.

⑤ 서면으로 심판청구 또는 심판참가를 한 자가 전자정보처리조직의 이용을 신청한 경우에는 제52조·제53조 및 이 조를 준용한다.

⑥ 위원회, 피청구인, 그 밖의 관계 행정기관 간의 서류의 송달 등에 관하여는 제52조·제53조 및 이 조를 준용한다.

⑦ 제1항 본문에 따른 송달의 방법이나 그 밖에 필요한 사항은 국회규칙, 대법원규칙, 헌법재판소규칙, 중앙선거관리위원회규칙 또는 대통령령으로 정한다.

제8장 보칙

제55조(증거서류 등의 반환)

위원회는 재결을 한 후 증거서류 등의 반환 신청을 받으면 신청인이 제출한 문서·장부·물건이나 그 밖의 증거자료의 원본(原本)을 지체 없이 제출자에게 반환하여야 한다.

제56조(주소 등 송달장소 변경의 신고의무)

당사자, 대리인, 참가인 등은 주소나 사무소 또는 송달장소를 바꾸면 그 사실을 바로 위원회에 서면으로 또는 전자정보처리조직을 통하여 신고하여야 한다. 제54조 제2항에 따른 전자우편주소 등을 바꾼 경우에도 또한 같다.

제57조(서류의 송달)

이 법에 따른 서류의 송달에 관하여는 「민사소송법」 중 송달에 관한 규정을 준용한다.

제58조(행정심판의 고지)

① 행정청이 처분을 할 때에는 처분의 상대방에게 다음 각 호의 사항을 알려야 한다.
  1. 해당 처분에 대하여 행정심판을 청구할 수 있는지
  2. 행정심판을 청구하는 경우의 심판청구 절차 및 심판청구 기간
② 행정청은 이해관계인이 요구하면 다음 각 호의 사항을 지체 없이 알려 주어야 한다. 이 경우 서면으로 알려 줄 것을 요구받으면 서면으로 알려 주어야 한다.
  1. 해당 처분이 행정심판의 대상이 되는 처분인지
  2. 행정심판의 대상이 되는 경우 소관 위원회 및 심판청구 기간

제59조(불합리한 법령 등의 개선)

① 중앙행정심판위원회는 심판청구를 심리·재결할 때에 처분 또는 부작위의 근거가 되는 명령 등(대통령령·총리령·부령·훈령·예규·고시·조례·규칙 등을 말한다. 이하 같다)이 법령에 근거가 없거나 상위 법령에 위배되거나 국민에게 과도한 부담을 주는 등 크게 불합리하면 관계 행정기관에 그 명령 등의 개정·폐지 등 적절한 시정조치를 요청할 수 있다. 이 경우 중앙행정심판위원회는 시정조치를 요청한 사실을 법제처장에게 통보하여야 한다.
② 제1항에 따른 요청을 받은 관계 행정기관은 정당한 사유가 없으면 이에 따라야 한다.

제60조(조사·지도 등)

① 중앙행정심판위원회는 행정청에 대하여 다음 각 호의 사항 등을 조사하고, 필요한 지도를 할 수 있다.
  1. 위원회 운영 실태
  2. 재결 이행 상황
  3. 행정심판의 운영 현황
② 행정청은 이 법에 따른 행정심판을 거쳐 「행정소송법」에 따른 항고소송이 제기된 사건에 대하여 그 내용이나 결과 등 대통령령으로 정하는 사항을 반기마다 그 다음 달 15일까지 해당 심판청구에 대한 재결을 한 중앙행정심판위원회 또는 제6조 제3항에 따라 시·도지사 소속으로 두는 행정심판위원회에 알려야 한다.
③ 제6조 제3항에 따라 시·도지사 소속으로 두는 행정심판위원회는 중앙행정심판위원회가 요청하면 제2항에 따라 수집한 자료를 제출하여야 한다.

제61조(권한의 위임)

이 법에 따른 위원회의 권한 중 일부를 국회규칙, 대법원규칙, 헌법재판소규칙, 중앙선거관리위원회규칙 또는 대통령령으로 정하는 바에 따라 위원장에게 위임할 수 있다.

부칙 생략

박문각
공인노무사

조홍주 **행정쟁송법**

2차 | 백발백중 사례집

제1판 인쇄 2024. 9. 20. | **제1판 발행** 2024. 9. 25. | **편저자** 조홍주

발행인 박 용 | **발행처** (주)박문각출판 | **등록** 2015년 4월 29일 제2019-000137호

주소 06654 서울시 서초구 효령로 283 서경 B/D 4층 | **팩스** (02)584-2927

전화 교재 문의 (02)6466-7202

저자와의
협의하에
인지생략

정가 25,000원
ISBN 979-11-7262-142-1